Barbara Haslbeck, Jörn Günther (Hg.)

Wer hilft, wird ein anderer

Zur Provokation christlichen Helfens

Festschrift für
Isidor Baumgartner

_____
LIT

Gedruckt auf alterungsbeständigem Werkdruckpapier entsprechend
ANSI Z3948   DIN ISO 9706

Umschlagbild: Auszug aus dem syrischen Codex Rossanensis (6. Jh.)
„Christus als barmherziger Samariter".
Das Abdruckrecht erteilte Dr. Stefan Ohnesorge für die Kunst-
karte Nr. 5820 aus dem Buch- und Kunstverlag Maria Laach

Bibliografische Information Der Deutschen Bibliothek
Die Deutsche Bibliothek verzeichnet diese Publikation in der Deutschen
Nationalbibliografie; detaillierte bibliografische Daten sind im Internet
über http://dnb.ddb.de abrufbar.

ISBN 3-8258-9187-9

© **LIT** VERLAG Berlin 2006
Auslieferung/Verlagskontakt:
Grevener Str./Fresnostr. 2   48159 Münster
Tel. +49 (0)251–62 03 20   Fax +49 (0)251–23 19 72
e-Mail: lit@lit-verlag.de   http://www.lit-verlag.de

Da stand ein Gesetzeslehrer auf, und um Jesus auf die Probe zu stellen, fragte er ihn: Meister, was muss ich tun, um das ewige Leben zu gewinnen? Jesus sagte zu ihm: Was steht im Gesetz? Was liest du dort? Er antwortete: Du sollst den Herrn, deinen Gott, lieben mit ganzem Herzen und ganzer Seele, mit all deiner Kraft und all deinen Gedanken, und: Deinen Nächsten sollst du lieben wie dich selbst. Jesus sagte zu ihm: Du hast richtig geantwortet. Handle danach, und du wirst leben. Der Gesetzeslehrer wollte seine Frage rechtfertigen und sagte zu Jesus: Wer ist mein Nächster?

Darauf antwortete ihm Jesus: Ein Mann ging von Jerusalem nach Jericho hinab und wurde von Räubern überfallen. Sie plünderten ihn aus und schlugen ihn nieder; dann gingen sie weg und ließen ihn halbtot liegen. Zufällig kam ein Priester denselben Weg herab; er sah ihn und ging weiter. Auch ein Levit kam zu der Stelle; er sah ihn und ging weiter. Dann kam ein Mann aus Samarien, der auf der Reise war. Als er ihn sah, hatte er Mitleid, ging zu ihm hin, goß Öl und Wein auf seine Wunden und verband sie. Dann hob er ihn auf sein Reittier, brachte ihn zu einer Herberge und sorgte für ihn. Am andern Morgen holte er zwei Denare hervor, gab sie dem Wirt und sagte: Sorge für ihn, und wenn du mehr für ihn brauchst, werde ich es dir bezahlen, wenn ich wiederkomme.

Was meinst du: Wer von diesen dreien hat sich als der Nächste dessen erwiesen, der von den Räubern überfallen wurde? Der Gesetzeslehrer antwortete: Der, der barmherzig an ihm gehandelt hat. Da sagte Jesus zu ihm: Dann geh und handle genauso.

Lk 10,25-37

Wer hilft, wird ein anderer.
Zur Provokation christlichen Helfens

Festschrift für Isidor Baumgartner

Wer braucht Hilfe?
Situationen und Orte
christlichen Helfens

Wie helfen?
Instrumente
christlichen Helfens

Wer hilft?
Institutionelle
Aspekte

Konkretisierungen

Womit helfen?
Wirtschaftliche
Gesichtspunkte

Helfen - wohin?
Perspektiven
christlichen Helfens

CHRISTLICHES HELFEN

**Exegetische
Erkenntnisse**

**Zur Spiritualität
des Helfens**

Standortbestimmung

**Zur Qualität
christlicher
Diakonie**

**Diakonie und
kirchliche
Grundvollzüge**

INHALT

9

10

Wer hilft, wird ein anderer.
Zur Provokation christlichen Helfens

Festschrift für Isidor Baumgartner

Vorwort

Helfen gehört unbestreitbar zu den Markenzeichen christlicher Praxis. Wer hilft, schreibt in der unverkennbaren Handschrift Jesu. Helfen gilt in den Augen vieler Menschen als wesentliches Qualitätsmerkmal christlicher Identität. Es hat eine Veränderungsdimension, und das nicht nur für die, denen geholfen wird. Auch die Helfenden selbst erfahren durch ihr Handeln eine Wandlung. Von der Not der Leidenden berührt gehen sie aus diesem Kontakt als Veränderte weiter.

„Wer hilft, wird ein anderer!" – so formuliert Isidor Baumgartner und regt damit an, sich mit helfendem Handeln auseinanderzusetzen. Konstruktiv lädt er seit Jahrzehnten dazu ein, die heilend-befreiende Praxis Jesu in den gegenwärtigen Brennpunkten menschlicher Lebensrealität umzusetzen. Mit dieser Festschrift soll er zu seinem 60. Geburtstag geehrt werden.

Es sind drei Bereiche, auf die Isidor Baumgartners Theologie Einfluss hat: die Pastoralpsychologie, die Pastoraltheologie und die Caritaswissenschaften. Es gehört zu seinen besonderen Fähigkeiten, sich fachübergreifend in die verschiedenen Gebiete einzubringen und diese zu verbinden. Die offene, menschennahe und integrierende Weise seiner theologischen Bemühungen ist auch in der Vielfalt der Beiträge für die vorliegende Festschrift wieder zu finden. Seine Arbeit als Theologe ist von dem Anliegen geprägt, mit und für Menschen in pastoraler und caritativer Praxis zu denken. Dieses Kennzeichen spiegelt sich in den an der Festschrift beteiligten AutorInnen: universitäre KollegInnen, SchülerInnenkreis, Vertreter der Caritas, Studierende der Caritaswissenschaften, Personen aus pastoraler Praxis, Lehrbeauftragte für Caritaswissenschaften etc.

Aus unterschiedlichen Perspektiven heraus wird das Gleichnis vom Barmherzigen Samariter in den Kontext gegenwärtiger Theologie und caritativer/pastoraler Praxis gesetzt. Damit knüpft die Festschrift an die Praxis Isidor Baumgartners an, sein theologisches Nachdenken an biblische Erzählungen anzubinden. Die Perikope bietet den Rahmen, eine Standortbestimmung christlichen Helfens vorzunehmen und dessen Konkretisierungen zu erkunden. Vielleicht gelingt es damit, einen Diskussionsbeitrag zum Proprium christlichen Helfens zu liefern.

Helfen – eine umstrittene Größe

Beim Helfen handelt es sich um keine unumstößliche, von vornherein feststehende Größe, deren Gestalt und Sinn bereits immer klar vorlägen. Vielmehr tun sich Fragen auf: Wie lässt sich das Helfen angesichts gegenwärtiger Herausforderungen bestimmen und begründen? Welche Personen und Institutionen kommen in den Blick, wenn über Helfen nachgedacht wird? Oder: Wie etwa ist auszumachen, was das Hilfreiche in einer Notsituation ist: das momentan Lindernde, das Allernötigste, das Erfolgreiche, das ökonomisch Sinnvolle? Helfen wird dabei ja nach fachspezifischem Kontext thematisiert und beurteilt. VertreterInnen verschiedener Fächer kommen zu unterschiedlichen Bewertungen über den Stellenwert und die Hintergründe von Helfen:

Im psychologischen Diskurs etwa werden vor allem die Motive des Helfens diskutiert und problematisiert. Hier lässt sich ein Spannungsbogen ausmachen, bei dem auf der einen Seite das Helfen unter Verdacht gestellt und auf der anderen die heilende Kraft prosozialen Verhaltens konstatiert wird. Für ersteres sei exemplarisch an die „hilflosen Helfer" von Schmidbauer erinnert, der soziales Helfen „als Abwehr von Ängsten, von innerer Leere, von eigenen Wünschen und Bedürfnissen"[1] beschreibt. Anders hingegen beispielsweise Luks und Payne, die vom „Mehrwert des Guten" sprechen und zeigen, dass Menschen, die anfangen sich helfend zu betätigen, auch die Vorteile des Helfens erfahren. „Ihre Empathie für andere, für Fremde nimmt zu, und auch ihre Gesundheit bessert sich beträchtlich."[2]

Auch in Theologie und Kirche ist eine Dynamik in der Einschätzung des Stellenwertes von helfendem Handeln festzustellen. Seit Delps Forderung einer „Rückkehr in die Diakonie" hat sich das Bewusstsein verstärkt, dass der Diakonie eine besondere Bedeutung innerhalb der kirchlichen Grundvollzüge zukommt und nur eine helfende Kirche sich auch als glaubwürdige und somit zukunftsfähige Kirche erweisen wird. Alles diakonische Mühen in Theologie und Kirche wird sich in seiner Ausrichtung dabei immer wieder an der Praxis Jesu messen lassen müssen. Nicht so als wüssten sie immer, wie sie helfend zu handeln hätten, aber doch so, dass ihr Handeln empfindsam bleibt für die Not des anderen. Denn sicher ist: Wo in Theologie und Kirche der hilfsbedürftige Mensch nicht vorkommt, ist auch Gott nicht mehr erfahrbar.

---

[1] Schmidbauer, Wolfgang, Die hilflosen Helfer, Reinbek bei Hamburg 1977, 221.

[2] Luks, Allan / Payne, Peggy, Der Mehrwert des Guten, Freiburg i. Br. 1998, 16.

Kirchliches Helfen findet institutionell vor allem auf der Ebene der verbandlichen Caritas statt. Als Institution bietet sie einen Rahmen, der Qualitätssicherung ermöglicht und Strukturen bietet, die vor Überanstrengung schützen und zu Kooperationen befähigen. Dabei steht kirchliches Helfen immer wieder vor der Herausforderung, institutionelle Ressourcen auf ihre Leidempfindlichkeit hin zu überprüfen. Helfen aus der Perspektive und Erfahrung einer Einrichtung benötigt die Schärfung der eigenen Aufgabenstellung durch und für die Zeichen der Zeit.

Zur Provokation christlichen Helfens

Im Wirken Jesu liegt ein Maßstab für helfendes Handeln vor, dessen Sprengkraft kaum zu überschätzen ist. Seine radikale Hinwendung zum Nächsten rief sowohl Faszination und Nachfolge als auch Protest und Abwendung hervor. Helfen in der jesuanischen Optik provoziert. Wer hilft, setzt Veränderungsprozesse in Gang, die die alltägliche Routine und gewohnten Sehmuster *aller* Beteiligten verunsichern: Zur Veränderung kommt es bei den professionellen HelferInnen und ihrer Institution, bei denen, die Hilfe in Anspruch nehmen, und schließlich auch bei den Umstehenden.

Von Provokation kann man in einem **doppelten** Sinne sprechen. Einerseits stehen Theologie und Kirche vor der Herausforderung, sich von der Gegenwart provozieren zu lassen. Der Blick auf die konkreten Situationen menschlicher Not fragt das selbstverständliche Tun an und birgt die Chance der Rückbesinnung und Neuorientierung auf das Not-wendige. Andererseits hat christliches Helfen provozierende Außenwirkung, indem es gesellschaftliche Schieflagen, Missstände und Fehlentwicklungen aufdeckt und scheinbar Selbstverständliches immer wieder in Frage stellt. Menschen, die sich auch dann noch helfend engagieren, wenn es sich unter dem Strich nicht lohnt, fordern eine Gesellschaft heraus, die nach den Gesetzen ökonomischer Logik und messbarer Erfolgsorientierung funktioniert.

Das Gleichnis vom barmherzigen Samariter als Matrix für christliches Helfen

Isidor Baumgartner bezieht sein theologisches Nachdenken an zentralen Stellen auf biblische Erzählungen und geht dabei davon aus, dass aus ihnen Impulse für die Mitwirkung an der Heilpraxis Gottes gewonnen werden können. Das Gleichnis vom barmherzigen Samariter kann als eine solche Matrix für christliches Helfen verstanden werden. Die Perikope gliedert sich in zwei Teile und bietet Bezugpunkte für die Entfaltung verschiedener Aspekte christlichen Helfens.

15

Teil 1: Standortbestimmung christlichen Helfens

In der Rahmenerzählung wird Jesus von dem Gesetzeslehrer auf die Probe gestellt. Jesus wird von ihm versucht, von ihm provoziert und herausgefordert. Gegenstand ist die Frage nach den Bedingungen für den Erwerb des ewigen Lebens. Jesus antwortet auf die Provokation mit der Gegenfrage, was im Gesetz stehe. Der Gesetzeslehrer antwortet zwar mit dem Gebot der Gottes- und Nächstenliebe, gibt sich aber mit seiner Antwort nicht zufrieden, da er wissen will, wer denn sein Nächster sei.

Leitgedanke des ersten Teils der Festschrift soll das Auf-die-Probe-gestellt-Werden sein, und zwar im Sinne eines Sich-anfragen-Lassens, eines Genötigtwerdens zur Selbstvergewisserung. Eine solche Provokation kann einen klärenden Prozess auslösen. Sie nötigt zur eigenen Standortbestimmung. In die Gegenwart gewendet heißt das: All jene, die für sich in Anspruch nehmen, Hilfe zu leisten, müssen bereit sein, sich anfragen zu lassen. Von wem werden sie provoziert, wer fordert sie zur Bestimmung ihres Standortes heraus? In erster Linie die Hilfe und Rat suchenden Menschen, ferner Staat und Gesellschaft, die von den Helfenden Qualität, Effizienz, Professionalität etc. einfordern. Sich in dieser Weise provozieren zu lassen, hat etwas Heilsames es ermöglicht, eingeschlagene Wege zu korrigieren und im Dialog zu bleiben. Helfendes Handeln im jesuanischen Sinn ist Konsequenz des Doppelgebotes der Gottes- und Nächstenliebe. Christliche Spiritualität ist ohne Helfen nicht denkbar. Es ist zu fragen, welchen Raum die Diakonia im Handeln der Kirche einnimmt und in welchem Verhältnis sie zu den anderen Grundvollzügen steht. Reflexion über das, was getan wird, ist nötig.

Teil 2: Konkretisierungen christlichen Helfens

In der eigentlichen Gleichniserzählung wird paradigmatisch vorgeführt, wer der Nächste ist und wie Jesus den Umgang mit dem Hilfsbedürftigen verstanden wissen will. In Anlehnung an Isidor Baumgartner[3] sollen verschiedene Aspekte des Paradigmas angesprochen werden.

Voraussetzung für Hilfe ist das Sich-ansprechen-lassen von der Not des anderen. Nächstenliebe, die helfende Zuwendung zum andern beginnt also nicht im Kopf, sondern im Herzen.

1   Hilfe erfordert Professionalität. Der Mann aus Samarien geht bei seiner Rettungsaktion erstaunlich professionell vor. Zunächst ergreift er die nötigsten Maßnahmen, indem er die Wunden des Körpers versorgt und sie einbindet.

---

[3]   Vgl. Baumgartner, Isidor, Heilende Seelsorge in Lebenskrisen, Düsseldorf 1992, 48-52.

16

2   Hilfe erfolgt in Kooperation. Die weitere Behandlung des Verletzten geschieht in der Herberge. Der barmherzige Samaritaner kennt die Grenzen
seiner Hilfeleistung, er sieht, wo seine Kompetenz endet. Sein Vorgehen
ist kooperativ. Er delegiert die weitere Hilfe an Fachleute, die sich um die
Versorgung kümmern.

3   Hilfe kostet etwas und muss finanziert werden. Der Samariter übergibt
den Verletzten nicht einfach, sondern finanziert den Aufenthalt in der
Herberge. Die Erzählung führt vor, dass Hilfe etwas kostet. Erstaunlich ist
die Bereitwilligkeit, mit der er die anfallenden Kosten übernimmt.

4   Hilfe bedarf der Nachsorge. Es muss geprüft werden, ob das Helfen auch
hilfreich, evtl. erfolgreich war. Der Mann aus Samarien plant eine weitere
Visite bei seiner Rückreise. Er will sich von der Wirksamkeit der Behandlung überzeugen und offene Rechnungen begleichen.

Der zweite Teil der Festschrift versucht, entsprechende Konkretisierungen
christlichen Helfens vorzustellen.

Im Anschluss an die Erzählung vom barmherzigen Samariter wird der Dialog
zwischen Jesus und dem Gesetzeslehrer fortgeführt. Er endet mit dem Impuls
Jesu an den Gesetzeslehrer, gleichermaßen zu handeln. Jesus leistet sich keine
Rede vom Helfen, ohne nicht auch zu entsprechendem Tätigsein aufzufor-
dern. Dieses Handeln ist konkret und gegenwartsbezogen. Unter welchen
Bedingungen kann christliches Helfen in Gegenwart und Zukunft gelingen?
Die Festschrift schließt deshalb mit Beiträgen zu Perspektiven für christliches
Helfen.

Wer hilft, handelt wie Jesus

Helfen ist ein Vorgang der Interaktion zwischen helfender und hilfe-
empfangender Person. Die Artikel der vorliegenden Veröffentlichung konzentrieren sich vor allem auf die Rolle derer, die helfen: Kirche, Theologie,
Caritas, Verbände, SeelsorgerInnen. Christlich gesehen geschieht Helfen unter
einer bestimmten Perspektive: Wer hilft, handelt wie Jesus. Es geht dabei
nicht um eine Methode oder Technik, nicht um bloße Pflichterfüllung oder
kasuistischen Gehorsam, sondern um eine spirituelle Haltung und Erfahrung.
Die früheste bildliche Darstellung des barmherzigen Samariters[4] hat eine prä-
zise Botschaft: Christus selbst ist es, der sich dem unter die Räuber Gefallenen zuwendet. Auf dem Umschlag dieses Buches ist die Abbildung zu sehen:

---

[4]   Zu sehen auf der Umschlagseite dieser Festschrift. Es handelt sich um das früheste erhaltene
Bild vom barmherzigen Samariter aus dem syrischen Codex Rossanensis (um 550 in Syrien
entstanden).

17

Jesus bleibt stehen, weil es ihm weh ums Herz wird, und er versorgt die Wunden des Traumatisierten, indem er sich tief hinabbeugt und dabei den eigenen Rücken nicht schont. Im Bild ist der Geschlagene mit schreckgeweiteten, hilfesuchenden Augen zu erkennen. An seiner Seite stehen Jesus und ein Engel. Wer hilft wie Jesus, kann auf den Beistand göttlicher Kraft hoffen. Damit geschieht Wandlung – für Helfende *und* für Hilfeempfangende – wie sie für das Evangelium charakteristisch ist. Die Basileia nimmt ihren Anfang.

Wir danken allen, die uns bei der Entstehung dieses Buches unterstützt haben. Zuerst denen, die durch ihre Artikel dazu beigetragen haben, dass diese Festschrift wachsen konnte. Das vorliegende Buch stellt ein vielfältiges Spektrum unterschiedlicher Gesichtspunkte zu christlichem Helfen dar, das ein eindrucksvolles Zeugnis von den Erfahrungen, dem Wissen und dem persönlichen Einsatz der beteiligten Autorinnen ablegt.

Für die Formatierung konnten wir Frau Eleonore Stern gewinnen, die durch ihre kompetente und entgegenkommend-freundliche Unterstützung unentbehrliche Hilfe leistete. Danke!

Letztendlich konnte dieses Buch erst dadurch entstehen, dass wir als Studierende durch unseren Lehrer Isidor Baumgartner eine Praktische Theologie kennen lernen durften, die uns bewegt und verändert. Dafür sei ihm von Herzen gedankt.

Barbara Haslbeck und Jörn Günther

Hinweise zur Gestaltung dieser Arbeit:

- Am Anfang jedes inhaltlichen Teils des Buches ist eine Übersicht der enthaltenen Artikel zu finden, um die Orientierung zu erleichtern.

- Da die inhaltliche Untergliederung der Festschrift sich an der Perikope vom barmherzigen Samariter orientiert, werden die jeweils relevanten Bibelverse in der Übersicht zitiert.

- Die bibliographischen Angaben sind in der Regel in den Fußnoten zu finden.

- Wenn ein Werk mehrfach hintereinander zitiert wird, wird es nur beim ersten Mal vollständig angegeben, die weiteren Nennungen erfolgen mit Kurztitel.

FRANZ XAVER EDER
BISCHOF EM. VON PASSAU

Grußwort

Zu schnell werden oft wissenschaftliche Autoren verdächtigt, im Elfenbeinturm ihres Fachgebietes zu sitzen, jenseits wirkungsvoller Kontakte zu den Menschen. Pastoraltheologie freilich kann nicht abheben von der gelebten Wirklichkeit in dieser Welt. Dann hätte sie jeden Boden verloren, sich selber aufgegeben. Vielmehr muss sie die Wege für ein theologisch gebotenes Wirken der Kirche in ihre jeweilige Welt hinein deutlich machen und deren Horizonte aufzeigen.

Die Praxis von Barmherzigkeit und Gerechtigkeit, wie sie das Evangelium fordert, wird dann als die Seele christlichen Handelns sichtbar und ist in einer vertieften Wahrnehmung in der Theologie der Kirche zu reflektieren. Dann wird auch deutlich, dass die christlich begründete Kultur des Helfens und der Mitmenschlichkeit im heutigen Wertepluralismus ihren gebührenden, ja einen zielangebenden Platz einzunehmen hat. Wo sich Theologie und eine vor sozialem Hintergrund reflektierte Praxis miteinander verknüpfen, kann dann jene Einsicht zunehmen, dass gelingendes Menschsein sich immer nur in Bezogenheit zu anderen Menschen entfalten wird. Dabei wird auch deutlich, wie sehr ein Leben, das gelingen will, ganz wesentlich mit dem Nicht-Käuflichen, mit dem Nicht-Verrechenbaren zu tun hat. Es wäre für uns zu interessant, was uns Jesus noch aufgezeigt hätte, wenn er die Parabel vom barmherzigen Samariter noch weitergeführt hätte, etwa wie der Samariter nochmals beim Herbergswirt eingekehrt, um die Mehrkosten zu begleichen, die sich aus der Pflege des unter die Räuber Gefallenen ergeben haben. Aber wir haben dafür ja eine Theologie, eine biblisch orientierte praktische Theologie. Sie kann uns zeigen, wie aus menschlich-christlichen Impulsen provozierten Helfens Rückwirkungen erwachsen für den aus dem Glauben handelnden Menschen. Dieser Wirkungsstrang lässt sich auch in der Festschrift für Isidor Baumgartner verfolgen.

Eine Festschrift führt vieles zusammen, lässt einen breiten Blick auf das Werk des Geehrten zu. Für unseren Isidor Baumgartner wird sie aber nicht nur die Bestätigung seiner innovativen wissenschaftlichen Arbeit sein, sondern zu einer Unruhe stiftenden Herausforderung werden.

Wie echte Theologie nie an ein Ende kommt, weil ihr „Objekt" ohne Anfang und Ende ist und den Menschen stets vor neue unbekannte geistig-geistliche Welten stellt, so ist auch eine pastorale Theologie, die auch noch speziell auf den der Liebe und des Verstehens bedürftigen Menschen schaut, stets unterwegs, die aktuelle Aufgabenstellung neu zu entdecken. Isidor Baumgartner hat dies auf seinem Weg stets so gesehen und ist nicht „vorübergegangen" wie jener Priester und der Levit in der Parabel (vgl. Lk 10,31f).

Mit dem Geehrten freue ich mich über diese Gabe zu seinem 60. Geburtstag und wünsche ihm allen Segen Gottes. Ich gratuliere aber auch den Autorinnen und Autoren zu dem vollen harmonischen Zusammenklang auf dem Grundmotiv christlicher Sendung in die Welt und zu der daraus erwachsende Zuversicht: „Wer hilft, wird ein anderer"!

Franz Xaver Eder
Bischof em. von Passau

Teil I

Standortbestimmung christlichen Helfens

Da stand ein Gesetzeslehrer auf, und um Jesus auf die Probe zu stellen, fragte er ihn: Meister, was muss ich tun, um das ewige Leben zu gewinnen? Jesus sagte zu ihm: Was steht im Gesetz? Was liest du dort? Er antwortete: Du sollst den Herrn, deinen Gott, lieben mit ganzem Herzen und ganzer Seele, mit all deiner Kraft und all deinen Gedanken, und: Deinen Nächsten sollst du lieben wie dich selbst. Jesus sagte zu ihm: Du hast richtig geantwortet. Handle danach, und du wirst leben. Der Gesetzeslehrer wollte seine Frage rechtfertigen und sagte zu Jesus: Wer ist mein Nächster?

Lk 10,25-29

21

EXEGETISCHE ERKENNTNISSE

Rudolf Hoppe

Von der Grenzenlosigkeit christlichen Helfens

Überlegungen zum Gleichnis vom barmherzigen Samariter
(Lk 10,25-37)

Rudolf Hoppe

Von der Grenzenlosigkeit christlichen Helfens

Überlegungen zum Gleichnis vom barmherzigen Samariter
(Lk 10,25-37)

Einführung

Das Gleichnis vom barmherzigen Samariter kann zu Recht als exemplarisch
für Jesu gelebte Solidarität und seine Forderung nach helfender Zuwendung
gelten.[1] Die Erzählung ist aber auch deshalb von Interesse, weil Lk diese Begebenheit in seinen sog. „Reisebericht" (Lk 9,51-18,14) aufgenommen hat,
Jesus also auf dem Weg sieht, auf dem ihm Zufälliges und Unerwartetes begegnet und auf dem er vom Menschen erzählt, dem seinerseits Unerwartetes
widerfährt. Das Zufällige, auf das es zu reagieren gilt, ist denn auch nicht der
unwesentlichste Erzählzug in dieser Geschichte. Die "Moral" der Erzählung
mag unmittelbar einleuchten und in ihrer Selbstverständlichkeit sogar etwas
trivial erscheinen, aber abgesehen davon, dass das Einfache eben oft am
schwierigsten zu praktizieren ist, kommt es darauf an, den theologisch reflektierten Tiefgang, den die Erzählung durchaus hat, ans Licht zu bringen[2] und
für eine christliche Praxis fruchtbar zu machen.

1 Zum Zusammenhang und zur Traditionsgeschichte

Die eigentliche Erzählung vom barmherzigen Samariter gehört zum lk Son-
dergut (=SLk). Lk schafft einen Zusammenhang von der Aussendung der 72
Jünger (10,1-16 = Q[3]) und deren Rückkehr (10,17-20 = SLk) über den Jubel-

---

[1] Mit dem vorliegenden Beitrag grüße ich in freundschaftlicher Verbundenheit Isidor Baumgartner zum 60. Geburtstag, in Erinnerung an gemeinsame neun Jahre an der Passauer theologischen Fakultät, aber auch an gemeinsames Feiern im Hause Baumgartner oder Wande-
rungen im Bayerischen Wald.

[2] Die wichtigste Literatur ist bei Hultgren, Arland J., The Parables of Jesus. A Commentary,
Grand Rapids/Michigan 2000, 101-103, verzeichnet.

[3] Zur Frage der Q-Überlieferung vgl. Die Spruchquelle Q. Studienausgabe Griechisch und
Deutsch, herausgegeben und eingeleitet von Hoffmann, Paul / Heil, Christoph, Darmstadt
2002.

ruf Jesu (10,21f = Q), die Seligpreisung der Augenzeugen (10,23f = Q), die Frage nach dem Hauptgebot (10,25-28, vgl. Mk 12,28-34) und das anschlie-ßende Samaritergleichnis (10,29-37) bis hin zur Szene Jesu mit Marta und Maria (10,38-42 = SLk). Dem lässt er dann das Vaterunser (11,1-4 = Q), das Gleichnis vom bittenden Freund (Lk 11,5-8 = SLk) und die Spruchsammlung von Gebet und Erhörung (Lk 11,9-13 = Q) folgen. In einer Übersicht stellt sich das folgendermaßen dar:

Lk 10,1-16	Die Aussendung der 72 Jünger	Q
Lk 10,17-20	Die Rückkehr der 72	SLk
Lk 10,21f	Jubelruf	Q
Lk 10,23f	Seligpreisung der Jünger	Q
Lk 10,25-28	Frage nach dem Hauptgebot	Mk 12,28-34
Lk 10,29-37	Samaritergleichnis	SLk
Lk 10,38-42	Jesus bei Maria und Martha	SLk
Lk 11,1-4	Vater(unser)	Q
Lk 11,5-8	Gleichnis vom bittenden Freund	SLk
Lk 11,9-13	Gebet und Erhörung	Q

Lk hat also offenbar in den größeren Zusammenhang des Spruchevangeliums Q vier Überlieferungen aus SLk integriert: die Rückkehr der 72, das Samaritergleichnis, die Maria-Marta-Episode und das Gleichnis vom bittenden Freund. Das Samaritergleichnis und die Begebenheit mit Maria und Marta hat er zweifellos aufeinander bezogen.[4] Das Gleichnis selbst ist unmittelbar ange-schlossen an die Dreifachüberlieferung aus Mk 12,28-34 (vgl. Mt 22,34-40), aber Lk hat offenbar dieses Streitgespräch tiefgreifend umgestaltet:

In der Mk-Version handelt es sich um die Frage eines Schriftgelehrten nach dem allerersten Gebot, die Jesus mit dem Hinweis auf Dtn 6,5 und Lev 19,18 beantwortet. Hier ist es Jesus, der das Gebot zitiert, während der Schriftge-lehrte es anschließend nur kommentierend wiederholt. Bei Lk ist es ein Ge-setzeslehrer, der *von Jesus aufgefordert* wird, den Inhalt des Gesetzes wieder-zugeben, nachdem er ihn nach den Bedingungen für das ewige Leben gefragt hat. Das Gespräch beschließt Jesus anders als die Mk/Mt-Überlieferung mit einer Anweisung zum entsprechenden Handeln. Daran schließt der dritte E-vangelist dann das Gleichnis vom barmherzigen Samariter an, das Jesus auf die Frage des Gesetzeslehrers nach seinem Nächsten (Lk 10,29b) antworten lässt. In der lk Komposition ist gut erkennbar, dass die Begegnung zwischen dem Gesetzeslehrer und Jesus auf das Gleichnis ausgerichtet und in den zu-gewiesenen Rollen von Fragesteller und Antwortgeber entsprechend bearbei-tet ist. Das spricht m. E. für die Annahme, dass Lk in 10,25-28 auf die Mk-

---

4 Vgl. weiter unten Punkt 5.

Tradition 12,28-34 zurückgegriffen, sie aber gezielt modifiziert hat.[5] Dafür lässt sich auch geltend machen, dass Lk die mk Überlieferung im entsprechenden Zusammenhang der Auferstehungsfrage (Mk 12/Lk 20) übergangen hat.[6] Wegen der auffallenden Übereinstimmungen mit Mt 22,34-40 (gegen die Mk-Überlieferung)[7] ist eine eindeutige Entscheidung schwierig, aber das kann hier auf sich beruhen. Lk 10,25-28 und 10,(29)30-35(37) sind also zwei ursprünglich unabhängige literarische Einheiten, die erst sekundär miteinander verbunden wurden.

Sekundär sind aber auch Lk 10,29 und 10,36f. (Versuch des Selbstrechtfertigung und Schlussfrage Jesu nach dem Nächsten), wobei die Frage gestellt werden kann, ob die drei Verse auf dieselbe literarische Ebene verweisen, denn die Verwendung des Nächsten ist nicht ganz einheitlich. Es lässt sich aber zeigen, dass die von Lk umgestaltete Szene Lk 10,25-28 (Mk 12,28-34) und Lk 10,29-37 strukturell einander angeglichen sind:[8]

Lk 10,25-27/Lk 10,29-37

V.25: Frage des νομικός	V. 29: Frage des νομικός
	V. 30-35: Gleichnis als Antwort Jesu
V. 26: Gegenfrage Jesu	V. 36: Gegenfrage Jesu
V. 27: Antwort im Schriftzitat	V. 37a: Antwort des νομικός
V. 28: Aufforderung Jesu	V. 37b: Aufforderung Jesu

Die erkennbare Zuordnung lässt es als wahrscheinlich erscheinen, dass Lk eine selbständige Gleichniserzählung in seiner Überlieferung vorfand und sie in seinen Zusammenhang in eigener Gestaltung eingebaut hat. M. a. W.: Die eigentliche Erzählung findet sich in V. 30-35.

---

[5] In der Forschung wird sowohl die Rückführung von Lk 10,25-28 auf eine von Mk unabhängige Tradition (Q) (vgl. Bovon, Francois, Das Evangelium nach Lukas. Lk 9,51-14,35, Neukirchen-Vluyn-Zürich-Düsseldorf 1996, 84) als auch die These einer selbständigen Überlieferung vertreten (vgl. Bornkamm, Günther, Das Doppelgebot der Liebe, in: Ders., Geschichte und Glaube I, München 1968, 37-45, hier 44). Vgl. zur Entscheidung für die Mk-Tradition auch Bendemann, Reinhard von, Zwischen ΔΟΞΑ und ΣΤΑΥΡΟΣ, Berlin 2001, 146-149.

[6] Vgl. Wiefel, Wolfgang, Das Evangelium nach Lukas, Berlin 1988, 207. Lk nimmt in 20,27-40 die Sadduzäerfrage nach der Auferstehung aus Mk 12,21-27 auf, übergeht dann aber Mk 12,28-34 und kommt in 20,41-44 wieder auf Mk 12,35-37 zurück (Davidssohnfrage).

[7] νομικός (bei Mt 22,35 allerdings textkritisch unsicher), Anrede mit διδάσκαλε, πειράζων (Mt 22,35)/ἐκπειράζων (Lk 10,25).

[8] Vgl. auch Bovon, Lk II, 83.

2 Zu den Realien und zum Vorgang des Gleichnisses

Die Wegbeschreibung der Geschichte ist durchaus realistisch.[9] Es ist vorstellbar, dass ein Priester und ein Levit am Tempel in Jerusalem Dienst getan hatten und sich nun auf dem Weg nach Jericho befanden, das als Priesterstadt galt. Die Strecke ist 27 km lang und war auch in der Antike schon sehr gefürchtet.[10] Das Wadi Kelt, das vom Ölberg nach Osten die 1000 m Höhenunterschied nach Jericho führt, lässt auch heute noch Rückschlüsse auf die Welt der Antike zu. Mit den $\lambda\eta\sigma\tau\alpha\iota$ können Zeloten gemeint sein, die in der Gegend für ihre Überfälle berüchtigt waren.[11]

Priester und Levit sind Mitglieder des Tempelpersonals, von denen man Hilfe in der Notsituation hätte erwarten dürfen. Der Samaritaner[12] ist Mitglied einer Volksgruppe, die den Juden verhasst war. Die Aversionen des Judentums z. Zt. Jesu gegen die Samaritaner gehen bis ins 8. Jh. v. Chr. zurück, als sich nach der Eroberung des Nordreiches durch die Assyrer der Rest der einheimischen Bevölkerung, der nicht verschleppt worden war, mit den heidnischen Kolonisten vermischte und damit die israelitisch-jüdische Identität (in den Augen des Judentums aus dem Süden Israels) aufgab. Die Trennung war umso nachhaltiger, als die Samaritaner die gesamte Kultzentrierung in Jerusalem nicht mitvollzogen, sondern ihr eigenes Heiligtum auf dem Garizim begründeten. Dazu kamen dann Differenzen in halachischen Fragen und im Kanonverständnis. Das kann aber hier auf sich beruhen.

Voraussetzung für den weiteren Hergang der Geschichte ist der Überfall, der sich zwischen Jerusalem und Jericho abspielt und den Leser/Hörer selbstverständlich davon ausgehen lässt, dass es sich bei dem Opfer um einen Juden handelt (was für die Botschaft der Erzählung später entscheidend sein wird). Näheres ist über den Mann nicht zu erfahren. Allein der Hergang von V. 30 und die Tatsache, dass ihm später seine Wunden behandelt werden, zeigt, dass es sich um eine gewaltsame Attacke gehandelt haben muss, wie sie Zeloten und Sikarier immer wieder verübten; eine Begründung für die Konfrontation wird nicht gegeben. Auch das spiegelt die zeitgenössische aufgewühlte Atmosphäre, in der es zu spontanen Übergriffen kam, zutreffend wider.

---

[9] Vgl. Bovon, Lk II, 89; Hultgren, Parables, 95f; Linnemann, Eta, Gleichnisse Jesu, Göttingen [7]1978, 59.

[10] Zu Jericho vgl. Jos. bell. 4, 473-475.

[11] Vgl. Rengstorf, Karl Heinrich, Art. $\lambda\eta\sigma\tau\eta\varsigma$, in: ThWNT IV, 262-267 (dort auch die wichtigsten Josephus-Belege). Bell. II, 425 bezieht Josephus die $\lambda\eta\sigma\tau\alpha\iota$ auf die Sikarier.

[12] Vgl. den instruktiven Band: Dexinger, Ferdinand / Pummer Reinhard (Hg.), Die Samaritaner, Darmstadt 1992; vgl. ferner Hieke, Thomas, Art. Samariter/Samaritaner, in: NBL III, 430-433.

Damit ist die Erzählung aber schon zum zentralen Teil gekommen. Für den Leser stellt sich der Vorgang so dar, dass der Priester vom Tempeldienst auf dem Weg nach Hause in die Stadt Jericho ist und zufällig an dem Niedergeschlagenen vorbeikommt, aber bewusst auf die andere Seite des Weges geht ($\dot{\alpha}\nu\tau\iota\pi\alpha\varrho\tilde{\eta}\lambda\vartheta\varepsilon\nu$[13]). Das kann mit den Reinheitsvorstellungen begründet werden: dem Priester war es nach Lev 21,1.11 verboten, sich an einem Toten zu verunreinigen.[14] Der in orthodoxer jüdischer Tradition stehende Leser musste mit der Möglichkeit rechnen, dass der Verletzte während der möglichen Hilfeleistung des Priesters hätte sterben und damit eine Verunreinigung des Priesters hätte bewirken können. Dieses den Priester letztlich entschuldigende Wissen ist aber für den hellenistischen Adressaten des Lk-Evangeliums nicht vorauszusetzen, die unterlassene Hilfeleistung ist für ihn unentschuldbar. Die rituellen gesetzlichen Vorgaben sind beim Leviten insofern anders, als dieser sich nur im Zusammenhang des kultischen Dienstes nicht verunreinigen durfte. Lk selbst kennt diese Unterschiede wohl nicht. Ihm kommt es nur darauf an, in der Erzählführung die Positionierung des Hörers/Lesers vorzubereiten. Erzählstrategisch ist deshalb die dritte Szene von ausschlaggebender Bedeutung; die beiden vorhergehenden Szenen sind denn auch entsprechend kurz gehalten und lassen den Kontrast zur dritten Szene umso deutlicher hervortreten.

Dass als Dritter in der Personenabfolge ein Positivbeispiel angeführt werden würde, liegt zunächst in der inneren Logik des für das Gleichnis strukturgebenden Dreierschritts. Wollte der Erzähler ein kontrastierendes Element einführen, wäre nach den Repräsentanten des jüdischen Klerus ein jüdischer Laie als Helfer in der Not eine naheliegende und geeignete Erzählfigur. Aber darüber geht die Geschichte weit hinaus. Denn es tritt nun der *Samariter* auf, von dem ein Jude nach landläufigem Verständnis mit Sicherheit keine Hilfe zu erwarten hat. Gezielt baut der Erzähler hier den für die innere Spannung des Geschehens entscheidenden Kontrast auf. Von den beiden Tempelrepräsentanten vorher wird mit dem $\dot{\alpha}\nu\tau\iota\pi\alpha\varrho\acute{\varepsilon}\varrho\chi\varepsilon\sigma\vartheta\alpha\iota$ deren Achtlosigkeit, ja Distanzierung ausgesagt, vom Samaritaner mit $\dot{\varepsilon}\sigma\pi\lambda\alpha\gamma\chi\nu\acute{\iota}\sigma\vartheta\eta$ das Erbarmen.[15] Ziel des

---

[13] $\dot{\alpha}\nu\tau\iota\pi\alpha\varrho\acute{\varepsilon}\varrho\chi\circ\mu\alpha\iota$ ist äußerst selten. In Weish 16,10 positiv verwendet (zu Hilfe kommen), bedeutet es eigentlich einen "Seitenwechsel" (Xen An 4,3,17: die Reiterordnungen sind auf der anderen Seite des Flusses). Gut übersetzt Bovon, Lk II, 90 Anm. 38: „Er ging vorüber, indem er auf die andere Straßenseite wechselte". Die geläufige Übersetzung „er ging vorüber" ist m. E. zu schwach.

[14] Vgl. Str.-B. II, 182f; vgl. auch Maier, Johann, Zwischen den Testamenten, Würzburg 1990, 220-223.

[15] Das Verb $\sigma\pi\lambda\alpha\gamma\chi\nu\acute{\iota}\zeta\varepsilon\sigma\vartheta\alpha\iota$ wird erst in der jüdisch-christlichen Literatur im Sinne von „Sich erbarmen" verwendet. Im Griechischen in der kultischen Sprache beheimatet (die Eingeweide des Opfertieres), gewinnt es in der jüdischen Literatur die Bedeutung des Sitzes der Gefühle (vgl. Köster, H., Art. $\sigma\pi\lambda\acute{\alpha}\gamma\chi\nu\circ\nu$ $\varkappa\tau\lambda.$, in: ThWNT 7, 548-559, hier 551). Lk ver-

Erzählers ist die Durchkreuzung vorgefasster Erwartungen, die Außerkraftsetzung gewöhnlicher Maßstäbe. Hier liegt der Akzent der Erzählung.[16] Während die beiden vorangegangenen Szenen nur kurz, aber durchaus drastisch, die verachtende Haltung schildern, wird die dritte Szene breit ausgemalt: Da ist von der Pflege vor Ort die Rede, sogar vom Transport in eine Herberge und einem Auftrag an den Wirt, den Patienten zu versorgen und der Zusage des Samaritaners, für alle Kosten aufzukommen.[17] Es liegt zwar in der Natur der Sache, dass die Darstellung der dritten Szene ausführlicher ausfallen muss als die beiden anderen, aber die Detailschilderung ist als Kontrast zum Verhalten des Tempelpersonals signifikant.

Der Erzähler will damit bei seinen Adressaten einen *Identifikationsvorgang* erzielen: der Leser/Hörer identifiziert sich schon in der Ausgangsschilderung des Überfalls mit dem Opfer und erwartet eine Hilfeleistung. Angesichts des Verhaltens des Priesters und des Leviten distanziert er sich von diesen so, wie diese sich in den vorhergehenden Szenen vom Überfallenen distanziert haben. Mit der dritten Szene soll der Hörer sich dann aber mit dem Samariter identifizieren. Der, von dem eigentlich nichts zu erwarten war, der aber allein alle Grenzen durchbrochen hat, wird nun zur Leitfigur der eigenen Zuordnung in der Geschichte. Der Erzähler will so den Adressaten seiner Erzählung in die Geschichte selbst hineinnehmen, ihn zu einem Teil des Erzählten werden lassen. Mit dem Verhalten des Samariters kommt eine Szenerie ins Spiel, die für den Leser vorher unrealistisch, undenkbar war. Die Erzählung macht aus einer Figur, die vorher grundweg abzulehnen war, eine Symbolfigur eigener Identifikation.

3 Zum Ort des ursprünglichen Gleichnisses in der Verkündigung Jesu

Es gibt m. E. keinen begründeten Anhaltspunkt für die Annahme, das Gleichnis sei nicht auf die authentische Jesusverkündigung zurückzuführen. Gerade

---

wendet das Wort sonst nur für den sich des toten Jünglings von Naim erbarmenden Jesus (Lk 7,13) und des sich seines zurückkehrenden Sohnes erbarmenden Vaters (Lk 15,20). Das Subjekt ist also Jesus oder der als Chiffre für Gott stehende Vater. An die lk Bedeutung im Samaritergleichnis kommt aber die hellenitisch-jüdische Ermahnungsschrift der Testamente der 12 Patriarchen heran. Vgl. Test Seb 8,1: „Und ihr nun, meine Kinder, habt Mitleid im Erbarmen (εὐσπλαγχνία) gegen jeden Menschen, damit auch der Herr aus Mitleid (σπλαγχνίζομαι) gegen euch Erbarmen mit euch hat."

[16] Für Lk haben die Samaritaner generell die Funktion der Grenzüberwindung und Universalisierung (vgl. Apg 1,8).

[17] Die Haupttätigkeiten des Samariters sind das Verbinden der Wunden, das Transportieren zu einer Herberge, die Sorge um den Verletzten und die Vorleistung von zwei Denaren mit der Zusicherung der Rückkehr und der Übernahme der Gesamtkosten.

wenn die traditionskritische Untersuchung zu der begründeten Hypothese führte, Lk habe die Episode in seiner Jesusüberlieferung vorgefunden, ist es plausibel, das Gleichnis Jesus selbst zuzusprechen. Diese Annahme wird noch wahrscheinlicher, wenn man den für das erzählte Geschehen zentralen Aspekt der Identifizierungslenkung des Hörers näher ins Auge fasst: Das Gleichnis will ja zu einer Einstellungsänderung motivieren, wenn der mit Vorurteilen besetzte Samariter zur Symbolfigur eigener Aneignung wird. Das grenzüberschreitende Verhalten des Samariters, der dem Juden eigentlich feindlich gesinnt ist wie der Jude dem Samariter feindlich gegenübersteht, ist beispielhaft für die Jesusverkündigung. Es ist die praktische Umsetzung dessen, was er mit dem Gebot der Feindesliebe zum Ausdruck bringt.[18] Das Gleichnis lässt den Samariter also so handeln, wie es der Praxis Jesu entspricht.[19] Jesus versucht mit der Erzählung „Grenzen zu überbrücken, die [...] sowohl völkisch wie religiös als nahezu unüberbrückbar galten".[20]

Wenn man das Gleichnis in der Sache im Kontext der jesuanischen Forderung der Feindesliebe verstehen kann, hat auch diese Parabel ihren Ort in Jesu basileia-Verkündigung. Das Handeln des Samariters ist dann eine Darstellung der Nähe der Gottesherrschaft, die ein Verbleiben in den Vordergründigkeiten überkommener Freund-Feind-Schablonen für obsolet erklärt. So wie im Gleichnis selbst im Grunde zwei Welten zusammenkommen, nämlich die Welt des Priesters bzw. des Leviten, und die des Samariters, und die des Letztgenannten zum Maßstab wird, so ist es auch mit der basileia. Insofern ist die Geschichte selbst Bild oder Metapher für die in der basileia ausgesagte Wirklichkeit.

4 Von der Parabel zur Beispielerzählung

Mit *seiner* Frage nach dem Nächsten in V. 36 kommt der lukanische Jesus auf die Frage *des Gesetzeslehrers* nach dem Nächsten aus V. 29 zurück, deren inhaltliche Akzentverschiebung freilich unverkennbar ist. Im Anschluss an die Rückfrage Jesu nach dem Inhalt des Gesetzes und die formal richtige Antwort des Gesetzeslehrers hatte dieser danach gefragt, wer *sein* Nächster sei. Die Rückfrage des Gleichniserzählers in V. 36 geht dann aber dahin, wer von den im Erzählvorgang geschilderten Personen *dem Opfer auf dem Wege* der Nächste geworden sei. Aus dem Nächsten als Objekt (V. 29) ist der Nächste

---

[18] Vgl. Merklein, Helmut, Die Gottesherrschaft als Handlungsprinzip, Würzburg ³1984, 253.

[19] Das deutete sich schon im Begriff σπλαγχνίζεσθαι an. Auch in der jesuanischen Forderung der Feindesliebe hat das Motiv des „Erbarmens" seinen zentralen Ort (vgl. Lk 6,35f)

[20] Merklein, Handlungsprinzip, 252.

nun zum Subjekt geworden.[21] Diese Bedeutungsverschiebung hat wohl Lk selbst vorgenommen:

Der νομικός bei Lk wird bereits in V. 29 dadurch ins Zwielicht gerückt, dass er den Versuch macht, sich selbst zu rechtfertigen.[22] Dieses Verdikt spricht der lk Jesus in Lk 16,15 über die geldgierigen Pharisäer[23] aus, ebenso erscheint der Pharisäer im Gleichnis Lk 18,9-14 (vgl. V. 9) als Beispiel für die, die sich selbst für gerecht halten. Der νομικός wird also mit diesen Pharisäern auf eine Ebene gestellt, wenn ihm bescheinigt wird, mit seiner Frage nach dem Nächsten meine er vor allem seine eigene Gerechtigkeit. Und wenn er vorher Lev 19,18 zitiert hat, scheint für ihn klar zu sein, dass der Nächste der Volksgenosse ist; in diesem Verständnis ersucht er Jesus um eine Bestätigung. Die aber gibt der lk Jesus ihm gerade nicht, er antwortet vielmehr mit dem Gleichnis, das eine grundsätzliche Entgrenzung vornimmt, anschließend die Frage nach dem Nächsten von jeglichem Selbstbezug löst und damit umkehrt. Hat der Leser/Hörer sich auf das Gleichnis wirklich eingelassen, kann er nach dem Nächsten nicht mehr so fragen wie der Gesetzeslehrer in der Situation vor der Erzählung. Nach dem Hören der Samaritergeschichte muss die Frage anders gestellt werden. Das Problem ist für Lk nicht mehr, wer für den νομικός der Nächste ist, sondern wer *für den in Not geratenen Menschen* der Nächste ist. Das ist hier der vermeintliche Feind des Volksgenossen. Wenn aber der angebliche Feind als Nächster handelt, ist das Toragebot auch für den Gesetzeslehrer in den Augen des lk Jesus gänzlich anders zu verstehen.

Damit hat Jesus als Erzähler dann schon den entscheidenden Schritt aus der Parabel herausgetan, die für sich gesehen eine Einzelepisode beschreibt und nun paradigmatischen Charakter gewinnt, zur Handlungsanweisung übergeht. Deshalb wird die Erzählung jetzt zur Beispielsgeschichte. Die Bestätigung dessen findet sich denn auch anschließend in der Aufforderung, wie der Samariter zu handeln. Der Frage aus V. 29 „Wer ist denn mein Nächster?" (τίς ἐστίν μου πλησίον;) entspricht nun das betonte „Du" in der Anweisung V. 37: „Und du, du handle genau so" (καὶ σὺ ποιεῖ ὁμοίως). Veranlasst ist diese Konkretisierung der ursprünglichen Parabel zur Beispielerzählung hin durch die von Lk hergestellte Zuordnung der Frage nach dem Gebot zum Gleichnis.

---

[21] Bovon, Lk II, 92 charakterisiert den Nächsten V. 36 sehr schön als „aktives Subjekt der Beziehung".

[22] Ὁ δὲ θέλων δικαιῶσαι ἑαυτὸν εἶπεν πρὸς τὸν Ἰησοῦν ...

[23] Die Pharisäer stehen hier für das Verhaftetsein an die Güter der Welt und haben die Funktion, die Gemeinde vor der Fixierung auf den Besitz zu warnen. Gerade bei Lk kann Jesus aber auch ein positives Verhältnis zu den Pharisäern haben, vgl. Lk 13,31.

5 Soziale Praxis und Hören auf das Wort

Der nun durch Lk herbeigeführte Zusammenhang geht in seiner Botschaft aber noch einen wichtigen Schritt weiter: Mit dem Gleichnis antwortet der Erzähler auf die Frage nach dem Gebot der Nächstenliebe aus Lev 19,18 und sieht dessen Erfüllung in der grenzüberschreitenden helfenden Zuwendung zum Menschen. Der lk Jesus geht im weiteren Zusammenhang (s. o.) mit der anschließenden Szene von Maria und Marta (Lk 10,38-42) aber in der Sache auch auf den ersten Teil des Gebotes, das Gebot der Gottesliebe (Dtn 6,5), ein. In der Maria/Marta-Begebenheit wird allem hektischen Tun zugunsten des Hörens des Wortes des Kyrios, in dem Gottes Stimme vernehmbar wird, ein Absage erteilt. Beide Abschnitte hat Lk selbst aufeinander bezogen und kommt damit auf den ersten Teil des Doppelgebotes der Gottes- und Nächstenliebe zurück. Um den Gottesbezug noch zu vertiefen, schließt Lk schließlich in Kap. 11 die Anweisungen zum rechten Beten an bzw. fährt hier mit seiner Q-Tradition fort, die er nach dem Makarismus 10,23f[24] verlassen hatte. Damit wird deutlich: Der vom dritten Evangelisten eingeforderte soziale Bezug ist gebunden an das Hören auf den κύριος und umgekehrt bewährt sich das Hören auf das Wort in der bedingungslosen Zuwendung.

Lk macht mit seiner Komposition letztendlich auch noch auf einen weiteren Aspekt aufmerksam, der zur im Geschehensablauf des Gleichnisses vorgenommenen Umkehrung der Verhältnisse gehört: Im Jubelruf Lk 10,21 (Q) hatte der lk Jesus dem Vater für die Offenbarung an die Unmündigen gedankt und diese den „Weisen" gegenübergestellt, denen das alles verborgen sei. Das wird in der Frage des νομικός anschließend realisiert, denn er erscheint in seinem Auftreten Jesus gegenüber ("er wollte ihn auf die Probe stellen") als der *vermeintlich Wissende*, aber *in Wirklichkeit Unwissende*. Diese Neubestimmung macht der lk Jesus dann zum Ausgangspunkt seiner Jüngerunterweisung, indem er soziales Handeln und Hören auf das Wort bzw. das Gebet zusammenführt und damit das Paradigma für christliches Verhalten schafft. Für Lk bilden Theologie bzw. Christologie und Diakonie eine Einheit. Das ist die Messlatte, die als Prüfstein für Theologie und Kirche auch heute zu gelten hat.[25]

---

[24] Lk 10,23f (=Q) lautet in der lk Rezeption: „Selig, die Augen, die sehen, was ihr seht. Denn ich sage euch: Viele Könige und Propheten wollten sehen, was *ihr* seht, und sahen nicht, und hören, was *ihr* hört, und hörten nicht".

[25] Für die Durchsicht des Textes danke ich meiner Mitarbeiterin Kristell Köhler.

ZUR SPIRITUALITÄT DES HELFENS

Konrad Baumgartner
Der Weg der Barmherzigkeit als Weg zum Leben
Aspekte einer Spiritualität des Helfens

Markus Lehner
Spiritualität mit Erdung

Konrad Baumgartner

Der Weg der Barmherzigkeit als Weg zum Leben

Aspekte einer Spiritualität des Helfens

0 Helfen – in der Krise?

„Helfen" steht heute in vielfacher Hinsicht unter Verdacht: wird es geübt, um eigene, vielleicht ungestillte Bedürfnisse zu befriedigen, um eine „Oben-Unten-Beziehung" und damit Abhängigkeit und Unmündigkeit zu dokumentieren oder gar zu verfestigen, um „für andere" etwas zu tun und nicht „mit ihnen", um Not kurzfristig zu lindern, statt Strukturen der Ausbeutung und Ungerechtigkeit zu' verändern? In der Tat: Helfer-Fallen gibt es genug. Angebote der Hilfe demütigen dann, beschämen und entmutigen. „Wir wollten Ihnen nur helfen!" Eine solche Reaktion ist typisch für helfendes Fehlverhalten. Selbst die Perspektive „Hilfe zur Selbsthilfe" ist vor solchen Gefahren nicht gefeit. Erst „wo Teilen von Lebenserfahrung, Gütern, psychischer und körperlicher Gesundheit, Leid an die Stelle von Helfen mit seinem oft sublimen Oben-Unten-Gefälle tritt, wird Solidarität gelernt und Koinonia als Urform der Diakonie erfahren."[1]

Wichtig ist dabei die Unterscheidung der theologischen Begründung solcher Diakonie und der Motivation dazu.[2] Christlich motiviertes Helfen meint: Solidarität plus Spiritualität – im Sinne der Verschränkung von Handeln und Reich-Gottes-Verkündigung, wie sie Jesus als Weg gelebter Gottes- und Nächstenliebe vorgestellt hat.[3]

Die Beispielerzählung vom barmherzigen Samariter, das die Herausgeber dieser Festschrift als Matrix vorgegeben haben, gibt auch dafür wichtige Im-

---

[1] Steinkamp, Hermann, Diakonie – Kennzeichen der Gemeinde, Freiburg 1985, 100; vgl. auch Haslinger, Herbert, Diakonie zwischen Mensch, Kirche und Gesellschaft, Würzburg 1996, 453-468, 731-733.

[2] Vgl. Meurer, Siegfried (Hg.), Diakonie und gesellschaftliche Veränderung, Wuppertal 1973, 59-61.

[3] Das „evangelizare pauperibus" (Jes 61,1) wird in der Praxis Jesu zum „et a pauperibus evangelizari"; vgl. das neue Motto der Redemptoristen. In diesem Sinn sind die „Option für die Armen" und die „Theologie der Befreiung" zu verstehen (und zu praktizieren).

pulse, die im Kontext anderer biblischer Aussagen und ihrer Verstehenshorizonte zu sehen sind.

1 Helfen in biblisch-theologischer Sicht

Die Konkordanz zur Bibel des AT und des NT weist etwa 180 Einträge auf zu den Stichwörtern „helfen", „Helfer" und „Hilfe": für den zwischenmenschlichen, den familiären und nachbarschaftlichen Bereich, für das Miteinander in Stamm und Volk, nicht zuletzt auch im Blick auf Gott als entscheidenden Retter und Helfer in unterschiedlichsten Nöten. Diese letztere Perspektive wird vor allem im Buch der Psalmen offenbar: Gott, der Herr, ist für sein Volk und für jeden, der ihm vertraut, Schutz und Hilfe – eine Aussage, die in Psalm 146 verdichtet wird zu einem Preislied auf Gott, den Herrn und Helfer Israels. Und einzelne Psalmen rufen Jahwe als den Gott der Entrechteten und Wehrlosen an, „der Marginalisierten, die vom Profit des wirtschaftlichen und von den Privilegien des gesellschaftlichen Systems bewusst ausgeschlossen werden, damit die Mächtigen ihre Macht und die Reichen ihren Reichtum behalten, ja noch steigern können [...] die ‚prophetischen Psalmen' rufen den Gott der Armen zu Hilfe als Rächer und Retter. Von ihm erhoffen sie, dass er die Mächtigen und die Ausbeuter zur gesellschaftlichen Umkehr bewege, eben zur Rückkehr zum ‚alten' Ethos der praktizierten Brüderlichkeit."[4]

Um dieses „alte Ethos der praktizierten Brüderlichkeit" geht es beim Helfen aus biblisch-theologischer Sicht. Gemeint ist das „Laufen auf den Hilferuf hin", das „den Bedrängten zu Hilfe Eilen", wie es noch in Apg 21,28 durchscheint. Auch das Hilfehandeln Jesu ist Antwort auf den Hilfeschrei aus körperlicher, seelischer oder religiöser Not (vgl. Mt 15,25; Mk 9,22.24). Auf Jesus richtet sich schließlich das Vertrauen des frommen Beters: „Der Herr ist mein Helfer, ich fürchte mich nicht" (Hebr 13,6; vgl. Ps 118,6 G).[5]

Aus dieser Erfahrung der Zuwendung Gottes als dem Vater der Weltvölker zu allen Menschen und der besonderen Zuwendung zu Israel aufgrund der Erwählung zu seinem Volk erwachsen Motiv und Ethos praktizierter Brüderlichkeit in der Bibel: als helfende Zuwendung zunächst zu allen Menschen in Not, die damit zu „Nächsten" werden. Diese Zuwendung wird im Judentum nach dem Exil mehr und mehr eingegrenzt auf den Religions- und Volksgenossen. „Die ethische Verpflichtung des Israeliten gegenüber dem Israeliten

---

[4] Zenger, Erich, Die Nacht wird leuchten wie der Tag. Psalmenauslegungen. Freiburg-Basel-Wien 1997, 174-176; diese „Option für die Armen" bringen beispielhaft die Psalmen 11, 12 und 14 zum Ausdruck.

[5] Vgl. Kittel, Gerhard (Hg.), Theologisches Wörterbuch zum Neuen Testament. I, Stuttgart-Berlin-Köln 1990, 627.

ist eine andere als die gegenüber dem Heiden. [...] Der Nächste ist vom Fernen, der Bruder vom Mitmenschen deutlich abgehoben [...], (obwohl) diese Dualität [...] durch die Einheit Gottes und durch die Einheit des Menschentums fest miteinander verbunden wird, so dass die menschliche Verpflichtung den Rahmen der Brudergemeinschaft überschreitet."[6] Diese Gleichsetzung von Nächstenliebe mit Brüderlichkeit wird von Jesus entschieden zurückgewiesen.

Noch die Septuaginta verstand den Nächsten „als den anderen Menschen im Augenblick der Begegnung. Das NT knüpft in der Diskussion um die Frage ‚Wer ist mein Nächster?‘, die zur Zeit Jesu entbrannt war, eindeutig an die LXX an. [...] Nächstenliebe, sagt Jesus, ist nicht auf die Volks- und Religionsgemeinschaft beschränkt, sondern muss die Haltung sein, in der jeder Mensch dem anderen begegnen soll. Maßstab der Nächstenliebe ist allein die Not des Nächsten."[7] Die „Notleidenden" sind für Jesus seine „geringsten Brüder (und Schwestern)": „Christus weiß sich ganz allgemein besonders in den Armseligen und Geringen dargestellt, die – abgesehen von ihrer ethischen Qualität, einfach durch ihr Geringsein und den Anruf an die Liebe der andern, der darin liegt – den Meister vergegenwärtigen. [...] Die Bruderschaft mit Christus wird hier [...] auf die Gemeinsamkeit in Niedrigkeit und Not gegründet."[8]

2 Das ewige Leben empfangen – ein Motiv des Helfens

In der Erzählung vom barmherzigen Samariter (Lk 10,25-37) wird von Jesus als „Weg zum (ewigen) Leben die sich in der Nächstenliebe bewährende Gottesliebe"[9] an einem dramatischen Beispiel vorgestellt. Mit der Beantwortung der Ausgangsfrage des Gesetzeslehrers „Was muss ich tun, um ewiges Leben zu empfangen?" – durch die Erfüllung des Doppelgebotes der Gottes- und Nächstenliebe – gibt sich der Fragesteller nicht zufrieden. „Er möchte Recht behalten auf der theoretisch-theologischen Ebene, in dem er es nun mit der

---

[6] Ratzinger, Joseph, Die christliche Brüderlichkeit, München 1960, 20.

[7] Breuer, Chr., Art. Nächster, in: Grabner-Haider, Anton (Hg.), Praktisches Bibellexikon, Freiburg-Basel-Wien 1969, 789f.

[8] Ratzinger, Brüderlichkeit, 43f.; „Die Hilfsbedürftigen sind (also) über alle Grenzen hinweg eben durch ihre Hilfsbedürftigkeit Brüder Jesu. Andererseits ist unleugbar, dass die kommende Gemeinde der Glaubenden als solche eine neue, von den Nichtglaubenden abgehobene Brudergemeinschaft bilden wird." (45f).

[9] So benennt Heinz Schürmann die Perikope, in: Herders theologischer Kommentar zum Neuen Testament, Das Lukasevangelium. II, Freiburg-Basel-Wien 1994, 125-150.

damals im Judentum sehr diskutierten Frage nach dem Begriff des ‚Nächsten' versucht [...] (als der Frage) nach der Grenze der Nächstenliebe."[10]

In der Beispielgeschichte ruft der nackte, ausgeplünderte und halbtote Mensch in seiner Not nach Hilfe. Sein Zustand fordert die Tat der Barmherzigkeit unweigerlich heraus, der sich freilich der Priester und der Levit versagen – ihre Art der Gottesverehrung wird damit radikal kritisiert. An dieser Herausforderung soll klar werden, was Nächstenliebe ist: „Ein jeder soll sich persönlich angesprochen und aufgerufen wissen zum Tun [...] Niemand kann sich entschuldigen."[11] So wendet Jesus in einer Art „seelsorgerlichem Gespräch" (*H. Schürmann*), das den Mithörenden zum Tun bewegen möchte, die Frage vom Objekt der Liebe („Wer ist mein Nächster?") zu deren Subjekt: der Notleidende macht uns zu Nächsten. Es geht um „die Forderung für jedermann, sich selbst zum Nächsten als ‚Notleidenden wo immer' zu machen."[12]

Implizit wird damit auch die ursprüngliche Frage beantwortet „Was muss ich tun, um ewiges Leben zu empfangen?". Der Weg zum Leben ist die Gottesliebe und eine darin orientierte, auf alle Notleidenden bezogene, „entgrenzte" Nächstenliebe. Eine solche „Option für die Armen" ist eine Verpflichtung, die gerade auch Jesus durch seinen Einsatz und das Interesse Gottes an den Notleidenden im Sinne des Offenbarwerdens des Reiches Gottes eingelöst hat. In seinem „Mitvollzug der Herablassung Gottes wird Jesu Gottesliebe zur Nächstenliebe" (*H. Schürmann*). Seine Gottesliebe ist Grund und Ursprung der Nächstenliebe; er aber ist solidarisch mit allen, die Not leiden.

So sehr die Erfüllung des Gebotes der Gottes- und Nächstenliebe der „Weg zum Leben" ist, so sehr bleibt dieses Leben Geschenk des liebenden Gottes. Nun herrschte aber schon in der rabbinischen Theologie der „Lohngedanke" vor, wonach Gott als der Getreue und Gerechte verpflichtet sei, dem Frommen für jedes verdienstliche Werk einen entsprechenden Lohn zu geben. Durch Anhäufung von Gebotserfüllungen könne er „Verdienste anhäufen", die Gott „verbucht" und bei der „Bilanz des Gerichtes" gegen die bösen Werke abwägt und entsprechend über das ewige Schicksal des Menschen entscheidet. Leistung und Gegenleistung stehen so einander gegenüber – wie in einem Rechts- oder Vertragsverhältnis. Lohn für die Guten und Strafe für die Bösen ist zwar auch im NT ein wichtiges Motiv der Ethik, gerade auch bei Jesus. „Der Lohngedanke des Evangeliums hängt unlösbar zusammen mit der Lehre von Gott als dem Herrn und vom Gottesreich als dem Ziel des Menschen. [...] Trotzdem besteht ein tiefgreifender Unterschied zwischen der Lehre Jesu vom Lohn und dem jüdischen Lohngedanken, den Jesus ausdrücklich

---

[10] Schürmann, Lukasevangelium, 141f.

[11] Ebd. 144.

[12] Ebd. 148.

ablehnt: (1) der Lohn besteht in der Aufnahme in das Gottesreich bzw. im Ausschluss aus diesem; (2) Jesus verlegt den Schwerpunkt der Ethik in die Gesinnung des Menschen; (3) der Mensch steht mit seinen guten Werken Gott nicht wie ein gleichberechtigter Vertragspartner gegenüber; (4) der Lohngedanke ist in der Lehre Jesu nicht das einzige und auch nicht das Hauptmotiv der Ethik."[13]

Die Motivation zur Hilfeleistung um der Belohnung mit dem ewigen Leben willen war (und ist?) in der religiösen Erziehung und im ethischen Verhalten gerade auch in der katholischen Kirche stark ausgeprägt (gewesen): im Sammeln von guten Werken, mit der „Vergelts-Gott's-Praxis" – einer Bezahlung mit dem höchste Lohn! oder mit einer Leistungsfrömmigkeit, die im Hintergrund vom krankmachenden Bild des „Leistungsgottes"[14] bestimmt ist. Die Aufnahme in das Reich Gottes aber ist und bleibt – bei aller Bedeutung des Gebotes der Liebe und seiner Einlösung – Tat der Liebe Gottes.

3 „... das habt ihr mir getan!"

Die Auslegung der Beispielerzählung vom barmherzigen Samariter hat immer auch typologisch Jesus sowohl im Barmherzigkeit übenden Samariter wie auch in dem unter die Räuber gefallenen und halbtot geschlagenen Reisenden zu erkennen gesucht.[15] Die Identifizierung mit Letzterem verweist zugleich auf die Rede Jesu vom Weltgericht (Mt 25,31-46), wo die Zuwendung zu den Fremden, Obdachlosen und Nackten als zunächst unbewusste, beim Gericht aber offenbar werdende Tat an Jesus selbst gedeutet wird. Durch die Jahrhunderte hin ist die Geschichte der caritativen Hilfe gegenüber den Notleidenden aller Art von dem Motiv bestimmt: pauper est Christus. Alles Hilfehandeln ist letztlich Dienst an Jesus selbst. Dieses spirituell unüberbietbare Motiv hat die danach Handelnden einerseits zu höchstem, nicht selten „unendlichem" Einsatz angetrieben und auch noch in extremsten Zuwendungssituationen durchhalten lassen; andererseits hat sie doch den unmittelbar Notleidenden auf eine durchscheinende Folie reduziert: ihm wurde geholfen „um Christi willen", weniger um seiner selbst willen.

Die überraschte Rückfrage der Helfenden in der Gerichtsrede, dass ihnen eine solche Identität Jesu mit den Notleidenden nicht bewusst gewesen sei, weist

---

[13] Vgl. Schmid, Josef, Das Evangelium nach Matthäus, Regensburg 1949, 287-294.

[14] Vgl. Frielingsdorf, Karl, Gottesbilder. Wie sie krank machen – wie sie heilen, Würzburg 2004, 77-83.

[15] Dazu Schürmann: „So sehr auch eine unmittelbar aktiv-christologische (der Samariter) oder passiv-soteriologische Deutung (der Ausgeraubte) abzulehnen ist – ohne eine funktionale Christologie lässt sich die Liebesforderung der Erzählung schlecht verstehen." Schürmann, Lukasevangelium, 146.

das genannte spirituelle Motiv gleichsam als „motivatio ex eventu" aus. Doch zunächst geht es um den Notleidenden selbst und um die Zuwendung zu ihm – als wäre er Jesus selbst.

4 Compassion als Motiv des Helfens

Solche Zuwendung zum „verlorenen Menschen" beruht sowohl in unserer Beispielerzählung wie auch in der vom „Barmherzigen Vater" (Lk 15,11-32) auf der „Doppelstruktur des biblischen Wahrnehmungsmodus ‚Sehen' und ‚Mitleid haben', (woraufhin das) der Situation entsprechende gottgefällige Handeln erfolgt."[16] „Mitleid haben" drückt dabei nur schwach aus, was das griechische Verb eigentlich meint: „die emotionale Reaktion beim Anblick eines in großer Not befindlichen Menschen; zugleich aber charakterisiert dieses Wort bei den Synoptikern auch die Messianität Jesu, die sich gerade in seinem barmherzigen Handeln offenbart."[17]

Im biblisch-christlichen Verständnis unterscheidet man vier Motive der Barmherzigkeit: jene des Vaters (im Gleichnis von den beiden Söhnen); die Leidenssolidarität des Sohnes; das Erbarmen des Samariters und die brüderliche Leidensgemeinschaft („compassio fraterna").[18] Jesu Leben, Verkünden, Leiden und Sterben war geprägt von der „Empfindlichkeit für das Leid der anderen" (*J. B. Metz*), ja, diese war Voraussetzung seiner Rede von Gott – sie soll es auch sein bei allen, die im Geiste Jesu leben und handeln. Die Besinnung auf diese elementare Leidempfindlichkeit in der Bibel, eine davon gestaltete Weltverantwortung und ein daran ausgerichtetes „Compassion-Lernen" sind in der Situation heutigen Aufeinanderverwiesenseins von Völkern, Kulturen und Religionen wesentliche Momente für deren Leben und Überleben.

5 Mitarbeit am „Kommen des Reiches Gottes" als Motiv des Helfens

Soll die Beispielerzählung über den „Weg zum Leben" über eine nur moralische Auslegung hinaus „die Christologie implizit mit ins Spiel bringen" – im Sinne einer funktionalen Christologie, so ist als Horizont des Einsatzes des Samariters das Handeln Gottes in Jesus auszumachen: „Hinter dem selbstver-

---

[16] Bopp, Karl, Barmherzigkeit im pastoralen Handeln der Kirche, München 1998, 228-230.

[17] Bopp, Barmherzigkeit, 229f.; vgl. auch 118f: „Von Herzen kommende Liebe und persönliches Mitgefühl; liebevolles Erbarmen; Gottes endzeitliches Erbarmen".

[18] Vgl. Mieth, Dietmar, Mitleid, in: Metz, Johann Baptist / Kuld Lothar / Weisbrod Adolf (Hg.), Compassion. Weltprogramm des Christentums. Soziale Verantwortung lernen, Freiburg-Basel-Wien 2000, 21-25.

gessenen Erbarmen des Samariters steht der Einsatz und die Liebesforderung Jesu, in dem sich das ‚Erbarmen Gottes‘ bekundet und engagiert."[19] Dann aber geht es in dem an Jesu Botschaft und Leben orientierten Hilfe-Handeln um die Motivation, mitzuwirken am „Kommen seines Reiches". Denn „die entscheidende Bezugsgröße einer christlichen Spiritualität ist das Reich Gottes, weil dieses das zentrale Anliegen Jesu war und die Mitte des Glaubens darstellt."[20] Jesus – und mit ihm die Beispielsgeschichte vom Samariter – bezeugt, „dass die Zeichen der Herrschaft Gottes in unserer Welt nur im aufopferungsvollen Dienst bis zu Hingabe errichtet werden können."[21]

Auf dieser Basis können Kriterien für ein Verständnis des Helfens benannt werden, die der Verantwortung für den Not leidenden Anderen gerecht werden: partnerschaftliches Helfen; Hilfe aus und in Not; Helfen als Solidarität: durch eigenes Engagement und durch Delegation an kompetentere Kräfte (vgl. Lk 10,34f).[22]

Diese Perspektiven ermutigen zum Engagement und entlasten zugleich von einem nicht-jesuanischen Leistungs-, Erfolgs- und Lohndenken. Sie verweisen auch über das Hilfe-Handeln hinaus in die spirituellen Räume von Gebet und Liturgie, in denen sowohl die Nöte der Menschen vor Gott gebracht werden wie auch die Kraft zum Helfen erbeten und bedankt wird. Denn Diakonie und Liturgie sind nicht nur aufeinander bezogen, sie legen sich auch gegenseitig aus. Eine Spiritualität des Helfens hat beides zu bedenken: das Helfen selbst hat eine spirituelle Dimension in sich und es bedarf zugleich der spirituellen Orientierung von außen.

Helfen war und ist ein Bewährungsfeld der „Spiritualität *des* Alltags" wie auch der „Spiritualität *im* Alltag". Denn Helfen als Verbindung von Solidarität und Spiritualität offenbart sich als Ort vollzogener Gottes- und Nächstenliebe. „Es gehört zur Spiritualität des Alltags, mitmenschliche Bedürftigkeit jeder Art als persönliche Herausforderung anzuerkennen und personal darauf zu antworten, je nach Anlass durch persönliche Tat, durch den Einzahlungsschein, durch organisierte Initiativen oder durch politisches Handeln auf Strukturveränderung hin."[23]

---

[19] Schürmann, Lukasevangelium, 146.

[20] Eigenmann, Urs, „Das Reich Gottes und seine Gerechtigkeit für die Erde." Die andere Vision vom Leben, Luzern 1998, 190-199, hier: 193.

[21] Meurer, Diakonie, 62 ; vgl. Lk 9,10: „Jesus empfing die Leute freundlich, redete zu ihnen vom Reiche Gottes und heilte alle, die seine Hilfe brauchten."

[22] Haslinger, Diakonie, 733-736.

[23] Müller, A., Spiritualität des Alltags, in: Bondolfi, Alberto / Heierle, Werner / Mieth, Dietmar (Hg.), Ethos des Alltags. FS für Stephan H. Pfürtner, Zürich-Einsiedeln-Köln 1983, 51 („Helfen als Bewährungsfeld einer Spiritualität des Alltags": 50f).

Markus Lehner

Spiritualität mit Erdung

Es ist ‚in' von Spiritualität zu reden. Und wer sich auf die Suche begibt, der steht vor einer unüberschaubaren Fülle unterschiedlichster Angebote. Sucht man im Internet anhand einer gängigen Suchmaschine nach dem Begriff Spiritualität, so findet man in Sekundenschnelle etwa eine Million Einträge, bei einer Abfrage mit dem englischen Begriff spirituality steigt das Ergebnis gar auf etwa 15 Millionen Angebote.[1]

Sieht man sich näher an, was hier an oberster Stelle geboten wird, so trifft man auf eine bunte Mischung von Angeboten im Umfeld von Esoterik, Gesundheit und Wellness, auch von Seiten kommerzieller Anbieter, wie das ‚com' verrät. Heilung und persönliches Wohlbefinden durch unterschiedlichste spirituelle Techniken wird versprochen. Charakteristisch an diesem landläufigen Verständnis von Spiritualität ist, dass es auf das Individuum zugeschnitten ist. Es geht um ein Mehr an Lebensqualität für den Einzelnen.

Wer von Spiritualität in Caritas und Diakonie spricht, der muss sich fragen, wie Spiritualität geerdet werden kann in den Organisationsabläufen und im Arbeitsalltag von sozialen Dienstleistungsorganisationen. Dabei muss bewusst sein, dass soziale Dienstleistungsorganisationen ihre Zwecksetzung primär darin haben, soziale Dienstleistungen bereitzustellen. Zu diesem Zweck stellen sie Mitarbeiterinnen und Mitarbeiter an und investieren in die notwendigen Betriebsmittel. Spiritualität ist kein Unternehmensziel sozialer Dienstleistungsorganisationen und Spiritualität ist auch keine notwendige Voraussetzung für die Bereitstellung sozialer Dienstleistungen. Führungskräfte legen primär Wert darauf, dass das Personal seine Arbeit verrichtet – so jemand spirituelle Bedürfnisse hat, sich persönlich weiterentwickeln will, so hat er in der Freizeit Gelegenheit genug dazu.

„Von der Wertgemeinschaft zum Dienstleistungsunternehmen" haben sich die großen Wohlfahrtsverbände entwickelt, analysiert ein Band aus dem Jahr 1995, und nimmt Caritas und Diakonie aus diese Diagnose keineswegs aus.[2] Für Mitarbeiter und Mitarbeiterinnen in älteren Semestern ist ein gewisser

---

[1] Abfragedatum Ende April 2005.

[2] Rauschenbach, Thomas u.a. (Hg.), Von der Wertgemeinschaft zum Dienstleistungsunternehmen, Jugend- und Wohlfahrtsverbände im Umbruch, Frankfurt am Main 1995.

atmosphärischer Wandel in den Organisationen auch vielfach persönlich spürbar. Werte, Überzeugungen und religiöse Umgangsformen, die man in den 50er und 60er Jahren noch selbstverständlich gemeinsam pflegte, sind hinterfragbar geworden. In den ersten Nachkriegsjahrzehnten kam die Mitarbeiterschaft großteils noch aus weitgehend intakten konfessionellen Milieus und dies bot eine Basis für gemeinsame spirituelle Aktivitäten in der Organisation, vom Gottesdienst bis hin zu Einkehrtagen. Diese konfessionellen Milieus haben sich - wie andere weltanschauliche Milieus auch - seit den 70er-Jahren weitgehend aufgelöst. Traditionelle Formen gemeinsamen christlichen Lebens sind damit „frag-würdig" geworden, wobei sich die sinkende Zustimmung weniger in Form offener Kritik äußert als in Form einer lautlosen Abstimmung mit den Füßen.

Die Suche nach neuen Formen christlich geprägter spiritueller Praxis gestaltet sich schwierig, da die individuellen Geschmäcker immer unterschiedlicher werden. Der Erfolg von Caritas und Diakonie als Dienstleistungsunternehmen hat das langsame Abschmelzen der Wertgemeinschaft lange Zeit überspielt. Die Mühen der Suche nach neuen verbindenden religiösen Formen wurden als Problem der dafür Verantwortlichen weitgehend individualisiert. Es ist wohl nur eine Minderheit in den Organisationen, die diese Entwicklung persönlich als Verlust erlebt.

Interessant ist, dass gerade mit der zunehmenden Marktsituation im Sozialbereich in den letzten Jahren die Frage nach der Spiritualität wieder intensiver gestellt wird. Wer sich am Markt behaupten will, muss sich von anderen Anbietern unterscheiden. Diesen Unterschied in einem derart personalintensiven Bereich wie der Produktion personenbezogener sozialer Dienstleistungen über den Preis herzustellen, ist nicht nur schwierig, sondern in Bezug auf die Qualität der Leistung auch problematisch. So entdecken gerade konfessionelle Organisationen in den letzten Jahren zunehmend die Pflege ihrer geistigen Wurzeln als einen möglichen Weg der Profilierung gegenüber anderen Anbietern. Dieser Weg wird ihnen auch ausdrücklich empfohlen. „Für die freien (konfessionellen) Träger bedeutet eine solche Entwicklung deswegen, sich rechtzeitig auf ihre inhaltliche Besonderheit [...] zu besinnen, diese im Rahmen ihrer Angebote und Leistungen zu entwickeln, in diesen Bereichen auch die ihnen zur Verfügung stehenden Mittel einzusetzen, um ihr Profil auszuprägen."[3] Wenn Spiritualität zu dieser „inhaltlichen Besonderheit" zählt, muss man allerdings klären, wie sie im Leben eines Unternehmens, konkret einer sozialen Dienstleistungsorganisation, geerdet und verankert werden kann.

---

[3] Münder, Johannes, Von der Subsidiarität über den Korporatismus zum Markt?, in: neue praxis 1 (1998) 11.

1 Organisation – ein Modell

Der Organisationspsychologie Karl Berkel hat ein Organisationsmodell entwickelt, das eine hilfreiche Basis bieten könnte.[4] Er nennt es ein anthropologisches Modell, weil es in Beziehung gesetzt werden kann mit drei Dimensionen der menschlichen Wirklichkeit, die in der klassischen Anthropologie vorkommen: der materiellen, sozialen und ideellen Seite des menschlichen Lebens.

a) Eine Organisation hat eine sachliche, materialisierbare Seite: Sie muss Aufgaben durchführen, um ihre Ziele zu erreichen. Caritas und Diakonie pflegen Kranke, unterstützen Bedürftige, beraten Notleidende und Orientierungslose. Die Erfüllung dieser Aufgaben erfordert fachliches und methodisches Wissen. Nur dann können sie in der nötigen Qualität durchgeführt werden.

b) Durchgeführt werden sie von Mitarbeiterinnen und Mitarbeitern: Menschen und ihre Beziehungen stellen die soziale und kommunikative Seite einer Organisation dar. Die Beziehungen zwischen den Mitarbeitern sind geprägt durch unterschiedliche Rollen und Verantwortungsbereiche. Nur wenn Kommunikation und Zusammenarbeit funktionieren, können die Aufgaben der Organisation adäquat erfüllt werden, kann die Organisation ihren Organisationszweck erreichen.

c) Auch wenn eine Organisation viele Einzelaufgaben erfüllt, so muss doch dahinter eine verbindende Idee, eine übergeordnete Leitidee stehen, die anzeigt, wofür sie da ist. Der innere Aufbau der Organisation, ihre Strukturen und Arbeitsabläufe müssen sich an dieser Leitidee ausrichten. Mit der Verfolgung dieser Leitidee – Menschen helfen, heilen, ... – legitimiert sie ihre Existenz, kann sie sagen, wofür sie da ist.

---

[4] Vgl. Berkel, Karl, Organisation, in: Bäumler, Christof / Mette, Norbert (Hg.), Gemeindepraxis in Grundbegriffen, München-Düsseldorf 1987, 314f; ders., Führungsethik: Organisationspsychologische Perspektiven, in: Blickle, Gerhard (Hg.), Ethik in Organisationen. Konzepte, Befunde, Praxisbeispiele, Göttingen 1998, 120ff.

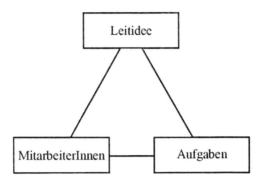

Berkel stellt die Leitidee an die Spitze des Dreiecks, weil der Zweck, der Auftrag einer Organisation für ihn Priorität hat. Wenn nicht mehr erkennbar ist, welchen ideellen Sinn Strukturen und Regeln in einer Organisation haben, welches Ziel damit erreicht werden soll, werden sie von Mitarbeitern nicht mehr akzeptiert, werden sie unverständlich für Außenstehende. Die Leitidee gibt den konkreten Einzelzielen mit den dazugehörigen Aufgaben die Richtung vor. Menschen werden angestellt um diese Leitidee zu verwirklichen und es ist eine zentrale Aufgabe der Unternehmenssteuerung, ihre Zusammenarbeit auf die Verwirklichung dieser Idee auszurichten.

2 Spiritualität – ein Modell

Wo kann in diesem komplexen Modell von Organisationen Spiritualität verortet werden? Wenn es so etwas wie eine Spiritualität der Caritas- und Diakonieorganisationen geben soll, dann muss sich diese auf alle drei Elemente der Organisation beziehen. Spiritualität muss also in unterschiedlichen Dimensionen zum Tragen kommen.

In der theologischen Literatur ist der Begriff Spiritualität alles andere als eindeutig, es gibt eine Vielzahl von Definitionen:[5] „Sich der Tiefe öffnen" (G. Stachel), „Gelebte Grundhaltung der Hingabe des Menschen an Gott und seine Sache" (G. Greshake), „Existenz des Christen, sofern sie sich vom Geist Gottes empfängt und von daher in die Vielfalt des Lebens entfaltet" (A. Rotzetter), „Leben aus dem Glauben" (K. Rahner).

Zunächst ist Spiritualität gewiss Ausdruck eines persönlichen Bewusstseins, demnach hat jeder Mensch seine Spiritualität. Udo Schmälzle sieht in diesem Sinn Spiritualität als die innere Triebkraft, die den Horizont des Menschen und sein Handeln bestimmt; die "ganzheitliche Wurzel, aus der heraus Menschen denken, fühlen und handeln."

---

[5] Vgl. Schütz, Christian, Praktisches Lexikon der Spiritualität, Freiburg 1988, 1171.

Aus dieser ersten Definition entwickelt er drei Dimensionen der Spiritualität:[6]

a) Der Spiritualitätsbegriff hat eine kognitive Bedeutungsstruktur: Spiritualität beschäftigt sich mit Wissen, man könnte auch sagen mit Weisheit. Es geht um Kenntnisse, um Werte, die Sinnstrukturen für das Leben bieten und damit Orientierung geben. Spirituelles Wissen ist Lebenswissen und hat damit auch andere Wege des Lernens als Mathematik oder Informatik. Oft lebt es von Vorbildern, oft erfolgt die Aneignung in Form von Initiationswegen.

b) Der Spiritualitätsbegriff hat eine intentionale Motivationsstruktur: Spiritualität ist nicht nur eine Sache des Verstandes, sondern hat mit Gefühlen und Strebungen zu tun, die den Menschen antreiben, von etwas wegführen oder etwas attraktiv machen. Es muss also auch einen emotionalen Zugang zu Sinnerfahrungen und zur Spiritualität geben. Spirituelle Erfahrungen wurzeln im Herzen des Menschen. Blaise Pascal spricht in diesem Sinn davon, dass das Herz Gott fühlt. Sinnerfahrung schließt also Sinnlichkeit nicht aus, sondern setzt sie voraus.

c) Der Spiritualitätsbegriff hat eine handlungsrelevante Praxisstruktur: Spiritualität drängt zu einem entsprechenden Handeln. Sie will aus dem Denken, Wissen und Fühlen heraus das reale Leben des Menschen prägen. Damit bekommen alle Rahmenbedingungen für das Handeln eines Menschen, auch die organisatorischen Bedingungen seines Arbeitens, Relevanz für die Spiritualität. Sie können hinderlich sein, können aber auch förderlich sein.

3 Spiritualität in Caritas- und Diakonieorganisationen

Legt man beide Modelle übereinander, so lassen sich die Dimensionen der Organisation und die Dimensionen der Spiritualität in Beziehung zueinander setzen. Spiritualität kann in drei Richtungen in einer Organisation verortet werden:

---

[6] Schmälze, Udo, Leerformel oder Zauberformel? Die Wiederentdeckung des Spiritualitätsbegriffs, in: Bibel und Liturgie 67 (1994) 104.

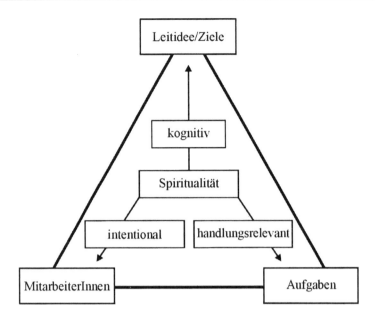

a) Spiritualität muss das Ringen um die Leitidee prägen: Das Ringen um eine Leitidee, eine Vision von Caritas oder Diakonie ist wesentlich eine theologische Frage. Sie kann nur in der Auseinandersetzung mit der Grundlage aller christlichen Spiritualität beantwortet werden, der biblischen Botschaft. Nimmt man diese These ernst, so bedeutet das in der Praxis, dass in einer Caritasorganisation bei jedem Vorgang, der eine Abklärung von Leitideen und Zielen beabsichtigt, auch theologische Überlegungen einbezogen werden müssen.

Ein beliebtes Vehikel der Verständigung über die gemeinsame Leitidee ist die Arbeit an Leitbildern geworden. Es würde sich lohnen näher zu analysieren, welche Rolle dabei die Theologie gespielt hat. Ist es gelungen, sie zu integrieren – oder hat man sich nur Fachtheologen für einschlägige Kapitel oder Punkte geleistet, weil solche eben in einer kirchlichen Organisation dazugehören? Haben auch Nicht-Theologen bei diesen Fragen mitreden können, nachfragen dürfen?

Wenn eine ernsthafte und basisnahe Auseinandersetzung um die spirituell-theologische Dimension von Caritas und Diakonie bei solchen Vorgängen gelingt, so ist damit auch ein Dienst für Kirche und Theologie insgesamt geleistet. Die Theologie als das Bemühen um ein immer besseres Verstehen der christlichen Botschaft braucht bei ihrer Frage nach Gott das Mitdenken der Mitarbeiter und Mitarbeiterinnen in den Caritas- und Diakonieorganisationen, wenn unser Gott einer ist, der sich vorrangig den Armen und Bedrängten zuwendet.

b) Spiritualität muss die Erfüllung der Aufgaben prägen: Spiritualität in Caritas und Diakonie kann sich nicht nur in hehren Leitbildern und Visionen ausdrücken. Sie muss im ganz konkreten Handeln spürbar werden, in der alltäglichen Erfüllung ihrer Aufgaben. Die Gewichtung dieser Aufgaben und die Art und Weise ihrer Wahrnehmung müssen immer wieder daraufhin befragt werden, wieweit hier christliche Werte zum Tragen kommen.

In der Praxis heißt dies, dass Spiritualität von der Ebene der Gesamtorganisation heruntergebrochen werden muss auf einzelne Aufgabenbereiche. Der Umgang mit Kleinkindern in Tageskinderstätten wirft andere Fragen auf und bringt andere Erfahrungen als der Umgang mit pflegebedürftigen alten Menschen in stationären Pflegeeinrichtungen. Im Umgang mit den Klienten der Sozialhilfeberatung stellen sich andere Entscheidungen als in den Behinderteneinrichtungen. Die Frage, warum handeln wir in unserem Bereich so und nicht anders, ist nicht nur eine Frage der reinen Fachlichkeit, sondern immer auch eine Frage des Menschenbildes. Sehen wir in den Menschen, die sich uns anvertrauen oder die uns anvertraut werden, Kinder Gottes? Befragen wir unsere professionellen Konzepte daraufhin, wie weit hier mit Menschen umgegangen wird wie mit Schwestern und Brüdern im Geist Jesu?

Diese Fragen lassen sich nicht durch das Lesen kluger Bücher oder durch das Hören kluger Vorträge bei Fortbildungsveranstaltungen beantworten. Die Auseinandersetzung damit muss beständig gepflegt werden, muss Teil der Unternehmenskultur werden. Insofern muss auch das Qualitätsmanagement spirituelle Dimensionen berücksichtigen.

c) Spiritualität muss Menschen und Beziehungen prägen: Es geht um die „Suche nach dem guten Geist"[7] in Caritas- und Diakonieorganisationen. Spiritualität ist in diesem Sinn eine persönliche Grundhaltung, die das Zusammenleben und Zusammenarbeiten prägt. Das kann auch von einer Caritas- oder Diakonieorganisation nicht vorgegeben oder gefordert werden. Es kann allenfalls gefördert werden.

Es stellt sich die Frage, welche Signale in dieser Hinsicht für die Mitarbeiter und Mitarbeiterinnen gesetzt werden. Ist Spiritualität der Privatsphäre des Einzelnen überlassen oder werden offene Angebote gemacht? Wird nach geeigneten Foren gesucht, wo ein Austausch darüber möglich wird, welche inneren Kraftquellen den Mitarbeitern zur Verfügung stehen, woraus sie Energie für ihr Leben und den oft mühsamen Arbeitsalltag beziehen?

Ohne diese persönliche Spiritualität hängen die beiden anderen Dimensionen in der Luft. Würde man andererseits Spiritualität in der Caritas auf diese per-

---

[7] Krockauer, Rainer, Die Suche nach dem guten Geist. Die Neuentdeckung der spirituellen Quellen der Caritasarbeit, in: Caritas in NRW 4 (1997) 3-6.

sonenbezogene Dimension beschränken, so würde man sie in ein privates Reservat zurückdrängen. Der Ort von Spiritualität kann nicht nur die Personalentwicklung sein. Organisationen ändern sich nicht schon deshalb, weil sich ihre einzelnen Mitarbeiter und Mitarbeiterinnen ändern.[8] Soll die Caritas insgesamt ein spirituell geprägtes Profil haben, so muss Spiritualität in allen ihren Dimensionen als Führungsaufgabe auf allen Unternehmensebenen wahrgenommen werden.

---

[8] Vgl. Heller, Andreas, Wie werden (nicht nur) Krankenhäuser intelligentere Organisationen?, in: Caritas 99 (1998) 215.

ZUR QUALITÄT CHRISTLICHER DIAKONIE

Walter Fürst

Gott begegnen im bedürftigen Menschen.

*Stilwandel und Sinnverlust christlicher Nächstenliebe –
veranschaulicht an den ikonographischen Metamorphosen
der Mantelteilung des Martin von Tours*[1]

Die als *‚Charité von Amiens'* bekannte Szene der ‚Mantelteilung' des Martin
von Tours ist seit Jahrhunderten zum Leit-Bild christlicher Caritas in Europa
und zum gültigen Signet organisierter kirchlicher Diakonie in der gesamten
Welt geworden. Neben dem vielerorts gepflegten (durch die überlieferte Bil-
dersprache nachhaltig geprägten) Brauch des *Martinsrittes* haben vor allem
die europaweit außerordentlich stark verbreiteten, nachhaltig wirksamen Bilder des Heiligen (zum einen die Charité, zum andern die Gestalt Martins als
Bischofs von Tours) dazu geführt, das Andenken an einen der ersten Märty-
rer, die als *Tat*-Zeugen (im Unterschied zu den *Blut*-Zeugen), als sogenannte
Bekenner verehrt wurden, weiter zu tragen, seine Handlungsweise den Herzen
der Menschen einzuschreiben und in Erinnerung zu halten. Ich beziehe mich
hier vor allem auf die *Martinsbilder*, näher hin auf die Darstellungen der Charité als der zentralen Szene der Martinsvita und deren Entwicklung. Die Frage
nach einer sinngemäßen, unserer Zeit angemessenen Gestaltung des Martinsrittes werde ich lediglich in einer Anmerkung kurz ansprechen.[2]

---

[1] Erneut überarbeitete Fassung meines Beitrags „Europa als Herausforderung für das Selbstverständnis der Kirchen. Der Wandel der Martinus-Ikonographie als Beispiel für den nicht
abschließbaren, vielmehr kritisch fortzuführenden Prozess der Inkulturation des Evangeliums in die europäische Gesellschaft", in: Fürst, Walter / Honecker, Martin (Hg.), Christenheit – Europa 2000. Die Zukunft Europas als Aufgabe und Herausforderung für Theologie und Kirchen, Baden-Baden 2001, 69-79.

[2] Siehe unten Anm. 21.

1 Charité von Amiens – die kulturprägende Mitte der Martinus-Ikonographie

Die Ikonographie des hl. Martin[3] ist reich und vielfältig und sie weist im Wandel der Zeiten — auf den ersten Blick — eine große Kontinuität der Bild-elemente auf. In unzähligen Kirchen und Museen, in Form von Fresken und Skulpturen, Buchmalereien und Ölgemälden, Miniaturen und Mosaiken, ja sogar auf Geldscheinen und Briefmarken finden wir – am häufigsten und fast stereotyp dargestellt – die entscheidende Szene seiner Biographie, die Begegnung mit dem Bettler, mit dem er seinen Mantel teilt: Als Reiter hoch zu Pferd schickt sich der Heilige an, seinen roten Soldatenmantel mit dem Schwert entzwei zu trennen und eine Hälfte davon dem gebeugten, verkrüppelten und halbnackten Bettler zu reichen. Dieser, am Weg kauernd oder auf Krücken gestützt, greift nach dem Mantel, schaut flehentlich zu seinem Wohltäter auf und nimmt die Gabe der Barmherzigkeit demütig-dankbar entgegen.

Das ehrwürdige, scheinbar von alters her überlieferte Vorstellungsmuster (Martin zu Pferd, Bettler am Boden, Herabreichen des geteilten Mantels zum meist klein und versehrt dargestellten Armen) hat aus heutiger Sicht jedoch unverkennbare pastorale und diakonische Tücken. Die skizzierte Art der Bildgestaltung steht – paradoxerweise – für eine schwere Einseitigkeit in der Praxis christlicher Nächstenliebe und eine folgenreiche Deprivation ihrer Überzeugungskraft in der europäischen Religions- und Kulturgeschichte. Der Sinnverlust, der sich im Laufe der Jahrhunderte ereignet hat und beinahe unmerklich vollzog, ist an einem gravierenden Stilwandel der Martinus-Ikonographie geradezu exemplarisch abzulesen.

Wie ist das zu erklären und zu verstehen? Ist man vom ursprünglichen Bildschema abgekommen und warum? Hier liegt vieles im Dunkeln und harrt noch der Erforschung. Eine Beantwortung der diesbezüglichen Fragen kann deshalb hier nur vorläufig und versuchsweise erfolgen. Doch lässt sich immerhin eine deutlich erkennbare Spur der Veränderungen in den Martinsdarstellungen[4] bis in die Anfänge hinein zurückverfolgen, und in ihrer Be-Deutung nachzeichnen.

---

[3] Einen ausgezeichneten ikonographischen und frömmigkeitsgeschichtlichen Einblick in die Martinustradition geben: Vossen, Carl, Sankt Martin. Sein Leben und Fortwirken in Gesinnung, Brauchtum und Kunst, Düsseldorf ³1986 sowie Becker-Huberti, Martin, Der heilige Martin. Leben, Legenden und Bäuche, Köln 2003; vgl. auch Kimpel, S., Martin von Tours, in: Lexikon der christlichen Ikonographie, Bd. 7, Rom-Freiburg-Wien 1995, 572-79.

[4] Die beste Sammlung und Interpretation der Martinusbilder – mit eindrucksvollen ikonographischen Belegen für die von mir vorgetragene These – finden sich bei Urban, Wolfgang, Der Heilige am Throne Christi. Die Darstellung des heiligen Martin im Überblick von der Spätantike bis zur Gegenwart, in: Groß, Werner / Urban, Wolfgang (Hg.), Martin von Tours. Ein Heiliger Europas, Ostfildern 1997, 193-272; vgl. hier bes. 200-230.

2 Bruder in Christus oder Reiter auf dem hohen Ross?

Der eben skizzierte Kanon des Zentralbildes der Martinus-Ikonographie hat sich so sehr der kulturellen Langzeit-Gedächtnis der Christenheit eingeprägt, dass eine andere, davon abweichende Darstellung kaum Chancen hat, ähnlich wirksam erinnert zu werden. Umso mehr es dürfte es den Leser bzw. Betrachter erstaunen, dass die ursprünglichen Bilder von der Mantelteilung des Martinus eine andere Sprache sprechen:

Die älteste uns erhaltene Darstellung,[5] eine Miniatur, im *Fuldaer Sakramentar* enthalten und vermutlich im Jahr 975 entstanden, ist höchst wahrscheinlich von den ältesten Wandbildern der ersten Kathedrale zu Tours inspiriert; sie zeigt auf der einen Seite die *Mantelteilung,* auf der anderen Seite liegend, den *träumenden Martin,* dem – in Blickrichtung auf die Szene – der thronende Christus in der Mandorla erscheint. Was in dieser Darstellung aber am meisten auffällt: *Martin ist unberitten. Er steht dem Bettler von Angesicht zu Angesicht gegenüber! Beide Männer, durch den Mantel miteinander verbunden, stehen auf gemeinsamem Boden und sind von gleich großer Gestalt!* So sieht das ursprüngliche Martinsbild aus! Ein Pferd ist nicht zu sehen. Und wer jetzt nochmals in der Vita St. Martini des Sulpicius Severus nachschaut, wird mit Überraschung feststellen: Auch dort ist kein Pferd erwähnt![6]

Vielleicht wird man irritiert fragen: Wie denn das? Saß denn der heilige Kirchenmann nicht schon immer und seit jeher auf dem Pferd? Und war denn nicht schon immer der kirchliche Helfer oben – hoch zu Ross; und der zu liebende Bettler unten – am Boden? Die Betrachtung der Martinsbilder aus den verschiedenen Jahrhunderten zeigt: Offensichtlich ist zwischen dem 12. und 14. Jahrhundert eine folgenreiche Abwandlung der ursprünglichen bildlichen Gestaltung der Mantelteilung geschehen, die uns heute den Blick auf den ursprünglichen Bildgehalt verstellt, eine gravierende Veränderung, die korrigiert werden kann und muss. Die Bildsprache der Charité ist heute von der Asymmetrie des Helfens bestimmt. Doch war dies nicht schon immer so, im Gegenteil. Im Kontext der europäischen Freiheitsgeschichte, des neuzeitlichen „Ausgangs des Menschen aus der selbstverschuldeten Unmündigkeit", und hinsichtlich der heute wenigstens verfassungsrechtlich hoch gehaltenen „gleichen Würde" aller Menschen müsste diese Tatsache die kirchlich, pastoral und diakonisch Engagierten ebenso wie die sozial-politisch Interessierten aufhorchen lassen.

---

[5] Vgl. die Abb. bei Vossen, Martin, 37; sowie bei Urban, Heilige, 200.

[6] Vgl. Severus, Sulpicius, Leben des Hl. Martinus, in: BKV, Bd. XX, Kempten-München 1914.

Von der *zweiten Phase* der ikonographischen (Weiter-)Entwicklung zeugen die Martinsbilder von *St. Martin in Zillis/Graubünden*: Auf der zwischen 1100 und 1150 entstandenen „ältesten, noch annähernd vollständig erhaltenen figürlich bemalten romanischen Kirchendecke"[7] ist jetzt (am Ende des sog. „inneren Zyklus") zwar außer Martin und dem Bettler bereits ein veritables Pferd zu erkennen Aber Martinus ist immerhin von seinem Reittier „abgesessen" und steht auch hier, den Mantel zerschneidend, dem Bettler, der auf einem Stein sitzt, unmittelbar gegenüber![8] Noch immer zeigt sich also – trotz gewisser Veränderungen – unübersehbar der spezifische Akzent der frühen Martinsbilder: Im frierenden Armen am Weg begegnet Martin dem Christus sozusagen Auge-in-Auge, ganz im Sinne von Mt 25: „Ich war nackt und Du hast mich bekleidet".

Besonders schön lässt sich dies in der – die *zweite Phase* der Bildentwicklung repräsentierenden – Darstellung der Szene auf einem katalanischen *Fresko des 11. Jahrhunderts aus Gombreny*[9] erkennen. Zwar sitzt Martin hier bereits auf dem Pferd, das jedoch extrem klein gehalten ist; es ähnelt eher einem Pony – wohl im Interesse der Veranschaulichung der *Begegnung* der beiden Männer *auf Augenhöhe*.

Und selbst in den erheblich später (um 1333) entstandenen, als *vierte Phase* der Bildentwicklung deutbaren *Fresken der Martinuskapelle in der Unterkirche von St. Francesco zu Assisi*, „der berühmtesten und wohl schönsten geschlossenen Illustration der Vita des Heiligen Martin"[10,] ist der ursprüngliche Bild-Sinn noch klar zu bemerken: Zwar präsentiert sich hier Martin bereits als Reiter hoch zu Ross; der Bettler jedoch liegt oder kauert nicht am Boden, sondern steht in voller Größe aufrecht da; ohne den Gestus der Unterwürfigkeit wendet er sich, seiner eigenen Würde bewusst, an den hohen Herrn, der sich, schon fast an ihm vorüber geritten, nach ihm, dem Bittenden, umdreht, ihn ansieht. Martin und der Bettler, Auge in Auge, blicken sich an.[11]

Erst in der *fünften Phase* des ikonographischen Wandels begegnen uns dann jene Bilder, die Martin, jetzt bereits mit dem Nimbus des Heiligen versehen, als jenen edlen Ritter darstellen, der, huldvoll von oben nach unten schauend, sich mitleidig zum immer kleiner und unwichtiger werdenden Armen herablässt, ihm das Mantelstück reicht, ohne irgendwelche Anstalten zu machen,

---

[7] Vgl. den Bildband von Myss, Walter, Kirchendecke von St. Martin in Zillis, Beuron [4]1988.

[8] Vgl. auch die Abb. bei Vossen, Martin, 37; sowie bei Urban, Heilige, 210.

[9] Vgl. die Abb. bei Urban, Heilige, 203.

[10] Vgl. bei Vossen, Martin, 30-34.

[11] Vgl. die Abb. bei Urban, Heilige, 222.

vom hohen Ross zu steigen.[12] Zuweilen, etwa *im Giebel des Wimpergs der Westfassade von St. Martin in Colmar,*[13] gerät der Bettler zum Zwerg, den das Pferd überrannt hat. Der Gedanke an die Begegnung mit Christus kommt in solchen Darstellungen nicht mehr zum Ausdruck.[14]

3 Ethisches Ideal oder Christusbegegnung im Andern? – Die moralistische Fehldeutung und der ursprünglich-christliche Sinn der Mantelteilung

Die ikonographisch späte Darstellung des Martinus „mit Pferd" hat durchaus einen gewissen biblischen Anhaltspunkt: nämlich im Gleichnis vom barmherzigen Samariter (Lk 10), der den unter die Räuber gefallenen Menschen auf sein „Reittier" hob und zur Herberge brachte.

Doch mehr als die biblische Vorlage dürfte sich in dieser Hinsicht eine andere, außerbiblische Tradition ausgewirkt haben: Das Motiv des edlen Ritters und des Hilfsbedürftigen zu seinen Füßen hatte sich schon in der Antike besonderer Beliebtheit erfreut – als Sinnbild der Großmut der Herrscher gegenüber den Unterlegenen und Besiegten. „In diesem Zusammenhang", so sagt Carl Vossen, „sei erinnert an die Reiter des Mithrasreliefs, an die über den besiegten Gegner hinwegsprengenden Legionäre oder die im Ausdruck besonders edlen Reiter-Metopen des Parthenon." Und er fährt fort: „Jedenfalls stehen die griechischen Reiterstelen der Auffassung des ritterlichen St. Martin meist näher als römische Reiterdenkmäler, bei denen das erbarmungslose Niedertrampeln des hilflosen Gegners betont im Vordergrund steht."[15]

Die in vieler Hinsicht so fruchtbare Inkulturation des christlichen Glaubens („Gott in Christus, das Heil der Welt") in die spätantike Stände-Kultur der Kaiserzeit – im Zusammenhang mit der so genannten Konstantinischen Wende – hatte einen sehr hohen Preis: Mit dem Eintritt des Christentums in die Rolle der Staatsreligion war die akute Gefahr verbunden, dass die Aufhebung der alten Oben-Unten-Verhältnisse unter den Menschen durch das Evangelium („Ich nenne Euch nicht mehr Knechte, sondern Freunde!" Joh 15,15. „Einer ist euer Meister, ihr alle aber seid Brüder", Mt 23,8) ansatzweise rückgängig gemacht und damit der Zentralgedanke des Christentums, die Offenbarung Gottes im Antlitz Christi als des Bruders im Leiden und im Angesicht

---

[12] Vgl. z. B. das Martinus-Bild eines Oberschwäbischen Meisters (um 1440), Urban, Heilige, 233, sowie viele weitere Beispiele auf den Seiten 236ff.

[13] Vgl. die Abb. bei Urban, Heilige, 229.

[14] Vgl. diese und ähnliche Abbildung(en) bei Urban, Heilige, 230 u. ö.

[15] Vgl. Vossen, Martin, 30f.

der Schwestern und Brüder, stark verunklart wurde. *Dagegen* stand und steht das ursprüngliche Bild des Hl. Martin![16] Das Martin-Gedenken will das Ur-Eigentliche des christlichen Glaubens – möglicherweise mit einer anti-arianischen Tendenz – in Erinnerung halten:[17] die Realpräsenz Christi in den Armen,[18] die Einheit von Gottes- und Nächstenliebe und der Vorrang der allen geschenkten Gnade Gottes vor menschlichem Verdienst und Werk.

Im Bettler begegnet Martin seiner eigenen Liebes-Bedürftigkeit;[19] der Arme wird ihm zum Christus. In ihm erkennt er IHN, den er schon sucht, und lässt sich taufen![20] Die Mantelteilung ist für Martin nicht moralische Konsequenz aus der Taufe, vielmehr geht sie, was vielfach übersehen wird, dem sakramentalen Akt der Taufe voraus! Die ursprüngliche „Charité" zeigt: So geschieht Umkehr, so wird man Christ: Bevor ich den Anderen zu lieben verstehe, hat ER mich längst gesehen, mich beschenkt, mich angerührt!

4 Drama der europäischen Christenheit

Das Ideal des deutschen Rittertums im 12. bis 14. Jahrhundert konnte offenbar mit dem Gedanken der verwandelnden Christusbegegnung im Armen nichts mehr anfangen. Innerhalb weniger Generationen veränderte sich der Charakter der Ikonographie: Die Martinsgestalt diente jetzt vorwiegend als moralisches Musterbild für *die Pflicht der Nächstenliebe;* der eigentlich geistliche, christlich-christologische Sinn der Szene aber, Gottes- und Christusbegegnung im Nächsten, Vorrang der Gnade vor Leistung, Rollenumkehr im Geben und Nehmen, kurz die *Einheit von Gottes- und Nächstenliebe in geschwisterlich-menschlicher Begegnung als Mitte der christlichen Glaubensvollzugs,*

---

[16] Eine ähnliche Wandlung, wie sie die Szene der Mantelteilung erfahren hat, ließe sich wohl auch für die Darstellungen des Heiligen als Bischof aufzeigen: Ich kenne ein frühes katalanisches Bild, auf dem Bischof Martin, mit geradezu winzigem Bischofsstab gekennzeichnet, die Hand nach seinem Gegenüber ausstreckt. Und ich kenne spätere Bilder, die Martin zwar ebenfalls als Bischof, jetzt aber ganz anders, nämlich versehen mit einem alles überragenden Krummstab, zeigen, während der zwergenhaft dargestellte Bettler dessen Fuß umklammert.

[17] Martin gilt zu Recht nicht nur als großer Heiliger der Nächstenliebe, sondern auch als Mann des Gebets. Beides gehört für ihn im Sinn der Einheit von Gottes- und Nächstenliebe untrennbar zusammen; vgl. dazu die relativ unbekannte Erzählung von der Bekleidung des Bischofs Martin mit dem Armengewand vor dem Pontifikalamt, mitgeteilt bei Vogt, J., Lebensbild. Martin von Tours, in: Martin von Tour. 8 Farbfolien mit Begleitheft, hg. vom Bistum Rottenburg-Stuttgart, Rottenburg a. N. 1997.

[18] Vgl. Völkl, Richard, Nächstenliebe. Die Summe der christlichen Religion?, Freiburg 1987, 170ff.

[19] Vgl. ähnlich schon Augustinus in seinen Bekenntnissen: Der betrunkene Bettler auf den Straßen Mailands bereitet Augustins Bekehrung vor, in: BKV, Bd. VII, Kempten–München 1914; hier 114f.

[20] Vgl. Severus, Martinus, 22f.

eben dies ging (zumindest ein Stück weit) verloren – ein Verlust, der sich nicht erst heute auf die Lage des Glaubens in Europa verheerend ausgewirkt hat und auswirkt.

Hier zeigt sich exemplarisch das Drama der europäischen Christenheit: Ihre zentrale Botschaft, dass Gottes heilig machende Gnade und Liebe all unserem Handeln zuvorkommt, dass allein sie den Menschen zuinnerst zu verwandeln vermag, so dass keine Situation grundsätzlich mehr heillos ist („Ich bin nicht gekommen zu verurteilen, sondern zu suchen und selig zu machen, was verloren war!" Mt 12,11; Joh 12,47), wird kaum mehr wirklich wahrgenommen und in ihrer Lebensbedeutung erkannt.

Viele Menschen halten die Kirche, heute mehr denn je, primär für eine autoritativ, wenn nicht sogar autoritär sanktionierende Moral-Institution. Pastoral erscheint dann und wann, selbst dort, wo die Kirche Liebe predigt und real praktiziert, als ein Tun „der Oberen an den Unteren", als unterordnende Machtausübung, statt als erlösend-befreiende, heilsam-helfende, leben-erneuernde Verkündigung der menschlich begegnenden, rettenden Liebe. Lautet die Devise: Homo homini lupus? Oder: Homo homini sacramentum? Der Mensch ist des Menschen Wolf? Oder: Der Mensch ist dem Menschen Sakrament?

Christliche Nächstenliebe, im Sinn von *agápe,* ist ihrem Wesen nach wechselseitig: Im liebenden Einander-Wahrnehmen, in gegenseitiger Anerkennung als Mensch und Bild Gottes kommt Gott als das (dich und mich, uns gemeinsam) tragende Geheimnis zum Vorschein. Im Vollzug personaler Achtung und Liebe aus Glaube geschieht Hoffnung stiftende und stärkende Sinn-Erfahrung.

Der Blick auf die ikonographische Entwicklung der Mantelteilung zeigt: Der Stil christlich-kirchlichen Handelns steht heute, in der amtlichen Pastoral ebenso wie in der organisierten Diakonie und Caritas, vor der Entscheidung zwischen Dienen *als Herrschen* und Dienen *in Teilnahme und Teilgabe.* Kirche und ihre Caritas müssen sich klar entscheiden zwischen *Domination* und *Partizipation.* Hatte im Rahmen der mittelalterlichen Standesgesellschaft, die Barmherzigkeit der Reichen gegenüber den Armen zuweilen vielleicht durchaus noch den Charakter personaler Begegnung, wenn auch äußerst einseitiger Art, so hat die Verdinglichung und Funktionalisierung der Lebensverhältnisse in der modernen, fast nur noch den materiellen (Geld-)Wert von Personen und Sachen schätzenden Gesellschaft die „obrigkeitliche" Behandlung endgültig menschenverachtend werden lassen.[21]

---

[21] Die oben (vgl. bei Anmerkungsziffer 2) angesprochene Frage einer sinn- und zeitgemäßen Gestaltung des Martinsrittes muss nicht notwendigerweise zur Folge haben, „bilderstürmerisch" Martin als Reiter auf dem Pferd durch Martin „als Fußgänger" zu ersetzen; aber vom Pferd absteigen sollte der Martinus-Mime wohl schon können. Würde es nicht Aufmerksamkeit erregen, wenn an die Szene der Mantelteilung dann eine Szene angefügt würde,

Was die konkrete Realisierung der wünschenswerten Bekehrung der kirchlich handelnden Personen und Institutionen im Sinn der Mantelteilung angeht, kann hier nur angedeutet werden: In der kirchlichen *Pastoral* bedeutet der Weg von der Domination zur Partizipation sicher den Abschied von einer monologisch-direktiven Verkündigungspraxis und verlangt den Aufbruch zu einem dialogisch-diakonischen Handlungsstil. Evangelisiert wird niemals allein die Welt durch die Kirche, sondern ebenso auch umgekehrt: In der Solidarität mit dem leidenden Menschen erkennen die Glaubenden erst wirklich den tiefen Sinn der Zuwendung Gottes in Christus. Evangelisiert werden immer beide, Kirche und Welt miteinander und durcheinander, oder keine von beiden.

In der kirchlichern *Caritas* wird es sowohl um die je neue Überprüfung der Organisationsstrukturen gehen als auch um die je neue Überprüfung der Art und Weise, wie Menschen darin einander begegnen. Es kann sich nicht darum handeln, die Sachgerechtigkeit der Dienstleistungen und die notwendige Balance von Nähe und Distanz im Hilfehandeln zur Disposition und in Frage zu stellen: Wenn jedoch – um nur ein Beispiel zu nennen – etwa der Anspruch von pflegebedüftigen Menschen auf stabile und verlässliche Beziehungen und auf regelmäßig wiederkehrendes Bezugspersonen (das heißt natürlich auch: auf Kontinuität im Pflegepersonal, statt des weithin üblichen permanenten Wechsels, der auf die zu Pflegenden verwirrend wirkt und in ihnen nicht, auch nicht ansatzhaft, das Gefühl aufkommen lässt, in tragenden Beziehungen geborgen zu sein,) an der Finanzierbarkeit scheitert, ist damit der christliche Geist einer Einrichtung im Prinzip bereits verkauft und verloren. „Bankrott" von Einrichtungen gibt es nicht nur unter finanziellen Gesichtspunkten! Den aus christlicher Überzeugung heraus handelnden Verantwortlichen muss es – im Spannungsfeld von Gewissen und Gewinn stehend – stets darum zu tun sein, dass zwischen Helfenden und der Hilfe Bedürftigen *personale menschliche Begegnung* möglich ist und zustande kommen kann, Begegnungen, die das Leben inmitten des vielfältigen Leids trotz allem *sinn*-voll machen und die „auf beiden Seiten" zu Dankbarkeit für die verborgen erfahrene Nähe Gottes Anlass geben.

---

welche die Taufe des späteren Hl. Martin, die der Begegnung mit dem Bettler tatsächlich nachfolgte, ins Bild setzte und in Erinnerung brächte?

Herbert Haslinger

Veränderndes Helfen

Zur christlichen Qualität der Diakonie

„Was meinst du: Wer von diesen dreien hat sich als der Nächste dessen erwiesen, der von den Räubern überfallen wurde?" (Lk 10,36) Interessanterweise zielt Jesus im Samariter-Gleichnis mit der Frage, wer Nächster geworden ist, nicht auf den hilfebedürftigen Überfallenen, sondern auf die zur Hilfe herausgeforderten Personen. Im Helfen nach der Maßgabe Jesu geht es offensichtlich weniger darum, dass der hilfebedürftige Mensch ein anderer wird oder gar zu einem anderen „gemacht wird", sondern darum, dass auf Seiten des Helfenden eine Veränderung geschieht. Mit seinem programmatischen Diktum „wer hilft, wird ein anderer" hat Isidor Baumgartner dies auf eine komprimierte Formel gebracht. Allein mir scheint, dass dieser Veränderungsanspruch in der faktischen Diakoniepraxis weniger denn je ernst genommen wird. Deutlich zutage tritt das m. E. bei der Frage nach der christlichen Qualität der Diakonie.

1 Qualitätsmanagement?

Ein scheinbar prädestiniertes Instrument für die Bewerkstelligung der christlichen Qualität der Diakonie sind Konzepte des Qualitätsmanagements, die aufgrund der von Sozialgesetzgebung und Wohlfahrtsmarkt abverlangten Qualitätsanforderungen mittlerweile in vielen Diakonie-Einrichtungen implantiert worden sind.[1] Sie orientieren sich an standardisierten Qualitätsnor-

---

[1] Vgl. Bopp, Karl / Neuhauser, Peter (Hg.), Theologie der Qualität – Qualität der Theologie. Theorie-Praxis-Dialog über die christliche Qualität moderner Diakonie, Freiburg i. Br. 2001; Brunner, Ewald / Bauer, Petra / Volkmar, Susanne (Hg.), Soziale Einrichtungen bewerten. Theorie und Praxis der Qualitätssicherung, Freiburg i. Br. 1998; Majewski, Karin / Seyband, Elke, Erfolgreich arbeiten mit QfS. Qualitätsmanagement und fachliche Standards im sozialen Bereich, Weinheim 2002; Meinhold, Marianne, Qualitätssicherung und Qualitätsmanagement in der Sozialen Arbeit. Einführung und Arbeitshilfen, Freiburg i. Br. ³1998; Merchel, Joachim, Qualitätsmanagement in der Sozialen Arbeit. Ein Lehr- und Arbeitsbuch, Weinheim 2004; Peterander, Franz / Speck, Otto (Hg.), Qualitätsmanagement in sozialen Einrichtungen, München 1999; Schwarzer, Uwe, Qualitätsentwicklung, in: Ruddat, Günter / Schäfer, Gerhard K. (Hg.), Diakonisches Kompendium, Göttingen 2005, 317-331; Wunderlich, Theresia / Jansen, Frank (Hg.), Kindergärten mit Gütesiegel?, Kempten 1998.

men, so etwa an der viel zitierten DIN EN ISO 9000ff. der International Organisation for Standardization, die Qualität definiert als „die Gesamtheit von Eigenschaften und Merkmalen eines Produkts oder einer Dienstleistung, die sich auf deren Eignung zur Erfüllung festgelegter oder vorausgesetzter Erfordernisse beziehen"[2]. Felder und Einrichtungen kirchlicher Diakonie haben allen Grund, in diesem Sinn die Qualität bzw. Eignung ihrer Praxis systematisch prüfen zu lassen und für ihre Gewährleistung zu sorgen – und sei es „nur" aus Rechenschaftspflicht gegenüber der Gesellschaft, von deren finanziellen Ressourcen sie leben. Die Frage ist allerdings: Welches sind die Erfordernisse, denen die Diakonie zu genügen hat? Und vor allem: Wer definiert diese Erfordernisse?

Damit befinden wir uns bereits mitten in der Problematik des Versuchs, christliche Qualität über das Instrumentarium des Qualitätsmanagements anzuzielen. Genau besehen bleiben die angewandten Qualitätsmanagementkonzepte auffallend inhaltsleer, wenn es darum ginge, auch die spezifisch christliche Qualität diakonischer Praxis anhand ethischer, anthropologischer und theologischer Kriterien kenntlich zu machen. Vielfach beschränken sie sich auf die allgemeine Postulierung „christlicher Werte", die nicht näher differenziert, begründet oder in operationalisierbare Prinzipien umgesetzt werden.[3] Wenn sich Träger und Verantwortliche für den Nachweis des christlichen Profils ihrer Einrichtung immer wieder ritualhaft auf das „christliche Menschenbild" berufen, dann wirkt dies wie eine gigantische Worthülse, die nicht verdecken kann, dass man sich im Alltag der diakonischen Praxis immer weniger an theologischen Maßstäben und immer mehr an ökonomisch mess- und steuerbaren Kategorien ausrichtet.[4] Diese Abstinenz bezüglich einer praxisrelevanten Reflexion theologischer Kriterien führt dazu, dass Qualitätsmanagementkonzepte unter dem Kleid moderner Unternehmensführung doch wieder zurückfallen in das alte Schema der dienstrechtlich eingeforderten Kirchlichkeitskriterien. So finden sich z. B. im Qualitätshandbuch der „proCum Cert GmbH", einer gemeinsam von Deutschem Caritasverband, Diakonischem Werk und anderen kirchlichen Organisationen getragenen Zertifizierungsgesellschaft, unter anderem folgende Fragen für die Eignungs- und

---

[2] Zitiert nach Wertgen, Zur Qualität von Qualitätsmanagementkonzepten, in: Bopp, Karl / Neuhauser, Peter (Hg.), Theologie der Qualität – Qualität der Theologie. Theorie-Praxis-Dialog über die christliche Qualität moderner Diakonie, Freiburg i. Br. 2001, 39-45, 40.

[3] Vgl. dazu als umfangreiche theologisch-ethische Analyse von einschlägigen Qualitätsmanagementkonzepten Wertgen, Werner, Sozialethische Analyse von Qualitätsmanagementkonzepten sozialer Dienste und Einrichtungen, in: Bopp / Neuhauser, Theologie der Qualität – Qualität der Theologie, 46-186.

[4] Vgl. Degen, Johannes, Die Qualitätsfrage – Anfragen an die Konzeption kirchlich-sozialer Organisationen aus der Sicht der evangelischen Theologie, in: Bopp / Neuhauser, Theologie der Qualität – Qualität der Theologie, 255-271, 261.

Loyalitätsprüfung bei Mitarbeitenden: „Werden Mindestanforderungen an eine gelebte Christlichkeit gestellt? […] Inwieweit entsprechen die Vorgaben [sc. für die Personalauswahl] den Grundordnungen der Kirchen?"[5]

Wie so vieles wurde die Idee des Qualitätsmanagements aus dem Bereich der Wirtschaft entlehnt, wo sie dem Ziel dient, durch die Erhöhung der Kundenzufriedenheit die Marktposition eines Unternehmens zu sichern und dessen Gewinnmarge zu verbessern. Damit steht das Bedenken im Raum, dass mit diesen Konzepten erneut ökonomische Mechanismen nicht nur Anregung für die (bessere) Konzeption diakonischer Praxis sind, sondern zu deren normierendem Maßstab werden.[6] In der Tat war nicht der Impetus, den Hilfebedürftigen qualitätsvoller zu helfen und so ihnen als Personen besser gerecht zu werden, der eigentliche Impuls für die Einführung von Qualitätsmanagement im diakonischen Bereich, sondern der Umbau des Sozialstaats, näherhin die knapper werdenden Finanzmittel der Kostenträger und der dadurch ausgelöste Druck, die diakonische Praxis unter ökonomischen Gesichtspunkten „besser", d.h. kostengünstiger zu gestalten.[7] „Wie bereits zuvor im System Wirtschaft soll, nein: muss nun auch im sozialen Bereich die Wertschöpfung verbessert werden, sprich: es müssen die Kosten für die Dienstleistungsproduktion begrenzt und gegebenenfalls gesenkt werden. Hier hat die Qualitätsfrage ihren Sitz im Leben. Qualität in diesem Kontext bedeutet dreierlei: erstens Einsparpotentiale ausfindig machen und durchsetzen; zweitens Leistungssteigerungen durch besseren Einsatz der Ressourcen erreichen; und drittens Wettbewerbsstrukturen einführen, die eine effektive und wirtschaftliche Leistungserbringung fördern."[8] Spätestens hier melden sich Zweifel, ob das Repertoire des ökonomischen Qualitätsmanagements hilfreich, geschweige denn hinreichend ist, um die christliche Qualität der Diakonie zu bestimmen. Mit Johannes Degen ist festzustellen, dass die Qualitätsdiskussion mit ihrem aufgeladenen Pathos eine unter dem Schlagwort „Kundenfreundlichkeit" behauptete Menschendienlichkeit nur suggeriert, in Wirklichkeit aber das reale Ziel der Kostensenkung im Interesse der Trägerinstanzen verschleiert. Dabei gerät aus dem Blickfeld, dass Sozialgesetzgebung und Ökonomiemechanismen, so notwendig sie in der Diakonie beachtet werden müssen, ihre eigenen Ambivalenzen haben.

Wenn ein Qualitätsmanagement lediglich durch Anpassung an diese Rahmenbedingungen eine bloße Bestandssicherung betreibt, bedeutet dies eine Redu-

---

[5] Zitiert nach Wertgen, Werner, Sozialethische Analyse von Qualitätsmanagementkonzepten, 114.

[6] Vgl. Wertgen, Zur Qualität von Qualitätsmanagementkonzepten, 39.

[7] Vgl. Wertgen, Sozialethische Analyse von Qualitätsmanagementkonzepten, 49.

[8] Degen, Die Qualitätsfrage, 262f.

zierung auf institutionell vorgegebene Vorstellungen und Handlungsmuster, die umso mehr die gesuchte christliche Qualität der Diakonie verfehlt.[9] Wie wenig die Konzepte des Qualitätsmanagements auf eine Gewährleistung christlicher Qualität ausgerichtet sind, zeigt sich auch daran, dass der für sie erforderliche Mehraufwand (nicht zuletzt die beträchtliche Honorierung der Zertifizierungsgesellschaften) zu Lasten der Hilfeleistungen geht; dass sie beim Personal dem Trend Vorschub leisten, sich von der Anstrengung der konkreten Beziehungsarbeit zu dispensieren und auf die Metaebene der kontrollierenden, dokumentierenden und beratenden Tätigkeiten zurückzuziehen; und dass sie schließlich das Inkommensurable, also das nicht Planbare, nicht Messbare, nicht Bezahlbare der sozialen Arbeit tendenziell ausmerzen.[10] So kommt es zu der paradoxen Situation, dass in der kirchlichen Diakonie das handlungsleitende Reden und Denken immer mehr zu einem „papageienhaften Nachplappern der merkantilen Terminologie"[11] degeneriert, während der Ruf nach ethischen Kriterien verstärkt aus nichtkirchlichen Feldern der Sozialen Arbeit ertönt, weil man dort erkannt hat, dass die ökonomische Richtigkeit eines sozialen Handelns nicht als Ausweis seiner Qualität reicht.[12]

2 Von der „Identifizierung" zur Verantwortung für den Anderen

Auch wenn in der Diakonietheologie kaum etwas mit größerer Selbstverständlichkeit vorgetragen wird als die Rede von der spezifisch christlichen Qualität, bleibt doch zu fragen: „Warum muss sich Diakonie denn unterscheiden, eine spezifische Qualität darstellen?"[13] Die gängigen Ansätze zur Bewerkstelligung der christlichen Qualität der Diakonie – neben dem Qualitätsmanagement wäre die Einforderung eines kirchlichen Propriums bzw. von Kirchlichkeitskriterien[14] oder die seit geraumer Zeit forcierte Propagierung

---

[9] Vgl. Degen, Die Qualitätsfrage, 264f.

[10] Vgl. Degen, Die Qualitätsfrage, 271.

[11] Schmälzle, Udo F., Dienstleistungsqualität in den sozialen Organisationen der Kirche – ein Beitrag der katholischen Theologie, in: Bopp / Neuhauser, Theologie der Qualität – Qualität der Theologie, 222-254, 222.

[12] Wilken, Udo, Vorwort, in: Wilken, Udo (Hg.), Soziale Arbeit zwischen Ethik und Ökonomie, Freiburg i. Br. 2000, 7-10, 9.

[13] Degen, Die Qualitätsfrage, 260.

[14] Vgl. als klassischen Disput die beiden Beiträge Pompey, Heinrich, Das Profil der Caritas und die Identität ihrer Mitarbeiter/-innen, und Zerfaß, Rolf, Das Proprium der Caritas als Herausforderung an die Träger, in: Deutscher Caritasverband (Hg.), Caritas '93. Jahrbuch des Deutschen Caritasverbandes, Freiburg i. Br. 1992, 11-26 bzw. 27-40; vgl. zu den Bestimmungen des kirchlichen Propriums und ihrer Problematik Haslinger, Herbert, Diakonie zwischen Mensch, Kirche und Gesellschaft. Eine praktisch-theologische Untersuchung der

der Spiritualität in der Diakonie[15] zu nennen – weisen in ihrem Kern ein gemeinsames Merkmal auf: Den Ausgangspunkt bildet jeweils eine bestimmte Vorstellung davon, was die Diakonie zu einer „richtigen" Diakonie macht. Man nimmt Zugriff auf diakonische Praxisfelder und fragt danach, ob und wie das darin geschehende Hilfehandeln an diese vorgegebene Vorstellung angeglichen werden kann. Damit geraten auch die Menschen, um die es im Hilfehandeln geht, unter den Druck, sich in diese Vorstellungen einzupassen. Im Grunde passiert das, was Bert Brecht auf treffliche Weise beschrieben hat: „Was tun Sie, wurde Herr K. gefragt, wenn Sie einen Menschen lieben? Ich mache einen Entwurf von ihm, sagte Herr K., und sorge, dass er ihm ähnlich wird. Wer? Der Entwurf? Nein, sagte Herr K., Der Mensch."[16] Bezogen auf das Gleichnis vom barmherzigen Samariter könnte man sagen: Die Ansätze der Suche nach der christlichen Qualität der Diakonie bewegen sich in dem Schema, in dem auch der Gesetzeslehrer den Nächsten ins Spiel bringt. Er stellt die Frage nach dem Nächsten als eine Frage nach den eigenen Heilsaussichten. Er hat für sich ein Ziel bestimmt und ordnet seine Beziehung zum Nächsten darin ein.

Damit ist der Beziehungsmodus beschrieben, den der Philosoph Emmanuel Lévinas „Identi-fizierung" nennt: Der Mensch gestaltet die Welt nach seinen Vorstellungen, macht sie zu „seiner Welt". Dieses Muster leitet auch die zwischenmenschliche Begegnung. Der Mensch sucht nach dem, was am anderen Menschen den eigenen Vorstellungen entspricht, und versucht, die Beziehung zum anderen Menschen nach den eigenen Entwürfen zu gestalten. Der andere Mensch wird in die eigenen Ideale und Interessen eingepasst; er wird im buchstäblichen Sinn des Wortes „identi-fiziert", d. h. der eigenen Identität gleich gemacht. Diese Art, dem anderen Menschen zu begegnen, ist gewaltförmig, ein Akt extremer Inhumanität, weil sie den anderen Menschen nur insofern gelten lässt, als er den eigenen Interessen entspricht, weil sie den Anderen „töten"[17] will, d. h. nicht als Anderen existieren lässt.[18]

---

diakonischen Praxis unter dem Kriterium des Subjektseins des Menschen, Würzburg 1996, 416-447.

[15] Vgl. z. B. Hofmann, Beate / Schibilsky, Michael (Hg.), Spiritualität in der Diakonie. Anstöße zur Erneuerung christlicher Kompetenz, Stuttgart 2001; Lewkowicz, Marina / Lob-Hüdepohl, Andreas (Hg.), Spiritualität in der sozialen Arbeit, Freiburg i. Br. 2003; Ruddat, Günter, Diakonische Spiritualität, in: Ruddat, Günter / Schäfer, Gerhard K. (Hg.), Diakonisches Kompendium, Göttingen 2005, 407-420.

[16] Brecht, Bertolt, Geschichten vom Herrn Keuner, Frankfurt a. M. 1971, 33.

[17] Lévinas, Emmanuel, Die Spur des Anderen. Untersuchungen zur Phänomenologie und Sozialphilosophie. Übersetzt, hg. und eingeleitet von Wolfgang Nikolaus Krewani, Freiburg-München ²1987, 116.

[18] Vgl. Lévinas, Emmanuel, Jenseits des Seins oder anders als Sein geschieht. Aus dem Französischen übersetzt von Thomas Wiemer, Freiburg-München 1992, 92, 220f., 225.

Mit dem Samariter-Gleichnis dreht Jesus diese Beziehungslogik um. Seine Art, nach dem Nächsten zu fragen, macht deutlich: Wer sich einem anderen Menschen zuwendet und eine Beziehung mit ihm eingehen will, muss sich einer Veränderung unterziehen, muss „Nächster werden". Sämtliche Linien einer theologischen Begründung der Diakonie – die Rede von Gott als dem unverfügbaren Unendlichen, das alttestamentliche Motiv der Heiligkeit Gottes, die Botschaft Jesu vom Reich Gottes oder auch das sakramental-pastorale Verständnis der Kirche[19] – konvergieren in einer Maßgabe, die im Samariter-Gleichnis als der Urerzählung christlicher Diakonie verdichtet zum Ausdruck kommt:

Die christliche Qualität der Diakonie besteht in einem verändernden Helfen, bei dem nicht die Helfenden den Anderen ihren eigenen Vorstellungen anzugleichen versuchen, sondern sich selbst auf den Anderen hin verändern; in einem Helfen, dessen Akteure einstehen dafür, dass der hilfebedürftige Andere als Anderer existieren kann; in einem Helfen, bei dem sich die Helfenden der Verantwortung für den Anderen unterstellen. Der Unendliche, auf den wir uns in unserem christlichen Handeln berufen, wird – mit E. Lévinas formuliert – erkennbar in dem „Antlitz, in dem der Andere mich anruft und mir durch seine Nacktheit, durch seine Not, eine Anordnung zu verstehen gibt. [...] Das Ich [...] ist durch und durch Verantwortlichkeit oder Diakonie"[20]. Die christliche Qualität der Diakonie besteht in einer Humanität, der es um den Menschen als Menschen geht – und um nichts sonst. Das spezifisch Christliche der Diakonie ist ihre radikale Humanität.

3 (Unscheinbare oder verdrängte) Indikatoren der christlichen Qualität

3.1 Demut

Die Rede von der christlichen Qualität erfolgt vielfach nach folgendem Schema: Die Kirche mit ihren diakonischen Feldern sei der Hort einer von Haus aus human orientierten und der Gottebenbildlichkeit bzw. Würde des Menschen verpflichteten Praxis; im Kontrast dazu bilde die Gesellschaft den Ort gegenteiliger Tendenzen – „Lust- und Fun-Kultur", „Selbstverwirklichungsbedürfnisse", „individualistische Ideologien", „Leistungsdenken", „Ausbeu-

---

[19] Vgl. Haslinger, Diakonie zwischen Mensch, Kirche und Gesellschaft, 533-708; Haslinger, Herbert, Diakonie – Zeugnis von Gott im Dienst am Menschsein der Menschen (= Pastoraler Basiskurs. Lehrbrief 8. Hg. von Theologie im Fernkurs, Katholische Akademie Domschule Würzburg), Würzburg ²2005, 26-62.

[20] Lévinas, Die Spur des Anderen, 224.

tung", „Entsolidarisierung"; die sozialen Organisationen der Kirche gerieten erst durch ihre zunehmende Eingliederung in gesellschaftliche Prozesse in Wertkonflikte, würden also durch die Gesellschaft in der Verwirklichung ihrer christlichen Ideale behindert und sollten als „Wachhunde" im Sozialwesen ihre christlichen Werte als „Widerstandspotential" zum Tragen bringen.[21] Natürlich ist zu hoffen, dass die kirchliche Diakonie menschenverachtende, unterdrückende Tendenzen der Gesellschaft bekämpfen kann. Aber ist das beschriebene Schema nicht eine selbstgefällige Aufteilung: hier die „gute" Kirche, dort die „schlechte" Gesellschaft; hier die wertorientierte Diakonie, dort die suspekte Ausrichtung der profanen Anbieter? Steht es der Diakonie zu, in einem solchen Habitus des Edelmuts davon auszugehen, dass allein mit ihrem christlichen Anspruch das Gute, Richtige, Menschendienliche auf dem Plan stehe?

Vielleicht täte es gut, sich von Zeit zu Zeit eine andere Stimme zuzumuten: „Die Schwäche soll zum *Verdienste* umgelogen werden [...] und die Ohnmacht, die nicht vergilt, zur ‚Güte'; die ängstliche Niedrigkeit zur ‚Demuth'; die Unterwerfung vor Denen, die man hasst, zum ‚Gehorsam' [...] Das Unoffensive des Schwachen, die Feigheit selbst, an der er reich ist, [...] kommt hier zu guten Namen [...] Jetzt geben sie mir zu verstehen, dass sie nicht nur besser seien als die Mächtigen, die Herrn der Erde, deren Speichel sie lecken müssen (*nicht* aus Furcht, ganz und gar nicht aus Furcht! sondern weil es Gott gebietet, alle Obrigkeit zu ehren) – dass sie nicht nur besser seien, sondern es auch ‚besser hätten', jedenfalls einmal besser haben würden. Aber genug! genug! Ich halte es nicht mehr aus. Schlechte Luft! Schlechte Luft! Diese Werkstätte, wo man *Ideale fabriziert* – mich dünkt, sie stinkt vor lauter Lügen."[22] Diese Invektive Friedrich Nietzsches zielt auf das Christentum; es ist für ihn die Werkstatt, die das trügerische Ideal der Nächstenliebe fabriziert. Er wendet sich gegen den altruistischen Moral-Typus, gegen dessen Wertschätzung „des ‚Unegoistischen', der Mitleids-, Selbstverleugnungs-, Selbstopferungs-Instinkte"[23]. „Besonders ‚verlogen' erscheinen Nietzsche jene Wissensformen, die die grundlegende Machtbeziehung bestreiten. Das Christentum ist ihm dafür ein sehr wichtiges Beispiel, betont es doch die Nächstenliebe und verleugnet es den Machttrieb. Genau hierin jedoch, so betont Nietzsche, liegt das Perfide des Christentums: Es predigt eine Religion der Schwachen, Kran-

---

[21] Vgl. Schmälzle, Udo F., Dienstleistungsqualität in den sozialen Organisationen der Kirche, 240-243.

[22] Nietzsche, Friedrich, Zur Genealogie der Moral. Eine Streitschrift, (= KSA 5, Hg. von Giorgio Colli und Mazzino Montinari), München-Berlin-New York ³1993, 281-282 (I, §14).

[23] Nietzsche, Friedrich, Zur Genealogie der Moral, 252 (Vorrede, §5); vgl. Pieper, Annemarie, Vorrede, in: Höffe, Otfried (Hg.), Friedrich Nietzsche – Zur Genealogie der Moral, Berlin 2004, 15-29, 23.

ken und Armen, Machtlosen – um genau damit an die Macht zu kommen und sich an der Macht zu halten. Die Religion der Nächstenliebe ist ihm eine Übertünchung von Machtinteressen. [...] Religiöse Vorstellungen dienen dazu, die Interessen derer durchzusetzen, die sie vertreten."[24] Die christliche Nächstenliebe ist für Nietzsche die Ausformung jenes Mitleids, das er als „kleine Liebe" bezeichnet. Sie meint Genügsamkeit und Zufriedenheit mit dem Bestehenden und somit eigentlich keine echte Liebe, der am anderen Menschen liegt, sondern Selbstbezug, der den anderen Menschen als Mittel zur Beförderung der eigenen Behaglichkeit missbraucht. „Das Mitleiden mit dem Menschen, Liebe genannt, führt in schauerlicher Paradoxie nicht zur Hilfe und Aufrichtung des Darniederliegenden, vielmehr zur immer tieferen Erniedrigung, Abwertung und Schwächung der Menschen, denen Mitleid widerfährt, wie derer, die mitleidig sind und sich von ihrer (immer relativen) Höhe herabwerfen."[25]

Diese beißende Kritik am Christlichen und an seinem Ideal der Nächstenliebe mag unangenehm sein und unverträglich erscheinen; einfach vom Tisch zu wischen ist sie nicht. Zumindest verdient sie ein Maß an Ernstnahme, das über bloße Gesten der Empörung und kritikimmunisierende Abwehrreflexe hinausgeht. Sie könnte für Theologie und Kirche Anstoß sein, einmal die Perspektive zu wechseln und danach zu fragen, inwiefern das Christliche und Kirchliche an der Diakonie nicht immer und nicht allein das von Haus aus „Gute" und „Bessere" an der Diakonie ist. Vielleicht würde sich dann zeigen, dass eine wichtige Facette der christlichen Qualität der Diakonie darin besteht, nicht ständig auf der Besonderheit der christlichen Qualität zu insistieren und sie nicht selbstherrlich wie ein Hirsch sein Geweih vor sich her zu tragen. Einen Indikator der christlichen Qualität der Diakonie bildet demnach die Haltung der Demut. Bei Demut denkt man heute allzu schnell an Demütigung. Aber Demütigung ist höchstens der Akt, in dem jemand die Demut eines anderen missbraucht. Auch hat Demut nichts mit der Dummheit zu tun, in der man „alles mit sich machen lässt". Demut ist eine Form des Mutes. Sie ist der Mut, die Grenzen der eigenen Fähigkeiten wahrzunehmen und es zu respektieren, wenn die eigenen Vorstellungen nicht verwirklicht sind. Es geht um jene Haltung, die Paulus in seinem Brief an die Philipper fordert: „... in Demut schätze einer den andern höher ein als sich selbst." (Phil 2,3) Demut heißt: damit rechnen, dass andere etwas besser wissen oder beherrschen; Demut heißt: darauf verzichten, sich zum Maßstab für alles und alle zu machen. Die Demut befähigt dazu, es nicht als Beschädigung seiner selbst zu empfinden, wenn man nicht an vorderster Reihe hofiert wird, wenn Dreckarbeit ab-

---

[24] Knoblauch, Hubert, Wissenssoziologie, Konstanz 2005, 56.

[25] Willers, Ulrich, Friedrich Nietzsches antichristliche Christologie. Eine theologische Rekonstruktion, Innsbruck-Wien 1988, 171; vgl. ebd. 170.

verlangt ist. In solcher Demut zeigen die Träger diakonischer Praxis ihre Solidarität mit den Gedemütigten[26], mit jenen, denen die Haltung der Demut tagtäglich aufgezwungen wird. Solche Demut ist auch die Voraussetzung dafür, dass man in der Begegnung mit dem hilfebedürftigen Anderen gegenüber allem eigenen Können und Leisten einen kritischen Vorbehalt bewahrt. Sie bewahrt das Bewusstsein dafür, dass in der Diakonie „'von anderswoher' auch noch etwas passiert, nicht beweisbar, aber wirksam, nicht sichtbar, aber erlebbar, so dass Menschen nicht allein darauf vertrauen müssen, was sie einander geben und tun"[27], und dass sich dieses Nicht-Berechenbare der Diakonie dort einstellt, wo man auf Ansprüche der Alleinzuständigkeit und des Perfektionismus verzichtet und eine nicht fehlerfreie, für Selbstprofilierungen ungeeignete Zuständigkeit wagt.[28]

3.2 Treue im Schwierigen

Die Diakonie wird dem Leiden der Menschen, ihrer dadurch ausgelösten Klage vor Gott und ihrer Anklage gegen Gott, schließlich ihrem Verzweifeln an Gott, theologisch gesprochen: der Frage der Theodizee nur gerecht, wenn sie sich nicht eilfertig und selbstgefällig zur Antwortinstanz aufschwingt. Sie darf sich nicht mit vorschnellen Erklärungen aus der belastenden Unlösbarkeit des „warum" im Leiden der Menschen freischwindeln. Johann Baptist Metz hat auf diese Versuchung aufmerksam gemacht: „Weil die Theologie angesichts der Leidensgeschichte der Welt keine Rückfrage an Gott zuließ; weil sie sich gewissermaßen […] vor den allmächtigen und gütigen Gott stellte und den schuldig gewordenen Menschen allein verantwortlich machte für diese Leidensgeschichte; und weil sie damit schließlich den Eindruck erweckte, sie suche sich gewissermaßen hinter dem Rücken der namenlosen Leiden Unschuldiger mit dem allmächtigen Gott zu versöhnen und zu verabreden: eben darum empörte sich der Mensch gegen diesen Gott der Theologen, eben darum konnte die Theodizeefrage zur Wurzel des modernen Atheismus werden."[29] Nach Metz beruhigen sich Theologen zu schnell damit, vom leidenden Gott zu sprechen und wissen so oft mehr über das „Innenleben" Gottes als über das offenkundige, alltägliche Leben der Menschen um sie herum.[30] Des-

---

[26] Vgl. Wengst, Klaus, Demut – Solidarität der Gedemütigten. Wandlungen eines Begriffes und seines sozialen Bezugs in griechisch-römischer, alttestamentlich-jüdischer und urchristlicher Tradition, München 1987.

[27] Degen, Die Qualitätsfrage, 268.

[28] Vgl. Degen, Die Qualitätsfrage, 268.

[29] Metz, Johann Baptist, Plädoyer für mehr Theodizee-Empfindlichkeit in der Theologie, in: Oelmüller, Willi (Hg.), Worüber man nicht schweigen kann. Neue Diskussionen zur Theodizeefrage, München ²1994, 125-135, 134.

[30] Vgl. Metz, Plädoyer für mehr Theodizee-Empfindlichkeit, 135.

halb gibt er den Rat: „Fragt euch, ob die Theologie, die ihr kennenlernt, so ist, dass sie vor und nach Auschwitz eigentlich die gleiche sein könnte. Wenn ja, dann seid auf der Hut!"[31] Die Diakonie muss auf der Hut sein, dass sie nicht den Habitus einer vor lauter Richtigkeiten und Lösungen strotzenden Diakonie annimmt. Sie hat der Versuchung zu wehren, ihre theologischen Wahrheiten gegenüber dem menschlichen Leid zu behaupten und damit lediglich ihre eigene Anästhetisierung *gegen* das Leid der Menschen zu betreiben. Gegen jeden Hang zur theologistischen Leidunempfindlichkeit ist ihr abverlangt, das Leiden der Menschen zuerst als menschliche Wirklichkeit wahrzunehmen und als theologische Unfassbarkeit auszuhalten.

Leidende Menschen brauchen eine Diakonie, die ihre Fragen nicht mit Antworten zuschüttet, sondern die ihre Fragen gegen die vorschnellen Antworten, ihre Klagen gegen die verharmlosenden Beruhigungen, ihre Anklagen gegen die anmaßenden Rechtfertigungen bewahrt.[32] Die Träger diakonischer Praxis, die unmittelbar Helfenden wie auch die Funktionäre, bewähren sich dann in einer solchen leidempfindlichen Diakonie, wenn sie dem Menschen auch im Schwierigen ihre Treue erweisen. Ihnen obliegt es, auch und gerade dann für hilfebedürftige Menschen präsent zu sein, wenn es schwierig wird, wenn deren Leid nicht einfach weggelöst, sondern nur noch beweint und beklagt werden kann. Ihre „Treue im Schwierigen" zeigt sich als ein Dabeibleiben, als ein Sich-Aussetzen in Situationen, in denen eigene Ohnmacht zu ertragen ist, in denen kein Wort mehr greift, in denen man sich nicht mehr hinter dem Schutzschild wortreicher Rede oder hochwertiger Ausstattungen verstecken kann und in denen keine Aussicht mehr auf einen irgendwie befriedigenden, verrechenbaren Erfolg besteht.

Vornehmlicher Prüfstein für die Treue im Schwierigen ist die Frage, ob die Diakonie dem Menschen ermöglicht zu klagen. Leicht fällt es, über die Klage und über die theologische Bedeutung der Klage zu räsonieren. Man weiß um Hiob und um die Klagepsalmen. Schwer fällt es jedoch auch in der Diakonie, klagenden Menschen zuzuhören, Klagen wahrzunehmen, ja überhaupt das Klagen zuzulassen. Das Klagen erscheint als die möglichst zu vermeidende oder möglichst schnell zu überwindende Verfasstheit dessen, der nicht fähig oder nicht willens ist, seine schwierige Lage zu bewältigen. Klagende Menschen werden auch in Diakonie-Einrichtungen schnell lästig; ihre Klagen anzuhören erscheint nicht lohnend. Vielleicht sollte die Diakonie auch in diesem Fall in die Frankfurter Schule gehen. Theodor W. Adorno sah sich veranlasst,

---

[31] Metz, Johann Baptist, Jenseits bürgerlicher Religion. Reden über die Zukunft des Christentums, München-Mainz ⁴1984, 42.

[32] Vgl. Ebach, Jürgen, Theodizee: Fragen gegen die Antworten, 239; hier zitiert nach: Oelmüller, Willi, Negative Theologie heute. Die Lage der Menschen vor Gott, München 1999, 96.

sein berühmtes Diktum „nach Auschwitz ein Gedicht zu schreiben ist barbarisch"[33] zu korrigieren: „Das perennierende Leiden hat soviel Recht auf Ausdruck wie der Gemarterte zu brüllen; darum mag falsch gewesen sein, nach Auschwitz ließe kein Gedicht mehr sich schreiben."[34] Wo den sonst, wenn nicht in der christlichen Diakonie sollen Menschen einen Ort finden, in dem sie dieses ihr Recht einlösen können?

3.3 Gerechtigkeit als Wertschätzung des „Wertlosen"

Das Streben nach Qualität in der Diakonie leidet unter anderem daran, dass Diakonie-Institutionen damit oft genug lebensdestruktive Tendenzen der Gesellschaft nicht überwinden, sondern vielmehr im eigenen Raum verdoppeln. Sie erliegen immer wieder der Verlockung, die eigene Bedeutung untermauern zu wollen, indem sie sich das, was in der Gesellschaft als „qualitativ hochwertig" gilt, zueigen machen und das, was nach den Standards der Gesellschaft bedeutungslos ist, auch bei sich selber an den Rand drängen. Auch in Diakonie-Institutionen wird Qualität nach dem bemessen, was die etablierten Kräfte der Gesellschaft in ihrer unsichtbaren Definitionsmacht als niveauvoll, wertvoll, angenehm bestimmen. Und sie erachten ihr Qualitätsmanagement in dem Maße als gelungen, in dem es ihnen gelingt, nach diesen Standards Leistungen und Ausstattungen anzubieten und dafür genügend kaufkräftige „Kunden" zu gewinnen. Damit geben sie – entgegen den hehren Beteuerungen in ihren Leitbildern – zu erkennen, dass für sie die Menschen, die das als wertlos und unangenehm Erachtete repräsentieren, gerade nicht im Mittelpunkt stehen und gerade nicht den Maßstab ihrer Praxis bilden.

Mit der christlichen Qualität ist der Diakonie jedoch anderes abverlangt, als in der Funktion der „Hof-Dienstleisterin" blind und unbekümmert das anzubieten, was gemäß den Vorstellungen und Bedürfnissen der etablierten Gesellschaftskräfte an sozialen Dienstleistungen nachgefragt und finanziert wird. Die Diakonie darf sich nicht auf eine harmlose sozialarbeiterische Betulichkeit zurechtstutzen lassen, in der sie das leistet, was recht und billig und bequem ist, um die strukturellen Ungerechtigkeiten in der Verteilung von Lebensmöglichkeiten abdämpfend zu kompensieren, nicht aber an ihnen etwas zu verändern. Zu ihrer christlichen Qualität gehört es, dass sie sich „in die laufenden Auseinandersetzungen um den Reichtum in unserer Gesellschaft einbringt. Die unbequeme Erinnerung daran, dass eine umfassende, alle sozialen Gruppierungen der Gesellschaft in den Blick nehmende Gerechtigkeit noch aussteht, darf nicht durch die einseitige Fixierung auf möglichst professionell erbrachte Dienstleistungen, durch eine möglichst geräuschlose Prob-

---

[33] Adorno, Theodor W., Prismen. Kulturkritik und Gesellschaft, München 1955, 26.

[34] Adorno, Theodor W., Negative Dialektik, Frankfurt a. M. 1970 (1966), 353.

lementsorgung in die Vergessenheit abgeschoben werden. Die Diakonie kann sich nicht dorthin abdrängen lassen, wo sie im Ghetto eines fürsorgerischen Qualitätsmanagements zahm wird und nicht mehr laut und vernehmlich die Frage nach der Gerechtigkeit des Ganzen aufwirft."[35]

Die Gerechtigkeit, um die es ihr zu gehen hat, ist im Magnificat vorgezeichnet: „er stürzt die Mächtigen vom Thron und erhöht die Niedrigen: Die Hungernden beschenkt er mit seinen Gaben und lässt die Reichen leer ausgehen." (Lk 1,52f.) Mächtige vom Thron zu stoßen, die Reichen leer ausgehen zu lassen und stattdessen die Niedrigen zu erhöhen, bedeutet für die Diakonie: Sie unterwirft sich nicht den Maßgaben der Mächtigen und macht die Standards der Reichen nicht zu ihren Standards; sie verwendet ihre Ressourcen auch für das, „was nichts bringt", und begegnet dem mit Wertschätzung, was nach den vorherrschenden Wertungen wertlos ist; sie wendet Zeit auf für den Menschen, Zeit für „zwecklose" Zuwendungen und für das „bloß Menschliche", Zeit, die gerade dadurch wertvoll wird, weil es eine für abgewertete Menschen aufgewendete Zeit ist und damit Zeugnis der Zeit, die Gott für den Menschen hat[36]; sie tut auch dann noch viel, „wenn nichts mehr zu machen ist"[37] und gibt dem Nicht-Planbaren und Nicht-Machbaren Raum, weil der Mensch nie zum Objekt einer materiellen oder professionellen Verrechnung gemacht werden kann.

3.4 Bereitschaft, sich schmutzig zu machen

Es gibt in Theologie und Kirche die „Bequemlichkeit des Rigorismus". Wer Normen und Ideale mit Rigorismus einfordert, gilt als jemand, der hohe Anforderungen erfüllt. Wer hingegen sich tolerierend und flexibel auf Bedürfnisse der Menschen einstellt, wird schnell der Laxheit und Bequemlichkeit bezichtigt. Ich glaube, dass das Gegenteil der Fall ist. Der Rigorismus ist vielfach nur ein Schutzmechanismus für diejenigen, die nur mit Leuten zu tun bekommen möchten, bei denen sie ihre Normen und Ideale erfüllt sehen und mit denen sie sich leicht tun. Er bewahrt vor der Begegnung mit Menschen, die den eigenen Idealen und Normen nicht entsprechen, mit denen zu tun zu haben anstrengend bzw. herausfordernd ist. Das ist die eigentliche Bequemlichkeit, die Bequemlichkeit des Rigorismus. Sie gilt es, in jedweder kirchlichen Praxis zu überwinden. Die Lebenslinie eines jeden Menschen weist Brü-

---

[35] Degen, Die Qualitätsfrage, 270; vgl. ebd. 269.

[36] Vgl. Albus, Michael, Erwartungen eines Laien an den Priester, in: Lebendige Seelsorge 33 (1982) 201-202.

[37] Vgl. Heller, Andreas / Heimerl, Katharina / Huseboe, Stein (Hg.), Wenn nichts mehr zu machen ist, ist noch viel zu tun. Wie alte Menschen würdig sterben können, Freiburg i. Br. ²2000.

che, Versagen und dunkle Stellen auf – und wer das Gegenteil behauptet, macht sich und anderen etwas vor. Notleidende, benachteiligte Menschen haben freilich – das ist der Unterschied – weniger Möglichkeiten, diese Seiten zu verdecken.

In der Diakonie braucht es folglich die Bereitschaft, sich „schmutzig" zu machen. Das heißt: Man muss sich dem aussetzen, was nach den Standards unserer Gesellschaft „schmutzig" ist, was nicht den Idealen und Normalitäten entspricht. Man muss an sich heranlassen, was als unschön, verwerflich, verachtet, tabuisiert, schuldbehaftet gilt, weil man aus der Perspektive des so Bewerteten wahrnimmt, wie mit solchen Wertungen Machtstrukturen geschaffen und Lebensmöglichkeiten unterdrückt werden. Verbunden damit ist die Bereitschaft, in all dem das wahrzunehmen, was auf der eigenen Seite, bei der eigenen Person das „Schmutzige" ist, wo man selber den Idealen nicht genügt, womit man selber schuldig wird, welche Schatten man bei sich selber aufweist und gegebenenfalls ausgeblendet hat. Eine solche Diakonie muss damit rechnen, dass die Lebenswirklichkeit der Menschen auf sie abfärbt; dass sie sich gemeinsam mit den betroffenen Menschen auf der Seite der Geringgeachteten vorfindet. Aber nur dann befindet sie sich in der Spur jener unverbrüchlichen Treue, die Gott dem Menschen gegenüber erweist. Am Ende meines Zivildienstes in einer Werkstatt für Behinderte bekam ich von den behinderten Mitarbeitern meiner Gruppe ein Buch geschenkt. Die darin enthaltene Widmung möchte ich gerne der Diakonie ans Herz legen, die danach fragt, was ihre christliche Qualität ausmacht und worin sie sich von anderen Dienstleistungsanbietern unterscheiden soll: *„Du aber liebe mich, auch wenn ich schmutzig bin; denn wenn ich sauber wäre, würden mich ja alle lieben."*

DIAKONIE UND CHRISTLICHE GRUNDVOLLZÜGE

Karl Bopp
Wozu braucht die Kirche ein diakonisches Amt?
Gegen die Beliebigkeit kirchlicher Weltsorge

Maria Widl
Die vier Seiten der Liebe
Versuch einer praktisch-theologischen Paradigmenverschränkung
von diakonischem und sakramentalem Handeln

Heinrich Pompey
**Caritas professionell jedoch „häretisch" -
Liturgie feierlich jedoch folgenlos?**
Zur inneren Verbundenheit von Diakonie und Eucharistie
sowie von Glauben und Liebe

Erich Garhammer
Eine Liturgie, die hilft

Karl Bopp

Wozu braucht die Kirche ein diakonisches Amt?

Gegen die Beliebigkeit kirchlicher Weltsorge

1 Das prekäre Welt-Verhältnis christlicher Normalgemeinden

In der Mehrzahl der christlichen Gemeinden in Deutschland dominieren eine bürgerliche Kultur und Mentalität, die die Wahrnehmung von sozialer Not und ein entsprechendes solidarisches Hilfehandeln nicht selten stark beeinträchtigen.[1] Sprechender Ausdruck für diese These ist folgende, zweifellos provozierende Geschichte aus Innsbruck:

> Im Innsbrucker Bahnhofsviertel feiert eine Gruppe von KatholikInnen Gottesdienst. Die Eucharistiefeier hat längst begonnen, als eine deutlich als Prostituierte erkennbare Frau den Gottesdienstraum betritt. Sie scheint leicht alkoholisiert zu sein und ruft laut in den Raum hinein: „Bekomme ich da auch etwas?" Offensichtlich meint sie mit „etwas" das eucharistische Brot. Der Priester, welcher der Eucharistie vorsteht, ist im Moment sprachlos, sagt aber nach einigem Zögern: „Ja schon", sichtlich in der geheimen Hoffnung, dass die Frau noch vor der Kommunion die Feier wieder verlassen wird. Sie bleibt aber, nimmt das eucharistische Brot, bricht die Hostie in zwei Teile, konsumiert einen Teil, steckt den anderen in die Hosentasche und verlässt den Gottesdienstraum.

> Nachforschungen ergeben, dass sie mit der geteilten Hostie geradewegs zum Bahnhof ging, wo eine Schwester der Bahnhofsmission, die ihr öfters geholfen hatte, ihren Dienst versah. Sie brachte ihr die geteilte Hostie mit den Worten: „Schau, was ich dir mitgebracht habe, du isst ‚das' doch so gerne!"[2]

Eine theologische Pointe dieser Geschichte liegt in der provokanten Offenlegung der prekären Weltbeziehung der Innsbrucker Eucharistiegemeinde, während sich das scheinbar frevlerische Verhalten der Prostituierten am Ende als überraschend „liturgiefähig" erweist. Denn gerade das Verhalten der Prosti-

---

[1] Vgl. dazu Steinkamp, Hermann, Diakonie - Kennzeichen der Gemeinde. Entwurf einer praktisch-theologischen Theorie, Freiburg i. Br. 1985, bes. 66-70.

[2] Vgl. Scharer, Matthias / Hilberath, Bernd Jochen, Kommunikative Theologie. Eine Grundlegung, Mainz 2002, 70.

tuierten stellt die brisante Frage, wer denn hier richtig – im Sinne des Evangeliums – Eucharistie gefeiert hat? Man kommt, vom Ausgang der Geschichte her, um die überraschende Feststellung nicht herum, dass die zweifellos kirchlich fernstehende, theologisch unwissende und moralisch defizitäre Frau intuitiv den biblisch-dogmatischen Kern der Eucharistiefeier – die Feier der befreienden Liebe Gottes als Mahl der Sünder! – und auch den entsprechenden Umgang mit dem eucharistischen Brot – Brotbrechen und solidarisch miteinander teilen – besser erkannt und umgesetzt hat als die fromme Normalgemeinde.

2 Die Frage nach dem richtigen Weltbezug der Kirche

Ausgehend von dieser Innsbrucker Geschichte muss man leider für viele christliche Normalgemeinden in Deutschland ein ähnlich unverbundenes Nebeneinander von Gottesdienstgemeinde und (regionaler bis globaler) sozialer Umwelt konstatieren - wobei die Gottesdienstfeier hier für einen typisch *binnenkirchlichen Handlungsraum* steht, die Bahnhofsmission dagegen als exemplarisches Feld des *kirchlichen Weltbezugs* verstanden werden könnte. Allein die Prostituierte wagt hier eine Grenzüberschreitung, was aber die Gottesdienstgemeinde und besonders der Priester wohl eher als Störung und Provokation empfinden. Das Geschehen in der Bahnhofsmission und ihre „Kundschaft" (vielfach gescheiterte Menschen) sind scheinbar kein Thema in der gemeindlichen Eucharistiefeier. Die Eucharistiegemeinde unter dem Vorsitz ihres Priesters feiert vielmehr offensichtlich einen Gott, dem diese Welt der Bahnhofsmission ziemlich gleichgültig ist.

An diesem Beispiel bestätigt sich zunächst die klassische, oft beklagte kirchliche Doppel-Struktur:[3] Hier die „Pastoralkirche", die Gottesdienst feiert und den rechten Glauben verkündet; dort die „Diakoniekirche", die glaubensfern erscheint und nur säkulare Sozialarbeit betreibt. Aber, was viel gravierender ist, an diesem Fall wird bei näherem Hinsehen ein enormes *theologisches Defizit im kirchlichen Weltbezug* offenkundig; denn der uninteressierte und lieblose Umgang mit der Welt, hier konkret mit der Prostituierten, steht im eklatanten Gegensatz zum biblischen Gott und seinem universalen Heilswillen, wie ihn die biblische Tradition bezeugt.[4]

---

[3] Zur Diakonie als kirchlicher „Zweitstruktur" vgl. Steinkamp, Hermann, Solidarität und Parteilichkeit. Für eine neue Praxis in Kirche und Gesellschaft, Mainz 1994, 198-210.

[4] Vgl. etwa als biblische Modellerzählung die Begegnung Jesu mit der Sünderin in Lk 7,36-50 – eine provozierende Kontrastgeschichte zur Innsbrucker Geschichte!

Trotz der vielen Eucharistiefeiern[5] im Lauf ihrer Geschichte hat die Kirche offensichtlich den darin memorierten solidarisch-erlösenden Weltbezug („für euch und für alle"[6]) weitgehend vergessen. Und nicht zuletzt deshalb hat sie so viel Schuld auf sich geladen - gegenüber der nichtchristlichen Welt allgemein und besonders gegenüber dem Judentum. Es ist ein schlimmes Zeugnis gegen die Kirche, wenn etwa der Jude Elie Wiesel rückblickend auf seine Kindheit schreibt: „Vom Christentum kannte ich nur den Hass, den es den Meinen entgegenbrachte."[7]

Es war ein besonderes Verdienst des Zweiten Vatikanischen Konzils (1962-1965), ein neues Weltverhältnis der Kirche[8] grundgelegt zu haben. In der Pastoralkonstitution „Gaudium et spes" wird dies gleich zu Beginn programmatisch so formuliert: „Freude und Hoffnung, Trauer und Angst der Menschen dieser Zeit, besonders der Armen und Bedrängten aller Art, sind Freude und Hoffnung, Trauer und Angst auch der Jünger Christi, und es findet sich nichts wahrhaft Menschliches, das nicht in ihrem Herzen widerhallte." (GS 1). In solidarischer Verbundenheit mit der ganzen Menschheit soll die Kirche dem Kommen des Reiches Gottes in der Welt dienen. Sie ist dazu berufen, als geschichtliches „Zeichen und Werkzeug für die innigste Vereinigung mit Gott und für die Einheit des ganzen Menschengeschlechts" (LG 1) zuverlässig Gottes Liebe zur Welt zu bezeugen[9] und Einheit und Solidarität unter allen Menschen zu stiften. Unter ausdrücklicher Bezugnahme auf den sakramentalen Charakter der Kirche heißt es dazu in „Gaudium et spes" weiter: „Was das Gottesvolk in der Zeit seiner irdischen Pilgerschaft der Menschenfamilie an Gutem mitteilen kann, fließt letztlich daraus, daß die Kirche das «allumfassende Sakrament des Heiles» ist und das *Geheimnis der Liebe Gottes zu den Menschen* zugleich offenbart und verwirklicht." (GS 45)

Angesichts dieser ekklesiologischen Weichenstellung ist eigentlich klar, dass das praktische Weltverhältnis der Kirche nicht beliebig sein kann.[10] Vor allem wenn man die Reich-Gottes-Botschaft Jesu als entscheidende Norm zugrunde

---

[5] Vgl. Rahner, Karl / Häußling, Angelus, Die vielen Messen und das eine Opfer. Eine Untersuchung über die rechte Norm der Meßhäufigkeit, Freiburg i. Br. 1966.

[6] So die Formel im sogenannten Einsetzungsbericht der eucharistischen Hochgebete.

[7] Wiesel, Elie, Jude heute. Erzählungen, Essays, Dialoge, Wien 1987, 13.

[8] Vgl. Eckholt, Margit, Das Welt-Kirche-Werden auf dem II. Vatikanum: Aufbruch zu einer „neuen Katholizität", in: Edith-Stein-Jahrbuch 6 (2000) 378-390, bes. 382-387.

[9] Vgl. auch die Aussage von Joseph Ratzinger, dass der „Sinn der Kirche [...] die öffentliche Darstellung der Agape vor dem Angesicht der Welt" sei (ders., Art. „Kirche", in: LThK[2], Bd. VI, 172-183, hier 180f.).

[10] Vgl. auch die Ausführungen von Kontextualität als „normatives Merkmal", in: Feiter, Reinhard, Antwortendes Handeln. Praktische Theologie als kontextuelle Theologie, Münster 2002, 112-115.

legt, dann muss das liebend-solidarische Weltverhältnis der Kirche noch um die Barmherzigkeit und „die Perspektive einer universalen Versöhnung"[11] ergänzt werden.

3 Die Notwendigkeit eines doppelten Amtes in der Kirche

Dieser biblisch und dogmatisch konstitutiv vorgegebene Weltbezug stellt sich aber in den geschichtlich-empirischen kirchlichen Koinoniaformen nicht automatisch ein; ebenso wenig wie die Orthodoxie des Glaubens in der geschichtlich-empirischen Kirche einfach vorausgesetzt werden darf. Die Antwort der Kirchengeschichte auf die notwendige Sicherung der unverfügbaren Grundlagen des Glaubens war ein langer und differenzierter Prozess der Entwicklung und Entfaltung einer kirchlichen Ämterstruktur.[12]

Ohne auf diese sehr komplexe Materie der historischen Ämterentwicklung und ihrer heute notwendigen Gestalt[13] näher eingehen zu können, möchte ich mich hier auf die Erklärung und Begründung folgender These beschränken:

Wie die Kirche zur *inhaltlichen Sicherung der apostolischen Tradition* das Bischofsamt (mit dem ihm zugeordneten Priesterkollegium - historisch präziser: Presbyterkollegium) eingeführt hat, so braucht es auch für den *evangeliumsgemäßen Weltbezug* der Kirche ein eigenes Amt; nämlich den Diakonat.

Für diese Sicht des Diakonats[14] finden sich bereits in der frühen Kirche[15] deutliche Hinweise. So wird in den alten Weihegebeten „immer wieder betont, dass der Diakon an der Seite des Bischofs steht, bestellt zum Dienst in der Kirche als Garant dafür, ‚daß die Armen in christlicher Gemeinde nie beschämt wurden'". In der „Didascalie" aus dem 3. Jahrhundert wird der Diakon

---

[11] Knapp, Markus, Gottesherrschaft als Zukunft der Welt, Würzburg 1993, 662.

[12] Vgl. Dassmann, Ernst, Ämter und Dienste in den frühchristlichen Gemeinden, Bonn 1994; Hübner, Reinhard, Die Anfänge von Diakonat, Presbyterat und Episkopat in der frühen Kirche, in: Rauch, Albert / Imhof, Paul (Hg.), Das Priestertum in der Einen Kirche. Diakonat, Presbyterat und Episkopat, Aschaffenburg 1987, 45-89.

[13] Zur neueren Amtsdiskussion vgl. Bausenhart, Guido, Das Amt in der Kirche. Eine notwendige Neubestimmung, Freiburg-Basel-Wien 1999.

[14] Vgl. zur Entwicklung insgesamt Müller, Gerhard L., Der Diakonat - Entwicklung und Perspektiven. Studien der Internationalen Theologischen Kommission zum sakramentalen Diakonat, Würzburg 2004; vgl. weiter Lunglmayr, Bernd, Der Diakonat. Kirchliches Amt zweiter Klasse?, Innsbruck-Wien 2002.

[15] Vgl. Wessely, Christian, Gekommen, um zu dienen. Der Diakonat aus fundamentaltheologisch-ekklesiologischer Sicht, Regensburg 2004, 330-349.

als das „Gehör des Bischofs, sein Mund, sein Herz und seine Seele" bezeichnet. Nach dem „Testamentum Domini"[16], einer syrischen Kirchenordnung des 5. Jahrhunderts, „sorgt sich der Diakon in enger Verbundenheit mit dem Bischof um die Armen und Fremden, er gewährt Hilfe den Unterdrückten und steht mit Rat und Tat all denen zur Seite, die ihn aufsuchen und ansprechen. Die Büßer begleitet der Diakon in der Umkehr, den Sterbenden steht er bei; er sorgt für die Bestattung der Toten ... und motiviert die Gemeinde, Not zu sehen und zu lindern. Der Diakon [nicht der Bischof: K. B.] soll [...] in allen gemeindlichen Lebensvollzügen wie *das Auge der Kirche* sein."[17] Zurecht sieht deswegen die erwähnte syrische Kirchenordnung den Diakon „in besonderer Weise Christus gleichgestaltet, der selbst zum ,Diakon', das heißt zum Diener aller, geworden ist."[18]

In den beiden kirchlichen Grundämtern des Bischofs/Priesters und des Diakons[19] – so könnte man folgern – stellt sich die Kirche gleichsam ihre „unverfügbaren Vor-Gegebenheiten"[20] in einem doppelten Christussymbol[21] gegen-

---

[16] Vgl. Rahmani, Ignatios E., Testamentum Domini Nostri Jesu Christi, Mainz 1899 (Reprint Hildesheim 1968); vgl. dazu auch Fischer, Balthasar Dienst und Spiritualität des Diakons. Das Zeugnis einer syrischen Kirchenordnung des 5. Jahrhunderts, in: Plöger, Josef / Weber, Hermann J. (Hg.), Der Diakon. Wiederentdeckung und Erneuerung seines Dienstes, Freiburg 1980, 263-273 (hier weitere Literatur- und Quellenangaben).

[17] Die angeführten Zitate stammen aus: Riße, Günter, Caritas und Diakon/Diakonat. Mitsorge für den diakonischen Grundauftrag der Kirche, in: Patzek, Martin (Hg.), Caritas plus ... Qualität hat einen Namen, Kevelaer 2004, 80-96, hier 81f.; vgl. dazu auch Zerfaß, Rolf, Wenn Gott aufscheint in unseren Taten, in: Zulehner, Paul M., Das Gottesgerücht, Düsseldorf 1987, 97.

[18] Riße, Caritas, 82.

[19] Die männliche Form gibt hier einfach den aktuellen Stand in der katholischen Kirche wieder. Für andere Lösungen gibt es gute theologische und historische Argumente – vgl. Reininger, Dorothea, Diakonat der Frau in der einen Kirche, Ostfildern 1999; vgl. auch Hünermann, Peter (Hg.), Diakonat. Ein Amt für Frauen in der Kirche - ein frauengerechtes Amt?, Ostfildern 1997. Der bisher geltende grundsätzliche Ausschluss der Frauen vom Amt steht jedenfalls in deutlicher Spannung zur einschlägigen Weisung der Pastoralkonstitution „Gaudium et spes", wonach „jede Form einer Diskriminierung in den gesellschaftlichen und kulturellen Grundrechten der Person, sei es wegen des Geschlechts (!) [K. B.] oder der Rasse, der Farbe, der gesellschaftlichen Stellung, der Sprache oder der Religion" überwunden und beseitigt werden muss, „da sie dem Plan Gottes widerspricht." (GS 29.) Dass dieses allgemeine Diskriminierungsverbot auch innerkirchlich gilt, bestätigt die Kirchenkonstitution „Lumen gentium" mit der lapidaren Aussage: „Es ist also in Christus und in der Kirche keine Ungleichheit aufgrund von Rasse und Volkszugehörigkeit, sozialer Stellung oder Geschlecht (!) [K. B.]" (LG 32). Gemessen an dieser höchsten lehramtlichen Grundposition wird deutlich, dass das Frausein als solches keine Ungleichbehandlung innerhalb der Kirche legitimiert; genau das geschieht aber beim generellen Ausschluss der Frauen vom kirchlichen Amt!

[20] Vgl. Fuchs, Ottmar, Ämter für eine Kirche der Zukunft. Ein Diskussionsanstoß, Luzern 1993, 40-42.

über: „Christus, wie er in der Wort- und Zeichenverkündigung begegnet", tritt der Kirche im Bischofs-/Priesteramt sakramental[22] gegenüber und „Christus, wie er in den Armen begegnet"[23], tritt der Kirche im Diakonenamt sakramental gegenüber; dabei steht die Begegnung mit den Armen hier für einen generell liebend-solidarischen Weltbezug. Auf diese „duale Grundstruktur" des Amtes hat Ottmar Fuchs schon vor Jahren aufmerksam gemacht und zurecht für ein „zweifaches Weiheamt" plädiert.[24]

4 Kirchliche Sendung als doppelter Dialog

Diese duale Amtsstruktur wird umso besser verständlich, wenn man insgesamt den sakramentalen Vollzug von Kirche in Geschichte und Gegenwart als doppelten Dialog[25] um den Wahrheits- und Geltungsanspruch der Reich-Gottes-Botschaft Jesu versteht; nämlich als *Bezeugen* nach Außen im Dialog mit der Welt und ihren Nöten (Weltbezug) - und als *Bekennen* nach Innen im Dialog mit Gott innerhalb der Glaubensgemeinschaft.[26]

Graphisch lassen sich die Grundfunktionen der Kirche dann so darstellen:

---

[21] Zum hier intendierten Symbolbegriff vgl. Wahl, Heribert, Glaube und symbolische Erfahrung. Eine praktisch-theologische Symboltheorie, Freiburg-Basel-Wien 1994.

[22] Der Adjektiv „sakramental" ist hier sehr wichtig; denn es verhindert gerade eine Identifizierung der Amtsträger mit Christus. Als „sakramentale Zeichen" stehen die Ordinierten symbolisch für etwas Anderes, das sie gerade selber nicht sind; nämlich für Gott und seinen universalen Heilswillen. Bei aller Differenz vergegenwärtigen aber die sakramentalen Zeichen als Symbole dennoch real Gottes Gegenwart in der Kirche!

[23] Fuchs, Ottmar, Ämter für eine Kirche der Zukunft, 42.

[24] Vgl. Fuchs, Ämter, 67-80.

[25] Von einer „Doppeltheit der Präsenz" Gottes spricht auch Karl Rahner; nach ihm ist Gott „in der Kirche präsent als die Wahrheit und als die Liebe." (Ders., Sämtliche Werke. Band 19: Selbstvollzug der Kirche. Ekklesiologische Grundlegung praktischer Theologie, Freiburg-Solothurn-Düsseldorf 1995, 51-61, hier 53).

[26] Vgl. Arens, Edmund, Christopraxis. Grundzüge theologischer Handlungstheorie, Freiburg-Basel-Wien 1992, bes. 131-149.

Die Grundfunktionen christlicher Pastoralgemeinschaft:

Gemeinsames **Bekennen** und **Bezeugen**
der **Hoffnung auf das Kommen des Reiches Gottes**

Bezeugen - im Dialog mit der Welt:
[Außendimension der Kirche]
Gott und seine Heils-Wahrheit
in der Welt bezeugen durch:
- Verkündigung des Evangeliums
- Diakonie
- Prophetisches u. pathisches Zeugnis

Bekennen - im Dialog mit Gott:
[Innendimension der Kirche]
Als Koinonia von Schwestern u. Brüdern
den Glauben bekennen und feiern durch:
- Liturgie (Gebet/Feier der Sakramente)
- Lehramtliches Bekennen (Credo)
- Situatives Bekennen

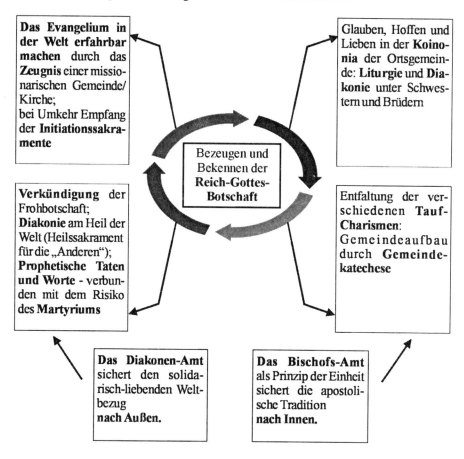

Das Evangelium in der Welt erfahrbar machen durch das **Zeugnis** einer missionarischen Gemeinde/Kirche;
bei Umkehr Empfang der **Initiationssakramente**

Glauben, Hoffen und Lieben in der **Koinonia** der Ortsgemeinde: **Liturgie** und **Diakonie** unter Schwestern und Brüdern

Verkündigung der Frohbotschaft;
Diakonie am Heil der Welt (Heilssakrament für die „Anderen");
Prophetische Taten und Worte - verbunden mit dem Risiko des **Martyriums**

Bezeugen und Bekennen der **Reich-Gottes-Botschaft**

Entfaltung der verschiedenen **Tauf-Charismen**: Gemeindeaufbau durch **Gemeindekatechese**

Das Diakonen-Amt sichert den solidarisch-liebenden Weltbezug **nach Außen.**

Das Bischofs-Amt als Prinzip der Einheit sichert die apostolische Tradition **nach Innen.**

Idealtypisch vollzieht sich also die Ekklesiogenese in einem Kreismodell von vier aufeinander folgenden Handlungs-Phasen[27]:

a) Christliche Koinonia entsteht in der Welt grundlegend je neu durch das Hören des Evangeliums und die symbolische Erfahrung dessen, was die Kernbotschaft der Reich-Gottes-Hoffnung ausmacht: die Verheißung von Leben in Fülle, der Traum von Gerechtigkeit und Frieden (biblisch: Schalom) für die ganze Schöpfung. Wo das Zeugnis einer missionarischen Koinonia in der Welt auf fruchtbaren Boden fällt, löst es Umkehrprozesse aus, die in die Feier der Initiationssakramente münden können. (Siehe links oben!)

b) Im gemeinsamen Glauben, Hoffen und Lieben versucht die so sich stets erneuernde Koinonia die Reich-Gottes-Botschaft zu leben. Dazu versammelt sie sich regelmäßig zur Liturgie, besonders zur Eucharistiefeier, und verwirklicht die hier erinnerte und gefeierte Liebe Gottes in der Diakonie an den Schwestern und Brüdern. (Siehe rechts oben!)

c) Die je konkrete Koinonia wird so zum Sozialraum, in dem die einzelnen Gemeindemitglieder ihre in der Taufe von Gott geschenkten Charismen (geistlichen Begabungen) entdecken und entfalten können. Mit Hilfe der verschiedenen Charismen baut sich die Gemeinde auf und entwickelt sich weiter. (Siehe rechts unten!)

d) In der je konkreten Gesellschaftssituation bezeugt die so durch Charismen qualifizierte Koinonia symbolisch-sakramental ihre Reich-Gottes-Hoffnung nach Außen (im Dialog mit der Welt) durch Verkündigung der Frohbotschaft, durch Diakonie an der Welt und durch prophetische Taten und Worte – ohne Angst vor dem Martyrium. (Siehe links unten!)

Wie nun innerhalb der Kirche das evangeliumsgemäße Bekennen strukturell[28] – und damit verlässlich – durch das Bischofs-/Priesteramt gesichert wird, so muss auch das Zeugnis für den liebenden Weltbezug (als Symbol für den universalen Heilswillen Gottes) strukturell gesichert werden, um nicht der Beliebigkeit und Zufälligkeit preisgegeben zu sein. Dafür steht der Diakonat als komplementäres institutionalisiertes Amt in der Kirche.

Diese differenzierte Zuständigkeit macht zugleich deutlich, dass sich die Orthodoxie des Glaubens vorrangig auf den Binnenbereich der Kirche zu be-

---

[27] Vgl. dazu auch Sekretariat der Deutschen Bischofskonferenz (Hg.), Apostolisches Schreiben „Evangelii nuntiandi" Seiner Heiligkeit Papst Pauls VI. an den Episkopat, den Klerus und alle Gläubigen der Katholischen Kirche über die Evangelisierung in der Welt von heute, Bonn 1975, Nr. 21-24.

[28] Zur Struktur als Basis der Ämter vgl. Wessely, Diakonat, 120-171, im Blick auf den Diakonat bes. 164-171.

schränken hat, während der Weltbezug nach Außen von der Orthopraxie der Liebe und Barmherzigkeit geprägt sein muss. Wo diese Differenzierung eingeebnet wird, kommt es gar zu leicht zu ideologisch geprägten Weltbeziehungen, in denen die Religions- und Gewissensfreiheit verletzt und „Anderen" die eigene Glaubensüberzeugung mehr oder weniger subtil aufgezwungen wird – sei es durch Manipulation oder gar durch offene Gewalt, wovon die Kirchengeschichte viele Negativ-Beispiele bietet.

5 Diakonales Amt als Symbol für den solidarisch-liebenden Weltbezug - aufgezeigt am Dienst des Diakons in der Eucharistiefeier

Auf der Grundlage der bisherigen Überlegungen ist es dann logisch, dass der Diakon gerade auch in der Liturgie als dem Höhepunkt und der Quelle („culmen et fons"[29]) allen kirchlichen Tuns eine besondere Rolle zu spielen hat. Was im Folgenden zur Rolle des Diakons in der Eucharistiefeier[30] gesagt wird, ist natürlich nur dann aussagekräftig und symbolisch/sakramental stimmig, wenn der Diakon auch tatsächlich im Alltag ein Dienender und Helfender ist und wirklich welt- und notkundig ist; wenn er also z. B. als kompetenter Sozialarbeiter oder als ehrenamtlich sozial Engagierter in der Welt präsent ist und die Nöte der Menschen wirklich kennt.

Wo immer dann unter diesen Vorgaben eine Gemeinde unter der Leitung des Bischofs bzw. Priesters zusammenkommt, um in der Eucharistie[31] das Paschamysterium zu feiern und die Hoffnung auf das kommende Reich Gottes zu bekennen, da ist nach guter liturgischer Tradition der Diakon - und eben nicht der Priester oder der Bischof! - der ordentliche Verkünder des Evangeliums; denn der Diakon stellt symbolisch am stimmigsten dar, wie das Evangelium im Geist Jesu der Welt und der Gemeinde zu präsentieren ist - nämlich als Dienst am Leben der Menschen.[32] Anders ist das beim Predigtdienst: Hier ist der Diakon zusammen mit dem Bischof/Priester der ordentliche Verkündi-

---

[29] So nach der Liturgiekonstitution des II. Vatikanums SC, 10.

[30] Vgl. aus liturgiewissenschaftlicher Sicht Lengeling, Emil J., Der Diakon in den neuen liturgischen Büchern. Verwirklichtes und Versäumtes, in: Plöger, Josef G. / Weber, Hermann J. (Hg.), Der Diakon. Wiederentdeckung und Erneuerung seines Dienstes, Freiburg i. Br. 1980, 164-193.

[31] Vgl. Fuchs, Ottmar, Eucharistie als Zentrum katholischen Glaubens- und Kirchenverständnisses, in: Söding, Thomas (Hg.), Eucharistie. Positionen katholischer Theologie, Regensburg 2002, 229-279.

[32] Vgl. dazu auch Barnett, James M., The Diaconate. A full and equal order, Valley Forge/USA 1995.

ger;[33] denn in der eucharistischen Gemeindeversammlung muss sowohl die Orthodoxie nach Innen wie die Orthopraxie nach Außen regelmäßig zur Sprache kommen.

Bevor die Gemeinde also am Ende des Wortgottesdienstes ihr Credo spricht und in den Fürbitten für die Anliegen der Welt betet, hört sie zuvor vom Diakon, der wie Christus dient, das Evangelium und wird vom selben welt- und notkundigen Diakon in der Predigt auf die Welt und ihre Nöte aufmerksam gemacht; erst dann ist die Gemeinde zusammen mit ihrem Bischof/Priester entsprechend vorbereitet, das eucharistische Hochgebet über die Gaben zu sprechen, die wiederum vom Diakon von der Welt genommen und für die Feier bereitet wurden. Und mitten in diesem Gebet - unmittelbar nach dem Einsetzungsbericht - erinnert der Diakon mit dem Zwischenruf „Geheimnis des Glaubens" nochmals die Gemeinde daran, dass sie beim Kommen des Herrn in Herrlichkeit (vgl. die Antwort der Gemeinde: „Deinen Tod, o Herr, verkünden wir und deine Auferstehung preisen wir, bis Du kommst in Herrlichkeit.") nach der Weisung Jesu (vgl. Mt 25,31-46) nur bestehen kann, wenn sie Barmherzigkeit übt - also liebend-solidarisch mit der Welt umgeht.[34]

Diese solidarische Weltverbundenheit erfordert ständige Versöhnung; und so lädt folgerichtig der Diakon nach dem Hochgebet zum Friedensgruß, zum performativen Akt der Versöhnung ein. Und dies findet dann eine erneute Bekräftigung im Entlassgruß nach dem Segen des Priesters, wenn der Diakon die Gemeinde in die Welt sendet mit der Aufforderung: „Gehet hin in Frieden!"

Man kann es nur bedauern, dass diese soteriologisch-eschatologisch so entscheidende Verbindungsstruktur zur Welt heute in den meisten Eucharistiefeiern ausfällt, weil entweder kein Diakon anwesend ist - oder weil der anwesende Diakon nicht welt- und notkundig ist, sondern faktisch oft eher eine Art Ersatzpriester verkörpert. Aber auch über die Eucharistiefeier hinaus bräuchte die Kirche dringend den ständigen Diakonat, der sie verlässlich immer wieder neu in den Dienst an der Welt einweist und so strukturell sicherstellt, dass

---

[33] Bischof/Priester und Diakon sind qua Amt zusammen dafür zuständig, dass in der Eucharistiefeier sowohl evangeliumsgemäß wie weltkundig gepredigt wird - also Inhalts- und Beziehungsaspekte stimmen. Daraus aber den Schluss zu ziehen, dass in der Eucharistiefeier nur die Amtsinhaber predigen dürfen, stellt wohl eine tauftheologisch und ekklesiologisch nicht haltbare Engführung dar. Wird hier in der gegenwärtigen Rechtsordnung nicht amtliche Zuständigkeit mit Exklusiv-Kompetenz verwechselt?

[34] Vgl. Bopp, Karl, Art. Barmherzigkeit. 2. Praktisch-theologisch, in: Baumgartner, Konrad / Scheuchenpflug, Peter (Hg.), Lexikon der Pastoral, Bd. 1, Freiburg-Basel-Wien 2002, 130-132; ders., Barmherzigkeit im pastoralen Handeln der Kirche, München 1998.

Caritas ein unverzichtbarer „Lebensvollzug der Kirche"[35] ist; denn „Kirche ist nur Kirche, wenn sie für andere da ist."[36]

Die Kirche braucht also aus theologischen Gründen ein doppeltes Amt; als zweite Amtsstruktur neben dem Bischofsamt muss der Diakonat in allen kirchlichen Vollzügen symbolisch - und das heißt in einer qualitativ und situativ stimmigen diakonischen Kommunikationsform und Handlungsgestalt[37] – den evangeliumsgemäßen Weltbezug strukturell sicherstellen; sonst entsteht weder eine solidarisch-diakonische noch eine glaubwürdig-missionarische Kirche!

---

[35] Vgl. Sekretariat der Deutschen Bischofskonferenz (Hg.), Caritas als Lebensvollzug der Kirche und als verbandliches Engagement in Kirche und Gesellschaft, Bonn 1999.

[36] Bonhoeffer, Dietrich, Widerstand und Ergebung, München ³1985, 415.

[37] Mit Bezug auf die Innsbrucker Geschichte wäre also z. B. die Schwester der Bahnhofsmission wohl die hier passende diakonale Symbolgestalt. Wenn solche Frauen jedoch als nicht amtsfähig von dieser sakramentalen Symbolfunktion des Diakonats ausgeschlossen werden, riskiert die Gemeinde am Ort nicht weniger als den Verrat am Evangelium! Vgl. auch Bopp, „Karl, Normierte Qualität". Theologische Qualitätskriterien für die kirchliche Caritas, in: Ders. / Lechner, Martin, „Vom schönsten Edelstein ..." der Pastoral. Theologische Erwägungen zum caritativen Handeln, München 2004, 8-17.

Maria Widl

Die vier Seiten der Liebe

Versuch einer praktisch-theologischen Paradigmenverschränkung
von diakonischem und sakramentalem Handeln

Diakonie und Seelsorge – zwei getrennte Felder

Von früher her sind Diakonie und Seelsorge sorgsam getrennt: Die Seelsorge ist eine Sache der Pastoral, vielleicht sogar nur des Klerus. Die Diakonie hingegen war immer das Bewährungsfeld der christlichen Laien und somit ein Vorfeld der Seelsorge. Dieses alte Verständnis erfährt in den Diskussionen um das „Proprium" eine Neuauflage: Wenn es darum geht, was die Kirche künftig finanzieren muss und was sie anderen Trägern überlassen kann, weil es nicht zum „Kerngeschäft" gehört, steht alles Diakonische ganz vorn.

Die finanzielle und strukturelle Auslagerung der Diakonie aus der Kirche wird durch die bestehende Struktur bereits nahe gelegt: Diakonie ist in einer modernen ausdifferenzierten Gesellschaft nie auf das Helfen aus christlicher Nächstenliebe oder einer Option für die Armen heraus zu beschränken. Vielmehr bedarf sie hochprofessioneller Arbeit, wie sie in den Caritasverbänden geleistet wird. Dieses Engagement ist kirchlich konnotiert und gesellschaftlich hoch angesehen. Zugleich verlieren dadurch die Gemeinden an diakonischem Profil. Die Aufspaltung von Caritas und Pastoral ist somit bereits strukturell vollzogen.

Pastoralpsychologie als professionelle Seelsorge

Einen wesentlichen Gegenpol zu dieser Entwicklung leistet seit ihren Anfängen die Pastoralpsychologie. Ihr Ansinnen war es immer, die Seelsorger zu kompetenten Gesprächspartnern von Menschen in Nöten zu machen. Pastorales Handeln sollte nach den Maßstäben der modernen Humanwissenschaften sachlich kompetent und faktisch hilfreich sein. Die geistliche Seite geriet dabei allzu leicht aus dem Blick.

Es ist ein wesentliches Verdienst von Isidor Baumgartner, das seelsorgliche Gespräch in seiner verkündigenden und zugleich helfenden und das Heil-Sein erschließenden Bedeutung im Kontext sowohl der modernen Psychologie wie

91

der biblischen Theologie in den Blick der Praktiker wie der Wissenschaft gerückt zu haben.[1]

Versuch einer Theologie des Diakonischen und des Sakramentalen

Im folgenden wird versucht, auf dieser Spur, wenn auch mit anderen praktisch-theologischen Mitteln, eine Theologie des Diakonischen dergestalt zu skizzieren, dass sich eine neue Brücke zwischen dem diakonischen Handeln der Kirche und Pastoral einerseits und ihrem sakramentalen Handeln andererseits auftut. Dies geschieht aus mehreren Motivationen:

1   gibt es in der heutigen postmodern werdenden Situation zunehmend Menschen, die sich Kraft zum Leben und Heil der Seele aus der Berührung mit göttlichen Quellen erhoffen. Sie haben ein ganz neues Bewusstsein für die Qualität des Sakramentalen und die Wirkmacht Gottes durch die heiligen Hände des Priesters.

2   verliert sich das Sakramentale zunehmend in das rein Rituelle und wird hohl, wenn es seine Verwurzelung in der Lebenserfahrung von Not und Heil verliert.

3   stilisieren sich zunehmend profane Psychologen als Seelsorger, weil sie einerseits den Bedarf danach spüren und bedienen, andererseits auch sie entdecken, dass die spirituelle Dimension eine wesentliche Kraft des Menschen ausmacht.

Eine Theologie der Liebe in praktisch-theologisch diakonischer Absicht

Die im Folgenden versuchte Theologie des Diakonischen setzt an bei einer Theologie der Liebe, die im modernen Kontext zu einem zentralen Thema der Verkündigung wird. Wiewohl oft über Gebühr strapaziert ist nicht von der Hand zu weisen, dass die Liebe eine grundlegende Kategorie des Menschseins ist.

Das Lebensglück des Menschen ist von der Liebe abhängig: der Erfahrung geliebt zu werden, der Fähigkeit zu lieben, und liebenswerten Lebensumständen. An der Liebe entscheidet sich alles. Von daher ist sie in ihrer dreifachen Ausfaltung der Gottes-, Nächsten- und Selbstliebe das Zentralgebot des christ-

---

[1]   Baumgartner, Isidor, Pastoralpsychologie. Einführung in die Praxis heilender Seelsorge, Düsseldorf 1990.

lichen Glaubens (und in allen Religion und Weltanschauungen in gewisser Weise bedeutsam). Seit der Mensch als Person und Subjekt in den Mittelpunkt des kirchlichen Denkens rückt, kann die Theologie erkennen: Gott ist die Liebe

Vier Seiten der Liebe

Für unseren Zusammenhang sind vier Seiten der Liebe zu unterscheiden: die Sonnenseite, der Ernstfall, die Schattenseite und die Todesseite.

- Wonach Menschen sich immer und vor allem sehnen, ist die *Sonnenseite* der Liebe: Schutz und Geborgenheit erfahren, wichtig und angenommen sein, ein reiches und erfülltes Leben leben. Nur wo Kinder diese Erfahrung rundum machen, haben sie einen guten Start ins Leben. Es wird ein Urvertrauen grundgelegt, das später so nicht mehr nachgeholt werden kann. Viele psychische und soziale Störungen von Erwachsenen sind Folge mangelnder Liebeserfahrung in der frühen Kindheit.

- „Kinder müssen geliebt werden, um lieben zu lernen. Erwachsene müssen lernen zu lieben, um geliebt zu werden." (Erich Fromm) *Diakonie* ist der *Ernstfall* der Liebe. Eine liebende Gemeinschaft kann nicht aus dem gemeinsamen Teilen von Liebeserfahrung ent- und bestehen (ein Missverständnis, das zur Wellness-Kultur führt). Menschen müssen Verantwortung füreinander übernehmen, verlässlich einander beistehen, demütig den Bedürftigen (und das ist jede/r laufend, im Kleinen wie im Großen) hilfreich sein, das Fremde am anderen akzeptieren und schätzen lernen, Gerechtigkeit üben. Die Falle dabei: man kann all dies in einer Weise vollziehen, die bei den Betroffenen nicht die Erfahrung der Sonnenseite auslöst, sondern hilflose Ausgeliefertheit erzeugt (Helfersyndrom).

- Mangelnde Ernstfall-Bereitschaft, die zum System wird, schafft *Elend*, die *Schattenseite* der Liebe: Menschen erfahren sich ignoriert und unbehaust, hilflos und aus der Bahn geworfen, verachtet und ausgebeutet. Die Bereitschaft, sich von der Sonnenseite, auf die Menschen ein Anrecht zu haben meinen, auf die Schattenseite zu begeben, um den Elenden beizustehen, erfordert Mitleid. Gerade dort aber begegnen wir Jesus, so die Matthäus-Apokalypse (Mt 25,31-46). Und ihm dort zu begegnen, ist nicht beliebig, sondern heilsentscheidend. Wo wir dagegen selbst ins Elend geraten, sind wir zur Dankbarkeit gegenüber den Hilfreichen angehalten. Andererseits erwächst in der Erfahrung des Elends die Kraft zur *Prophetie* als Machtwort gegen lieblose Verhältnisse.

- Schließlich wird in diesem diakonischen Kontext deutlich, was *Sünde* ist: die *Todesseite* der Liebe. Wo Selbstsucht, Misstrauen, Selbstzerstörung,

93

Aggressivität, Gleichgültigkeit oder Ausbeutung herrschen, regiert der Tod der Liebe. An ihm gehen Menschen, ihre Beziehungen und ihre Lebenswelt zugrunde. Er ist ein Teufelskreis, der – sobald er sich zur Todsünde verfestigt – von innen her keinen Ausgang hat.

Das Diakonische als Ernstfall der Liebe

Die Zuordnung des Diakonischen zum Ernstfall der Liebe und nicht zum Elend mag einiges Befremden auslösen. Gerade diakonische Praktiker neigen dazu, ihr Engagement ausschließlich auf der Seite des Elends zu verorten. Dass hier eine andere Zuordnung vorgeschlagen wird, hat mehrere Gründe:

1　wird dadurch sichtbar, dass das Diakonische ein normaler alltäglicher Vollzug der Verantwortung füreinander ist. Einander dienlich zu sein und sich beschenken zu lassen, gehört zu den Wesenszügen des Menschen, der auf das Du und das Wir hin angelegt ist, und ist zugleich konstitutiv für Kirche als Communio.

2　ist diese gegenseitige alltägliche umstandslose Dienlichkeit ein Merkmal postmoderner Menschen, die ihr Leben in harmonischen Beziehungen leben wollen. Sie verzichten damit auf eine der Moderne typische Haltung der Selbstprofilierung und Interessenswahrung, die das Dienen als menschenunwürdig ablehnt. Zugleich besteht kein Interesse mehr an einer starken Konfliktkultur, weil sie sehr viel Zeit und Energie bindet, und dabei Kränkungen hinterlässt, denen sich Postmoderne nicht mehr aussetzen möchten. Fröhliche Dienlichkeit und selbstverständliches Sich-Beschenken-Lassen ist ihre Devise.

3　wirkt die Zuordnung des Diakonischen in das alltägliche gegenseitige Geben und Nehmen dem Helfersyndrom entgegen, das sich selbst als stark und mächtig inszeniert, weil es helfen kann, dabei aber selbst autonom keiner Hilfe bedarf. Dieses Helfersyndrom als Machtattitüde erzeugt aber oft mehr Elend des hilflosen Ausgeliefert-Seins, als es durch sein tatkräftiges Handeln beseitigt.

ZIEL: SHALOM

TAUFE

FIRMUNG

LIEBE: **Sonnenseite**	**DIAKONIE:** **Ernstfall**
Geborgenheit	Verlässlichkeit
Freiheit	Verantwortung
wichtig sein	Demut /Dienstbereitschaft
angenommen sein	Feindesliebe
beschenkt / reich sein	Gerechtigkeit
Gefahr: Wellness	*Gefahr: Helfersyndrom*

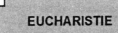

EUCHARISTIE

PRIESTERTUM - EHE

SÜNDE: **Todesseite**	**ELEND:** **Schattenseite**
Misstrauen	hilflos / hilfsbedürftig
Selbstsucht	ignoriert / unbehaust
Aggressivität / Gleichgültigkeit	verachtet / marginalisiert
Verzweiflung / Selbstzerstörung	fremd / aus der Bahn geworfen
Ausbeutung	ausgebeutet / verbraucht / fertig gemacht
Herausforderung: Versöhnung	*Herausforderung: Mitleid und Prophetie*

BUSSE

KRANKENSALBUNG

durch die Erbsünde
in Todesspiralen
verstrickt

Gericht

Das Elend als Herausforderung zur Prophetie

Sich dem Elend und den Elenden zu stellen, ist eine zentrale christliche Herausforderung. Theologisch betrachtet ist die verbreitete Rede von der „Option" in diesem Zusammenhang insofern irreführend, als damit eine freie Willensentscheidung des potentiell Handelnden suggeriert wird. Diese Freiheit steht jedoch theologisch nicht im Kontext des privaten Gutdünkens, sondern ist gemäß der Bibel von heilsentscheidender Dimension.

Die Dringlichkeit einer Option für die Armen und Marginalisierten wird nun – wenn auch ohne heilsökonomischen Zusatz – im modernen Kontext deutlichst eingefordert. Dabei wird oft übersehen, dass es ein Charisma des Helfens gibt, das nicht jede/r hat. Sich dem Elend in der einen oder anderen Weise aussetzen kann aber jede/r: als strukturelles und individuelles, als persönliches und gesellschaftliches, als kulturelles und allgemein menschliches Elend.

Ob dies wirksam geschieht erweist sich darin, ob daraus Prophetie entsteht: eine kirchliche Praxis, die anziehend wirkt; ein aufopfernder Dienst, der nach der Kraft fragen lässt, aus der heraus er immer neu lebbar bleibt; Machtworte gegen den Zeitgeist, die aufhorchen lassen und doch keinen Applaus ernten. Diakonie und Prophetie, die Berührtheit durch das Elend und die Ansage des die Sachzwänge aufbrechenden Gottesreiches, das heilende Handeln und seine verkündigende Bezeugung des Evangeliums, sind untrennbar an einander gekoppelt. Eine Kirche, die die Prophetie verloren hat, ist in der Saturiertheit einer Gesellschaft ununterscheidbar aufgegangen.[2]

Die Sünde als Tod der Liebe

Der Sündenbegriff widerspricht der modernen Anthropologie. Der moderne Mensch sündigt nicht (außer banal: ein Stück Cremetorte oder etliche Gläser über den Durst). Im modernen Selbstverständnis ist der Mensch von Grund auf gut. Jedes Fehlverhalten ist eine Folge gesellschaftlicher Verhältnisse oder bedauerlichen und bedauernswerten Unvermögens. Aus der Liebesperspektive erwächst jedoch unter postmodernen Verhältnissen ein neues Bewusstsein für die Notwendigkeit von personaler und ritueller Versöhnung. Menschen machen die Erfahrung, dass sich andere selbstherrlich und rücksichtslos über ihre

---

[2] Vgl. die Argumente der Befreiungstheologie und ihrer Kontextualisierungen für unseren Bereich, speziell die Sozialpastoral: Steinkamp, Hermann, Solidarität und Parteilichkeit. Für eine neue Praxis in Kirche und Gemeinde, Mainz 1994; Mette, Norbert / Steinkamp, Hermann (Hg.), Anstiftung zur Solidarität. Praktische Beispiele der Sozialpastoral, Mainz 1997; Fuchs, Ottmar (Hg.), Pastoraltheologische Interventionen im Quintett. Zukunft des Evangeliums in Kirche und Gesellschaft. Mit einem Dokumentationsteil bisheriger Stellungnahmen. Norbert Greinacher zum 70. Geburtstag, Münster 2001.

Interessen hinwegsetzen, ohne dass sie sich wirksam wehren könnten. Zugleich wächst die Wahrnehmung von Sachzwängen, Teufelskreisen und Süchten, aus denen es auch mit Gutwilligkeit und Kompetenz keinen Ausweg gibt – und: „nur ein Gott kann uns retten".

Die Sakramentalität im Kontext der vier Seiten der Liebe

Kehren wir zu unserem Konzept der vier Seiten der Liebe zurück, so zeigt sich, dass die sakramentale Struktur der Kirche diese auf heilsame Weise umfängt. In der Taufe sind wir hineingenommen in das umfassende Liebesgeschehen Gottes. Die Firmung befähigt uns, den Ernstfall der Liebe in der Diakonie zu leben. Die Eucharistie hält uns in der Balance, Liebe zu geben und sie uns schenken zu lassen. Die Krankensalbung ermutigt und stärkt die Elenden. Im Sakrament der Buße ist uns der Ausweg aus den Teufelskreisen der Sünde geschenkt, sodass wir Versöhnung finden können. Das Sakrament der Ehe macht die Liebe als Maßstab des Lebens umfassend sichtbar. Das Sakrament des Priestertums eröffnet diese sakramentale Begegnungsstruktur mit Gottes Kraft und Beistand. Das ganze christliche Leben ist umfangen von der Erlösung, die uns ein erfülltes Leben (shalom) verheißt, sofern wir uns auf die Logik der Liebe einlassen. Sie wird uns zugleich zum Gericht, wenn wir uns ihr verweigern.

Mag ein solches erneuertes Verständnis der sakramentalen Struktur auf den ersten Blick allzu naiv und vereinfachend wirken, ist es doch an das klassische Sakramentenverständnis anschlussfähig. Es gibt zudem der üblichen pastoralen Handhabung der Sakramente zum Teil eine neue theologische Rechtfertigung, zum Teil ein neues theologisches Gewicht. Es würde den Rahmen dieser Skizze sprengen, das auch nur ansatzweise auszuführen, sodass diese Andeutungen genügen müssen. Kurz genannt seien die unter postmodernen Voraussetzungen entstehenden Vorteile:

1 ist die Sakramentenspendung als primärer Inhalt der Seelsorge längst verloren gegangen und einer Gemeindlichkeit gewichen, die in Zeiten des Priestermangels notfalls oder erfreut auch ohne sie auskommen kann.

2 verlieren sich unter modernen Bedingungen die Sakramente leicht in emotionale rituelle Inszenierungen, denen die christologische und soteriologische Dimension abhanden gekommen scheint.

3 dominiert in der Verkündigung die umfassende und bedingungslose Liebe Gottes in einer Weise, die die dramatische Seite der Lieblosigkeiten nicht mehr in den Blick bekommt.

4 sehnen sich postmoderne Menschen nach neuen Weisen des Durchdrungen-Werdens von Gottes Kraft, die nicht menschlich hergestellt, sondern

aus der Welt Gottes übermittelt werden. Ihr Vertrauen in die „heiligen Hände" der Priester und die verlässliche Mittlerschaft der Kirche ist diskussionslos selbstverständlich.

Sakramentalität im Kontext des Diakonischen

Der skizzierte Neuansatz des Sakramenten- wie Diakonieverständnisses eröffnet mehrere Chancen:

1. ist die Diakonie in ihrer alltäglichen und in ihrer prophetischen Qualität in die sakramentale Struktur der Kirche und damit in die Gemeinde rückgebunden und verliert ihren problematischen Vorfeldcharakter.

2. gewinnt die Seelsorge ihre Ganzheitlichkeit zurück, insofern sie nicht bloß eine heilsökonomische und eine spirituelle, sondern neben der schon bislang eingeforderten therapeutischen auch noch die sozialarbeiterische und helfend-pflegende Dimension zurück erhält.

3. kann sich die Gemeinde nicht mehr davon dispensieren, sich dem Elend auszusetzen. Da aber dort der heute wahrnehmbarste und größte Ort von Kirche ist, gewinnt die Kirche, so sie sich darauf einlässt, mit ihrer prophetischen Klarheit auch ihre gesellschaftliche Kraft zurück. An ihr wird und nur an ihr kann sie von ihrer gegenwärtigen Depressivität und letalen Strukturverliebtheit gesunden.

Heinrich Pompey

Caritas professionell jedoch „häretisch" – Liturgie feierlich jedoch folgenlos?

Zur inneren Verbundenheit von Diakonie und Eucharistie sowie von Glauben und Liebe

1 Situative Vorbemerkungen

Angesichts der Entkirchlichung der Menschen – sie ist Teil der allgemeinen Entchristlichung[1] – stellen die Ergebnisse der Erhebung von Allensbach (2003)[2], aber noch mehr die von Gallup-International (2002)[3] eine wichtige Anfrage an das Engagement der Kirche, insbesondere an ihre caritativen und pastoralen Dienste in Deutschland dar. Forschungsergebnisse von Gallup-International zum **Vertrauen** in Institutionen und Organisationen in 47 Ländern zeigen, die Kirche in Deutschland nimmt bei 17 zu vergebenden Plätzen den letzten Platz des Ratings[4] hinter Polizei, Streitkräften, Gewerkschaften, Parlament, Telekom, Regierung ein.[5] In den anderen 46 Ländern rangiert die Kirche dagegen im vorderen Bereich.[6] Im Weltdurchschnitt kommt die Kirche auf den fünften Platz und gehört so zu den besonders glaubwürdigen Institutionen.[7] Eine repräsentative Befragung von Allensbach zu den gesellschaftli-

---

[1] Vgl. Wolf, Christof, Religion und Familie in Deutschland, in: Zeitschrift für Evangelische Ethik 47 (2003) 53-71.

[2] Institut für Demoskopie Allensbach, Trendmonitor „Religiöse Kommunikation 2003" Bericht über eine repräsentative Umfrage unter Katholiken zur medialen und personalen Kommunikation – Durchgeführt i. A. d. Medien-Dienstleistungs GmbH (MDG), Allensbach 2003.

[3] World Economic Forum in: www.public.affairs@weforum.org; Gallup International in: www.voice-of-the-people.net

[4] Insgesamt wurden über 36000 Einzelinterviews von Gallup-International durchgeführt, siehe ebd.

[5] 36% der Deutschen sagen, sie hätten „nicht viel" und 38% sie hätten „gar kein Vertrauen in die Kirche", ebd.

[6] In diesen Ländern ist ein solcher Vertrauensverlust nicht feststellbar, sondern im Gegenteil.

[7] Bei der McKinsey/Stern/ZDF/t-online-Befragung zu den Institutionen in Deutschland im Jahr 2003 unter 350000 Bürgern sagten im Blick auf die Kirche 45% der Befragten, kein

chen „**Hoffnungsträgern**" zeigt[8] einen ähnlich negativen Befund. Die Kirche in Deutschland rangiert hinter Industrie, Politik, Gewerkschaft am Ende der Ratingskala.[9] Falls diese Ergebnisse besagen: die Kirche ist nicht vertrauenswürdig und von ihr geht keine Lebenshoffnung aus, dann muss sie ihr Handeln in dieser Gesellschaft kritisch hinterfragen. Trotz ihres hoch angesehenen caritativen und pastoralen Engagements verbinden mit ihr die Menschen in Deutschland weder Lebenshoffnung noch Glaubwürdigkeit.[10] Was würde eine weitere Untersuchung zeigen, die die Erfahrung von liebevoller Annahme und Beheimatung bei den verschiedenen Institutionen in Deutschland erhebt? Welchen Platz würde die Kirche bzgl. ihrer Liebens-würdigkeit einnehmen?

Wenn die Kirche den Menschen in Deutschland nicht mehr glaub-würdig, nicht mehr hoffnungs-voll und möglicherweise nicht mehr liebens-wert erscheint, fehlen die natürlichen Voraussetzungen der Verkündigung des Glaubens, der Hoffnung und der Liebe. Das wäre i. S. des scholastischen Satzes: *„Gratia supponit naturam et perficit eam"* sehr bedenklich.[11] Es ist an der Zeit zu fragen, woran dieser Vertrauens- und Hoffnungsverlust bei einer Kirche liegt, die in ihrer Caritas fast 500.000 Personen und in der Pastoral und Kirchenleitung weitere 140.000 Personen hauptamtlich beschäftigt? Der Glaubwürdigkeits- und Hoffnungsverlust ist angesichts des gigantischen caritativen und pastoralen Engagements der Kirche kaum nachvollziehbar. Wird das caritative Engagement der Kirche nicht als Einsatz der Kirche zum Gelin-

---

Vertrauen zu haben und 29% melden einen diesbezüglichen Verbesserungsbedarf an. Im Blick auf die Caritas sagten: 13% der Befragten kein Verrauen zu haben und nur 9% melden einen diesbezüglichen Verbesserungsbedarf an. Außerdem äußerten 53% der Befragten, die Caritas solle vermehrt soziale Aufgaben übernehmen. Caritas und Kirche scheinen in der Wahrnehmung und im Bewusstsein der deutschen Bevölkerung zwei getrennte Institutionen zu sein, wie zahlreiche ähnliche Untersuchungen zeigen. Die Kirche als Dienstleister von Caritas profitiert nicht davon, dass ihre Caritas hinsichtlich der Vertrauenswürdigkeit insgesamt besser dastehen. Andererseits sind auch die Vertrauenswerte und Leistungsbeurteilungen der Krankenhäuser und Kindergärten wiederum doppelt so hoch, wie die der Caritas, obwohl die Caritas wiederum Träger solcher Einrichtungen ist, vgl. Becker, Th., Kirche und Caritas, in: neue caritas 5 (2004) 12.

[8]   Sie wurde von Allensbach für Deutschland durchgeführt, darum lässt die Studie keinen internationalen Vergleich zu.

[9]   Ebd.

[10]   Vgl. Köcher, Renate, Die Caritas im Spiegel der öffentlichen Meinung, in: Caritas – Zeitschrift für Caritasarbeit und Caritaswissenschaft 97 (1996) 248-255.

[11]   Auch wenn Glaube, Hoffnung und Liebe eine umfassendere „Wirk"-lichkeit beschreiben, so basiert ihre Entfaltung unbestritten auf natürlichen Vorgegebenheiten, die mit den beschriebenen Sachverhalten durchaus korrelieren.

gen von Leben trotz Leid und Not gesehen und schon gar nicht als lebens-
praktische Bezeugung ihrer Verkündigung von der Befreiung empfunden?[12]

Vom Glauben an eine religiöse Wende durch Strukturveränderungen in der
Kirche – sie spielen seit der 68er Generation in der Kirche die Hauptrolle –
sollten sich die Verantwortlichen und Gremien der Kirche möglichst bald
verabschieden, eine Ausrichtung des kirchlichen Handelns am personalen
Prinzip ist wesentlich effizienter, wie die Zustimmung zu Johannes Paul II.,
zu Mutter Teresa, zu Bruder Roger Schütz u. a. zeigen, die keineswegs „an-
passlerisch" um Zuneigung geworben haben. Die Jugend der Welt, sei es in
Taizé, in Rom oder Köln zeigt, wem ihre Sympathie gehört: Personen, die
Leben und Glauben, Menschen-Dienst und Gottes-Dienst in personaler Einheit leben oder gelebt haben. Menschen glauben nicht an Institutionen sondern an Personen. International befragte Jugendliche sind 2005 der Meinung:
„Wenn überhaupt, [dann] könne das Göttliche als das Gute im Menschen erfahrbar werden."[13]

So scheint das praktische Zeugnis der unbestritten großen caritativen Werke
der deutschen Kirche ihrem Sendungsauftrag zu helfen: „damit die Menschen
das Leben haben und es in Fülle haben" (Joh 10,10), nicht positiv zugerechnet
zu werden. Caritas und Liturgie sind zu selbstreferentiellen Handlungsberei-
chen geworden, die in ihrer inneren Verbundenheit bzw. als gleichurspüngli-
ches Glaubenszeugnis der Kirche nicht mehr bemerkt und erlebt werden. Wie
soll ein Fernstehender dem in der Eucharistie verkündigten und zugleich gefeierten Anbruch des Reiches Gottes glauben, wenn er nicht wahrnehmen
kann, dass diese Feier des Glaubens erkennbare menschlich-soziale Auswirkungen hat bzw. caritative Früchte hervorbringt?

In der Öffentlichkeit wie auch bei vielen Gläubigen vermittelt die Kirche den
Eindruck als würde sie zwei unterschiedliche und damit getrennte, separat
auswählbare „Produkte" anbieten: Gottes-Dienste (Liturgie) und Nächsten-
Dienste (Diakonie) bzw. Glaube und Liebe. Das Konzil von Chalkedon (451
n. Chr.) macht jedoch darauf aufmerksam, dass in der Sendung Jesu seine
Gottheit und Menschheit zwar zwei getrennte „Wirk"-lichkeiten sind (d. h.
unvermischt existieren), die sich jedoch in und durch Jesus Christus stets als
ungetrennte „Wirk"-lichkeit ereignen. Im Blick auf das allein in der Sendung

---

[12] Auch die Erhebungen von Ziebertz 2005 zeigen, dass die deutsche Institution Kirche trotz
ihrer weltweit einmalig qualifizierten und einmalig umfangreichen wie vielfältig agierenden
Fachcaritas keine Glaubwürdigkeit ausstrahlt. Die Botschaft des christlichen Glaubens wird
von der Mehrheit auch der Jugend positiv anerkannt, doch die Institution Kirche findet in
Deutschland keine Akzeptanz, d. h. scheint keine Glaubwürdigkeit auszustrahlen, vgl.
Mehrheit der Jugend hält sich für gläubig, in: Frankfurter Allgemeine Sonntagszeitung vom
14. 8. 2005, 1.

[13] Ebd.

der Kirche zu vermittelnde „Leben in Fülle" sind diese - zwar eigenständigen Bereiche - in einer Wirkeinheit, d. h. in ihrer Verbundenheit zu vollziehen, wollen sie eine ganzheitliche Lebensmetanoia bewirken.[14] In diesem Sinne ist ein getrenntes Handeln der Kirche in Caritas und in Liturgie nicht christologisch; denn was in der Verkündigung Jesu eine Einheit bildet, praktiziert die Kirche in Deutschland in zwei vollständig getrennten Handlungsfeldern.

Wie bedeutsam die in Deutschland verlorene Wirkeinheit von caritativer Diakonie und Eucharistie (d. h. griechisch „Dank-Sagen") ist, hebt **die neutestamentliche Verkündigung** klar hervor. Einige Stellen seien kurz zitiert:

> „So soll euer Licht vor den Menschen leuchten, damit sie eure guten Werke sehen und euren Vater im Himmel preisen." (Mt 5,16)

> „In allem werdet ihr reich genug sein, um selbstlos schenken zu können; und wenn wir diese Gabe überbringen, wird sie Dank an Gott hervorrufen. Denn euer Dienst und eure Opfergabe füllen nicht nur die leeren Hände der Heiligen, sondern werden weiterwirken als vielfältiger Dank an Gott. Vom Zeugnis eines solchen Dienstes bewegt, werden sie Gott dafür preisen, dass ihr euch gehorsam zum Evangelium Christi bekannt und dass ihr ihnen und allen selbstlos geholfen habt. In ihrem Gebet für euch werden sie sich angesichts der übergroßen Gnade, die Gott euch geschenkt hat, eng mit euch verbunden fühlen. Dank sei Gott für sein unfassbares Geschenk." (2 Kor 9,11–15)

> „Führt unter den Heiden ein rechtschaffenes Leben, damit sie, die euch jetzt als Übeltäter verleumden, durch eure guten Taten zur Einsicht kommen und Gott preisen am Tag der Heimsuchung." (1 Petr 2,12)

> „So ist der Glaube für sich allein tot, wenn er nicht Werke vorzuweisen hat. Nun könnte einer sagen: Du hast Glauben, und ich kann Werke vorweisen; zeig mir deinen Glauben ohne die Werke, und ich zeige dir meinen Glauben aufgrund der Werke." (Jak 2,17-18)

Verkündigung und Feier des Glaubens in der danksagenden Eucharistie stehen in einer inneren Wirkeinheit mit den Werken der Liebe. Das ist relevant für die Glaubenspraxis des einzelnen Christen wie für das Handeln der gemeindliche Communio der Christen, d. h. der Gemeinden und der Kirche insgesamt. Doch offenbart die kirchliche Caritas der deutschen Gesellschaft den christlichen „Glauben aufgrund der Werke", d. h. durch ihre caritativen Dienste, und führt ihre caritative Diakonie zum „vielfältigen Dank an Gott", d. h. zur Eucharistie? Oder kommt in den Werken der kirchlichen Caritas heute der Glaube nicht mehr zum Ausdruck und ist nicht mehr erkennbar, so

---

[14] Vgl. Pompey, Heinrich, Ganzheitlich helfen und heilen. Eine Perspektive des seelsorglich-caritativen Dienstes für kranke Menschen, in: Würzburger Diözesan-Geschichtsblätter 50 (1988) 443-459; ders., Krankheit und Leid als Botschaft erkennen, in: Krankendienst 67 (1994) 373-378; ders., Krankheit bewältigen und Krankheit begleiten, in: Krankendienst 68 (1995) 278-283.

wie umgekehrt die Mitfeier der Liturgie meist keine spürbaren menschlichen Auswirkungen, z. B. caritative Werke, verursacht?

2 Ostkirchliche Aspekte des Zusammenwirkens von Liturgie und Diakonie

2.1 Begegnung mit dem russisch-orthodoxen Metropoliten Nikolai von Nischnij-Nowgorod

Vor Jahren lud mich der russisch-orthodoxe Metropolit Nikolai von Nischnij-Nowgorod ein, ihn beim Aufbau der Barmherzigkeits-Diakonie zu beraten. Es ging um die Wiederbegründung der Gemeinschaft der Schwestern der Barmherzigkeit, die 1918 durch die Kommunisten ausgelöscht worden war, und um die caritastheologische Substituierung der orthodoxen Barmherzigkeitsdiakonie in seiner Metropolie sowie um die Vermittlung des christlichen Menschenbildes für Professoren der Medizinischen Universität von Nischnij-Nowgorod. Er machte mir deutlich, dass ich keine „häretische" (das gr. Wort meint: etwas aus dem Ganzen herausnehmen) Caritaspraxis vertreten solle, so wie sie in Deutschland betrieben werde. Jesu Helfen und Heilen sei immer mit der Aufforderung verbunden, nicht mehr zu sündigen (Mt 9,2-6; Joh 5,14; Joh 7,11), d. h. Versöhnung der Menschen untereinander und mit Gott. Ferner gebe Jesus mit seinem Heilen und Helfen Zeugnis von der Ankunft des Reiches Gottes (Mt 10,8; Mt 11,5; Mk 5,20; Lk 5,17-26; Joh 4,21-26; Joh 5,15-18; Joh 11,1-45). Ebenso werde Danksagung an Gott, d. h. Eu-charistia im Kontext der Perikopen thematisiert, wie: „Zeige dich dem Priester im Tempel" (Lk 5,14), oder: es wird berichtet, wie die Geheilten Gott danken (Mt 8,4; Lk 17, 14-19) bzw. wie Christus den Geheilten im Tempel trifft (Joh 5,14; Lk 5,24-26). Wenn diese Wirkeinheit von Diakonie, Liturgie und Verkündigung theo-logisch nicht notwendig sei, dann stelle sich für ihn die Frage: Warum die Orthodoxie in Russland dem Staat im Gesundheits- und Sozialbereich Konkurrenz machen solle? Es heiße doch: *„Gebt dem Kaiser, was des Kaisers ist"* (Mt 22,21). In diesem Fall sei es sinnvoller, Christen und andere Bürger zu motivieren, in staatlichen sozialen und medizinischen Einrichtungen und Diensten mitzuarbeiten.[15]

---

[15] Auf einem Diözesantag des Erzbistums Freiburg - Mitte der 90iger Jahre - wurde von der Vollversammlung für das Schwerpunktthema: *„Caritas als Ort der Glaubenserfahrung"* optiert. In der entsprechenden Kommission des Diözesanrates wie der Pastoral und Caritas des Erzbistums wurde alles versucht, das Thema zu einem diözesanen Schwerpunktthema zu machen. Es gelang nicht. So wurden der Diözesancaritasdirektor und ein Mitglied der Kommission des Diözesanrates gebeten, im Ordinariat das Anliegen voranzubringen. Das Gespräch ergab, dass dieses Thema theologisch des Bezugs zur Eucharistie bedürfe. Zufrie-

2.2 Die patristische Tradition verbindet in der Ostkirche die Orte der Eucharistie mit denen der Diakonie

Bruderschaften und Schwesternschaften aus Laien und Popen üben in „Basiliaden", d. h. in Städten der Barmherzigkeit, die caritative Diakonie aus.16 Bereits Erzbischof Basilius d. Gr. (329-379 n. Chr.) errichtete 369 n. Chr. eine „Stadt der Barmherzigkeit" vor seiner Bischofsstadt Cesarea in Kappadochien (heute Anatolien). Um eine Kirche gruppierte sich ein Xenodochium/Hospiz für Fremde und Flüchtlinge, ein Nosocomium/Krankenhaus, eine Unterkunft für Aussätzige, ein Haus für Ärzte und Pfleger.17 Diese architektonische Philanthropie-Tradition des Hl. Basilius prägen die Diakonie der Hierarchie, der Klöster wie der Bruder- und Schwesternschaften in der Orthodoxie bis heute. So errichtete der rumänisch-orthodoxe Metropolit Daniel in Jasch um seine Kathedrale Einrichtungen und Dienste der Philanthropie insbesondere für arme Notleidende, wie z. B. medizinische Kabinette, psycho-soziale Beratungsdienste, sozial-materielle Hilfsdienste, Schulen etc. Die gleiche Bauweise findet sich bei sozial-medizinischen Zentren der Bruder- und Schwesternschaft Christiana in Bukarest.

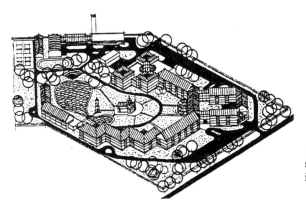

1. Abb. Das Sozial-medizinischen Zentrum der Christiana in Bukarest[18]

---

den waren die Mitglieder des Diözesanrates auf diese Weise mit diesem Ausgang des Gesprächs gerade nicht.

[16] Vgl. Pompey, Heinrich, Christlicher Glaube und helfende Solidarität in der Diakoniegeschichte der Kirche, in: Kerber, Walter (Hg.), Religion und prosoziales Verhalten, München 1995, 75-134, 95.

[17] Vgl. Brandt, Hans Jürgen, Chronik des Paderborner Diözesan-Caritasverbandes mit Berücksichtigung des Bischöflichen Amtes Magdeburg, in: Brandt, Hans Jürgen (Hg.), Der Caritasverband für das Erzbistum Paderborn, Paderborn 1993, 17-168, 144.

[18] Aus: Chirila, Pavel / Valica, Mihai, Meditation on biblical Medicine, Bucaresti 1992, rückseitiger Buchumschlag.

Die Räume strahlen eine persönliche und warme Atmosphäre aus und sind zum Beispiel in Jasch das Gegenteil von einer sterilen Klinik. Priester, Mediziner, Psychologen, Pädagogen wirken dort eng zusammen. In den Warteräumen und z. T. in den Behandlungsräumen ist gedämpft gottesdienstliche Musik zu hören. An den Wänden hängen sehr zurückhaltend Ikonen, d. h. Bilder von erlösten Menschen. Die Atmosphäre der Kirche setzt sich spürbar in den diakonischen Einrichtungen fort. Gottesdienstliche Spiritualität, Beichtpraxis, Helfen und Heilen vermischen sich in diesen Einrichtungen mit der Kirche.[19]

2.3 Eine spirituelle Sicht des Helfens und Heilens verbindet in der Ostkirche Eucharistie und Diakonie

In der hl. Liturgie der Eucharistie ereignet sich für die Orthodoxen die **Hingabe** des Sohnes an den Vater, und damit seine Hingabe für die Menschen. Durch die hl. Liturgie wird in die göttliche Hingabe die sozial-caritative Hingabe des Menschen mit hineingenommen, die sich in der Hingabe des Menschen an seine Mitmenschen fortsetzen soll. Wie der Sohn sich dem Vater in seinem Leid und Tod hingibt – dieses innertrinitarische Geschehen ist in der Eucharistie realpräsent –, so sollen sich die Christen in der Nachfolge Jesu für die leidenden Brüder und Schwestern im Nächstendienst hingeben. Die Eucharistie ist somit eine Quelle der Diakonie. Aus dem Handeln Gottes erwächst das Handeln der Menschen. Darum wird die Diakonie die „Liturgie nach der Liturgie" bezeichnet[20].

Caritas muss Charitas sein, das bedeutet Hingabe, so wie dies seit *Isidor von Sevilla* im 6. Jh. durch die Verschmelzung der Worte „caritas" (vom Lateinischen carus=wertvoll) mit dem griechischen Wort „charis" (Geschenk) zur Charitas ausgedrückt wird. Jesus thematisiert die Hingabe auf eine etwas andere Weise: *„Wer mein Jünger sein will, der verleugne sich selbst, nehme sein Kreuz auf sich und folge mir nach. Denn wer sein Leben retten will, wird es verlieren; wer aber sein Leben um meinetwillen und um des Evangeliums willen verliert, wird es retten. Was nützt es einem Menschen, wenn er die ganze Welt gewinnt, dabei aber sein Leben einbüßt?"* (Mk 8,34-36)[21]

---

[19] Es ist auffällig, das viele Moscheen mit ihren sozialen Einrichtungen in Kapadokien, die vermutlich auf alte Kirchplätze zurückgehen, ebenfalls den Basiliaden ähneln. Eine Bauweise, die in anderen islamischen Ländern nicht praktiziert wird.

[20] Federov, Vladimir, Aspekte der neuesten Entwicklung der russisch-orthodoxen Kirche, in: Pompey, Heinrich (Hg.), Caritas – Das menschliche Gesicht des Glaubens: ökumenische und internationale Anstöße einer Diakonietheologie, Würzburg 1997, 184-190; Van der Voort, Theodor, Theologie und Praxis der Diakonie in der russisch-orthodoxen Kirche, in: Pompey, Caritas – Das menschliche Gesicht des Glaubens, 157-183.

[21] Es ist auch das gemeint, was der Freiburger Philosoph R. Marten mit „freier Ver-geblichkeit" beschreibt, vgl. Pompey, Heinrich, Caritas als lebensteilige, freie Ver-geblichkeit - Ca-

Ferner verbindet sich in der Ostkirche die **Wandlung** der hl. Gaben zur realen Gegenwart Jesu im hl. Geist mit der Wandlung des Menschen zur Theosis,[22] d. h. der Christusähnlichkeit, die im Menschen Gottes Mitmenschlichkeit bzw. Menschenfreundlichkeit hervorbringt und damit zur Philanthropie Gottes im hl. Geist wird. Damit die Theosis sich ereignen kann, ist es erforderlich, dass sich die – durch den Sündenfall zur Selbstliebe – vereinseitigte Liebe wieder mit der Gottes- und dadurch mit der Nächstenliebe verbindet. Um dies zu erlangen und so gelingende Lebensgemeinschaften zu stiften, ist die Kultivierung der Tugenden (Glaube, Hoffnung und Liebe) und zuvor die Überwindung der Laster[23] sowie die Versöhnung durch Vergebung (Beichte) unumgänglich. So wächst aus der **Communio** Gottes mit den Menschen in der Eucharistie die Communio der Menschen in der Liturgie wie zugleich in der Diakonie.[24]

Ein Text von Nikolaj Gogol mag dies verdeutlichen: *"Die Wirkung der göttlichen Liturgie auf die Seele ist ungeheuer; sichtbar vor den Augen, vor der ganzen Welt vollzieht sie sich, zugleich aber im verborgenen. Wenn der Andächtige nur mit Eifer und Frömmigkeit jeder Handlung folgt und sich an die Anrufe des Diakons hält, so erwirbt er sich schon dadurch ein hochgemutes Herz, Christi Gebote werden erfüllbar, Christi Joch wird sanft und seine Last leicht. Verlässt er das Gotteshaus, wo er am göttlichen Liebesmahl teilgenommen hat, so erblickt er in allen seine Brüder. Ob er nun seinen alltäglichen Beschäftigungen nachgeht, sei es im Dienst, im Hause oder irgendwo, er wird unwillkürlich in seiner Seele das hohe Beispiel eines liebevollen Umgangs mit Menschen vorgezeichnet finden und bewahren, so wie es der Gottmensch vom Himmel gebracht hat. Unwillkürlich wird er gütiger und liebevoller sein im Umgang mit seinen Untergebenen. Ist er aber jemandem untertan, so wird er ihm umso williger und liebevoller dienen, als wäre er der Heiland selbst. Sieht er einen Hilfeflehenden, so wird sein Herz mehr denn je zur Hilfe geneigt sein, und desto größere Wonnen verspürt er; voller Liebe wird er dem Bedürftigen spenden."*[25]

---

ritas-philosophische Grundlagen des Helfens, in: Pompey, Caritas – Das menschliche Gesicht des Glaubens, 72-91.

[22] Auf die caritative Diakonie wird der Hl. Geist durch sein Patronat über die Caritativen Einrichtungen herabgerufen, um die dort helfenden Menschen philanthropisch zu wandeln. In der Paraklese der Eucharistie wird der hl. Geist herabgerufen, damit er die Gaben der Erde in Jesus Christus verwandelt. Diese Geist-Analogie von Eucharistie und Diakonie ist von großer Bedeutsamkeit.

[23] Wie die Himmelleiter-Spiritualität des Johannes Klimax verdeutlicht.

[24] Communio wird dabei verstanden als intensivste Form der personalen Beziehung.

[25] Gogol, Nikolaj, Betrachtungen über die göttliche Liturgie, Freiburg 1954, 68.

Es geht also nicht nur um menschliche Zuwendung und Hilfe, sondern um die Bezeugung der philanthropia tou theou, die sich in der Leiturgia sakramental real präsent offenbart bzw. ereignet und sich in der menschlichen Philanthropia fortsetzt.

3 Die biblische Botschaft der Verbundenheit von Glaube und Liebe

Erinnert sei daran, wie sehr in der biblischen Verkündigung der Glaube in Verbindung mit caritativem Helfen und Heilen steht; *„denn in Christus Jesus kommt es darauf an, ... den Glauben zu haben, der in der Liebe wirksam ist"* (Gal 5,6). Liebe ist gelebter Glaube. Lebensdiakonie heißt Glaubensdiakonie und zwar den Glauben an das Gutsein und das Gelingen des Lebens trotz aller Probleme und Schwierigkeiten durch unser konkretes Helfen praktisch zum Ausdruck zu bringen: Trotz Verzweiflung an das Leben und das tiefe Gutsein des leidenden Menschen stellvertretend zu **glauben**, trotz Hoffnungslosigkeit auf eine positive Zukunftsentwicklung des mir anvertrauten verzweifelten Menschen zu **hoffen**, trotz Lieblosigkeit einer Lebenslage den Leidenden zu **lieben**.[26]

Christus sagt: *„Wie ich Euch geliebt habe, so sollt auch Ihr einander lieben"* (Joh 13,34b). Die Kirche und jeder Christ sollen sich wie Christus als Caritas Gottes in die Welt inkarnieren. Nicht nur einzelne Lebensbeziehungen, sondern **Lebensräume der gegenseitigen** Annahme und **Liebe** sind in unseren Gemeinden, Einrichtungen, Diensten und durch unsere Gemeinschaften zu eröffnen, die eine heilende, helfende Ausrichtung haben. Caritative Diakonie schließt also nicht nur face-to-face-orientierte Lebens- und Hilfebeziehungen ein. Die Wieder-Eingliederung bzw. die Beheimatung in eine caritative Gemeinschaft (Koinonia/Communio) z. B. in eine Gruppierung einer Gemeinde usw., ist ein Qualitätselement christlicher Sozialarbeit (das gilt für christliche Sozialstationen, Reha-Einrichtungen, Jugendhilfedienste etc.).[27] *„Daran werden alle erkennen, dass ihr meine Jünger seid, wenn ihr einander liebt."* (Joh 13,35). Die Liebe findet in den Gleichnissen zur **Barmherzigkeit** ihre konkrete Beschreibung (vgl. den barmherzigen Samariter, Lk 10,20-37, den barmherzigen Vater etc.), die Jesus oft mit dem Wunsch: *„Geht und tut das*

---

[26] Wenn die Kirche bzw. der einzelne Christ „noch so viel Geld, ja die ganze Habe Armen geben würde, und hätten aber die Liebe nicht, so nützt dies nichts" (vgl. 1 Kor 13,3), wenn wir pflegerisch, psychologisch, sozialpädagogisch noch so gut wären, hätten aber die Liebe nicht, dann nützt dies nichts im Blick auf die Rehabilitation eines ganzheitlich gelingenden Leben.

[27] Ein Gemeindenähe (und damit Gottesdienstnähe) ist fast nur noch bei kirchlichen Kindergärten und Sozialstationen in den Lebensräumen der Menschen anzutreffen.

Gleiche" (ebd.) abschließt. Deshalb hebt er hervor: *„Seid barmherzig, wie euer Vater im Himmel barmherzig ist."* (Lk 6,36) Barmherzigkeit ist eine besondere Ausdrucksweise des Glaubens und der Liebe. Nach den Werken der Barmherzigkeit wird am Ende unser Glaube bemessen. *„Was ihr dem Geringsten getan habt, habt ihr mir getan"* (Mt 25,31-46). An den Früchten des Glaubens erkennt Christus am Ende der Welt den wahren Christen (Mt 7,16), wie er in der Gerichtsrede hervorhebt (Mt 25,31-46).[28] Er überprüft im Endgericht nicht theologisches Wissen, fragt nicht nach der gottesdienstlichen Praxis sondern nach den menschenfreundlichen Früchten, die der gottesdienstlich kultivierte Glaube hervorgebracht hat, d.h. nach der Praxis der Liebe. Von daher ist der Satz verständlich: *„Barmherzigkeit will ich, nicht Opfer"*. Glaube und Eucharistie sind ohne Praxis der Barmherzigkeit nicht Christo-logisch. Sie sind – so könnte man im wortwörtlichen Sinne sagen – ohne caritative Lebenspraxis „häretisch", d. h. sie stellen eine einseitige Option der Christusnachfolge dar. Gleiches gilt für die Diakonie, wenn sie keine Re-ligio, d.h. keine Rückgebundenheit in Gott besitzt, kann sie nicht das Leben in Fülle vermitteln, wie es der Metropolit von Nischnij-Nowgorod bei meinem Besuch zum Ausdruck bringen wollte. *„Die Liebe Christi drängt uns"* (2 Kor 5,14). Unsere Gottähnlichkeit mit Gott in seiner Liebe ist der tiefste Grund des humanen Helfens und Heilens. So gibt die Liebe der sozialen Diakonik ihre besondere Qualität.

4 Der westkirchliche Praxis des Zueinanders von Eucharistie und Diakonie sowie von Glaube und Helfen

4.1 Zeugnisse der Baugeschichte in der frühen Kirche

In der Urkirche wurden **Eucharistie und Agape**[29] (Gottesmahl und Armenmahl bzw. Gottesspeise und Armenspeisung) z. T. im zeitlichen Zusammenhang durchgeführt (1 Kor 11).[30] Die Gaben wurden zum Gottesdienst mitgebracht und Gott geopfert und damit Gott übereignet. Aus der Hand Gottes

---

[28] In den Werken der leiblichen und geistigen Barmherzigkeit findet die caritative Diakonie ihren konkreten Ausdruck z. B. Trauernde trösten, Lästige geduldig ertragen etc. sind christliche Optionen des Helfens. Die Werke der Barmherzigkeit beschreiben konkret die wichtigsten Optionen der liebevollen Zuwendung zu den Schwächsten, vgl. Pompey, Heinrich, Barmherzigkeit - Leitwort christlicher Diakonie, in: Die neue Ordnung 51 (1997) 244-258.

[29] Vgl. Dassmann, Ernst, Kirchengeschichte I. Ausbreitung, Leben und Lehre der Kirche in den ersten drei Jahrhunderten, Köln 1991, 216-220.

[30] Armenspeisungen fanden aber auch unabhängig davon z. B. durch reiche Christen statt (Apg 6; Joh 12).

nahmen die Armen diese wiederum als Geschenk Gottes in Empfang. *Clemens von Alexandrien* (+ vor 216/17 n. Chr.) berichtet über die Armenspeisung (Agape): *„Wenn wir mit dem Gebet zu Ende sind, werden Brot, Wein und Wasser herbeigeholt. Der Vorsteher spricht Gebete und Danksagungen mit aller Kraft. Und das Volk stimmt ein, indem es das Amen sagt. Daraufhin findet die Ausspendung (Verteilung der Spenden) statt. Und jeder erhält seinen Teil von dem Konsekrierten. Den Abwesenden aber wird es durch die Diakone gebracht."*[31]

Entsprechend dem Zueinander von Agape und Eucharistie gab es schon in der Mitte des 3. Jh. unter **Papst Cornelius** in Rom bestimmte Häuser, die „**Diakoniae**" genannt wurden. Unter der Leitung des Diakons hielt die Kirche hier ihre Vorräte für die Armenspeisung bereit. Dort wurden die Gaben ausgeteilt bzw. die Armen täglich gespeist. Die „Diakoniae" standen räumlich in unmittelbarer Nähe zu den Basiliken[32] und drückten damit aus, dass Solidarität mit den Menschen durch die Communio mit Gott verbunden ist. *Papst Fabian* (236-250 n. Chr.) teilte Rom in 14 Regionen ein mit 7 Diakonen und 7 Subdiakonen, die in den „Diakoniae" die Armenversorgung durchführten[33] und dort täglich die Armen speisten.[34] Die römischen Päpste und die römische Kirche waren vorbildlich in der caritativen Praxis. Rom entwickelte sich zur *Vorsteherin in der Caritasgemeinschaft der Kirche,*[35] wie Irenäus dies bereits im 3. Jh. betont. So war der Ehrenprimat des römischen Bischofs, des Nachfolgers des Hl. Petrus ebenfalls sozial-praktischer Natur. Im gallischen Raum errichtete der Mönchs-Bischof Cäsarius von Arles (470-543), Primas von Gallien das erste nachweisbare Hospital.[36] Auch er erbaute es ebenfalls in Verbindung mit einer Kirche, so dass die Kranken vom Saal aus am Gottesdienst teilnehmen konnten.[37] Nächsten-Dienst und Gottes-Dienst waren in dieser Weise nicht nur ideell, sondern auch praktisch miteinander verbunden. Die Solidari-

---

[31] Vgl. Brandt, Chronik, 143. Bei einem Besuch der Armenspeisung in einer evangelischen Kirchengemeinde in Frankfurt/M. fiel mir auf, dass das Gebet vor dem Essen selbstverständlich war, wohingegen bei einer Armenspeisung der katholischen Gemeinde auf die Danksagung an Gott verzichtet wurde. An der bewussten „Re-ligio", d. h. Rückbindung ihrer caritativen Diakonie an den Urheber der Caritas war den Christen wie bei der evangelischen Armenspeisung gelegen.

[32] Vgl. Liese, Wilhelm, Geschichte der Caritas. Bd. 1, Freiburg 1922, 124.

[33] Vgl. Liese, Geschichte, 124.

[34] Ein erstes Nosocomium wurde im Abendland von der römischen Patrizierin Fabiola 380. n. Chr. in Rom zur Pflege von Kranken errichtet, vgl. LThK², 3. Bd., 1332.

[35] Vgl. Liese, Geschichte, 123.

[36] Ebenso soll der fränkische König Childebert in Lyon (540 n. Chr.) ein Hospital errichtet haben.

[37] Vgl. Liese, Geschichte, 132.

tät Gottes mit den leidenden Menschen in der Eucharistie wurde so – durch das solidarische Hilfeverhalten der Christen mit leidenden Menschen – räumlich und damit zeichenhaft, symbolisch zum Ausdruck gebracht und bezeugt.

4.2 Die Verbundenheit von Eucharistie und Diakonie in der Baugeschichte des Mittelalters

Auch im **Abendland** wurden – wie in der Ostkirche – die Armen-, Kranken- und Fremden-Hospize vorwiegend neben dem Kirchengebäude errichtet. Die Klöster bauten ihre Kranken- u. Pflegeeinrichtungen oft der Klosterkirche gegenüber, die durch den Kreuzgang verbunden waren. Vielfach erhielten die Einrichtungen auch eine eigene Kapelle, wie z. B. der Klosterplan von St. Gallen (um 820 n. Chr.) zeigt.

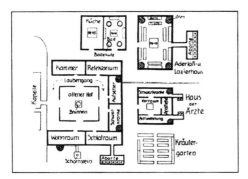

2. Abb. Ausschnitt aus dem Klosterplan St. Gallen um 820 n. Chr.[38]

Die Hospize der christlichen Städte (Bürger-Spitäler genannt) konzipierten zumeist den Krankensaal als Kirche mit einem Altar, so z. B. das Hôtel-Dieu du Saint Esprit in Tonnere (Burgund) von 1293 n. Chr. Oder ein Kirchengebäude wurde mit dem Krankentrakt verbunden, so beim Bürgerspital zum Heiligen Geist in Würzburg. Die ritterlichen Hospitalorden errichteten ihre Hospize oft über einer Kirche (Ritter-Spitäler), wie es z. B. die Johanniter Kirche in Genua bzw. die Hospitalkirche in Neckarelz zeigen.[39]

---

[38] Aus: Bejick, Urte / Thierfelder, Jörg / Zeilfelder-Löffler, Monika (Hg.), Vom Armenspital zur Selbsthilfegruppe. Diakonie in Vergangenheit und Gegenwart am Beispiel Badens, Materialien für Unterricht und Erwachsenenbildung, Karlsruhe 1998, 22.

[39] Die Basiliaden des Morgenlandes sind geprägt durch den Bau der verschiedenen Hospize für Fremde, pflegebedürftige Alte, Kranke usw. um einem Kirchengebäude herum, wie dies seit Basilius bis heute in der Orthodoxie praktiziert wird, vgl. Kap. 4.

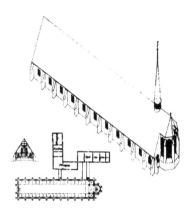

3. Abb. Hôtel-Dieu du Saint Esprit in Tonnere (Burgund), gegr. 1293 n. Chr.
Krankensaal und Altar in einem Raume vereinigt[40]

4. Abb. Kommende und Kirche St. Johann in Genua, erbaut zwischen 1150 und 1180 n. Chr.
links die Kommende und rechts die Kirche (Zeichnung von 1878).[41]

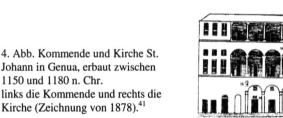

5. Abb. Kommenden- und Hospitalkirche in Neckarelz von Südosten, 1298 N. Chr. Zeichnung vom Zustand des Baues in der Ordenszeit. Links Turm mit Zugang und Wendeltreppe zu den Geschossen.[42]

---

[40] Aus: Seidler, Eduard, Geschichte der Medizin und der Krankenpflege, Stuttgart-Berlin-Köln [6]1993, 85.

[41] Weinand, A., Der Johanniterorden/Der Malteserorden, Köln 1970, 311.

[42] Ebd.

Mit dem Rückgang der sozial-caritativen Orden und der räumlichen Expansion der verbandlichen Caritas seit dem 2. Weltkrieg des 20. Jahrhunderts ist diese Bau-Symbolik den caritativen Einrichtungen in Deutschland verloren gegangen und nur bei ältern Gebäuden manchmal noch als historisches Relikt anzutreffen. Weder von den Helfenden noch von den Leidenden wird diese elementare Verbindung erwartet oder ausdrücklich kultiviert.

4.3 Die tragende Spiritualität der Hospitaltradition

Neben der jesuanischen **Barmherzigkeits-Spiritualität** entwickelte sich im Mittelalter eine weitere theologische Grundlegung der caritativen Diakonie: die **Spiritualität des Hl. Geistes.** Vor allem die Hospitäler des christlichen Stadtbürgertums wurden dem Hl. Geist geweiht. Er war im Mittelalter der Patron für die meisten Armen- und Krankenhospitäler Europas. Ganz nach dem Vorbild des Urhospitals in Rom, dem *Archiospidale S. Spirito in Sassia*, das im 8. Jahrhundert von der Königin Ina von Sussex gegründet wurde und wo 1204 n. Chr. die *Confraternitas Sancti Spiritus* entstand.[43] So wie die Gründung des ersten Hl. Geist-Spitals von der englischen Kirche ausging, so wurde von ihr auch die Spiritualität zum Heiligen Geist favorisiert. Noch heute singt die Kirche in ihren Gottesdiensten die caritative Hymne zum Hl. Geist: *„Veni sancte spiritus"*, die Kardinalerzbischof Stephan Langton aus Canterbury (geb. 1150 n. Chr.) gedichtet hat.[44] Eindrucksvoll bringt der Hymnus die notwendigen Grundeigenschaften des Helfens zum Ausdruck; der Hl. Geist wird so als "Vater der Armen" verehrt.

Auf diese Weise wird das Hilfeverhalten für Arme und Kranke im Mittelalter stark durch den Bezug zum Hl. Geist, der Urquelle der Liebe inspiriert. Möglicherweise stehen die sog. sieben Gaben des Hl. Geistes, die bereits im Alten Testament überliefert (Jes 11,1ff.) und als der Geist des Messias beschrieben werden, auf dem der Geist Jahwes ruht, in gewisser Weise mit den geistlichen Werken der Barmherzigkeit in Verbindung. Thomas v. A. sieht in den sieben Tugenden eine Entsprechung zu den Sieben Gaben des Hl. Geistes.[45] Dadurch erweitert er die Spiritualität der caritativen Diakonie um eine tugendethische Dimension. Neben der Spiritualität der Werke der Barmherzigkeit wird im

---

[43] Vgl. Pelser, Hans Otto, The Anglican Way – Zur Spiritualität und Tradition der anglikanischen Diakonie, in: Pompey, Heinrich (Hg.), Caritas – Das menschliche Gesicht des Glaubens: ökumenische und internationale Anstöße einer Diakonietheologie, Würzburg 1997, 201-215, 204.

[44] Bekannt ist er auch durch seine engagierte Mitwirkung bei der Erstellung der englischen „Liberties".

[45] Vgl. Pinckaers, Servais, Christus und das Glück – Grundriss der christlichen Ethik, Göttingen 2004, 50, 79.

Mittelalter die „Be-gabung" mit dem Hl. Geist tragend für Solidarität und Hilfeverhalten.

5 Die Feier des Gottesdienstes als Ausdruck der inneren Verbindung von Eucharistie und Diakonie

5.1 Symbolik der liturgischen Handlungen des Diakons in der Eucharistiefeier

In der Bildkunst wird der Zusammenhang vielfach durch parallele Darstellungen der zwei zentralen Abendmahlsereignisse: des Paschamahls Jesu als Symbol für die Eucharistie, d. h. dem Gottes-Dienst und der Fußwaschung als Symbol für die Diakonie, d. h. der Menschen-Dienst zum Ausdruck gebracht. Das ist eine weitere Form der Versinnbildlichung der inneren Zusammengehörigkeit von Eucharistie und Diakonie im Handeln Jesu.

6. Abb. Diakonie und Eucharistie v. Duccio Di Buoninsegna 1260-1318 n. Chr.[46]

---

[46] Postkarte: Lavada del piedi e ultima cena, Edizioni San Paola s.r.l., Cinisella Balsamo (Mi) 4ª-PQ 15.

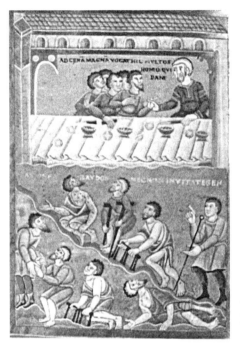

7. Abb. Diakonie im Perikopenbuch
Kaiser Heinrichs III., um 1040 n. Chr.[47]

Die liturgischen Handlungen des Diakons wie des Priesters in der Eucharistiefeier symbolisieren und verdeutlichen sakramental die innere Verbundenheit
des Gottesdienstes und des Menschendienstes sowie der Feier der Glaubens-
beziehung zu Gott und der Praxis der caritativen Beziehung zu den Menschen.
Das Zueinander der spezifischen Aufgaben des Priesters und Diakons in der
Eucharistiefeier sei mit Hilfe eines Schemas kurz angedeutet.

---

[47] Aus: Universitätsbibliothek Bremen, Perikopenbuch Kaiser Heinrichs III, um 1040,
Ms.b.21, vgl. Liturgisches Institut Trier, Bußgottesdienst, Trier 1997.

Diakon	Priester
Horizontale Dimension **von Caritas → Fides**	**Vertikale Dimension** **von Fides → Caritas**
Lesung des Evangeliums	**Auslegung** des Evangeliums
Memorieren der <u>Leiden der Menschen</u> (Fürbitten)	Memorieren des <u>Leidens und Sterbens Jesu</u>
Vgl. die zentrale Bedeutung der Fürbitten in der Karfreitagsliturgie.	*Im Gottesdienst durchkreuzen sich die Leiden der Menschen und die Leiden Jesu.*
<u>Annahme der Opfergaben</u> der Gläubigen durch den Diakon bei der Gabenprozession; Gaben als Symbol der <u>Hingabe</u>	<u>Opferung der Gaben</u> durch den Priester u. Vermischung von Wasser und Wein als Symbol der Theosis-<u>Verwandlung</u> des Menschen
<u>Darbringung des Kelches</u> durch den Diakon **≈ Symbol der Caritas**	<u>Darbringung des Brotes</u> durch den Priester **≈ Symbol des Glaubens**
<u>Der Diakon inzensiert das Volk</u> und inzensiert das Evangelien-Buch, die Botschaft Gottes an die Men-schen	<u>Der Priester inzensiert alle Symbole, die Christus darstellen</u>: Gaben, Altar, Kreuz,
<u>Elevation des verwandelten Weines</u> durch den Diakon **Wein ≈ Symbol der Liebe** *Die Hingabe des Menschen in seinen Gaben wird .....*	<u>Elevation des verwandelten Brotes</u> durch den Priester **Brot ≈ Symbol des Glaubens** *zur communialen Einheit mit der Hingabe Jesu*
Austeilung der verwandelten Gaben, d. h. der eucharistischen Gaben bei der Kommunion	Austeilung der verwandelten Gaben, d. h. der eucharistischen Gaben bei der Kommunion
Der Diakon spricht das <u>Ite missa est,</u> d. h. „Gehet, es ist Sendung!" d. h. "denn in Jesus Christus kommt es darauf an, den Glauben zu haben, der in der Liebe wirksam ist."	Die Priester spricht das <u>Bene-dicere,</u> d. h. das zusammenfassende Zusprechen der im Wortgottesdienst empfangenen **Lebensweisheit** und der im Sakramentsgottesdienst empfangenen **Lebenskraft**
<u>Früher:</u> Verteilung der nicht konsekrierten Gaben an die Armen nach dem Gottesdienst (Verantwortung für die Agape)	<u>Früher:</u> Krankenkommunion für die Hauskranken

115

Die sakramentale Symbolik der Liturgie wurde durch die Symbolik des Kirchenraumes im Mittelalter didaktisch verstärkt.

5.2 Die sakramentalen Symbole und die Bausymbolik zur Verdeutlichung der inneren Verbindung von Eucharistia und Diakonia, von Glaube und Liebe am Beispiel des Freiburger Münsters

Nachdem am Ende des Gottesdienstes der **Priester** mit dem Segen, d.h. dem *Bene-dicere* die im Wortgottesdienst geschenkte *Lebensweisheit* und die im Sakrament empfangene *Lebenskraft* für die Gläubigen nochmals von Gott erbittet und den Menschen mit auf den Weg gibt, spricht der **Diakon** das: *Ite missa est*, d. h. *„Geht, jetzt ist Eure Sendung.“*[48] Jetzt sollen die im Wort-Gottesdienst empfangene Weisheit und die im Sakraments-Gottesdienst erhaltene Kraft in den Werken der Liebe fruchtbar werden; denn Lebensweisheit und Lebenskraft sind zwei zentrale „Wirk“-lichkeiten, ohne die keine Lebensdiakonie in Situationen von Leid und Not möglich ist.[49] In der helfenden Diakonie gilt es, den Verzweifelten Lebenskraft und Lebenssinn zu erschließen, damit sie zum Leben wieder „auf(er)stehen“ können. Auf diese Weise eröffnet die aktive Teilnahme an der Eucharistiefeier die eigentlichen Quellen des caritativen Helfens.

Gehen die Gläubigen durch das Hauptportal an der Turmseite des Freiburger Münsters nach draußen, dann werden sie vom Apostel Johannes, dem Symbol der Liebe und von Petrus dem Symbol des Glaubens, die die beiden letzten Säulen zieren, verabschiedet. Direkt vor ihnen steht an der Innenseite des Turmportals Maria – die Sternenmantel-Madonna – als Symbol der Demut, d.h. des „Dien-mutes“.[50] Sie stellte dem „Non serviam“ des Teufels – dem Ursprung allen Übels – das „Ich bin die Magd des Herrn“ gegenüber. So ist sie die Mutter caritativ helfender Diakonik, d. h. Mutter der Barmherzigkeit. Die Vorhalle, die die Gläubigen dann durchschreiten, thematisiert im Tympa-

---

[48] Übrigens heißt es in der lateinischen Liturgie: Geht, jetzt ist Sendung, dies ist nicht so moderat formuliert wie die deutsche Version: *„Gehet hin in Frieden“*.

[49] Menschen in Extremsituationen drücken das wie folgt aus: *„Ich habe keine Kraft mehr, ich kann nicht mehr“* und *„Was soll das Ganze noch, was hat das noch für einen Sinn?“*, vgl. Pompey, Heinrich, Religiosität und christlicher Glaube in der Begleitung von Schwer- und Todkranken, in: Koch, Uwe (Hg.), Umgang mit Schwer- und Todkranken, Hamburg 2005.

[50] Die Humilitas ist die grundlegende Tugend, auf ihr bauen die göttlichen Tugenden und die Kardinaltugenden auf, vgl. Pompey, Heinrich, Weisheit oder Wissen – Aspekte eines komplexen Therapiekonzeptes und einer existentiellen Patientenautonomie, in: Just, Hanjörg / Kindt, Hildburg / Unger, Clemens (Hg.), Die ethischen Grundlagen der Beratung von Forschungsvorhaben – Humanitär-geisteswissenschaftliche Grundlagen, Heft 1 der Ethik-Kommission der Universität Freiburg, Freiburg 2005, 27-42.

non das Jüngste Gericht und verweist darüber hinaus auf die klugen und törichten Jungfrauen, die sieben freien Künste (Wissenschaften) und die drei göttlichen Tugenden: Abraham als Vater des Glaubens, Johannes der Täufer als Symbol der Hoffnung und Maria Magdalena als Symbol der schenkenden Liebe. Tugenden und Fähigkeiten werden für den sozialen Weltdienst auf diese Weise verdeutlicht. Die trügerischen und unsozialen Verführungen des Fürsten der Welt und der Wollust sollen durch den Engel „Ne intretis", d. h. „Kein Eintritt" vom neuen sozialen Kosmos, dem mit Christus angebrochenen „Reich Gottes", dem beginnenden Leben in Fülle ferngehalten bzw. werden als Mahnung den in die Welt hinausgehenden Gottesdienstbesuchern hingestellt. Als seitenparallele Kontrastfiguren sehen die Gläubigen die Hl. Margareta, die durch die Kraft ihres Glaubens das Böse überwand und die Hl. Katharina, die durch ihre Weisheit die Richtigkeit des Glaubens bezeugte. Der lebensnotwendige Glaube und die den Glauben grundlegende Weisheit werden durch die Pflege der Tugenden und Wissenschaften kultiviert.[51] Das Jüngste Gericht erinnert an die Werke der Barmherzigkeit, die Prüfsteine des gottesdienstlich kultivierten Glaubens. Nach dem Verlassen der Vorhalle stand früher der Gottesdienstbesucher unmittelbar vor dem Hospital zum Hl. Geist, wo er – gemäß des soeben erinnerten Endgerichtes – Christus im Armen begegnen konnte, so wie er zuvor Christus im Wort und im Sakrament begegnet war.

Liturgie und Raumsymbolik sprechen eine klare Sprache. Für die bewusst am Gottesdienst teilnehmenden Gläubigen konnte die Symbolik der Liturgie und des Kirchengebäudes so zu einer lebendigen Caritas-Katechese werden. So plastisch wird heute den Gläubigen und den Mitarbeitern der kirchlichen Caritas die Wirkeinheit von Eucharistie und Diakonie nicht mehr bewusst gemacht. Demzufolge können die Menschen von heute diese Wirkeinheit nicht mehr wahrnehmen bzw. auch unbewusst erspüren, wie die Umfragen zeigen.

6 Ist die optierte Wirkeinheit von Glaube und Helfen, von Gottesdienst und Nächstendienst, von Gottesliebe und Nächstenliebe allein eine überlieferte religiöse Fiktion bzw. kirchliches Wunschdenken?

Außerhalb der Theologischen Fakultäten boomt die empirische Forschung über Wirkzusammenhänge von Religiosität und psycho-physischer Gesundheit, von Christlichkeit und Hilfe-verhalten, insbesondere von Gebet und Heilung.

---

[51] Vgl. ebd.

117

6.1 Einige allgemeine Ergebnisse seien exemplarisch genannt:

Alle Studien, die dem **Zusammenhang** zwischen **religiösen Überzeugungen** und **psychischem** wie **körperlichem Befinden** im Allgemeinen gewidmet und in den beiden führenden amerikanischen Psychiatie-Fachjournalen zwischen 1987 und 1989 publiziert sind, wurden von dem klinischen Psychologen David Larson – *National Institute for Healthcare Research* (Rockville, Meryland, USA) – systematisch im Sinne einer Metaanalyse zusammengefasst und ausgewertet. Zentrale Ergebnisse im Blick auf das Gesundsein sind: „Religiosität wirkt sich in 84% der Fälle positiv aus, 13% neutral und nur bei 3% erwies sich Gläubigkeit als gesundheitsabträglich.“[52] Ebenfalls hat das *National Institute for Healthcare Research* seit 1993 in vier Bänden eine Bibliographie zur klinischen Forschung über spirituelle Themen vorgelegt und diese in einem Seminarbericht ausgewertet,[53] der belegt, dass kultivierter Glaube an Gott die Gesundheit positiv beeinflusst. So neigen religiös und kirchlich gebundene Menschen weniger zum Suizid, zu Alkohol- und Drogenmissbrauch, zu Gesetzesdelikten als Menschen mit geringerer religiöser Verpflichtung. Auch die Scheidungsrate kirchlich Gebundener ist kleiner. Im Blick auf die Ehe geben sie eine größere Zufriedenheit an. So führt – nach Meinung der Autoren - vermutlich die Kultivierung der Religiosität zu höherer psycho-physische Gesundheit.

Weitere US-amerikanische Untersuchungen bestätigen diese Zusammenhänge, wie aus einer Studie der Gesundheitsbehörden des US-Bundesstaates Kalifornien von 1997 – veröffentlicht in *American Journal of Public Health* – hervorgeht. Bei 5286 Kaliforniern, die regelmäßig zur Kirche gehen, stellt die Untersuchung analog fest,[54] dass sie länger leben, einen gesünderen Lebensstil pflegen, mehr Sport treiben, weniger rauchen und mehr soziale Kontakte wahrnehmen. Von den Autoren wird darum vermutet, dass religiöse Menschen besser mit Krankheiten und anderen Stresssituationen umgehen können. Eine US-Langzeitstudie am *Duke University Medical Center* in Durham/North Carolina, die über 10 Jahre mit 4000 Personen über 65 Jahren durchgeführt wurde, stellt fest, dass regelmäßige Gottesdienstbesucher länger leben und dass sie über ein stärkeres Immunsystem verfügen.[55] Vermutet wird von den Autoren, dass religiöse Praxis die Immunfunktionen über bisher un-

---

[52] Vgl. H. E., Macht Glauben gesund? in: Psychologie Heute, 24 (1997) 6, 21.

[53] Schneider-Harpprecht, Christoph, Gott heilt mit – Eine Vielzahl von Studien belegt einen gesundheitsfördernden Einfluss der Religion: Wer glaubt, lebt länger, in: Die Zeit, Nr. 42, 8.10.98, 57-59.

[54] Vgl. pra/cas, US-Studie: Kirchgänger leben länger, in: KNA Basisdienst M 9713151 11.7.1997.

[55] Vgl. chs/pra, US-Studie: Kirchgänger leben länger, in: KNA Basisdienst M199720616 23.10.1997.

bekannte Mechanismen, wie Zugehörigkeitsgefühl, Gemeinschaftserlebnis oder Gebet und Anbetung stärkt.

Für die **deutsche Bevölkerung** zeigt eine empirische Erhebung von 1992, „dass sich Menschen, die regelmäßig den Gottesdienst besuchen – sofern sie evangelisch sind – um 16% häufiger und – sofern sie katholisch sind – um 10% öfter als die Nicht-Kirchengänger als mit dem Leben zufrieden bezeichnen"[56]. Ebenfalls geben 37% der West-Deutschen an, dass sie aus dem Glauben „Trost und Kraft" schöpfen.[57] KNA berichtet 1997, dass in Deutschland bei 15- bis 30jährigen Frauen und Männern die Bereitschaft zunimmt, an Notleidende zu denken und ihnen zu helfen, je häufiger sie Gottesdienste besuchen.[58] Eine aktuelle Online-Umfrage von „Perspektive-Deutschland" für das Jahr 2004 ergibt, dass in der Kirche engagierte junge Katholiken selbstbewusster und zuversichtlicher sind als ihre Altersgruppe insgesamt. Sie zeigen sich außerdem weniger hedonistisch eingestellt und eher bereit, soziale Verantwortung zu übernehmen.[59]

6.2 Die Wirkung des Gebetes

Neben der Bedeutsamkeit der Religion für psycho-physisches Wohlbefinden u. a. wurde auch die Bedeutsamkeit des Gebetes erforscht, das ein Grundelement jeder liturgischen Mitfeier ist. Exemplarisch genannt sei das gigantische Großprojekt mit 126000 Menschen unterschiedlicher Religionszugehörigkeit, mit dem der Zusammenhang zwischen praktiziertem Glaube, z. B. regelmäßiger Besuch von Gottesdiensten, Pflege des Gebetes etc. und physiologisch positiven Effekten untersucht wurde, wie die US-amerikanische Zeitschrift *„Health Psychology"* berichtet.[60] Bekannt sind entsprechende Forschungen von *Robert Benson[61]*, *Harvard University* (Radiologe und Entdecker des „Entspannungsreflexes"), der in der Gebetspraxis ein zentrales Element der „Wirk"-lichkeit des Glaubens sieht. Doch nur wer "loslassen" und sein

---

[56] Vgl. Grom, Bernhard, Soziales Engagement und Konfessionsverbundenheit, in: Pompey, Heinrich (Hg.), Caritas – Das menschliche Gesicht des Glaubens: ökumenische und internationale Anstöße einer Diakonietheologie, Würzburg 1997, 62-71.

[57] Vgl. Grom, Bernhard, Gottesvergiftung oder Gottestherapie? Psychologie Heute, 24 (1997) 21-29, 26.

[58] Vgl. KNA-Bayern, Untersuchung: Gottesdienstbesucher sind hilfsbereiter, in: KM 972489 v. 10.11.1997.

[59] Vgl. DT/KNA, Junge Katholiken sind optimistischer, in: Deutsche Tagespost, 9.8.2005, 4.

[60] Vgl. N.N: US-Studie zeigt: Religiöse Menschen leben länger, in: Akademische Monatsblätter 6 (2000) 12.

[61] Vgl. Benson, Herbert, Heilung durch Glauben – Die Beweise – Selbstheilung in der neuen Medizin, München 1997.

Schicksal vertrauensvoll in die Hand Gottes (oder einer anderen höheren Macht) legen kann, profitiert von der gesundheitsfördernden Kraft des Glaubens.[62] Typisch für die Haltung sind Gebete der Art: „Dein Wille geschehe". Bei einer Umfrage in *North Carolina* äußerte immerhin fast jeder zweite Patient den Wunsch, der Arzt möge mit ihm in einer belastenden Situation beten und 80% klagten, die Ärzte würden kaum über spirituelle Themen mit ihnen sprechen.[63] Im *San Francisco General Hospital Medical Center* wurde für eine Gruppe von Herzpatienten im ganzen Land gebetet und für eine andere Gruppe nicht. Den Patienten war nicht bekannt, zu welcher Gruppe sie gehörten. In der Gruppe, für die gebetet wurde, traten seltener Komplikationen, weniger Fälle von Lungenentzündung und Herzversagen oder Herzstillstand auf. Ebenfalls benötigte diese Gruppe nicht so viele Antibiotika.[64] In einem großen Überblick stellt *Pargament* 1997 angloamerikanische Studien vor, die sich mit dem Gebet als einer zentralen religiösen Aktivität befassen und empirisch aufzeigen, dass betroffene Menschen auch in psychisch belastenden Lebenssituationen zum Gebet Zuflucht nehmen und im Beten Hilfe erfahren.[65]

Bei einer **deutschen Untersuchung** von niedergelassenen, klinisch tätigen Ärzten 1998 mit der Zusatzbezeichnung „Psychotherapie" und/oder „Psychoanalyse" (188 Befragte)[66] zeigte sich im Blick auf die Relevanz der Glaubens für die Psychotherapie folgendes Ergebnis: Das Thema „Religion-Glaube" sprechen 11,5% bei jedem Patienten an, 68% tun dies gelegentlich, wenn der Klient das Thema „Religion-Glaube" von sich aus benennt, dann reagieren

---

[62] Bereits der amerikanische Psychologie Allport belegt, dass nicht jede Art von Religiosität eine psycho-physisch positive Wirkung entfaltet. Er unterscheidet die sog. Intrinsische Religiosität und die Extrinsische Religiosität. Die rein äußerliche Religiosität ist ohne inneren Effekt, vgl. Heinrich Pompey, Religiosität – ein Element der Lebens- und Leidbewältigung bei TumorpatientenInnen. Empirische Befunde und ihre Bedeutung für die psychosoziale Patientenbegleitung, in: Günther, H. / Ehninger, G. (Hg.), Krankheitsbewältigung und Lebensqualität – Herausforderung für Patienten, medizinische Helfer und Gesellschaft, Regensburg 1998, 100-126.

[63] Vgl. Schneider-Harpprecht, Gott, 57-59.

[64] Vgl. McIntosh, Ph., Die Heilkraft des Glaubens - Wissenschaftler bestätigen, was viele Menschen nur ahnen: Wer glaubt, lebt gesünder, in: Reader's Digest, Das Beste, XII 1999, 139-142, 141. Auch der US-Kardiologe Dr. Mitch Krucoff von der Duke University in Durham, North Carolina unternahm eine ähnliche, jedoch interreligiös angelegte Untersuchung, die die Ergebnisse ebenfalls bestätigte, vgl. Boeddeker, K., Beten kann Herzpatienten helfen, in: Welt am Sonntag. Nr. 11 (1999) 25.

[65] Vgl. Pargament, Kenneth I., The psychology of religion and coping. Theory, research, practice. New York, The Guilford Press 1997. (ebs. www.nihr.org)

[66] Deming, J., Wie hältst du´s mit der Religion? Religiosität im psychotherapeutischen Kontext – eine Umfrage, in: T & E Neurologie Psychiatrie 11 (1998) 90-93.

64% darauf positiv.[67] Für ihre Klienten haben die Therapeuten zu 25% gelegentlich mal gebetet, 20% sogar mehrfach und zwar 15% der männlichen Psychotherapeuten und 35% der weiblichen Therapeuten. Diese Re-ligio, d. h. Rück-bindung des Heilens und Helfens bei den außerhalb der Kirche praktizierenden Psychotherapeuten war nicht zu erwarten. Hier lässt sich fragen, ob der im Gebet aktualisierte Gottesbezug im Helfen und Heilen der caritativen Diakonie der deutschen Kirche auch diese Rolle spielt?

Auf Fortbildungsveranstaltungen deutscher Caritasdienste und -Einrichtungen trifft man heute zunehmend TeilnehmerInnen, die eine stärkere religiöse Begründung und Vertiefung ihrer Arbeit wünschen. Bei caritastheologischen Veranstaltungen ist nicht selten zu hören: *Mehr als 10 Jahre arbeite ich bei der Caritas, warum hat man mir diesen tiefen Grund meiner Arbeit nie erschlossen?* Warum wurden und werden den Mitarbeitern keine spirituell qualifizierten Fortbildungsangebote gemacht und warum stellen Träger und Leitungen von Einrichtungen dafür keine Zeit zur Verfügung? Vor Jahren waren Verantwortliche aus ideologischen Gründen gegen eine religiöse Prägung ihrer Mitarbeiter, heute sei es – so ist immer wieder zu hören - die ausfallende Arbeitszeit und eine fehlende Finanzierung dieser Mitarbeiterqualifizierung die sie verhindert.

Mögen die zusammengestellten caritastheologischen wie caritaskatechetischen Aspekte zur inneren Verbundenheit von Gottes-Dienst und Nächsten-Dienst, von Glaube und Liebe dazu anregen, über die provokante Frage nachzudenken: Ist die heutige Caritas: professionell aber „häretisch" und die Liturgie feierlich aber folgenlos?

---

[67] 61% haben den Eindruck, dass die Thematisierung von Glaube und Religion den Therapieverlauf und das Therapieergebnis günstig beeinflusst, nur 2% fühlen sich ungünstig beeinflusst. Die Beteiligung eines Seelsorgers bei der Betreuung von Patienten wird von 52% als positiv und von 41% als negativ gewertet, ebd.

Erich Garhammer

Eine Liturgie, die hilft

Isidor Baumgartner hat seinen praktisch-theologischen Ansatz am Beispiel des Emmausganges verdeutlicht. In der Perikope Lk 24,13-35 sieht er das Ineinander von Martyria, Diakonia, Leiturgia und Koinonia am besten ausgedrückt.[1]

Für die Festschrift zu seinem 60. Geburtstag wurde das Gleichnis vom barmherzigen Samariter (Lk 10,25-37) als biblischer Impulstext ausgewählt. Dieses Gleichnis wird aber nur dann in der richtigen Relation gesehen, wenn es mit der anschließenden Perikope von Maria und Marta (Lk 10,30-42) zusammen gelesen wird. Es geht um eine Balance von actio und contemplatio, von Diakonie und Liturgie. So möchte ich im Folgenden einige Gedanken anschließen zu einem Liturgieverständnis, das diese beiden Pole von actio und contemplatio beachtet.

Ich nehme mir dabei Romano Guardini zum Kronzeugen. Guardini setzte sich intensiv damit auseinander, wie man heute zeitgemäß Liturgie feiern kann. Ja, er radikalisierte seinen Ansatz sogar bis zu der Frage: „Ist überhaupt die Liturgie noch zeitgemäß?" Kaum hatte das Zweite Vatikanische Konzil am 4. Dezember 1963 die Liturgiekonstitution verabschiedet und darin die Liturgie als den „Höhepunkt, dem das Tun der Kirche zustrebt und zugleich die Quelle, aus der all ihre Kraft strömt" (SC 10) bezeichnet, schrieb Romano Guardini in einem Brief anlässlich des Dritten Liturgischen Kongresses für den deutschen Sprachraum in Mainz folgende Sätze:

„Ist vielleicht der liturgische Akt, und mit ihm überhaupt das, was ,Liturgie' heißt, so sehr historisch eingebunden – antik oder mittelalterlich – dass man sie der Ehrlichkeit wegen ganz aufgeben müsste? Sollte man sich zu der Einsicht durchringen, der Mensch des industriellen Zeitalters, der Technik und der durch sie bedingten psychologisch-soziologischen Strukturen sei zum liturgischen Akt einfach nicht mehr fähig? Und sollte man, statt von Erneuerung zu reden, nicht lieber überlegen, in welcher Weise die heiligen Geheimnisse zu feiern seien, damit dieser heutige Mensch mit seiner Wahrheit in ihnen stehen könne?" Guardini war sich dessen bewusst, dass diese Sätze hart klingen, aber er fügte hinzu, dass es nicht wenige gäbe, die so dächten. „Man

---

[1] Vgl. Baumgartner, Isidor, Pastoralpsychologie. Einführung in die Praxis heilender Seelsorge, Düsseldorf 1990, 91-142.

darf sie nicht einfach als Abgestandene (=Distanzierte) wegstreichen, sondern muss fragen, wie man – wenn Liturgie wesentlich ist – ihnen nahe kommen könne."

Die Frage nach der Zeitgemäßheit und der Lebensdienlichkeit von Liturgie war gestellt – sie ist wie ein Stachel im Fleisch der Liturgiewissenschaft bis heute. Ich kann natürlich hier diese Frage nicht klären. Ich möchte vielmehr Kommentare und Deutungen der Liturgiereform aufgreifen und anführen, die zu einem interessanten und bemerkenswerten Ergebnis führen werden.

Zehn Jahre nach der Liturgiereform zog Balthasar Fischer auf einer Akademietagung in München eine positive Bilanz – wenn er es auch an kritischen Anmerkungen nicht fehlen ließ.[2] An Kinderkrankheiten des Anfangs benannte Fischer die Sermonitis, den Hang, bei jeder Gelegenheit deutend in den Ritus einzugreifen, eine gewisse Allergie gegen Feierlichkeit, einen Libertinismus gegenüber vorformulierten Texten sowie eine Lateinallergie.

Der Frankfurter Psychoanalytiker Alfred Lorenzer attackierte einige Jahre später die Liturgiereform weit schärfer. In seinem Buch „Das Konzil der Buchalter. Die Zerstörung der Sinnlichkeit" attestierte er der reformierten Liturgie einen Hang zum Verbalismus, latente Pädagogisierung und Didaktisierung sowie Disziplinierung der Mitfeiernden zu Mitmachopfern. Er konstatierte eine Zerstörung des Symbolsystems „Kirchenraum", in dem sich die Seitenaltäre als abgetakelte Wohnzimmerkommoden wie in einem Trödlerladen ausnähmen. Das beherrschendste Symbol – im wahrsten Sinn des Wortes beherrschend – sei das Mikrofon geworden.

So tauchte schnell der Ruf nach einer zweiten Liturgierefom auf – erhoben wurde er expressis verbis von dem jüngst verstorbenen Prälat Bernhard Hanssler, der es zur literarischen Berühmtheit brachte. Heinrich Böll hat ihn in seinem Roman „Ansichten eines Clowns" als Prälat Sommerwild verewigt. Hans Schnier, der Held des Romans ist im Gegensatz zu seiner Verlobten Marie von der Predigtkunst des Prälaten keineswegs angetan und formuliert sarkastisch: „Bei Sommerwild habe ich immer den Eindruck, dass er genauso gut Kur- oder Konzertdirektor oder Public Relations-Manager einer Schuhfabrik […] sein könnte. Mir brach während er Predigt der Schweiß aus."[3] Eben dieser Hanssler, der von Böll selber der Vielwortemacherei bezichtigt wurde, geißelte die Wortflut der Liturgie (1987) und bezeichnete vor allem die Für-

---

2 Vgl. Fischer, Balthasar, Zehn Jahre danach. Zur gottesdienstlichen Situation in Deutschland zehn Jahre nach Erscheinen der Liturgiekonstitution, in: Ders. u.a. (Hg.), Kult in der säkularisierten Welt, Regensburg 1974, 117-127.

3 Vgl. dazu näher Garhammer, Erich, Tod eines Predigers. Eine Skizze zu Prälat Sommerwild, in: Georg Langenhorst (Hg.), 30 Jahre Nobelpreis Heinrich Böll. Zur literarisch-theologischen Wirkkraft Heinrich Bölls, Münster 2003, 163-166.

bitten-Literatur als Krankheitssymptom der Liturgiereform: „Meist scheint es sich um zusammengestoppelte Assoziationen zu handeln, die am Schreibtisch geboren sind unter dem leitenden Gesichtspunkt, was man noch hereinnehmen könnte, um den Katalog der Kümmernisse und Unzuträglichkeiten des Lebens und des Weltlaufs zu vervollständigen. Es ist viel und im Grund doch immer das monoton Gleiche, was Gott zu regeln gebeten wird." Hanssler vermutete, dass durch diese Fürbitteninflation die Theologie des Gebetes Schaden nähme und forderte ein neues Verständnis von Liturgie als „heilige Begehung".

Als weitere Stimme sei Alex Stock angeführt, der Verfasser einer poetischen Dogmatik, der 1998 als Krebsschaden der Liturgiereform eine „metarituelle Besprechung" des Ritus feststellte. Leitbild für die Liturgie sei eher der Talk-master geworden, der zu allem einen Kommentar abgebe, nicht der Mysta-goge. Ein sprechendes Beispiel von Alex Stock: „Brüder und Schwestern. Auch Schweigen kann Gebet sein. Darum beginnen wir heute die Karfrei-tagsliturgie in tiefem Schweigen." Eine beißende, aber wohl nicht untypische Beobachtung.

Als Ergebnis unseres Durchgangs kann festgehalten werden, dass es so etwas wie „Sermonitis" in der Liturgie gibt, dass zuviel gesprochen wird, dass die Liturgie zur wortlastig ist. Konnte dies zunächst als Verlebendigung und Ak-tualisierung gegenüber der herkömmlichen Liturgie gesehen und erfahren werden, so spürte man doch sehr schnell den Trend zur Banalisierung.

Der jetzige Papst Benedikt XVI. hat bei seiner Kritik an der Liturgiereform bewusst an Romano Guardini, was den Titel angeht, angeknüpft, sie aber ra-dikalisiert.[4] Sein immer schon artikulierter Vorbehalt, dass die Kirche in einer politischen Zeitströmung einer Kulturrevolution diese Strömung auch gegen sich selber gewendet habe, zielt nun auch auf die Liturgiereform. Liturgie werde zu sehr auf Befreiung reduziert und dadurch banalisiert nach dem Mot-to: „Wenn das Rote Meer grüne Welle hat." Dagegen will Ratzinger zeigen, dass der Exodus letztlich in der Anbetung gipfelt. Ziel des Exodus sei nicht wie immer und häufig behauptet das Land der Verheißung, sondern die Anbe-tung, die ausschließlich nach Gottes Maß zu geschehen habe und vom Men-schen nicht gemacht werden könne. Gegenbild zur Anbetung Gottes sei die Anbetung des Goldenen Kalbes: sie ist Kult aus eigener Vollmacht. Der Kult wird dann zum Fest, das die Gemeinde sich selber verabreicht; sie bestätigt darin nur sich selbst. Aus der Anbetung Gottes wird ein Kreisen um sich sel-ber.

Die treffliche Beobachtung von Ratzinger, dass der Exodus in die Anbetung mündet „Gib mein Volk frei! Sie sollen mir in der Wüste dienen" (Ex 7,16;

---

[4] Vgl. dazu Ratzinger, Joseph, Der Geist der Liturgie. Eine Einführung, Freiburg i. Br. 2000.

7,26; 9,1; 9,13; 10) greift aber dennoch zu kurz. Die Anbetung des Goldenen Kalbes hat nämlich zur Folge, dass Mose die Gesetzestafeln zerschlägt. D. h. angesichts eines verobjektivierten Kultes würden nun auch die Gesetzestafeln zum Objekt werden. Deshalb müssen sie zerschlagen und im Hören auf Gottes Stimme neu geschrieben werden.

Und hier stellt sich noch einmal zugespitzt die Frage von Romano Guardini: Ist Liturgie den Menschen von heute noch gemäß? Ist die Liturgie für sie hilfreich? Auf alle Fälle nicht in der ausschließlichen Wortzentrierung der 70er und 80er Jahre. Aber auch nicht ausschließlich in einer bloß verobjektivierten Form, in einem neuen Rubrizismus. Eher in einer Neuentfaltung von sinnlichen Elementen und einer mystagogischen Vertiefung. Dazu muss vor allem auch der Liturge fähig sein. Er muss selber glauben, dass in der Liturgie Himmel und Erde sich berühren.

Liturgie ist die große Einladung: Weil Gott uns entgegengekommen ist, können wir ihn berühren. Liturgie ist die Einladung „Berühre das Ewige und den Ewigen" oder wie Simone Weil formuliert hat: Liturgie ist der Blindenstock, der es erlaubt, Gott zu berühren.

Eine solche Liturgie hilft den Menschen. Sie hilft ihnen in ihrer Spiritualität, weil sie ihrer Sehnsucht Ausdruck verleiht, und sie hilft ihnen auch in ihrem diakonischen Dienst, weil sie den in die Mitte stellt, der sich rest-los an die Menschen verschenkt hat: Jesus Christus

TEIL II

KONKRETISIERUNGEN CHRISTLICHEN HELFENS

Darauf antwortete ihm Jesus: Ein Mann ging von Jerusalem nach Jericho hinab und wurde von Räubern überfallen. Sie plünderten ihn aus und schlugen ihn nieder; dann gingen sie weg und ließen ihn halbtot liegen. Zufällig kam ein Priester denselben Weg herab; er sah ihn und ging weiter. Auch ein Levit kam zu der Stelle; er sah ihn und ging weiter. Dann kam ein Mann aus Samarien, der auf der Reise war. Als er ihn sah, hatte er Mitleid, ging zu ihm hin, goß Öl und Wein auf seine Wunden und verband sie. Dann hob er ihn auf sein Reittier, brachte ihn zu einer Herberge und sorgte für ihn. Am andern Morgen holte er zwei Denare hervor, gab sie dem Wirt und sagte: Sorge für ihn, und wenn du mehr für ihn brauchst, werde ich es dir bezahlen, wenn ich wiederkomme.

Was meinst du: Wer von diesen dreien hat sich als der Nächste dessen erwiesen, der von den Räubern überfallen wurde? Der Gesetzeslehrer antwortete: Der, der barmherzig an ihm gehandelt hat. Da sagte Jesus zu ihm: Dann geh und handle genauso.

Lk 10,30-37

*Darauf antwortete ihm Jesus: Ein Mann ging
von Jerusalem nach Jericho hinab und wurde
von Räubern überfallen. Sie plünderten ihn
aus und schlugen ihn nieder; dann gingen sie
weg und ließen ihn halbtot liegen.*

Lk 10,30

WER BRAUCHT HILFE?
SITUATIONEN UND ORTE CHRISTLICHEN HELFENS

Paul M. Zulehner

„Sah ihn" (Lk 10,31):
Option für die Überflüssigen

In der Gründungsgeschichte Israels in Exodus 3,7-10 wird uns Gott vorgestellt als einer, der Aug und Ohr ist für die „Unterdrückten". Er wird geradezu „leidintim" beschrieben:

> Gesehen, ja gesehen habe ich das Elend meines Volkes in Ägypten,
> gehört, ja gehört die laute Klage über ihre Antreiber.
> Ich kenne ihr Leid." (Ex 3,7)

Das fordert uns, die wir in Gott (mystisch) eintauchen, um mit ihm (diakonal) neben den Armen aufzutauchen.[1] Christinnen und Christen lernen in seiner Schule hinschauen, statt wegschauen – was typisch für unsere ichbesorgte Kultur ist. Gemeint ist ein folgenreiches Hinschauen: Aus dem Hören und Sehen erwachsen Engagement und Einsatz. Dass Hinschauen Folgen hat, wenn es gottförmig ist, hängt damit zusammen, dass es auch ein folgenloses, vorbeigehendes Darüberschauen gibt. Dann sieht man zwar das Leid der anderen, schafft es aber dennoch, sich dieses vom Herzen zu halten.

> Ein Mann ging von Jerusalem nach Jericho und wurde von Räubern überfallen, die zogen ihn aus und schlugen ihn, gingen weg und ließen ihn halbtot liegen. Aus Zufall ging ein Priester denselben Weg hinab und als er ihn sah, ging er vorbei. Gleichermaßen ein Levit, der zu der Stelle kam, ihn sah und vorüber ging. (Lk 10,30-32)

Folgenreiches Hinschauen geht mit Erbarmen (Mitleiden, compassion) einher: jenem Erbarmen, das als „rechem" (hebräisch Mutterschoß) eine (weibliche) Grundeigenschaft des Gottes der Bibel ist. Folgenloses Hinschauen hingegen erweist sich letztlich als erbarmungslos.

> Ein Samariter aber, der auf jenem Weg unterwegs war, kam dorthin und als er ihn sah, empfand er Mitleid. Er ging zu ihm hin, goss Öl und Wein auf seine Wunden und verband sie, hob ihn auf sein Reittier... (Lk 10, 33)

---

[1] Dazu heißt es im unvergesslichen Passauer Pastoralplan 2000, in Kraft gesetzt unter dem Altbischof Franz X. Eder und wieder entkräftet von seinem Nachfolger Bischof Wilhelm Schraml: „Eine Kirche, die um sich selbst kreist und dabei Gott vergisst, wird leidunempfindlich. Wer hingegen in Gott eintaucht, taucht neben dem Menschen auf. Dabei kann der Weg auch in der anderen Richtung verlaufen: Wer den Menschen begegnet, findet in diesen auch Gott (vgl. Mt 25)."

Hinschauen

Hinschauen will gelernt werden. Caritaswissenschaft ist geradezu ein akademisches Training im Hinschauen und reflektiert auf Methoden des Hinschauens ebenso wie sie auch unermüdlich jene Menschengruppen aufzuspüren trachtet, deren Leid oftmals übersehen wird: von Menschen ebenso wie von Gesellschaften.

Mein Beitrag ist eine Art Training im Hinschauen. Als Suchhilfe nehme ich einen markanten Satz von Hans Magnus Enzensberger, einfühlsamer Poet und scharfsichtiger Zeitkritiker. In seinem berühmten Essay „Die große Wanderung" aus dem Jahre 1993 findet sich folgende Suchformel:

> „Selbst in reichen Gesellschaften kann morgen jeder von uns überflüssig werden. Wohin mit ihm?"[2]

Dieser Satz fokussiert den Blick auf unsere modernen Gesellschaften. Damit meint Enzensberger nicht, dass das Überflüssigwerden nicht auch andere Gesellschaften bedroht. Afrika gilt heute in sozial empfindsamen Fachkreisen als überflüssiger Kontinent. Der „freie Westen" hat lange keinen Finger gerührt, als es in Ruanda oder Burundi zu einem Völkermord kam. Wenig wird auch gegen AIDS unternommen. In Dafur setzt sich dieses Wegschauen fort. Auf dem Balkan war es längere Zeit nicht anders. Afrika liegt nicht im nationalen Interesse Amerikas oder Europas. Zurzeit fließt mehr Kapital aus Afrika in den nordatlantischen Bereich zurück als von dort nach Afrika hin fließt. Afrika hat AIDS, aber kein Öl (sieht man wieder von Nigeria ab, wo es konzentrierte Interessen westlicher Ölfirmen gibt).

Enzensberger richtet seinen Blick auf unsere reichen Gesellschaften: Vor allem auf Deutschland, eines der zehn reichsten Länder der Welt, wobei zu diesem Club der Reichen auch Österreich und die Schweiz gehören. Auch hier, so sein prophetisches Wort, kann morgen jeder von uns „überflüssig werden". In seiner weiblichen Form würde der Satz noch dringlicher sein: „kann jede von uns überflüssig werden".

Wir bedenken im Folgenden zunächst jene Kriterien, die zum Überflüssigwerden führen. In einem zweiten Schritt fragen wir dann, wer in Gefahr ist, in den Sog des gesellschaftlichen Überflüssigwerdens zu geraden und worin die Gefahr besteht: also was Enzensberger mit „Wohin mit ihm?" andeutet.

---

[2] Enzensberger, Hans Magnus, Die Große Wanderung, 33 Markierungen; mit einer Fußnote „Über einige Besonderheiten bei der Menschenjagd", Frankfurt [4]1992.

Überflüssig werden

Die Kriterien findet, wer sich an jenen Schlüsseleigenschaften orientiert, mit denen wir sozialwissenschaftlich heute moderne Gesellschaften charakterisieren.

❑ So nennen Fachkreise unsere Gesellschaft eine *Arbeitsgesellschaft*. Vor allem Erwerbsarbeit ist zum zentralen Bereich moderner Gesellschaften geworden. Diesem Bereich werden alle anderen Lebensbereiche zu- und untergeordnet. Das führt etwa dazu, dass nach neueren Studien[3] für zwei Drittel in modernen Bevölkerungen die Wirtschaft als familienfeindlich gilt. Jene Männer und Frauen, welche Familienarbeit und Erwerbsarbeit miteinander verweben möchten, haben es sehr schwer.

Betroffen von der zentralen Position der Erwerbsarbeit ist auch der Sonntag. Dieser soll künftig als gemeinsame Unterbrechung von Arbeit abgeschafft werden. Denn die kapitalintensiven Maschinen und die internationale Konkurrenz verlangen nach ihrer durchgehenden Auslastung. Moderne kapitalorientierte Wirtschaft meint, keinen freien Sonntag verkraften zu können. So schlägt sie einen „gleitenden Sonntag" vor. Damit mutiert der Sonntag von der Zeit der Freiheit für das Nutzlose (wie Liebe, Anbetung, Spiel, Beziehungen) in eine nützliche Zeit für individuelle Regeneration der Arbeitskraft. Auch Kaufinteressen sind damit verbunden, weshalb Großhandelsketten ihren Vernichtungs-Krieg gegen die kleinen Betriebe und damit die Nahversorgung für immobile Bevölkerungsteile (wie Alte, Familien mit kleinen Kindern) unter dem Deckmantel neuer Kauffreiheit für die Menschen verkaufen.

Überflüssig wird in einer Arbeitsgesellschaft, wer keine Erwerbsarbeit hat.

❑ Unsere Gesellschaft wird als Konsumgesellschaft begriffen. Privater Massen-Konsum gilt als Motor für die moderne Wirtschaft. Wird nicht gekauft, kann nicht produziert werden, gehen Arbeitsplätze verloren. Wie eng diese Zusammenhänge sind, kann man sich dadurch ausmalen, welche katastrophale Folgen für unsere Wirtschaft es hätte, wenn es eines Tages den christlichen Kirchen gelingen sollte, wenigstens 25% ihrer Mitglieder für eine Lebenskultur im Sinn von Franz von Assisi zu gewinnen.

Viele Vorgänge fördern die Kaufbereitschaft der Bevölkerung. „All Norway is one shop", las ich am Flughafen in Oslo, „More & more: a life philosophy" in Griechenland an einem Bekleidungsgeschäft. Moderne Bevölkerungen gleichen einem Riesenbaby mit oraler Grundstimmung. Der

---

[3] U. a. Zulehner, Paul M. (Hg.), MannsBilder. Zehn Jahre Männerentwicklung, Ostfildern 2004.

Wellnessboom weist in dieselbe Richtung: „Weil ich es mir wert bin" ist die Grunddevise. Mit allen Mittel der „geheimen Verführung"[4] wird die Kaufbereitschaft breiter Bevölkerungskreise gefördert. Dabei werden längst nicht mehr Waren verkauft, sondern auch der Wunsch nach Waren. Window-Shopping ist dafür ein zielführender Vorgang. Wer von uns geht nicht auch aus einem Supermarkt mit mehr heraus, als er beim Hineingehen benötigt hat?
Überflüssig wird, wer keine Kaufkraft besitzt und sich am viel dimensionierten Kaufen, ja Kaufrausch nicht beteiligt.

❑ Manfred Schulze nannte in seinem bekannten Werk unsere moderne Gesellschaften „Erlebnisgesellschaften". Fun und Spaß zählen. Entscheidend ist das ständige Steigern, die Suche nach dem ultimativen Kick, der Peak-Experience. Das gilt für die Sexualität ebenso wie für die Freizeit und neuestens auch für die boomende Spiritualität. Eine durchgestylte Freizeitindustrie garantiert, dass immer noch weitere Steigerungen möglich werden.
Überflüssig wird, wer sich am Fun und Spaß der Gesellschaft nicht ausgiebig beteiligt bzw. beteiligen kann.

❑ Moderne Gesellschaften sind Wissensgesellschaften. Dabei hat das Wissen eine immer kürzere Ablaufzeit. Ausbildung tritt damit in den Hintergrund, Bildung wird wichtig. Die Menschen brauchen weniger skills, die morgen schon unbrauchbar sind, sondern die Fähigkeit, sich in wandelnden Umständen die erforderlichen Skills dauerlernend anzueignen.
Schafft das beispielsweise ein Mann, der von einer berufstätigen Frau ein weiteres Kind bekommt und dazu drei Jahre beim Kind bleibt, sein Wissen im IT-Bereich nicht ständig zu erneuern, wird er kaum auf seinen Arbeitsplatz zurückkehren können bzw. wenn ihm das gesetzlich garantiert sein sollte, wird er ihn bei der erstbesten Gelegenheit verlieren.
Überflüssig wird, wer nicht genug weiß, sich nicht hinreichend Wissen erwirbt und vor allem nicht in der Lage oder auch nicht willens ist, sein erworbenes Wissen unentwegt weiter zu entwickeln.

❑ Immer mehr dominieren moderne Gesellschaften die Biowissenschaften. Sie werden mit exorbitanten Forschungsmitteln bedacht. Riesige Hoffnungen werden auf sie gesetzt: Es werde möglich sein, genetische Störungen zu beheben oder auch Alzheimer heilbar zu machen. Es wird auch daran gearbeitet, die Lebenszeit der Bevölkerung drastisch zu erhöhen. 120 Jahre im Schnitt werden in absehbarer Zeit für möglich erachtet.

---

[4] Packard, Vance, Die geheimen Verführer: der Griff nach dem Unbewussten in jedermann, Düsseldorf 1960.

Was aber, wenn jemand die falschen Gene hat und deren Heilung nicht möglich ist. Durch genetisches Screening können diese Personengruppen immerhin aufgespürt werden. Solches Screening nützt nicht nur der Verwaltung und der Kriminalistik, sondern kann auch im Gesundheitsbereich wie in der Arbeitswelt mit enormen Folgen eingesetzt werden. Vorhersehbar teure Bewerberinnen und Bewerber bei privaten Krankenversicherungen können durch genetisches Screening ausgesondert werden oder müssen höhere Beiträge entrichten. Man kann auch screenend herausbekommen, ob jemand viele Krankheitstage haben wird oder nicht – was künftig bei einer Anstellung durchaus berücksichtigt werden kann. Überflüssig zu werden droht, wer nicht die richtigen Gene hat.

Bedrohte Gruppen

Nimmt man diese fünf Kriterien (und weitere könnten hinzukommen), formt sie in einen Spot um und leuchtet damit die modernen Bevölkerungen ab, findet man schnell Personengruppen, die in Gefahr sind, überflüssig zu werden. Vier Gruppen werde ich im Folgenden herausgreifen, neuerlich ohne Anspruch auf Vollständigkeit.

Sterbende

Ich beginne mit diesem Teil des Hinschauens am Ende des menschlichen Lebens: bei den Sterbenden oder auch den Pflegebedürftigen. Beide Formen des Lebens können sich über lange Zeit erstrecken: Langzeitsterben verdanken wir den Errungenschaften der High-Tech-Medizin[5] und der Schwierigkeiten, sterbensverlängernde Maschinen in ethisch wie rechtlich verantwortbarer Weise abzuschalten.

Sterben ist heute teuer. 43% von dem, was jemand ein Erwerbsleben lang in die Versicherung einbezahlt, wird in den letzten sechs Lebenswochen verbraucht: so eine österreichische Gesundheitsstatistik. Jeder am Leben eingesparte Tag entlastet das überforderte System. Das Instrument heißt politisch „sozialverträgliches Frühableben"[6], das rechtliche Instrument dazu „Liberalisierung der Euthanasie".

---

[5] In französischen Fachkreisen ist von einer „surmedicalisation" des Sterbens die Rede. Vgl. CCEE, Umgang des heutigen Menschen mit Geburt und Tod. VII. Symposium der europäischen Bischöfe in Rom, 12.-17.10.1989.

[6] Karsten Vilmar, Präsident der Bundesärztekammer, kritisierte 1998 die Sparpläne der Bonner Regierung im Gesundheitswesen. Vilmar wandte sich gegen das Vorhaben, den Anstieg der Ärztehonorare zu begrenzen und sagte wörtlich: „Dann müssen die Patienten mit weni-

Schon hier kann verdeutlich werden, was Enzensberger mit der Frage „Wohin mit ihm?" meinte. Die knappe Antwort lautet: Wir entziehen Menschen, die wir für überflüssig halten, unsere soziale Sorge – also wir ent-sorgen sie. Natürlich kann man dann diese soziale Entsorgung mit philosophischen Freiheitsanmutungen untermauern. Letztlich aber neigt unsere Gesellschaft in einer neodarwinistischen Manier dazu, den Schwachen und Hilfsbedürftigen die Sorge zu entziehen. Gute Lebenschancen und künftig sogar Überlebenschancen (etwa im medizinischen Bereich) werden die Gesunden und (Finanz)Starken haben. Überflüssigen droht Entsorgung.

Behinderte

Eine weitere bedrohte Personengruppe sind, auf dem soeben beschriebenen neodarwinistischen Hintergrund nahe liegend, die Behinderten. Peter Singer, der renommiert-umstrittene australische Bioethiker, macht ihr Lebensrecht von ihrer Lebensqualität abhängig: ein gesellschaftspolitisch hochriskanter Vorschlag, weil es immer auch eine politische Frage ist, wer Lebensqualität in welcher Weise definiert.

Meinen behinderten Bruder hatte beispielsweise die nationalsozialistische Behindertenvernichtungsmaschinerie in Hartheim in Oberösterreich nur mit Glück nicht erreicht. Wenn ich auf die Erfahrungen unserer Familie zurückblicke, dann war er es, der uns Solidarität gelehrt hat. Er musste sich nicht nach uns richten, sondern wir richteten das Leben nach seinen Bedürfnissen aus. Meine lange Zeit in Passau verdanke ich auch ihm, weil er in der Nähe in Oberösterreich wohnhaft ist.

Ich ziehe für mein Forschen daraus den Schluss, dass eine Gesellschaft ohne Behinderte kühler und ärmer ist. Doch läuft derzeit die Entwicklung genau in die gegenteilige Richtung. Behinderte Kinder haben immer seltener die Chance zur Welt zu kommen. Sie werden pränatal aufgespürt und entsorgt. Eltern werden kriminalisiert, wenn es sie dennoch wagen, der Gesellschaft behindertes Leben aufzulasten. Manchmal wird die Situation geradezu skuril. In Frankreich hatte ein Behinderter erfolgreich einen Arzt verklagt, der seine Behinderung übersehen und ihn nicht abgetrieben hat.

Das Minusklima, dem Behinderte zunehmend ausgesetzt sind, trifft auch jene, die nach einem Unfall oder einer Erkrankung während ihres Lebens behindert werden.

---

ger Leistung zufrieden sein, und wir müssen insgesamt überlegen, ob diese Zählebigkeit anhalten kann, oder ob wir das sozialverträgliche Frühableben fördern müssen."

Langzeiterwerbslose

Überflüssig sind im heutigen Europa mehr als zwanzig Millionen arbeitswillige Männer und noch mehr Frauen. Bleiben wir bei unseren derzeitigen Arbeitszeitregelungen, ist kaum eine Milderung in Sicht.

Für Männer wirkt sich diese Langzeiterwerbslosigkeit in immer mehr Fällen lebensbedrohlich aus. Jüngere Männerforschung zeigt, dass sich Männer nach wie vor als Berufsmänner verstehen. Sie beziehen aus diesem Lebensbereich ihre Identität und ihren Selbstwert. Ein Mann ohne Erwerbsarbeit wird dann schnell zu einem sozialen Nichts. Es überrascht nicht, dass in den letzten Jahren die Zahl der Selbstmorde unter 40-55jährigen langzeiterwerbslosen Männern deutlich angestiegen ist.

Kinder

Immer mehr stören Kinder das Leben von Erwachsenen. Das hat einerseits dazu geführt, dass viele Kulturnationen auf dem Weg sind langfristig auszusterben. Vielleicht ist das eine originelle Art der sonst verweigerten Entwicklungszusammenarbeit: Wir machen für die Kinder aus den armen Regionen der Welt bei uns Platz.

Andererseits betrifft die Lebensart der Erwachsenen auch die Kinder nachteilig. Eltern haben immer weniger „übrig" für das eine und manchmal ein zweites Kind. Dieser Satz ist nicht moralisch gemeint, sondern energetisch. Unsere Lebenskultur verleitet uns dazu, in den angenommenen knappen neunzig Jahren optimal leidfreies Glück zu erlangen. Leben ist für viele „die letzte Gelegenheit".[7] Solches Leben aber ist nachweislich nicht nur schnell und anfordernd, sondern auch von der latenten Angst geprägt, mit seinem Streben nach dem optimal leidfreien Glück in knapper Lebenszeit zu kurz zu kommen. Da hat es Solidarität mit Kindern nicht leicht. Sie würde das Teilen von Lebenschancen verlangen (was natürlich für den, der es dann auch macht, eine andere, neuartige befriedigende Lebenschance darstellt). Angst entsolidarisiert aber.[8]

Faktisch sieht das dann so aus, dass im Rahmen des heute üblichen Qualitätsmanagements in Kindergärten diese dann hohe Qualität haben, wenn sie besondern kundenfreundlich sind. Die Kunden sind die Eltern. Kundenfreundlich ist ein Betrieb, wenn er die Eltern maximal entlastet, also möglich

---

[7] Gronemeyer, Marianne, Leben als letzte Gelegenheit. Zeitknappheit und Sicherheitsbedürfnisse, Darmstadt 1993.

[8] Zulehner, Paul M. / Denz, Hermann / Talós, Emmerich / Pelinka, Anton, Solidarität. Option für die Modernisierungsverlierer, Innsbruck ²1997.

lange Öffnungszeiten hat. O-Ton einer Kindergärtnerin: „Immer mehr Eltern bringen ihr Kind im Pyjama und möchten es möglichst spät am Abend bettfertig abholen." Die hochwichtige Bildungseinrichtung Kindergarten mutiert so zu einer Entsorgungseinrichtung von Kindern. Im Idealfall würden sich an ihren Kindern interessierte Eltern nämlich auch für den Kindergarten und die Zusammenarbeit mit ihm Zeit nehmen müssen.

Kinder stören, wir entsorgen sie. Dieser Satz ist bestimmt in vielen Einzelfällen nicht zutreffend. Vielen Eltern ist ihr Kind lieb und teuer (das Zweite in des Wortes doppelter Bedeutung). Aber in der kulturellen Tendenz stimmt er. Wir sind eine Kinder abweisende Gesellschaft geworden (Rita Süßmuth), mit einer „strukturellen Rücksichtslosigkeit" (Franz X. Kaufmann) nicht nur den Familien, sondern vor allem den Kindern gegenüber. Wer macht sich heute schon in der liebenswerten Stadt Passau darüber Gedanken, diese so (autofrei) zu organisieren, dass Kinder ohne dauernde pädagogische Bevormundung jederzeit auf die Straße gehen können. Dann wären wieder die hochwirksamen „Kinderhorden" möglich, mit deren Verschwinden auch ein Stück Kindheit verloren ging. Auch Passau ist autofreundlich (oder auch das nicht mehr) – aber sicher nicht kinderfreundlich.

Quid faciendum?

Ich breche hier meine futurologischen Analysen abrupt ab. Mir ging es darum, an Beispielen kompetentes Hinschauen einzuüben. Erforderliche Handlungskonsequenzen werden ohnedies in anderen Beiträgen dieser Festschrift gezogen werden. Nur so viel sei noch für die Arbeit der christlichen Kirchen vermerkt, dass eine der Konsequenzen in der Verlagerung der diakonalen Arbeit von bisherigen Projekten in neue liegen wird. Die Finanzierungskrise des sozialen Bereichs in der Gesellschaft, von der die kirchliche Diakonie voll betroffen ist, könnte als Chance für eine solche Neuorientierung der kirchlichen Arbeit gesehen werden. Wir könnten uns gerade im Bereich jener Menschen stark machen, die vom Überflüssigwerden und in dessen Folge vom Entsorgtwerden bedroht sind. Dann könnte man Krankenhäuser schließen, dafür aber in die (stationäre wie ambulante) Hospizarbeit einsteigen. Statt viele Kindergärten zu erhalten, könnten Initiativen für verbundenes Wohnen gesetzt werden mit dem Ziel, familienwillige Paare in Ruf- und Reichweite anzusiedeln und auf diese Weise eine neue Art Familiengemeinschaft (mit eigenen Wohnbereichen und gemeinsamen Räumen – auch für Kinder) zu schaffen. Intensiv befassen könnten sich die Kirchen mit den neuen Vätern: das betrifft nicht nur Orte der Männerentwicklung, sondern verlangt nach einer angemessenen Männerpolitik: Ein Moment einer solchen Männerpolitik könnten Bestrebungen sein, Erwerbsleben und Familienleben so verbindbar zu machen, dass nicht nur die Männer mit ihren Frauen gewinnen, sondern in

erster Linie die Kinder. Vielleicht wäre das zukunftsträchtigste für die diakonale Arbeit eine kantige Option für Kinder. Das hieße der Frage nachzugehen,
wie eine Gesellschaft aussehen würde, wenn sie von den Bedürfnissen der
Kinder her gebaut ist. Die Kirche könnte das auf eigenem Boden schon vorher
vorleben.

Martin Lechner

„Unter die Räuber gefallen"?!

Migration als Zeichen der Zeit und Herausforderung für die Jugendpastoral

Während ich diesen Beitrag verfasse, berichten Presse und Fernsehen von den dramatischen Versuchen junger Afrikaner, mit Leitern die eisernen Festungszäune von Ceuta und Mellila zu überwinden, einer Grenze, die zur Trutzburg und zum bestgesichertsten Außenposten Europas gegenüber dem Migrationsstrom aus Afrika ausgebaut wurde. Allesamt sind junge Menschen, meist männlichen Geschlechts und im besten Alter, allesamt sind auf der Suche nach Arbeit und nach einem menschenwürdigen Leben im alten Europa, für sie immerhin noch ein Stück Paradies auf Erden. Nicht vergessen sind die zahlreichen ertrunkenen Flüchtlinge, die in den Wochen des September 2005 die Küste Italiens mit einfachsten Booten zu erreichen versuchten und deren Namen niemand auflisten wird. In den Augen derer, die in den primitiven Auffanglagern eingepfercht vor sich hinstarren, spiegeln sich Angst, Verzweiflung und Ausweglosigkeit. Rührt uns dieser Blick an oder gehen wir der Tagesordnung nach, die uns das von wirtschaftlichen und sozialen Krisen gebeutelte Leben in der ‚Wohlstandszone' Europa vorgibt?

1 Migration – ein „Zeichen der Zeit"

Weltweit sind, so schätzt man, derzeit etwa 100 Millionen Menschen auf der Flucht.[1] Nur ein kleiner Prozentsatz von ihnen, etwa 1%, klopft an die Tore Europas. Trotzdem versucht derzeit die Politik in Europa mit immer neuen Gesetzen und verfeinerten Techniken eine „Festung Europa" zu errichten und den Bürgern zu suggerieren, es sei möglich, die Migration im Interesse von Wohlstand, Sicherheit und Ordnung auf ein Minimum zu begrenzen. Dass dies nur zum Teil gelingt, ist offensichtlich. Die Länder Europas sind und bleiben Migrationsländer, die multikulturelle Wirklichkeit ist in kaum einer Region mehr zu leugnen! Heute leben in Deutschland etwa 7,5 Millionen Ausländer (ca. 9% der Gesamtbevölkerung), in anderen Ländern Europas ist

---

[1] Die Gründe für Flucht und Migration sind dabei vielfältig: Krieg und Vertreibung – Arbeitslosigkeit und wirtschaftliche Not – Naturkatastrophen – politische oder religiöse Verfolgung (Asyl) – soziale Gründe (Heirat, Familienzusammenführung) – persönliche Gründe (Neugier, Abenteuerlust).

dieser Anteil erheblich höher oder auch erheblich niedriger. Und die Migration wird zunehmen, solange es in Europa einen wachsenden Bedarf an billigen Arbeitskräften gibt. Europa wird „Mauern gegen den unerwünschten Zugang errichten, aber ebenso wird es viele Tore für den erwünschten Zugang öffnen beziehungsweise offen halten."[2] Migration ist und bleibt eine europäische Realität!

Innerhalb der christlichen Kirchen hat man diese Herausforderung erkannt. Vorangetrieben durch zahlreiche Initiativen in der pastoralen Praxis vor Ort hat man auch auf kirchenamtlicher Ebene diese Herausforderung durchaus erkannt. Die Instruktion „Erga migrantes"[3] vom 3. Mai 2004 etwa beurteilt das gegenwärtige Migrationsphänomen als „ein sehr bedeutsames ‚Zeichen der Zeit' [...], als eine Herausforderung, die es beim Aufbau einer erneuerten Menschheit und in der Verkündigung des Evangeliums des Friedens zu entdecken und zu schätzen gilt" (EM 14). Die heutigen Wanderungs- und Fluchtbewegungen stellen „die größte Bewegung von Menschen, wenn nicht von Völkern, aller Zeiten" dar (EM 96). Das Phänomen der Migration sei „ein beredtes Zeugnis der sozialen, ökonomischen und demographischen Ungleichgewichte sowohl auf regionaler wie auf weltweiter Ebene" (EM 1). Und die Lebensumstände der Migranten seien – so die Instruktion – für die Kirche „eine Herausforderung an den Glauben und an die Liebe der Gläubigen" und ein „schmerzhafter Aufruf zur wahren Brüderlichkeit." (EM 12). Denn ein Flüchtling dürstet nach Gesten, „die ihn Aufnahme, Anerkennung und Wertschätzung als Person spüren lassen" (EM 96). Die Kirche sieht in den Migranten „das Bild Christi", der fremd und obdachlos war (vgl. Mt 25,35). Der Fremde sei „der Bote Gottes, der überrascht und die Regelmäßigkeit und Logik des täglichen Lebens durchbricht." (EM 101). In den Migranten erscheine Christus, ‚der sein Zelt mitten unter uns aufschlägt' (vgl. Joh 1,14) und ‚an unsere Tür klopft' (vgl. Offb 3,20)" (EM 101). Von der Art und Weise, wie Christinnen und Christen auf diese Herausforderung reagieren, wird es daher

---

[2] Hamburger, Franz, Migration und Jugendhilfe, in: Sozialpädagogisches Institut im SOS-Kinderdorf (Hg.), Migrantenkinder in der Jugendhilfe, München 2002, 6-46, hier 21.

[3] Päpstlicher Rat der Seelsorge für die Migranten und Menschen unterwegs, Instruktion „Erga migrantes caritas Christi", 3. Maggio 2004 (= Verlautbarungen des Apostolischen Stuhls, hg. vom Sekretariat der Deutschen Bischofskonferenz, Nr. 165), Bonn 2004; auch: „...und der Fremdling, der in deinen Toren ist." Gemeinsames Wort der Kirchen zu den Herausforderungen durch Migration und Flucht, hg. vom Kirchenamt der Evangelischen Kirche in Deutschland und Sekretariat der Deutschen Bischofskonferenz in Zusammenarbeit mit der Arbeitsgemeinschaft Christlicher Kirchen in Deutschland, Bonn-Frankfurt-Hannover 1997; auch: Integration fördern - Zusammenleben gestalten. Wort der deutschen Bischöfe zur Integration von Migranten (= Die deutschen Bischöfe, hg. vom Sekretariat der Deutschen Bischofskonferenz, H. 77), Bonn 2004.

abhängen, ob die Kirche ein Zeichen der Hoffnung für eine Welt sein kann, die sich nach Gerechtigkeit, Freiheit, Wahrheit und Solidarität sehnt.

2 Der Einsatz für die Fremden – nicht nur Sozialarbeit, sondern Evangelisierung

Die Mission der Kirche ist es, die Frohe Botschaft von der unbedingten und unbegrenzten Solidarität Gottes mit uns Menschen und mit der Welt in Wort und Tat zu verkünden. Die soziale Arbeit mit jungen Migranten ist ein spezifischer Ort, an dem heute dieser Gott bezeugt und die Frohe Botschaft bewahrheitet werden will. Die Instruktion *Erga migrantes* spricht zurecht mehrmals von den „neuen Aufgaben der Evangelisation und Solidarität" (EM 9), vor die Christen durch die gegenwärtigen Migrationen gestellt sind. Die Christen sollen „eine zuvorkommende Aufmerksamkeit auf die Menschen, die unterwegs sind, und auf ihre Bedürfnisse nach Solidarität und Brüderlichkeit" haben und „sich für die Evangelisation und die Liebe erneut und stark einsetzen" (EM 11). Von einer Kirche, die evangelisiert, wird insbesondere eine „Pastoral der Aufnahme" erwartet, die den Fremden „nicht nur mit Toleranz", sondern „mit Zuneigung und größtmöglichem Respekt" begegnet (EM 36). Dieser Grundsatz gilt auch für die Jugendpastoral: Ihr Ziel muss es sein, mittels einer liebevollen Begegnung mit den jugendlichen Migranten und mittels eines sachkundigen, der Not abhelfenden Handelns jenen Gott zu bezeugen, der die Flüchtlinge schützt. Auf diese Weise kann die Frohe Botschaft – auch die Erzählung vom barmherzigen Samariter (Lk 10,25-37) – als Provokation und als Zusage in neuem Licht erhellt und erfahrbar werden. Indem wir uns für Flüchtlinge verausgaben, evangelisieren wir.

3 Die notwendige Qualitäten einer migrationssensiblen Jugendpastoral

3.1 „Eine bessere Aufnahme":

Die Instruktion „Ergo Migrantes" ruft die Teilkirchen „aufgrund des Evangeliums" zu einer „besseren Aufnahme der Migranten" (EM 100) auf. Was ist darunter zu verstehen? Man könnte sagen, dass sie nicht nur materielle, sondern auch soziale Komponenten umfasst: nicht nur die Sorge für den Leib, sondern auch die Sorge für die Seele, für den ganzen Menschen. Neben Unterbringung und Versorgung mit Nahrung ist eine „bessere Aufnahme" von einer Offerte der Sympathie und des Herzens begleitet. Das heißt: Hören, Respekt, Achtung der Würde, Dialog und Bereitschaft zum Lernen von den Fremden. Die Christen, so sagt die Instruktion, müssen die Vorreiter einer

wahren und wirklichen Kultur der Aufnahme im Sinne einer „Begegnung",
das heißt eines Geschehens „der Aufmerksamkeit, der Aufnahme, der Teilhabe und Solidarität, des Schutzes der Rechte der Migranten und der Verpflichtung zur Verkündigung des Evangeliums" sein (EM 101). Diese Werte
in der Begegnung mit Migranten zu realisieren, macht die christliche Qualität
einer Sorge für junge Migranten aus. Die Salesianer Don Boscos etwa haben
dieses „Mehr" bei ihrem europäischen Kongress im Jahr 2003 für sich in den
wunderbaren Satz gegossen: *Jenen mehr geben, denen das Leben weniger
gegeben hat; und jenen das Meiste geben, denen das Leben das Wenigste
gegeben hat*".[4] Mit dieser Maxime kann die Arbeit mit jungen Migranten zum
Zeugnis jenes Gottes werden, der besonders die Armen liebt.

3.2 Sensibilität für die Lebenssituation und Lebenswelt von Migranten:

Die eigene, persönliche Betroffenheit ist der Schlüssel für engagiertes Handeln. Wer eine migrationssensible Jugendpastoral entwickeln will, muss zuallererst selbst für das Thema der Migration aufgeschlossen sein. Das aber
setzt qualifizierte Information über die ökonomische, rechtliche und soziale
Lage von Migranten voraus. Noch wichtiger aber sind persönliche Kontakte
zu Kindern und Jugendlichen sowie zu deren Familien. Denn nur im Dialog
lässt sich die „Lebenswelt" von Migranten erschließen und verstehen, d. h.
ihre Überzeugungen und Denkmuster, ihren kulturellen Konventionen, ihre
religiösen Werte und Normen. Dieses Bescheid-Wissen über die Lebenssituation und Lebenswelt von jungen Migranten ist eine Kernkompetenz aller Verantwortlichen in einer migrationssensiblen Jugendpastoral.

3.3 Subjektorientierung:

Eine migrationssensible Jugendpastoral muss systematisch aus der Perspektive junger Migranten konzipiert werden. Das ist nicht einfach, denn die meisten pädagogischen oder pastoralen Fachkräfte sind Angehörige der Mehrheitskultur. Diese ‚Machtposition' erschwert es, die Erfahrungen, Bedürfnisse
und Konflikte der Migranten in angemessener Weise zu verstehen, die Ressourcen von jungen Migranten wahrzunehmen und die richtigen Hilfen in die
Wege zu leiten. Eine neuere deutsche Studie stellt fest, dass der entscheidende
Grund für die mangelnde Teilhabe von jungen Migranten an den sozialen
Hilfesystemen zum einen in ihren Fremdheits- und Misstrauensgefühlen gegenüber den Fachkräften der Jugendhilfe liegt, zum anderen aber im Miss-

---

[4] Dikasterium für Jugendpastoral (Hg.), Incontro Europeo sull'Immigrazione. Manifesto,
Barcelona 2003, Manuskript, 3.

trauen der Fachkräfte gegenüber den Migranten und vor allem in der fehlenden Bereitschaft der pädagogischen Mitarbeiter, „ihre Monopolstellung zu räumen."[5] Subjektorientierung als Prinzip einer migrationssensiblen Jugendpastoral bedeutet also einen Perspektivenwechsel: einerseits den Verzicht auf die Problemdefinition seitens der Fachkräfte der Mehrheitskultur, andererseits die systematische Beteiligung der jungen Migranten bei der Entwicklung von Lösungen für ihre Probleme. Eine solche subjektorientierte Praxis ist im übrigen zutiefst jesuanisch: „Was willst Du, dass ich Dir tue?" (Lk 18,40) fragt Jesus den Blinden, bevor er ihn heilt.

3.4 Interkulturelles Lernen:

Pädagogik und Pastoral haben Migranten lange Zeit einseitig als ‚Ausländer' wahrgenommen. Entsprechend wurde eine defizitorientierte „Ausländerpädagogik" konzipiert, deren Ziel es war, diese Personen möglichst weit an die Mehrheitskultur anzupassen. Heute hat sich demgegenüber eine „interkulturelle Pädagogik" durchgesetzt. In ihr werden Migrantenkinder und -jugendliche in erster Linie als Kinder und Jugendliche gesehen, zu deren Biographie unter anderem auch die Migrationserfahrung (die eigene oder die der Eltern) gehört. Diese interkulturelle Pädagogik sieht nicht vorrangig die Probleme, die sich durch die Zugehörigkeit zu unterschiedlichen Kulturen ergeben, sondern die Potentiale, die darin liegen. Sie strebt nach Begegnung und Dialog der Kulturen. Ihr Programm ist die Förderung des Zusammenlebens von kulturell verschiedenen Personen auf der Basis von Gerechtigkeit. Eine migrationssensible Jugendpastoral wird heute dem pädagogischen Ansatz des interkulturellen Lernens folgen müssen. Sie wendet sich an die jungen Migranten und zugleich an die Jugendlichen des Gastlandes. Auf der einen Seiten öffnet sie Wege der Integration und Zugehörigkeit bei gleichzeitiger Beibehaltung der eigenen Kultur (Bikulturalität); auf der anderen Seite weckt sie das Interesse am Fremden auf der Basis von Toleranz, Solidarität und Anerkennung übergreifender moralischer Werte.[6]

3.5 „Eine ‚achtsame Verkündigung' des eigenen Glaubens":

In der Begegnung mit Fremden stellt sich unausweichlich die Frage nach dem eigenen wie nach dem fremden Glauben. So erblickt die römische Instruktio „Erga migrantes" in den gegenwärtigen Migrationen ganz neue Aufgaben der Evangelisierung. Die Christen sind in dieser epochalen Situation zu einer

---

[5] Vgl. dazu Auernheimer, Georg, Migration als Herausforderung für pädagogische Institutionen, Opladen 2001.

[6] Vgl. Hamburger, Migration und Jugendhilfe, 28, 36.

„achtsamen Verkündigung" des eigenen Glauben aufgerufen, die darin besteht, „jene Werte zu vertiefen, die sie auch mit anderen religiösen oder weltlichen Gruppen teilen und die zur Sicherung eines harmonischen Zusammenlebens absolut unerläßlich sind" (EM 9). Wenn das Evangelium aber eine universale Botschaft zu sein beansprucht, dann darf man auch nicht zögern, in der Begegnung mit jungen Migranten von Christus zu sprechen, wobei allerdings gilt: „Die ‚Inkulturation' beginnt mit dem Hören, das heißt mit dem Kennenlernen derer, denen die Botschaft des Evangeliums verkündigt wird" (EM 35). Nur wenn die Begegnung mit den Fremden von Toleranz, Zuneigung, größtmöglichem Respekt gegenüber der kulturellen Identität der Anderen gekennzeichnet ist, können Dialog, Verständnis und Vertrauen entstehen – ein Klima also, das die Aufnahme des Evangeliums vorbereitet. „Die Aufmerksamkeit für das Evangelium wird so zur Aufmerksamkeit für die Menschen, für ihre Würde und Freiheit." (EM 35).

3.6 Politische Anwaltschaft für Migranten:

Die gegenwärtigen staatlichen Gesetze tragen nicht dazu bei, dass sich die Asyl suchenden und unter uns lebenden Ausländer als gleichberechtigte und anerkannte Menschen wahrnehmen können. Vielmehr werden bestehende strukturelle Benachteiligungen und soziale Ausgrenzungen juristisch zementiert. So besteht ein Widerspruch zwischen dem pädagogischen und pastoralen Anspruch der Integration einerseits und der Gesetzeslage andererseits, der mehr das nationale Interesse als das Wohl von Migranten im Blick hat. Pädagogische, pastorale und juristische Maßnahmen können die gegenwärtigen Probleme von jungen Migranten zwar abschwächen, nicht aber lösen. Aus dieser Einsicht heraus wird sich eine migrationssensible Jugendpastoral immer auch politisch engagieren müssen. Dazu gehören unter anderem die Förderung von Selbstorganisation und Selbsthilfeinitiativen, juristische Beratung, Solidaritätsaktionen und eine qualifizierte Öffentlichkeits- und Pressearbeit. Das Eintreten für die Grundrechte junger Migranten muss aber auch durch den Einsatz auf allen Ebenen für eine soziale Gestaltung der Globalisierung[7] ergänzt werden. Denn das Phänomen der Migration ist auch ein „beredtes Zeugnis der sozialen, ökonomischen und demographischen Ungleichgewichte sowohl auf regionaler wie auf weltweiter Ebene" (EM 1).

---

[7] Vgl. Bundesvorstand des Bundes der Deutschen Katholischen Jugend (BDKJ), Solidarität schafft Gerechtigkeit. Denkschrift zur weltweit wachsenden Kluft zwischen Armen und Reichen, Düsseldorf 2000.

4 Weltkirche werden

Seit dem Zweiten Vatikanischen Konzil ist die Kirche auf dem Weg, von einer europäischen Zentralkirche zu einer wirklichen Weltkirche zu werden. Das Phänomen der Migration unterstützt und beschleunigt diesen Prozess, denn es hilft der Kirche, „den Plan zu entdecken, den Gott mit den Migrationen verwirklicht" (EM 12). Was könnte dieses Vorhaben Gottes sein? Die Kirche kann erstens ihre Identität als communio vertiefen, denn die Migrationen bringen die zahlreichen Mitglieder der menschlichen Familie einander näher und setzten die Begegnung von Völkern und Rassen – ganz im Geist des Pfingstereignisses – fort. In der caritativen Sorge *für, unter und mit* den Migranten kann die Kirche zweitens ihr Selbstverständnis als „Expertin in der Menschlichkeit"[8] bewahrheiten, indem sie den Migranten das gibt, was sie wirklich ersehnen: Aufmerksamkeit, Zuneigung, Solidarität, die Aufnahme als Bruder und Schwester, als Mitmensch – wie dies in der Erzählung vom barmherzigen Samariter so überaus deutlich wird. Drittens kann die Kirche in der Begegnung mit Migranten den heute in einer Weltgesellschaft so notwendigen interreligiösen Dialog einüben, der alle Religionen im Gebet und im Einsatz für Frieden, Gerechtigkeit und Bewahrung der Schöpfung zusammen führt. Sie kann schließlich viertens das universale Heilsmysterium Christi im Kontext eines religiösen Pluralismus neu zur Sprache zu bringen. „Der Übergang von monokulturellen zu multikulturellen Gesellschaften kann sich so als Zeichen der lebendigen Gegenwart Gottes in der Geschichte und in der Gemeinschaft der Menschen erweisen, da er eine günstige Gelegenheit bietet, den Plan Gottes einer universalen Gemeinschaft zu verwirklichen" (EM 9). Wenn die Jugendpastoral sich stärker als bisher auf junge Migranten ausrichtet und sensibel für deren Bedürfnisse wird, dann kann sie also einen sehr spezifischen Beitrag zur Katholizität, zum Weltkirche-Werden der Kirche leisten.

---

[8] Instruktion der Kongregation für die Glaubenslehre über die christliche Freiheit und Befreiung, 22. März 1986 (= Verlautbarungen des Apostolischen Stuhls 70, hg. vom Sekretariat der Deutschen Bischofskonferenz, Bonn 1986), Bonn 1986, Nr. 40.

Hildegard Nobis

„Es hat doch noch gar nicht gelebt"

Fehl- und Totgeburt als seelsorgliche Herausforderung

Kinder zu bekommen ist die natürlichste Sache der Welt. Frauen werden schwanger und bekommen ein gesundes Kind. Das ist normal. Doch was, wenn Geburt und Tod zusammen fallen, wenn gute Hoffnung jäh endet? Die Ausnahme, ein trauriger aber seltener *Un*-fall? In den Augen vieler Menschen ist es so, aber die Erfahrung der Gynäkologie spricht eine andere Sprache. Es gibt keine wissenschaftlich gesicherte Zahl über die Häufigkeit von Fehlgeburten, da keine Statistik geführt wird. Die relativen Zahlenangaben in der Literatur stimmen aber überein: „Mindestens 30% aller Schwangerschaften, die durch einen Schwangerschaftstest (Schwangerschaftshormon hCG) nachgewiesen werden können, gehen verloren."[1]

„Es hat doch noch gar nicht gelebt!" So oder ähnlich reagiert die Umwelt oft auf die Trauer der Eltern. Als Seelsorgerin an einer Universitätsklinik werde ich immer wieder mit Eltern konfrontiert, die ein Kind durch eine Fehl- oder Totgeburt verlieren, deren Kind kurz nach der Geburt stirbt oder die sich in einem späten Stadium der Schwangerschaft entschließen, aufgrund einer Behinderung des Kindes die Schwangerschaft abbrechen zu lassen.

In ihrer Trauer um das Kind fühlen sich diese Eltern oft alleine gelassen. Sie gleichen demjenigen, der im Gleichnis vom barmherzigen Samariter unter die Räuber fiel, der verletzt am Wegesrand liegt und an dem achtlos die vorüber gehen, von denen er eigentlich Hilfe erwartet hätte: im übertragenen Sinn Ärzte, Freunde, Familie und leider oft auch Seelsorger und Seelsorgerinnen. Wie hilfreiche Pastoral mit diesen Menschen gelingen kann, darum soll es im Folgenden gehen.

---

[1] Beutel, Manfred, Der frühe Verlust eines Kindes, Göttingen 1996, 39.

149

Ein konkretes Beispiel: Die Geschichte einer Begleitung[2]

Die Begleitung begann mit einem Anruf der gynäkologischen Station: Ich möge doch bitte zur Station kommen, da sei eine Frau, deren Kind im Mutterleib verstorben ist. Die Eltern hätten um den Besuch der Seelsorgerin gebeten. Im Zimmer treffe ich auf ein junges Paar. Die Beiden wirken auf mich seltsam ruhig und sachlich. Sie erzählen mir, dass dieses Kind ihr Wunschkind ist. Sie hatten schon einen Namen für den kleinen Jungen – Peter sollte er heißen. Seit gestern spüre die Frau keine Bewegungen des Kindes mehr und heute Morgen habe der Arzt ihnen beim Ultraschall gesagt, dass das Kind tot sei und die Geburt nun eingeleitet werden müsse. Sie hätten da eine Frage an mich. Das Kind dürfe ja nicht getauft werden, ob sie es denn beerdigen könnten und ob man nicht noch etwas für das Kind tun könne. Ich erkläre den Eltern, dass ihr Kind sehr wohl beerdigt werden und ich ihnen nach der Geburt eine Segensfeier für Peter anbieten könne. Plötzlich kommt Leben in die Augen der Frau. „Ja ist das denn möglich? Könnten wir zu der Feier dann auch unsere Eltern einladen?" Als ich dies bejahe, schien eine große Last von ihren Schultern zu fallen. Eine Weile bleibe ich noch bei den Eltern, sie erzählen davon, wie sie sich das Leben mit Peter vorgestellt hatten, dass sie schon begonnen hatten, ein Kinderzimmer einzurichten, obwohl es bis zur Geburt noch Monate gedauert hätte. Dann kommt eine Ärztin ins Zimmer, um ihr Medikamente zur Geburtseinleitung zu geben. Ich versichere den Eltern, dass sie mich jederzeit rufen können und lasse die Beiden mit der Ärztin alleine.

Nachmittags treffe ich den Vater in der Kantine, fast entschuldigend meinte er, er hätte heute noch nichts gegessen und seine Frau hätte ihn geschickt, er solle essen gehen. Ich leiste ihm Gesellschaft und er erzählt von der Sorge um seine Frau. Sie sei so stark und er fühle sich so hilflos daneben. Er würde ihr gerne helfen, wisse aber nicht wie. Im Gespräch erkennt er, wie wichtig es für seine Frau ist, dass er in ihrer Nähe ist, weil seine Nähe und Liebe ihr in ihrer Not helfen. Dann vertraut er mir an, dass sie beide Angst hätten, dem toten Kind zu begegnen, und ob ich nicht schon direkt nach der Geburt in den Kreißsaal kommen könnte. Ich sagte ihm das zu und spreche dann mit der Hebamme ab, dass sie mich informiert, wenn das Kind da ist.

Früh am nächsten Morgen klingelt mein Handy und die diensthabende Hebamme erzählt mir, die Frau habe eben entbunden, sie werde derzeit noch operiert, ob ich wohl in einer Stunde da sein könnte. Als ich eintreffe, wird die Frau gerade aus der Narkose wach. Noch deutlich benommen fragt sie sofort, wo ihr Kind sei.

---

[2] Namen und Umstände sind so verändert, dass ein Rückschluss auf konkrete Personen unmöglich ist.

Die Hebammen haben den Jungen inzwischen gewaschen und angezogen. Er ist in ein Weidenkörbchen gebettet, ein sogenanntes Moseskörbchen. Behutsam nehme ich ihn und bringe das Kind zu den Eltern. Zunächst betrachten sie das kleine Gesicht nur aus der Entfernung. Es braucht Zeit, sich dem toten Sohn zu nähern. Irgendwann fragt mich die Mutter, ob sie ihn in den Arm nehmen könnte. Behutsam nehme ich den Körper aus dem Korb und lege ihn der Mutter in den Arm. In diesem Moment stehen nicht nur den Eltern die Tränen in den Augen. Als sie langsam versiegen, beginnen die Eltern sich gegenseitig auf die Schönheit des Kleinen hinzuweisen, seine kleinen Finger, die kleine Nase,... So wie alle jungen Eltern, finden sie ihren Sohn wunderschön, die Augen der Mutter strahlen voller Stolz. Noch lange hält sie ihr Kind im Arm, bis sie mich ansieht und meint: „Nehmen Sie ihn, ich sehe ihn ja heute Nachmittag noch mal." Ich bringe den Jungen zu den Hebammen zurück, wo schon eine Fotografin auf ihn wartet, die noch Bilder von ihm macht. Mit Hilfe eines Stempelkissens nehmen wir noch seine Fuß- und Handabdrücke auf eine Karte. Mit Informationen zum Prozedere in der Klinik, hilfreicher Literatur, Adressen und Informationen zu Möglichkeiten der Bestattung werden Karten und Bilder zu einer Erinnerungsmappe für die Eltern zusammengestellt.

Am Nachmittag besuche ich das Paar auf Station, die Großeltern sind inzwischen eingetroffen. Den Eltern war wichtig, dass die ganze Familie die Erinnerung an dieses Kind teilt. Zusammen wollen sie den kleinen Peter noch einmal anschauen und ihn in einer Feier segnen. Ich hole ihn im Moseskörbchen auf Station. Eine Kerze habe ich mitgebracht. Zunächst betrachten alle Anwesenden das Kind, die anfängliche Scheu verfliegt. Dann nimmt die Mutter ihren Sohn wieder auf den Arm. Ich entzünde die Kerze als Zeichen für Christus, der als Licht der Welt nun auch für Peter leuchtet. Das erlebte Hoffen und Leiden fasse ich in einem Gebet zusammen. Dann lese ich das Evangelium Joh 14,1-6. Wenn im Haus des Vaters viele Wohnungen sind, dann hat dort auch Peter seinen Platz, so wie er ihn in den Herzen seiner Eltern auf ewig haben wird. Dann beten wir um Gottes Segen für Peter. Ich segne ihn im Namen des dreifaltigen Gottes, indem ich ihm ein Kreuzzeichen auf die Stirn mache. Dann segnen ihn die Eltern und die Großeltern. Ich fasse Schmerz und Hoffnung in einem Gebet zusammen und bitte um Gottes Segen für die Eltern. Der Großvater macht noch einige Fotos. Dann legt mir die Mutter das Kind in den Arm und sagt: „Heute morgen habe ich mein Kind verloren, sie haben es mir wieder gebracht, jetzt kann ich ihn hergeben, ich glaube, er ist bei Gott in guten Händen." Ich verabschiede mich und bringe den Leichnam zurück in den Kreißsaal.

Am nächsten Tag bitten mich die Eltern, Peter zu beerdigen, da ich doch zu den wenigen Menschen gehöre, die ihn kannten. Gerne erfülle ich diesen

Wunsch. Wir besprechen, welche Wünsche sie für die Beerdigung haben, es soll eine ganz kleine Feier werden im Kreis der engsten Familie mit wenigen Freunden. Ich erkläre den Eltern, dass sie sich mit einem Bestatter in Verbindung setzen müssen, der den Termin auf dem Friedhof festsetzten kann.

Einige Tage später treffen wir uns auf dem Friedhof, der Vater hatte sich gewünscht, seinen Sohn selbst zu Grabe zu tragen. So trägt er den winzigen Sarg in seinen Händen. Am Grab spreche ich davon, dass Peter gelebt hat im Bauch seiner Mutter, dass er viel bewegt hat und dass er nun für immer auf der Erde seinen Ort findet, so wie er seinen Platz bei den Eltern und bei Gott hat. In einem schlichten Ritus verabschieden wir uns von Peter. Anschließend laden mich die Eltern auf einen Kaffee ein, bei dem wir noch einmal von den vergangenen Tagen sprechen. Ich sage zu, mich nach einiger Zeit noch einmal bei den Eltern zu melden.

Als die Bilder von Peter entwickelt sind, telefoniere ich mit den Eltern und vereinbare einen Termin. Im Gespräch erzählen sie mir, dass langsam wieder Normalität einkehrt. Für den Ehemann war es einfacher, ins gewohnte Leben zurückzufinden, während die Frau sich schwerer tat. Es war zu einigen Spannungen in der Beziehung gekommen, da beide ihre Trauer unterschiedlich erlebten. Gespräche in einer Selbsthilfegruppe hatten ihnen geholfen, einander wieder zu verstehen.

Achtzehn Monate später entbindet die Mutter in der Klinik von einer gesunden Tochter. Als ich sie besuche um ihr zu gratulieren, ist im Gespräch schnell auch Peter wieder präsent. Die Geburt des zweiten Kindes hat die Erinnerung an den Verlust des Ersten wieder wach werden lassen. Es ist entlastend für die Mutter, im Gespräch Bestätigung zu finden, dass die Tochter kein Ersatz für Peter ist, sondern ihr zweites Kind mit ganz eigener Geschichte. Die Trauer um Peter ist nicht vorbei, doch sie ist erträglicher geworden. Es tut der Mutter gut, von ihm zu erzählen, denn viele Menschen wollen darüber nichts mehr hören. „Er bleibt doch mein erstgeborener Sohn, wie sollte ich ihn da vergessen?" Unser Gespräch wird durch das lautstarke Brüllen der Tochter unterbrochen. Lächelnd nimmt die Mutter sie auf den Arm: „Du hast auch deinen Platz und willst dein Recht. Jetzt habe ich zwei Kinder, eins im Herzen und eins auf dem Arm." Ich verabschiede mich und lasse die hungrige Tochter zu ihrem Recht kommen.

Die Geschichte dieser Begleitung kann beispielhaft zeigen, welche Herausforderungen und welche Chancen die Begleitung von Eltern nach Fehl- und Totgeburt hat.

Die Herausforderung der Kirche

Die Eltern baten in ihrer Not um den Beistand der Kirche. Die Pastoralkonstitution des Zweiten Vatikanums beginnt: „Freude und Hoffnung, Trauer und Angst der Menschen von heute, besonders der Armen und Bedrängten aller Art, sind auch Freude und Hoffnung, Trauer und Angst der Jünger Christi"[3]. Wenn dem so ist, ist es eine wichtige Aufgabe der Seelsorge, Eltern in dieser Situation zu begleiten. Und wer, wenn nicht die Kirche, die sich für die Würde des ungeborenen Lebens einsetzt, soll diesen Menschen beistehen und ihren Kindern vom Glauben her ihre Würde zusprechen. Die deutsche Bischofskonferenz hat diese Notwendigkeit erkannt und 1993 eine Arbeitshilfe zum Thema herausgegeben.[4] Sie gibt erste wichtige Hinweise, sich dem Thema zu nähern und besitzt Anregungen für die liturgische Begleitung. Eine leider wenig verbreitete Arbeitshilfe. Die Literatur zum Thema Tod- und Fehlgeburt ist inzwischen relativ umfassend, spezifische Literatur für die Seelsorge gibt es wenig. Daran ist zu erkennen, dass das Thema in der kirchlichen Wirklichkeit kaum Beachtung findet.

In einer nicht-repräsentativen Internet-Umfrage wurden Mütter nach ihren Erfahrungen während ihrer Trauer befragt. 115 Mütter beteiligten sich an der Umfrage:[5] Psychologen und Seelsorger schnitten bei den professionellen Helfern mit Abstand am schlechtesten ab. Der Grund für das schlechte Abschneiden der Seelsorge ist vermutlich in zwei Bereichen zu suchen. Die Trauer der Eltern ist sehr verborgen, viele Seelsorger sind sich dieser Problematik nicht bewusst oder fühlen sich mit der Situation überfordert.

Nicht alle Eltern bitten in dieser Situation von sich aus um den Beistand der Kirche, hier gilt es, im Krankenhaus wie in der Gemeinde mit wachem Auge diese „am Wegesrand Liegenden" zu sehen und ihnen ein Begleitungsangebot zu machen. Dieses Angebot bedeutet neben ritueller Begleitung auch und zuerst das personale Angebot, für diese Menschen da zu sein.

Begleitung von Trauerreaktionen

Die Eltern reagierten zunächst ohne große Emotionen, sie waren relativ sachlich damit beschäftigt, eine Form der Verabschiedung von ihrem Sohn zu suchen.

---

[3] Pastoralkonstitution „Gaudium et spes", in: Rahner, Karl / Vorgrimmler, Herbert (Hg.), Kleines Konzilskompendium. Sämtliche Texte des Zweiten Vatikanums, Freiburg [20]1987, 449.

[4] Sekretariat der Deutschen Bischofskonferenz (Hg.), Eltern trauern um ihr totes neugeborenes Kind. Hinweise zur seelsorglichen Begleitung (Arbeitshilfen 109), Bonn 1993.

[5] Vgl.: www.kindergrab.de

Jeder Mensch reagiert individuell auf einen Verlust. Während einige sehr ruhig, fast gefühllos wirken, werden andere von ihren Gefühlen überrollt. In dieser Situation gibt es keine „richtigen oder falschen Empfindungen". So kann es in der Begleitung nur darum gehen, die momentanen Empfindungen aufzugreifen. Dies mag ein Gespräch über die Trauer sein oder aber Hilfestellung bei der Vorbereitung einer Beerdigung. Wichtig ist es, damit zu rechnen, dass sich diese Gefühlszustände schnell und für den Begleiter überraschend ändern können.

Oft versuchen Menschen, die Eltern in einer solchen Situation begleiten, auch zu trösten. Doch in dieser Situation sind die Eltern oft „untröstlich". Jeder noch so gut gemeinte Versuch eines Trostes birgt in sich die Gefahr einer weiteren Verletzung. Als hilfreich werden Gespräche empfunden, in denen das momentane Empfinden ins Wort gebracht werden kann.

Männer und Frauen trauern unterschiedlich

Eine Episode der Begleitung begab sich beim zufälligen Gespräch mit dem Vater. Seine Rolle in dieser Situation ist komplex, er ist dabei, sein Kind zu verlieren, dass er nicht kennen gelernt und zu dem er eine eher rationale Beziehung hat. Auf der anderen Seite ist er Partner seiner Frau, er sieht sie leiden und möchte sie schützen und ihr beistehen. In der Mehrzahl der Fälle überwiegt dieses Rollenempfinden, darin ist er eine Hilfe für die Frau.

Die Trauer der Väter um das Kind äußert sich deshalb oft später und weniger emotional. Sie ist nicht weniger stark, sie ist anders. Da die Mutter im Mittelpunkt der Aufmerksamkeit steht, drohen die Nöte der Väter unterzugehen. Beide, Mutter und Vater, müssen mit ihren unterschiedlichen Empfindungen in den Blick kommen. Sie darüber miteinander ins Gespräch zu bringen ist eine gute Hilfe, einander im unterschiedlichen Erleben zu verstehen.

Sich dem Tode nähern

Die Eltern fürchten sich vor der ersten Begegnung mit ihrem toten Kind. Für viele ist es die erste Begegnung mit einem Toten. Dazu braucht es Zeit, damit die Eltern selbst bestimmen können, wie schnell oder langsam sie sich dem Kind nähern. Noch immer gibt es Ärzte, die meinen, die Mutter solle sich „den Anblick ersparen". Die Erfahrung trauernder Eltern spricht dagegen. Eltern, die die Möglichkeit des Kennenlernens nicht hatten, leiden oft später darunter. Wenn es diese Möglichkeit im Kreißsaal nicht gab, ist es gut, die Eltern auch noch nach Tagen dazu zu ermuntern. Die Angst vor Veränderungen der Leiche ist unbegründet. Erst in der Begegnung mit dem Kind gewinnt es seine volle Individualität für die Eltern, und auch wenn es missgebildet ist, finden die Eltern an ihm schöne Seiten.

Aufgabe der Seelsorge ist auch hier, ein personales Angebot zu sein und den Eltern – meist wortlos – beizustehen. Es braucht feines Gespür zu bemerken, ob die Anwesenheit erwünscht ist oder ob die Eltern mit dem Kind allein sein möchten.

Es ist für die Eltern wichtig, so viele Erinnerungsstücke vom Kind zu besitzen wie möglich, Fotos, Hand- und Fußabdrücke oder Ähnliches. Fast verzweifelt suchen die Eltern später nach Dingen, die an dieses Kind erinnern, das so wenige Spuren hinterlassen hat.

Die Segensfeier

In der konkreten Situation des Verlustes sind Rituale hilfreich, die die Auseinandersetzung mit der Trauer um das verstorbene Kind und den Abschied von ihm gestalten. Da tote Kinder nicht getauft werden können, wünschen die Eltern oft eine Feier, in der das Kind seinen Namen bekommt. Dadurch wird die Individualität des Kindes greifbar, aus „dem Fötus" wird „mein Peter". Deshalb hat sich die Namens- oder Segensfeier als hilfreich erwiesen.[6] Sie kann im Kreißsaal, aber auch einige Stunden später stattfinden. Manchmal möchten die Eltern zu dieser Feier Freunde oder die Familie einladen, damit sie die Erinnerung an das Kind teilen.

Im einleitenden Gebet fasse ich das Geschehen nochmals in Worte. Hier muss und darf auch die Klage, die Verzweiflung einen Ort haben. Es ist in dieser Situation unmöglich, Eltern Trost zuzusprechen, denn der steht in der Gefahr, zuzudecken oder zu verharmlosen. Doch spreche ich von meiner Hoffnung, die daran glaubt, dass das Kind bei Gott einen Platz hat. Damit haben die Eltern die Möglichkeit, diese Hoffnung für sich anzunehmen. Wie bei der Taufe entzünde ich für das Kind eine Kerze, das flackernde Licht ist Zeichen für das kleine, vergangene Leben. Die Kerze können die Eltern behalten. Nach mir segnen auch sie und alle Anwesenden das Kind. Den Abschluss der Feier bildet der Segen für die Eltern, die Kraft benötigen, das Geschehen zu verarbeiten. Die Eltern brauchen nach der Feier genügend Zeit, sich vom Kind zu verabschieden und es herzugeben. Es ist gut, nach der Feier eine „Urkunde" für das Kind auszustellen mit dem Namen des Kindes und dem verwendeten Schrifttext.

---

[6] Konkrete Vorschläge für die Gestaltung solcher Feiern finden sich in: Eltern trauern um ihr totes neugeborenes Kind, Deutsche Bischofskonferenz; vgl. auch Bäuerle, Sabine / Ende, Natalie (Hg.), Ich steh vor dir mit leeren Händen, Gott (Materialhefte des „Zentrum Verkündigung" der EKHN", Heft 101), Frankfurt 2004.

Die Beerdigung

Für viele Eltern ist es sehr wichtig, ihr Kind zu bestatten. Trauer braucht einen Ort. Alle fehlgeborenen Kinder unabhängig vom Geburtsgewicht dürfen beerdigt werden. Ab 500 g Gewicht oder wenn das Kind gelebt hat, besteht Bestattungspflicht. In vielen deutschen Städten ist es möglich, Kinder, die nicht bestattungspflichtig sind, auf besonderen Grabfeldern günstig zu bestatten. Einige Pfarrgemeinden bieten auf ihren Friedhöfen kostenlose Bestattung an. Die hohen Kosten sind noch immer für viele junge Eltern ein Grund, sich gegen die Bestattung ihres fehlgeborenen Kindes zu entscheiden. Kirche kann hier – oft in Zusammenarbeit mit kommunalen Behörden – eine wichtige Hilfestellung leisten.

Die Form der Bestattung sollte sich am Wunsch der Eltern orientieren. Manch einer möchte im wahrsten Sinn des Wortes sein Kind selbst zu Grabe tragen, für andere Eltern ist dies eine Überforderung. Manche möchten dem Kind etwas mitgeben, einen Brief, ein Kleidungsstück oder ein Spielzeug. Auch hier gilt, es gibt keine richtigen oder falschen Bedürfnisse. Zentraler Gedanke der Beerdigung sollte immer sein, dass dieses Kind gelebt hat im Bauch der Mutter und sich in dieser Zeit auch viel bewegt hat in den Herzen und Plänen seiner Eltern. Aufgabe der Feier ist es, sie mit ihren Empfindungen ernst zu nehmen und diese rituell zu gestalten. Dazu gehört, auch Verzweiflung, Anklage und Hader mit Gott ins Wort zu fassen. Der zweite Grundgedanke ist, dass das Kind bei Gott seinen Platz hat, so wie im Herz der Eltern.

Das Nachgespräch

Die Trauer um ein totes Kind bemisst sich nicht darin, ob das Kind lebend geboren wurde. Zwar sind die Erinnerungen andere, aber die Intensität der Trauer ist vergleichbar. Die besonderen Probleme von Eltern, die ihr Kind vor, während oder kurz nach der Geburt verloren haben, sind oft durch das Verhalten der Umwelt mitbedingt. Diese Paare werden selten als Eltern wahrgenommen. „Ich habe nicht nur mein Kind verloren, sondern auch mein Mutter-Sein", sagte mir einmal eine junge Mutter.

Es ist sinnvoll, nach der Bestattung den Eltern noch Zeit zu widmen, wenn sie dies wünschen. Viele Fragen tauchen erst mit Abstand zum Tod des Kindes auf. Oft kommt es zu Problemen in der Partnerschaft, die Trauer ist stärker und länger anhaltend, als die Eltern es vermuteten oder die Partner trauern unterschiedlich, ohne darüber ins Gespräch zu kommen. Eine Nachfrage nach einiger Zeit, z. B. zu Gedenktagen (errechneter Geburtstermin, Jahrestag etc.)

kann hilfreich sein. Als wertvoll hat sich der Hinweis auf Selbsthilfegruppen erwiesen.[7]

Das nächste Kind

Bei weiteren Geburten kämpfen die Eltern oft darum, dass das tote Kind seinen Platz behält. Die Mutter aus dem Beispiel hat ihr zweites Kind geboren, nicht ein neues Erstes. Macht man sich die Intensität der Trauer klar, wird deutlich, warum gut gemeinte Tröstungen wie „Ihr könnt ja noch Kinder bekommen" eine zusätzliche Kränkung sind. Kein Mensch ist durch einen anderen ersetzbar.

In der Praxis des Gemeindealltags werden Seelsorgerinnen und Seelsorger immer wieder Eltern begegnen, bei denen die Geburt des folgenden Kindes die Erinnerungen an den erlittenen Verlust wieder wachrufen. Als hilfreich wird von den Eltern dann beschrieben, wenn sie auch über das verstorbene Kind sprechen dürfen. Zu der Familie, in die ein gesundes Kind geboren wurde, gehört auch das tote Kind. Es darf nicht verschwiegen werden. Seelsorger sind davon überrascht, wenn bei einem Taufgespräch eine vorangegangene Fehlgeburt zum Thema wird. Aus Angst, etwas Falsches zu sagen, schweigen sie dann lieber. Die Angst, den Schmerz neu aufzuwühlen, ist unbegründet, denn wenn die Eltern in dieser Situation von ihrem toten Kind erzählen, dann sind die Gefühle ohnehin präsent. Diese sich widersprechenden Gefühle aufzugreifen und ihnen Raum zu geben ist hilfreich.

Begleitung nach Schwangerschaftsabbruch

Immer häufiger werden Seelsorgerinnen und Seelsorger mit Eltern konfrontiert, die sich wegen einer Behinderung des Kindes in einem Spätstadium der Schwangerschaft zum Abbruch entscheiden. Oft werden die Eltern von Ärzten zum Abbruch gedrängt.[8] Die Eltern empfinden die gleiche Trauer wie die, die ihr Kind aus anderen Gründen verloren haben. Hinzu kommen auch Schuldgefühle. Das oft ersehnte Kind ist behindert, nicht lebensfähig. Diese Eltern haben unter einem unermesslichen Entscheidungsdruck gestanden. Die Begleitung dieser Eltern erfordert ein besonders hohes Maß an Einfühlungsvermögen.

---

[7] Adressen finden sich auf der Internetseite: www.veid.de

[8] Eine ethische und theologische Bewertung dieser Spätabtreibungen muss hier unterbleiben.

Schlusswort

Die Begleitung von Eltern nach Fehl- oder Totgeburt ist eine Herausforderung an seelsorgliches Handeln. Es sind Menschen, die oft im Verborgenen leiden und darin leicht übersehen werden. Sich ihnen zuzuwenden ist eine Grundaufgabe von Kirche. Was sie brauchen und was ihnen gut tut, hat eine Betroffene im folgenden Segen bewegend formuliert:

Der Segen der Trauernden

Gesegnet seien alle, die mir jetzt nicht ausweichen. Dankbar bin ich für jeden, der mir einmal zulächelt und mir seine Hand reicht, wenn ich mich verlassen fühle. Gesegnet seien die, die mich immer noch besuchen, obwohl sie Angst haben, etwas Falsches zu sagen. Gesegnet seien alle, die mir erlauben von dem Verstorbenen zu sprechen. Ich möchte meine Erinnerungen nicht totschweigen. Ich suche Menschen, denen ich mitteilen kann, was mich bewegt. Gesegnet seien alle, die mir zuhören, auch wenn das, was ich zu sagen habe, sehr schwer zu ertragen ist. Gesegnet seien alle, die mich nicht ändern wollen, sondern geduldig so annehmen, wie ich jetzt bin. Gesegnet seien alle, die mich trösten und mir zusichern, dass Gott mich nicht verlassen hat.

Literaturempfehlungen

Bäuerle, Sabine / Ende, Natalie (Hg.), Ich steh vor dir mit leeren Händen, Gott (Materialhefte des „Zentrum Verkündigung der EKHN", Heft 101), Frankfurt 2004.
Bernhard, Marlies / Kellner, Doris / Schmid, Ursula, Wenn Eltern um ihr Baby trauern, Freiburg 2003.
Beutel, Manfred, Der frühe Verlust eines Kindes, Göttingen 1996.
Lothrop, Hannah, Gute Hoffnung – jähes Ende, München [7]1998.
Sekretariat der Deutschen Bischofskonferenz (Hg.), Eltern trauern um ihr totes neugeborenes Kind. Hinweise zur seelsorglichen Begleitung (Arbeitshilfen 109), Bonn 1993.
Voss-Eiser, Mechtild, „Noch einmal sprechen von der Wärme des Lebens...", Freiburg [4]2001.

Internet - Adressen

www.kindergrab.de.: Homepage eines Klinikseelsorgers
www.schmetterlingskinder.de: Homepage betroffener Eltern
www.veid.de: Homepage des Vereins Verwaiste Eltern in Deutschland e.V.

Jörn Günther

„Wenn die Ehe scheitert..."

Exemplarische Einsichten in das Zusammenwirken
von Trennungskrise und Religiosität bei Ehepartnern

„Ein Mann ging von Jerusalem nach Jericho und wurde von Räubern überfallen..." (Lk 10,30). Dieses Bild vom Mann, der unter die Räuber fiel, ist vieldeutig und lässt sich auch auf die Situation von Menschen mit Trennung- und Scheidungserfahrungen übertragen. Einerseits ist es die Erfahrung des Beraubtseins, die sich auf den Kontext von Trennung und Scheidung anwenden lässt. Beraubt sind die Betroffenen der Hoffnung und der Zuversicht auf ein gemeinsam gelingendes Leben, beraubt sind sie oftmals auch des Zuhauses oder der Familie, beraubt sind sie häufig auch ihres Freundeskreises, beraubt werden sie ferner auch ihrer psychischen und physischen Kräfte. Die Aufzählung ließe sich mühelos fortführen.

„Ein Samariter aber, der auf der Reise war, kam dorthin und als er ihn sah, empfand er Mitleid. Er ging zu ihm hin, goss Öl und Wein auf seine Wunden und verband sie..." (Lk 10,33f.). In dem Gleichnis ist andererseits nicht nur vom Beraubtsein die Rede, sondern auch davon, dass jemand barmherzig am anderen handelt. Menschen in Trennungssituationen machen ähnliche Erfahrungen. Sie erleben, dass sich jemand helfend ihnen zuwendet.

1 Das Interesse der Praktischen Theologie an der Lebenserfahrung der Menschen

Praktischer Theologie ist es aufgegeben, sich dem einzelnen Menschen, d. h. hier vor allem seiner Lebenspraxis, zuzuwenden. Indem Praktische Theologie in die Alltagswelt der Menschen eintaucht und ihre Erfahrungswirklichkeit thematisiert, trägt sie dazu bei, die vielfältigen Lebenswelten und Lebensgeschichten von Menschen auszulegen und zu verstehen. Anliegen Praktischer Theologie ist es hinzuhören, wenn Frauen und Männer von ihren individuellen Beziehungskrisen, den oft schmerzhaften Erfahrungen der Trennung, des Loskommens und Durchkommens und der notwendigen Wandlung des eigenen Lebens berichten. Ein solches Verständnis Praktischer Theologie trägt dem Respekt vor der Lebensgeschichte des Einzelnen Rechnung. Die Kenntnis der Fragen und Nöte jener Frauen und Männer, die sich von ihrem Lebenspartner getrennt haben, erweist sich nicht nur als kritischer Maßstab für das pastorale Handeln der Kirche, sondern birgt zugleich die Chance, kirchliche Praxis zu verändern.

2 Trennung und Scheidung – eine gesellschaftliche Realität

Trotz der Sehnsucht nach einer dauerhaften und glücklichen Beziehung machen immer mehr Menschen die Erfahrung des Zerbrechens ihrer Partnerschaft. Aus vielfältigen Gründen erfahren sie, dass die Verwirklichung ihrer gemeinsamen Lebensentwürfe misslingt und scheitert. Die statistischen Angaben zeigen, dass in Abhängigkeit vom Wohnort jede zweite bis dritte Ehe wieder geschieden wird.

Allerdings erfasst die Statistik nur jene Ehescheidungen, bei denen die Ehe durch ein Gerichtsurteil aufgelöst worden ist. Unberücksichtigt bleibt die Tatsache, dass heute immer mehr Paare unverheiratet in eheähnlichen Lebensgemeinschaften zusammenleben. Auch Paare ohne Trauschein erleben Krisen, die zur Lösung der Beziehung führen. Unverheiratete und deren Kinder sind im selben Maße vom Zerbrechen der Partnerschaft bzw. Familie betroffen. Ebenso von der Statistik nicht erfasst werden formal bestehende Ehen, in denen die Partner dauerhaft getrennt leben. Mittels der statistischen Angaben ist demnach nur vage auszumachen, wie viele Menschen tatsächlich vom Zerbrechen einer Partnerschaft in Form von Scheidung bzw. Trennung betroffen sind.

Es gilt festzuhalten, dass nach wie vor die Trennung für die meisten Betroffenen eine einschneidende Lebenserfahrung darstellt, die ihr psychisches und physisches Wohlbefinden erschüttert. Gefühle der Geborgenheit, Beheimatung, Vertrautheit und Intimität, die das Zusammenleben in einer Paarbeziehung vermittelt hat, gehen verloren, auch wenn sie durch viele Konflikte, Kränkungen und Enttäuschungen geprägt war. Durch die Trennung fehlt der Mensch, durch den die eigenen Verhaltens- und Erlebensweisen eine Resonanz gefunden haben.

3 Problem- und Fragenhorizont

Ein Phänomen, dem im Kontext von Trennung und Scheidung bislang wenig Aufmerksamkeit entgegengebracht wurde, ist das wechselseitige Zusammenwirken von Trennungskrise und Religiosität der Ehepartner. Das Frageinteresse zielt also darauf, ob einerseits ein Einfluss der Trennungserfahrung auf die Religiosität des Menschen und andererseits ein Einfluss der Religiosität auf das Erleben und Erfahren der Trennung beobachtet und beschrieben werden kann.

3.1 Die Trennung vom Partner – ein Krisenprozess

Die Trennung vom Ehepartner stellt häufig einen mehrere Jahre dauernden, in Phasen verlaufenden Prozess dar, der neben rechtlichen und institutionellen Aspekten vor allem von individuellen und zwischenmenschlichen Vorgängen gekennzeichnet ist. Charakteristisch für Trennungsprozesse sind zum einen ihre Entstehungsursachen, die nicht selten bis in die Kindheit zurückreichen, und zum anderen ihre Folgen, die noch lange nach der Trennung wirksam sein können. Die Trennung ist also ein Prozess, der weit vor dem endgültigen Auseinandergehen der Partner beginnt und mit diesem nicht endet.

Zwei Menschen begegnen sich und beschließen, miteinander zu leben, d. h. sie nehmen früher oder später die Höhen und Tiefen des Alltags gemeinsam auf sich. Im Verlauf ihrer Partnerschaft erfahren sie, wie sich ihre Beziehung beispielsweise durch die Festschreibung von Rollen, das erste Kind, das Nachlassen der Anziehung und erotischen Spannung, Enttäuschungen und Kränkungen etc. verändert. Die Ehepartner erleben, wie es zunehmend nicht gelingt, die sich ändernden eigenen Bedürfnisse mit denen des anderen Partners in Einklang zu bringen. Die Beziehung gerät in die Krise, d. h. Enttäuschungen, Unzufriedenheit, Konflikte und Entfremdung bestimmen das Zusammenleben. Die Ehepartner stehen vor einem Wendepunkt in ihrer Beziehung, denn so wie bisher können sie nicht miteinander weiterleben. Trennungsgedanken entstehen und führen, wenn der Leidensdruck für einen oder beide Partner nicht mehr zu ertragen ist, schließlich zur Trennung, der dann zumeist die juristische Scheidung und die endgültige Loslösung vom Partner folgt. Diese Zeit ist geprägt von einem enormen Verbrauch an psychischen und physischen Ressourcen, von Trauer, Ängsten, Hoffnungen und Sehnsüchten. Die Feststellung, dass die Ehe gescheitert ist, ruft Gefühle von Schuld, Wertlosigkeit, Empörung, Zorn etc. hervor. Nach der Trennung gehört es zur Aufgabe der Betroffenen, sich psychisch und physisch zu stabilisieren und die zwischenmenschlichen Interaktionen und Umweltkontakte zu normalisieren.

Jede einzelne Phase der Trennung birgt verschiedene Probleme und Anforderungen, die individuell erlebt und bewältigt werden. Weil kein Mensch die Trennung von Partner auf dieselbe Weise erlebt wie ein anderer, lassen sich die einzelnen Trennungsphasen nicht eindeutig voneinander abgrenzen. Die Einteilung in Trennungsphasen, d. h. in eine Zeit vor, während und nach der Trennung, hat Modellcharakter und soll ein Verstehen des Trennungsprozesses erleichtern.

Der Fokus richtet sich im Folgenden also auf die Erfahrungen des Einzelnen: wie er die Trennung erlebt und erfährt, wie er sich mit ihr auseinandersetzt, wie er durch die Trennung gezwungen wird, sein Leben umzuformen, neue Strukturen und Lebensperspektiven zu finden, wie es ihm gelingt, die Trennung zu bewältigen.

3.2 Religiosität – subjektive und kontextabhängige Bewusstseinsleistung des Menschen

Neben der Trennungserfahrung zielt das Frageinteresse auf die Religiosität des Menschen, die als Bewusstseinsleistung verstanden wird, die eigene Existenz, die der Mitmenschen und der Welt als in Beziehung stehend und abhängig von einem transzendenten Grund sinnstiftend zu denken, zu fühlen oder zu ahnen. Vor dem Hintergrund der individuellen religiösen Sozialisation beeinflusst Religiosität das Erleben und Verhalten sowie die Einstellungen und Werthaltungen von Menschen.

Religiosität bzw. ihre Erscheinungsformen finden sich nicht losgelöst von der Um- und Mitwelt vor, sondern beides ist aufeinander bezogen. In dieser Perspektive lässt sich für die postmoderne Gesellschaft ein religiöser Gestaltwandel diagnostizieren, in dem die Religion und Religiosität entgegen der Säkularisierungsthese ihre Bedeutung nicht verloren haben. Der Begriff des religiösen Feldes, mit dem die Situation des Religiösen in der Gesellschaft beschrieben werden kann, umfasst all das, was in der Bandbreite von individuellen Handlungen bis hin zu gesellschaftlichen Vorgängen explizit und implizit Religiöses abbildet oder thematisiert. Das religiöse Feld postmoderner Gesellschaften ist durch die Veränderung seiner Strukturen sowie Organisations- und Erscheinungsformen geprägt. Zudem lassen sich im religiösen Feld zwei prägnante Bewegungen ausmachen, d. h., dass einerseits das religiöse Feld säkularisiert wird, andererseits sich jedoch zugleich ein Resakralisierungsprozess vollzieht. Schließlich sind für das religiöse Feld eine Grenzendispersion, eine zunehmende Erlebnisorientierung und ein Einfluss ökonomischer Strukturen charakteristisch. Kenntnisse über die Veränderungen des religiösen Feldes stellen eine Voraussetzung dar, die Religiosität von Menschen in ihrer Weite erfassen zu können.

3.3 Trennungskrise und Religiosität: zwei sich beeinflussende Erfahrungsbereiche

Mit einem Bild soll der oben bereits angedeutete Zusammenhang zwischen Trennungserfahrung und Religiosität veranschaulicht werden. Man denke sich Religiosität als unregelmäßige spiralförmige Linie um das Geschehen Trennungskrise. Die unregelmäßige Spirale zeigt einerseits, dass Religiosität als spezifische Bewusstseinsleistung mit bestimmten religiösen Ausdrucksformen im Verlauf der Trennungskrise in Abhängigkeit von äußeren und inneren Faktoren durch die betroffene Person aktiviert werden kann. Im Trennungsverlauf gibt es also Momente, in denen die Person Religiöses stärker thematisiert (die Linie der Spirale verläuft enger um die Trennungskrise), aber ebenso auch solche, in denen Religiöses überhaupt keine Rolle spielt, weil gerade andere Lebensthemen für die Person relevant sind (die Linie der Spirale entfernt sich von der Trennungskrise). Die spiralförmige Bewegung deutet andererseits eine Veränderung der Religiosität an, die sich im Kontext der Persönlichkeitsentwicklung der Betroffenen als konstruktiv oder destruktiv erweisen kann.

4 Zugangsweise zu den Erfahrungswirklichkeiten Trennungskrise und Religiosität

Den folgenden Ausführungen liegt eine Studie[1] mit acht betroffenen Frauen und Männern im Alter zwischen 36 und 54 Jahren zu Grunde. Die Ehepartner der Probanten wurden nicht in die Untersuchung einbezogen. Alle Forschungspartner wuchsen in ländlich bzw. kleinstädtisch strukturierten Gegenden auf, in denen der katholische Glaube, mit dem sie auf je unterschiedliche Weise in Berührung kamen, die vorherrschende Konfession war. So waren zum Zeitpunkt der Untersuchung bis auf eine Forschungspartnerin alle Mitglied der katholischen Kirche. Das durchschnittliche Heiratsalter der Forschungspartner lag bei 24,75 Jahren. Sie lebten mit ihrem Ehepartner zwischen 2 und 28 Jahre, also durchschnittlich 17,25 Jahre zusammen. In der Trennungszeit hatten fünf von ihnen eine Eheberatung in Anspruch genommen. Nach ihrer Trennung ließen sich vier Forschungspartner scheiden. Zwar gingen ebenfalls vier wieder eine feste, nichteheliche Beziehung ein, jedoch hat keiner der Forschungspartner bisher wieder geheiratet. Bei den Berufen waren überdurchschnittlich soziale und medizinische Berufe vertreten.

Insofern nun der wechselseitige Zusammenhang zwischen der kritischen Lebenssituation Trennung und der Religiosität von Lebenspartnern kommunizierbar ist, kann er mit den Methoden der empirischen Sozialforschung aufgewiesen und interpretiert werden. Das Hauptaugenmerk richtet sich also auf die kommunizierbare Wirklichkeitserfahrung der Betroffenen. Beide Erfahrungsbereiche treffen den Kern menschlichen Daseins. Zum Gegenstand wissenschaftlichen Fragens gemacht, erweist es sich als notwendig, einen spezifischen Zugang zu beiden Erfahrungsbereichen zu suchen. Die Lebens- und

---

[1] Günther, Jörn, Wenn die Ehe scheitert. Eine empirisch-theologische Studie zur Trennungskrise und Religiosität bei Ehepartnern, Würzburg 2003.

Trennungsgeschichte der Betroffenen mittels problemorientierter Interviews zu eruieren, stellt eine adäquate Zugangsweise dar. Mit einem solchen qualitativen Zugang verbindet sich der Anspruch, die verschiedenen persönlichen Sichtweisen von Trennung und Religiosität mit der entsprechenden Tiefe und kontextuellen Einbindung erheben zu können.

4.1 Erfahrungswirklichkeiten Betroffener im Hinblick auf das Zusammenwirken von Trennungskrise und Religiosität

Unter Ausdrucksform religiöser Praxis sollen Handlungen und Vorstellungen verstanden werden, die einen Transzendenzbezug aufweisen, wobei der Vollzug sowohl auf spezifische (traditionell, konventionell) als auch auf unspezifische (individuell) Art und Weise erfolgen kann. Die Handlungs- und Vorstellungsvielfalt der von den betroffenen Frauen und Männern zur Sprache gebrachten Ausdrucksformen lässt sich mittels folgender Kategorien systematisieren: Gebet, Meditation, Gottesdienstbesuch, Gespräche über Themen mit religiösem Inhalt, Bibellesen, Literatur, Engagement in der Pfarrei, kirchlichen Organisationen oder religiösen Gruppen, Wallfahrt, Thematisierung des Religiösen im Kontext des Berufsausübung, Feiern und Feste, Vollzug religiöser Symbole und Rituale, Glaubenserziehung der Kinder sowie religiöses Naturerleben.

Daneben richtet sich das Beschreibungsinteresse auf die Art und Weise des Vollzugs jener religiösen Ausdrucksformen. Hierbei soll in den Blick genommen werden, ob – und wenn ja wie – sich die Ausdrucksformen im Kontext der Beziehungs- und Trennungsgeschichte verändern. Die Beschreibungsparameter für die Art und Weise des Vollzugs religiöser Ausdrucksformen richten sich außenperspektivisch auf Personen, Raum, Zeit, Häufigkeit sowie Kontinuität und innenperspektivisch auf Motivation, Intensität und Inhalt (siehe Abb.).

Der Wirkungszusammenhang von Trennungskrise und Religiosität soll exemplarisch anhand einiger Aussagen von Betroffenen zur religiösen Praxis und der Art und Weise ihres Vollzugs aufgezeigt werden:

1   Beispiele für den gemeinsamen Vollzug der religiösen Ausdrucksformen
2   Beispiele für das Zusammenwirken von Trennungskrise und Religiosität
3   Veränderte Religiosität als Konfliktthema
4   Trennungskrisen als Auslöser für Glaubenskrisen

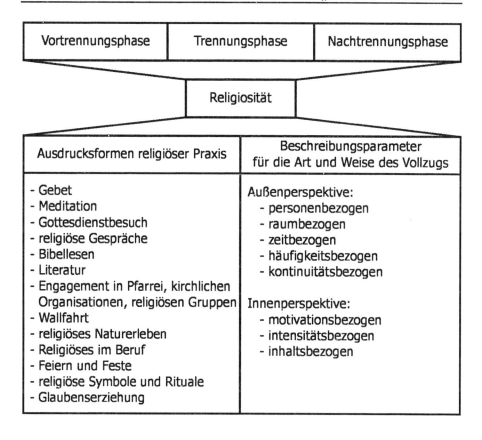

4.2 Beispiele für den gemeinsamen Vollzug religiöser Ausdrucksformen

Die Ausdrucksformen religiöser Praxis sind insofern *offen*, als sie sich nicht auf einen Ehepartner beschränken, sondern der andere Partner an ihnen ebenso teilhaben kann bzw. sie gemeinsam mit ihm vollzogen werden können: ich kann alleine oder mit dem Partner beten, ich kann mich alleine oder mit dem Partner der Glaubenserziehung der Kinder widmen, ich kann mich alleine oder gemeinsam in der Pfarrei engagieren etc. Da die Ausdrucksformen nicht nur vielfältig, sondern auch zutiefst individuell sind, scheint es für die konkrete Gestaltung, in welcher Weise also der Partner am individuellen Vollzug teil hat oder inwieweit die Partner ihre Praxis teilen und gemeinsam ausüben, keine Vorgaben zu geben. Die konkrete Gestaltung der religiösen Praxis obliegt den Partnern selbst. Die Bandbreite reicht von der selbstverständlichen Übernahme einer tradierten Praxis (z. B. Gottesdienstbesuch) bis hin zu Er-

165

fahrungen, die eine bestimmte Praxis (z. B. Meditation, Feiern) mit dem Partner erlauben oder verhindern.

A: Ja, wir sind gemeinsam in den Gottesdienst gegangen und haben auch gemeinsam kulturelle Veranstaltungen besucht, aber weniger Konzerte, das war weniger.

B: **Wir sind schon manchmal zur Kirche gegangen.** Da war ein Pfarrer, der mich einfach angesprochen hat von seiner Art. Nicht regelmäßig, aber immer wieder und auch mit dem Kind im Tragetuch.

C: Das war es auch, ja. Ja, das ist eigenartig, dass mir solche Dinge immer noch in Erinnerung sind, weil ich... Ich habe dann so versucht mal und **wollte mit meiner Frau so miteinander das Beten anfangen** und so das..., ja so, wie ich es dir vorher geschildert habe. Und dann hat sie gesagt, ich soll anfangen, ja freilich. **Und da haben wir halt dann miteinander das Beten angefangen und dann hat sie da immer gelacht über das, was ich da sage, und damit war für mich das freie Beten erledigt Daheim.** Ich habe mich dann wegen der Sache nicht mehr aufgeregt. **Und erst wie die Kinder dann wieder da waren, mit denen habe ich das dann wieder getan, aber das Beten mit uns zwei war dann erledigt, das habe ich nie mehr getan.**

4.3 Beispiele für das Zusammenwirken von Trennungskrise und Religiosität

Wie wirken nun Trennung und Religiosität der Ehepartner hinsichtlich der religiösen Ausdrucksformen und der Art und Weise ihres Vollzugs zusammen? In Phasen der Beziehungsverschlechterung und schließlich in der Trennungsphase ist zu beobachten, wie die Distanzierung der Partner auch vormals gemeinsam vollzogene Ausdrucksformen religiöser Praxis betrifft und diese verändert. Auch hier ist Bandbreite möglicher Veränderungen groß. Betroffene berichten, dass sich die Vielfalt ihrer gemeinsamen religiösen Praxis reduziert hat, zumeist auf solche Ausdrucksformen, bei denen das individuelle Denken und Fühlen hinter das Korsett der Form zurücktreten kann. Hingegen werden solche Ausdrucksformen aufgegeben, bei denen persönliches Engagement erforderlich ist.

A: Nein. Wir sind zwar schon noch ab und zu in die Kirche gegangen, aber sonst nichts.

B: **Wir sind dann auch miteinander noch in den Gottesdienst,** das war eh selbstverständlich noch, der hat sich dann bei ihr natürlich immer mehr **eingeschränkt, wie dann die Kinder gekommen sind und irgendwann, aber das ist ein anderes Kapitel, hat er dann halt total aufgehört.**

C: **Das war so Tischgebet, sich einfach so bei den Händen zu nehmen und so diese, ja, das war etwas, was uns allen wohl getan hat.** Das zu spüren, das hat sich aber dann, als die Kinder älter geworden sind, **irgendwann hat sich das aufgehört.** Das war dann noch am Sonntag und ja, **es hat einfach nicht mehr gestimmt.**
I: Und die Beziehung war schwierig.
C: Das An-der-Hand-fassen hat nicht mehr gestimmt. Stimmt, in der Zeit ist das ausgelaufen, ja.
I: Was haben Sie dagegen gemacht? Oder haben Sie das so.
C: Das ist eingeschlafen.
I: Das ist eingeschlafen?
C: Mhm. Aber es stimmt, **es ist eingeschlafen in der Zeit, in der unsere Beziehung kaputt gegangen ist.**
I: Aus aus Scham oder aus oder einfach aus Abneigung oder...?
C: **Ja, Distanz, das war Distanz. Es war dann schon manchmal komisch in der Kirche, so einen Friedensgruß zu geben.** Das war schon manchmal komisch. Also, da ist schon etwas mitgeschwungen dann, ich habe für mich, wenn ich den Friedensgruß meinem Mann gegeben habe und auch in dieser Spannungszeit habe ich mir für mich so gedacht: „Es gibt kein Zauberwort, das die Beziehung bestimmt. Also auch nicht dieser Friedensgruß." Es war für mich, ich habe das dann als so ein Zeichen: ja, annehmen, was ist. So war das für mich dieses Zeichen in der Zeit. Und ja ich kann meinem Mann auch jetzt die Hand geben oder ich wollte ihn auch gerne umarmen, aber er: entweder oder.

D: Also, einmal mit J zusammen gab es den Unterschied, dass wir nicht mehr zusammen in irgendeiner Art und Weise z. B. etwas gemacht hätten wie Meditation oder ja, zusammen z. B. auch gemeinsame Gespräche geführt hätten über Gott und die Welt, Sinnfragen z. B., sondern **es war einfach eine Distanz zwischen uns, die es nicht mehr erlaubt hat.**

4.4 Veränderte Religiosität als Konfliktthema

Trennungskrisen beeinflussen jedoch nicht nur die religiöse Praxis, sondern auch umgekehrt kann eine veränderte religiöse Praxis eines Ehepartners zum Konfliktthema in der Beziehung werden.
A: Ich habe damals auch... das war dann im April bin ich wieder heimgekommen von der Kur und dann im Juni oder wann, habe ich noch einmal so ein Seminar mitgemacht, so ein Glaubensseminar in der Art. Das war einmal in der Woche so über zehn Wochen und **da ist jedesmal, wenn ich nach Hause gekommen bin, war Chaos. Da sind nur...: „Als**

167

Christ darf man nicht so reagieren." und das darf man nicht und da darf man nicht hin oder so.

I: Wer hat das gesagt?

A: Mein Mann hat das gesagt. **Er hat das immer, er hat gesagt, dann hat er mir das Kreuz wieder runtergenommen, weil ich mir ja, sagen wir, es ist nicht mehr gut für mich**, also Wahnsinn, was da alles gelaufen ist.

4.5 Trennungskrisen als Auslöser für Glaubenskrisen

Trennungskrisen können Glaubenskrisen provozieren, d. h. sie werden zum Auslöser dafür, sich mit dem eigenen Gottesbild und den damit verbundenen Sicherheiten, Plausibilitäten und tradierten moralischen Überzeugungen auseinander zu setzen.

A: Ich habe mich halt dann immer wieder gefragt: „**Ja Gott, was willst du denn von mir?** Ist das normal?" oder normal kann man nicht sagen. „Was willst du, das ich tue? Soll ich jetzt da überhaupt bei diesem Mann..., **soll ich das akzeptieren, weil ich mit ihm ein Sakrament eingegangen bin, weil ich geheiratet habe? Muss ich da, muss ich da standhaft bleiben? Muss ich da, muss ich das aushalten? Muss ich das dulden, erdulden, bis dass ich völlig am Ende bin? Ist das dein Wille?" Und dann eigentlich dieses Kennenlernen von einem liebenden Gott, d. h. ja: 'Die Freude in Fülle.' oder wie die Stelle heißt, diese schöne Stelle. Und...: „Ne, na na, das ist nicht das (leise), das ist nicht dieser Gott, das kann doch der nicht wollen, das ich das da aushalte bis zum Letzten** und wenn das zehn Jahre dauert und ich bin am Ende ein nervliches Wrack und meine Kinder. Wo geht das hin? So weit, dass ich..." Ich habe ja gemerkt, das zieht sich ja immer zusammen dann in mir, in mir in dem Moment, in dem, wo ich dann an meinen Mann denke und der fährt am Wochenende, es kommt der Freitag zu und der fährt am Wochenende zu seiner Freundin. „Das kann doch nicht Gottes Wille sein, dass das ein Mensch aushalten muss?"

B: ...oder man fragt sich dann wieder diese Schuldgefühle: „**Was habe ich denn falsch gemacht? Und warum habe ich nicht geschaut? Und was wäre passiert, wenn ich schon vielleicht diesen Gott, sagen wir einmal, oder diesen Jesus oder diesen intensiven Glaubensweg schon kennen gelernt hätte vorher schon?** Aber ich habe nicht den Mut gehabt mich zu entscheiden oder einfach nicht für notwendig akzeptiert, und gedacht, dass ist doch nie... Ich gehe in meine Kirche am Sonntag, das reicht vollkommen." Und dann habe ich mich doch oft gefragt: „**Wie wäre das** ausgegangen, wenn ich mich vorher schon entschieden hätte? Wäre das dann auch so weit gekommen?"

C: Ja, also es wird von meiner Mutter auch in dieser Weise argumentiert mit: **Was Gott verbunden hat.**

I: Aja.

C: Mhm.

I: Wie geht es ihnen mit dem Satz?

C: Ja ich muss die Beziehung leben. **Es kann nicht Gottes Wille sein, sich gegenseitig krank zu machen.** Ich habe für mich schon die Vorstellung gehabt, ja, oder hab sie eigentlich immer noch, dass ich mir denke: Es muss sehr schön sein, in einer guten Beziehung gemeinsam alt zu werden." Und so viel miteinander erleben und gemeinsame Entwicklungen zu erfahren. Also so in, nur wenn eben diese Entwicklung nicht möglich ist, dann ja, mich macht das krank.

I: Wenn keine Entwicklung möglich ist?

C: **Ja, und nur auszuhalten, weil das ein Bund vor Gott ist, das finde ich viel schlimmer als sich zu trennen.** Also das war das Wort meiner Mutter: „So schlimm ist es doch gar nicht, das kannst du doch aushalten." Und sie hält es fast schon fünfzig Jahr aus und so als Frau sich Opfer zu bringen und ja: „Die Ewigkeit muss man sich verdienen!" und so Sachen sind da gekommen. **Und ich finde, wenn es eine Sünde oder Unrecht gibt, dann ist das für mich viel mehr Betrug, nur auszuhalten, als zu sagen, wir lassen uns frei.**

D: Dass ich auch noch ein Mensch bin. Einfach, dass jemand da ist, der mich, dem ich wichtig genug bin, auch wenn ich total fertig bin, dass ich da noch als Mensch würdig bin. Und wenn ich noch so das Letzte bin, wirklich nicht mehr ansehbar und nichts mehr bin und trotzdem bin ich, was heißt wichtig, das ist vielleicht nicht der richtige Ausdruck, sondern einfach da sein darf, dass ich irgendwo da sein darf, so wie ich bin. **Und ohne irgendetwas zu bringen, ohne irgendetwas machen zu müssen und ohne, einfach mit meinem ganzen Schreien und alles und ich habe mich ja mit Gott und der Welt nicht mehr ausgekannt, auch mit Gott, das war auch eine totale Glaubenskrise. Weil da nichts mehr zusammengepasst hat und und, ach, dann habe ich gedacht, ja, dann betest du halt zum Gott, so ungefähr, dann hilft er dir schon, von wegen.**

I: Wer hat das gesagt?

D: Naja also, schon auch, da ist vom Gebetskreis ist schon sehr viel gebetet worden und hat mich auch so, dass ich immer wieder weitergehen konnte so aufgebaut, aber nicht so, da dachte ich: „Gott, der müsste das, der hat doch den Ehebund gesegnet und alles, der ist doch dabei gewesen.

Warum lässt er das so zu." Und mein Bemühen geht doch bis aufs Äußerste und also bis zum geht nicht mehr und. Zu der Zeit weiß man ja nicht, also das war das Letzte, dass ich aus der Ehe raus wollte. Das war für mich ja Gesetz und das, für mich gab es da nichts. Das war das größte Gesetz, was es gibt und das ist nicht zu brechen, das ist die schlimmste Sünde, was es gibt und du bist ja verdammt. Ich habe nur noch aus Schuld und Angst gelebt und sonst gar nichts mehr. Und trotzdem musste ich einen anderen Weg gehen. Das verstehe ich heute noch nicht warum, aber es ist so.

5. Exemplarische Perspektiven und Impulse für die pastorale Praxis

Betroffene suchen in Trennungssituationen Menschen, mit denen sie sich über ihre Trennungserfahrungen austauschen können. Ihnen zuzuhören und zu zeigen, dass sie mit ihrer konkreten Lebens- und Trennungsgeschichte angenommen sind, hilft Betroffenen, mit der Trennung umzugehen und sie zu akzeptieren. Die Reaktion der Seelsorger auf jene Menschen, die in der Trennungskrise auf sie zukommen, ist ambivalent. Sie erfahren einerseits, dass sie bei Seelsorgern Gehör finden, andererseits reagieren diese unsicher, zurückweisend oder ablehnend.

Häufig ziehen sich Betroffene in Trennungskrisen zurück und brechen soziale Kontakte ab. Eine Seelsorge, die lediglich abwartend die Arme offen hält, ist defizitär. Sie ist zu komplettieren durch das Hinzukommen und das not-wendende Handeln. Eine zeitgemäße Seelsorge nimmt das Misslingen der Ehe als soziale Realität wahr, die in der postmodernen Gesellschaft kein pathologisches Randphänomen mehr darstellt, sondern längst zu den Vorstellungen über die Beziehungsgestaltung gehört. Kirchliche Praxis wird nicht ignorieren können, dass trotz vielfältiger Leiderfahrungen die Trennung vom Ehepartner zum normalen Prozess des Familienwandels geworden ist. Die Trennung wird zunehmend als Ausweg aus einer nicht länger hinnehmbaren Ehesituation akzeptiert. Paare trennen sich, wenn der Ehepartner den Erwartungen nicht mehr entspricht und wesentliche Bedürfnisse nicht mehr befriedigt werden. Seit die Trennung vom Ehepartner mehr gesellschaftliche Akzeptanz gefunden hat, entdeckt man auch ihre positive und entwicklungsfördernde Seite. Unbenommen: Trennungen sind Krisensituationen und grundsätzlich ambivalent. Sie bergen Risiken und Chancen gleichermaßen, sie können Verunsicherungen hervorrufen und Selbstsicherheit, sie können Identität zerstören und Identitätsfindung provozieren, sie werden als belastend und erleichternd zugleich erfahren. Seelsorge kann sich daher nicht darauf beschränken, die Ambivalenzen des Trennungsprozesses wahrzunehmen, sondern sie hat, sofern es die Situation der Betroffenen erfordert, mediatorisch und unterstützend zu handeln.

Seelsorge nimmt die Situation von Betroffenen ernst, wenn kirchliches Engagement nicht bloß geduldet, sondern auch gefördert wird. Nicht selten machen Betroffene auch die Erfahrung, dass sie von den Seelsorgern vor Ort, von denen sie sich am ehesten eine Unterstützung in der Trennungssituation erwartet hätten, enttäuscht werden, weil Aufgabenfülle und Zeitmangel es verhindern, sich den Betroffenen so zuzuwenden, dass ihnen wirklich geholfen wird.

Zeitgemäßes pastorales Handeln ist darüber hinaus auf geeignete Seelsorger angewiesen, wobei sich als geeignet jene erweisen, die sich nicht nur durch pastorale Kompetenz auszeichnen, sondern ebenso dadurch, dass sie sich eigene Schwächen eingestehen können und bereit sind, sich auch selbst helfen zu lassen. Solange Betroffene in der Kirche erfahren, dass ihre Entscheidung, sich zu trennen oder wieder zu heiraten, in irgendeiner Weise sanktioniert wird, werden sie sich als Christen zweiter Klasse fühlen.

Wenn Seelsorger in der Verkündigungspraxis über Gott reden, nehmen sie sich selbst häufig aus dieser Rede aus. Jedoch schließt die Rede über Gott das Reden über sich selbst mit ein. Glaubwürdiges Reden über Gott hängt also entscheidend davon ab, wie Seelsorger den Menschen begegnen, mit ihnen sprechen und mitgehen.

171

Manfred Belok

Geschieden und wiederverheiratet

– Anfrage an und Herausforderung für die Pastoral –

Hinführung

Die Situation Geschiedener, besonders die der wiederverheiratet Geschiedenen, in der Katholischen Kirche ist nach wie vor eine Provokation. Das kirchliche Amt sieht die Betroffenen, gemessen an der kirchlichen Ehe-Norm, im Zustand der andauernden Sünde. Sie dagegen hoffen auf eine Praxis, in der die helfende, heilende und zum Neuanfang ermutigende Haltung Jesu zum Tragen kommt.

In meinem Beitrag geht es mir darum, den Blick für die Wahrnehmung folgender Fragen zu schärfen: 1. Worum geht es in der Suche nach einem angemessenen Umgang mit Geschiedenen und wiederverheiratet Geschiedenen? Was ist die theologische Kernfrage und die pastoral-theologisch relevante Fragestellung? Wie ist die Situation Geschiedener und wiederverheiratet Geschiedener in der Katholischen Kirche zu beschreiben? 2. Was ist von der Haltung Jesu im Umgang mit Menschen in gebrochenen Situationen zu erinnern und welche ersten Schlussfolgerungen sind daraus zu ziehen? 3. Wie beurteilen jeweils Lehramt, Hirtenamt und Theologie die Möglichkeit zur auch weiterhin vollen eucharistischen Gemeinschaft Geschiedener und wiederverheiratet Geschiedener, einschließlich des Kommunionempfangs? Und was können wir aus der Praxis der Ostkirchen lernen? 4. Was sind pastoral-theologische Kriterien für einen lebens- und glaubensförderlichen Umgang mit Geschiedenen und wiederverheiratet Geschiedenen? 5. Welche Konfliktstrategien lassen sich im Umgang mit der Frage der Zulassung Geschiedener und wiederverheiratet Geschiedener zur Kommunion feststellen? 6. Was könnte ein hilfreicher pastoraler Weg bei einer Wiederheirat sein?

Vorweg möchte ich Folgendes klarstellen, um möglichen Missverständnissen vorzubeugen: Ziel allen kirchlich-pastoralen Handelns im Zusammenhang einer prozess- und wachstumsorientierten Beziehungspastoral ist es, alles zu tun, was die Ehe unter Christen als Sakrament – als Zeichen der Nähe Gottes

173

– lebbar macht, zu fördern und zu unterstützen, z. B. durch Ehevorbereitung[1], Ehebegleitung, Eheberatung. Die Ehe wird dabei als *Entwurf*[2] verstanden, in deren Strukturen sich die Liebe zweier Menschen immer wieder aufs Neue konkretisieren muss. Es geht hierbei einerseits um die Frage, wie der Grundwunsch des Menschen nach einer nahen, verlässlichen und dauerhaften Beziehung wirksam zu schützen ist? Andererseits aber, wenn eine Ehe scheitert – und wer will da RichterIn sein im eigenen oder gar im fremden Leben –, dann gilt es, sich genauso engagiert dieser menschlich schwierigen Situation zu stellen und Menschen mit ihrer Verletzung, ihrer Selbst- und PartnerIn-Enttäuschung nicht allein zu lassen. Das Motiv, sich diesem Thema zu stellen, ergibt sich aus dem katholischen Selbst-Verständnis von Kirche: Kirche ist kein Selbstzweck, sie will Kirche „um der Menschen willen" sein, also Anwalt der Menschen. Dies ist auch die ausdrückliche Aufforderung des Zweiten Vatikanischen Konzils (1962-1965). So heißt es in der Pastoralkonstitution *Gaudium et spes:* „Freude und Hoffnung, Trauer und Angst der Menschen von heute, besonders der Armen und Bedrängten aller Art, sind auch Freude und Hoffnung, Trauer und Angst der Jünger [und Jüngerinnen: M. B.] Christi."[3]

Die Wahrnehmung der Wirklichkeit[4] zeigt: Jede dritte Ehe in Deutschland wird geschieden, in Ballungszentren sogar jede zweite Ehe. Ca. 25% aller geschlossenen Ehen sind Wiederverheiratungen. Jede vierte Person, die standesamtlich heiratet, bringt bereits Eheerfahrung mit. Das Phänomen der Ehescheidung ist nicht automatisch ein Indikator für die Krise der Institution Ehe, sondern zuallererst für die Über-Erwartungen an die Lebens- und Beziehungsform Ehe („Nur die Liebe zählt!"), den Wegfall traditioneller Stützen durch Eltern, Freunde, Bekannte und die Einflüsse durch die Arbeitsmarktsituation („Nur wer flexibel und mobil ist, zählt!"). So lässt sich neben der beruflichen, geographischen, religiösen, sozialen Mobilität inzwischen auch eine Beziehungsmobilität ausmachen. Sie ist Folge einer in vielen Berufen erlernten Entpersönlichung und Funktionalisierung von Beziehungen, die die Menschen aufteilt in Lebens-, Berufs- und Freizeitpartner, und nicht mehr an den Lebenszusammenhängen der/des anderen interessiert ist. Die Prioritätensetzung

---

[1] Vgl. Belok, Manfred, Zur Aufgabe und Chance kirchlicher Ehevorbereitung und -begleitung, in: Lebendige Seelsorge 44 (1993) 236-241.

[2] Vgl. Mieth, Dietmar, Ehe als Entwurf. Zur Lebensform der Liebe, Mainz 1984; vgl. auch Baumann, Urs, Utopie Partnerschaft. Alte Leitbilder – neue Lebensformen, Düsseldorf 1994.

[3] Gaudium et Spes. Pastorale Konstitution über die Kirche in der Welt von heute in: Rahner, Karl / Vorgrimler, Herbert (Hg.), Kleines Konzilskompendium, Freiburg [18]1985, 449-552.

[4] Ich beschränke mich hier auf nur wenige Stichworte und verweise auf den Artikel von Günther, Jörn, „Wenn die Ehe scheitert…" in dieser Festschrift.

der Arbeitswelt und die Ökonomisierung der Beziehungen („Wer ist für mich nützlich und wie lange?") fördert bei vielen Menschen Entwurzelung, Bindungsunwilligkeit bis hin zur Beziehungsunfähigkeit. Zudem ist die Zerrüttung einer Ehe nicht zuallererst an der Scheidung festzumachen, sie geht ihr vielmehr voraus. Trennung und Scheidung stellen nur die Veröffentlichung einer zerbrochenen Ehe dar.

1 Worum geht es in der Frage eines angemessenen Umgangs mit Geschiedenen und wiederverheiratet Geschiedenen?

Zum einen geht es um die Fragen: Wie kann die verbindliche Lehre von der Unauflöslichkeit der Ehe in Treue zum Wort Jesu: „Was Gott verbunden hat, das darf der Mensch nicht trennen" (Mk 10,9) bewahrt und geschützt werden? Wie ist dieses Wort Jesu zu verstehen: normativ oder als Verheißung? Wie ist mit der Situation (a) geschiedener und (b) geschieden wiederverheirateter ChristInnen angemessen, d. h. lebens- und glaubensförderlich, umzugehen? zum Beispiel mit ihrem Wunsch nach (auch weiterhin) voller Kirchengemeinschaft, d. h. Eucharistiegemeinschaft, einschließlich des Kommunionempfangs? Wen betrifft das eigentlich noch? Im Wesentlichen handelt es sich (a) um kirchliche Mitarbeiterinnen und Mitarbeiter, also um kirchliche Angestellte; (b) um die kleine Gruppe derer, die als wiederverheiratet Geschiedene Skrupel haben, zur Kommunion zu gehen, z. B. bei der Erstkommunionfeier ihrer Kinder; (c) um die größere Gruppe, die als wiederverheiratet Geschiedene keine Skrupel haben, und (d) um die noch größere Gruppe, denen es völlig egal ist.

Zum anderen stellen sich die Fragen: Darf es Scheitern und Neuanfang – auch das Scheitern einer Ehe und der Neuanfang in einer anderen Ehe – in einer „Kirche der Sünder und Sünderinnen" geben? Dürfen wir überhaupt von einer „Kirche der Sünder und Sünderinnen" reden, wenn wir letztlich nur „Heilige" erwarten? – die wir ja auch sind: weil wir Gemeinschaft am Heiligen haben (communio sanctorum). Ist Gott im Scheitern nicht gegenwärtig? Es gilt theologisch daran zu erinnern, dass wir einen Gott verkünden, von dem wir sagen: *Gottes Zuwendung zum Menschen ist vorbehaltlos und bedingungslos: Gottes Liebe gilt jedem/jeder, und zwar vor aller Leistung und sogar trotz bzw. in aller Schuld!*

Zeigt sich die theologische Chiffre „Erbsünde" nicht gerade in der erbsündlichen Gebrochenheit des Menschen, d. h. darin, dass wir Menschen in unserem Bemühen, einander zu lieben, gut zu sein, vergebungsfähig zu sein, zu Neuanfängen bereit zu sein usw., gebrochen sind? Wenn ja: Dürfen wir in gebrochenen Verhältnissen glatte Lösungen erwarten? Dürfen Sakramente „instrumentalisiert", d. h. als „Belohnungs- bzw. Bestrafungsinstrumente" „gewährt" bzw. „verweigert" werden? Im Eucharistischen Hochgebet heißt es: *„Herr, schau nicht auf unsere Sünden, sondern auf den Glauben deiner Kirche!"* Gilt die Einladung Jesu zum eucharistischen Mahl („Kommt, die ihr müh-selig und beladen seid, ich will euch erquicken" Mt 11,28), nicht gerade den Bedürftigen – in unserem Zusammenhang: den in ihrer Ehe Gescheiterten? Muss man daher nicht besonders jenen Menschen, die nach einer Scheidung wieder heiraten und die für diesen Neuanfang ausdrücklich Gottes Hilfe suchen, geradezu empfehlen: Sucht und haltet die lebendige Verbindung zu Jesus Christus im eucharistischen Mahl! Lasst euch von dort her die Kraft zu einem entschiedenen (und mit der Erstehe versöhnten) Neuanfang schenken! Und lasst euch eure Kraft zur Liebe füreinander immer wieder in der Eucharistie erneuern! Zu Recht spricht doch die Liturgiekonstitution des Zweiten Vatikanischen Konzils („Sacrosanctum Concilium") von der Eucharistie als „Quelle und Höhepunkt des ganzen christlichen Lebens". Darf also ausgerechnet das Communio-Symbol Eucharistie zum Ausgrenzungssymbol gemacht werden?

2 Was lässt sich zur Situation Geschiedener und wiederverheiratet Geschiedener in der Kirche sagen?

In all diesen Fragen geht es um die von Trennung, Scheidung und ziviler Wiederheirat betroffenen Menschen, um Frauen und Männer, deren erste Ehe zerbrochen ist und die nach Phasen der Trauer und Wut, der Enttäuschung und Resignation Mut zu einem Neuanfang mit einer anderen Frau, mit einem anderen Mann fanden. Wie ist ihre Situation als Geschiedene und wiederverheiratet Geschiedene in der Katholischen Kirche?

In den Gemeinden stehen Geschiedene und wiederverheiratete Geschiedene vielfach am Rand. Sie haben nicht die Erwartung, von der Kirche angenommen und verstanden zu werden. „Es gibt Berührungsängste und Vorurteile, mangelndes Verständnis und Schuldzuweisungen, die eine große Distanz auf beiden Seiten bewirken."[5] In kirchlichen Verlautbarungen wird den wiederverheirateten Geschiedenen die Wählbarkeit in kirchliche Gremien abgesprochen. Durch den Ausschluss von den Sakramenten werden die Betroffenen in der Regel gemeinsam mit ihren Kindern der Kirche entfremdet. Wie können sie auch ihren Kindern Zugang zur Gemeinde und zu den Sakramenten erschließen helfen, wenn sie selbst draußen bleiben müssen? Besonders für die, die eine/n Geschiedene/n geheiratet haben, ist dieser Ausschluss unverständlich und Ärgernis erregend.

---

[5] Diözesansynode Hildesheim, Hildesheim 1989/90, 1.1.

Die amtskirchlichen Aufrufe, sich besonders um diese Menschen zu kümmern, machen diese oft zu Objekten der Seelsorge und erscheinen widersprüchlich. Die Einladung, an der Messfeier teilzunehmen, aber nicht zu kommunizieren, reißt die lebendige Eucharistiefeier auseinander und verurteilt die Betroffenen zu einem andauernden Status eines öffentlichen Sünders.

Die kirchlichen Ehenichtigkeitsprozesse können, wie schon die „Würzburger Synode" 1975 in ihrem Beschluss „Ehe und Familie" (3.5.1.5.) feststellte, nur in wenigen Fällen helfen. Heute scheint es da mehr Möglichkeiten zu geben. Zudem sind bzw. waren, so wird jedenfalls von Betroffenen glaubhaft berichtet, die Prozesse nicht selten verletzend und entwürdigend. Die Auflage für wieder-verheiratete Geschiedene, sie könnten nur zu den Sakramenten wieder zugelassen werden, wenn sie wie Bruder und Schwester zusammenleben, ist nicht lebbar und menschenunwürdig.

Die Wiederverheiratung Geschiedener, die im kirchlichen Dienst stehen, zieht in der Regel die Kündigung durch den kirchlichen Arbeitgeber nach sich, weil darin ein Verstoß gegen die christliche Lebensweise gesehen wird. Dadurch werden nicht wenige kirchliche Arbeitnehmer/innen zur Unehrlichkeit gezwungen. Sie können ihre neue Beziehung nicht offen leben, weil ihnen sonst die Existenzgrundlage entzogen wird. Die arbeitsrechtlichen Konsequenzen bei der Wiederverheiratung Geschiedener werden von nicht wenigen kirchlichen Arbeitgebern im Hinblick auf Anstellung und Kündigung zunehmend bereits auch bei den in Scheidung Lebenden und Alleinerziehenden angewandt, also vielfach in einer Situation, in der diese auf einen Arbeitsplatz angewiesen sind, um auch finanziell überleben zu können. Diese Praxis schadet der Glaubwürdigkeit der Kirche und findet wachsendes Unverständnis in der kirchlichen und nichtkirchlichen Öffentlichkeit. Denn gerade in dieser Situation, wenn die Ehe-Beziehung als eine zentrale, tragende Säule im Leben eines Menschen zerbricht, kann die Säule „Arbeit" ein wichtiger, das Leben hilfreich strukturierender Kompensationsfaktor sein. Diesen jemandem zu nehmen bedeutet daher, ihn zusätzlich zu beschädigen, psychisch und finanziell.

Manche kirchliche Arbeitgeber – vor allem im caritativen Bereich – sehen von einer Kündigung ab, weil sie z. T. die menschliche Reife und die berufliche Qualifikation höher bewerten als die kirchen-rechtliche Situation der Ehe, z. T. auch, weil sie der schwierigen Personalsituation Rechnung tragen müssen. Das hebt allerdings die rechtliche Unsicherheit und die emotionale Betroffenheit und Angst in dieser Situation für die Betroffenen nicht auf. Es erscheint zufällig, mit welchem Priester oder mit welchem kirchlichen Arbeitgeber die Betroffenen zu tun haben. Doch von diesem Zufall hängen nicht selten die kirchliche Integration und/oder die berufliche Existenz ab.

177

3 Pastoraltheologische Vergewisserung und erste Schlussfolgerung

Was ist angesichts der Situation Geschiedener und wiederverheiratet Geschiedener in der Katholischen Kirche in einer pastoraltheologischen Vergewisserung von der Haltung Jesu im Umgang mit Menschen in gebrochenen Verhältnissen zu erinnern und welche ersten Schlussfolgerungen sind daraus zu ziehen? Folgende Aspekte will ich, ohne jeglichen Vollständigkeitsanspruch, anführen:

- Jesus hat, gerade gegen alle Willkür von Männern in der Scheidungspraxis, die Unauflöslichkeit der Ehe nach dem Willen Gottes als Einladung und Verheißung ausgesprochen. Die gesetzhafte Fixierung der Unauflöslichkeit, wie sie im Kirchenrecht vorliegt, folgt nicht notwendig aus den Worten Jesu, wie die Exegese und die Praxis anderer christlicher Kirchen zeigen. Wobei ich die Aufgabe des Rechtes ausdrücklich positiv sehe: Das Recht will theologisch Wichtiges schützen!

- Jesus hat gerade die Gescheiterten nicht verstoßen, sondern sie so angenommen, wie sie sind, und ihnen neue Lebensmöglichkeiten eröffnet. Dies muss auch die Praxis der Kirche im Blick auf die wiederverheirateten Geschiedenen bestimmen.

- Das Arbeitsrecht hat wie jedes Recht vor allem die Aufgabe, den Schwächeren zu schützen. Gerade die Kirche hat von ihrem Auftrag her allen Grund, ihre Sakramentenpraxis und auch ihr Arbeits-recht danach auszurichten, sonst entsteht ein tiefer Widerspruch zwischen ihrer Botschaft als Glaubensgemeinschaft und ihrer Stellung als Arbeitgeberin. Dies gilt beispielsweise für den caritativen Bereich, bei dem es auch um die Sorge für Gescheiterte geht. Wie soll der Dienst an den Gescheiterten glaubwürdig sein, wenn man selbst, in der Rolle als Arbeitgeberin, diejenigen MitarbeiterInnen vor die Tür setzt, deren erste Ehe gescheitert ist und die eine neue Ehe eingehen? Der Umgang mit Menschen in den eigenen Reihen muss der fachlichen Arbeit an und mit den Menschen entsprechen. Gerade hier sollten die kirchlichen Einrichtungen vorbildlich sein.

- Die „Kirchlichkeit" und die Beziehung in einer Ehe sind bei jedem Menschen ein Prozess, der Höhen und Tiefen kennt, Distanzierung und neue Identifikation. Die Geschichte einer/eines Glaubenden kennt Versagen und Schuld, aber auch Reue und Vergebung. „Kirchlichkeit" ist deswegen nicht einfach abfragbar oder auf den kirchenrechtlichen Status der Ehe reduzierbar.

- Die Annullierung einer Ehe, d. h. die kirchenrechtliche Feststellung der Nichtigkeit einer Ehe, löst nicht die menschlichen Fragen. Denn eine Ehe kann auch nach ihrem Scheitern nicht aus der Geschichte der Betroffenen gestrichen werden. Irrtum, Versagen und Schuld können nicht ungeschehen gemacht werden. Es kommt vielmehr darauf an, *wie* ein Mensch mit den Brüchen seines/ihres Lebens umgeht. Ein ehrliches Aufarbeiten des Scheiterns macht manche/n vielleicht erst zu einer wirklichen Ehe fähig. Gleichwohl ist zu würdigen, dass das Kirchenrecht einem jeden Christen/einer jeden Christin ausdrücklich das Recht einräumt, in einem Annullierungsverfahren vor einem kirchlichen Ehegericht das Vorliegen von Ehenichtigkeitsgründen prüfen zu lassen. Es ist somit *eine* Möglichkeit, mit der Situation Scheidung konstruktiv umzugehen, indem zu klären versucht wird, ob die kirchenrechtlichen Voraussetzungen für das Zustandekommen und den Beginn der ersten Ehe überhaupt gegeben waren.

- Viele wiederverheiratete Geschiedene versuchen ihre zweite Ehe im Sinne Jesu zu leben, in Liebe und gegenseitiger Achtung, in Verantwortung für den Partner/die Partnerin und die gemeinsamen Kinder, in guten und in schweren Tagen und in endgültiger Treue. Sie sehen sich dabei auf Grund ihres Glaubens an die Frohe Botschaft Jesu und an die Barmherzigkeit Gottes weiter zu den Sakramenten, vor allem zur Eucharistie, eingeladen – zumal die Teilnahme an der Kommunion nicht Belohnung für ein gutes, gelingendes Leben, sondern Kraft für den jeweiligen Weg bedeutet. Oft geschieht dies nach einem klärenden Gespräch mit einem Priester. Zu diesem Weg gehören auch Reue und Trauerarbeit im Hinblick auf die eigenen Anteile an Schuld. Aufgabe der SeelsorgerInnen der Kirche ist hierbei, Wahrnehmungshilfe zu leisten, das heißt Menschen zu helfen, dass sie das, worin sie schuldig geworden sind, wahrnehmen und zu ihrer Schuld stehen können. Zu meiner Schuld stehen kann ich aber nur, wo ich auf Vergebung hoffen darf. Es geht hier also um Wahrnehmungshilfe und nicht um eine Schuldeinredungspraxis.
- Des weiteren: Die Auflösung der neuen Verbindung mit den daraus entstandenen Pflichten darf nicht zur Voraussetzung der Wiederzulassung zu den Sakramenten gemacht werden[6].
- Geschiedene, wiederverheiratet Geschiedene und auch Menschen, die getrennt leben, wenn sie auch weiterhin rechtlich miteinander verheiratet bleiben, sind als wichtige und unverzichtbare GesprächspartnerIn zu sehen, die ihre bisherigen Ehe-Erfahrungen in das christlich-kirchliche Lebenswissen um das Zusammenleben von Frau und Mann in einer Ehe als hilfreiches Erfahrungswissen einbringen können.
- In der Kirche ist weiter und auch öffentlich über diese Fragen zu diskutieren, in allen kirchlichen Gremien, bei den kirchlichen Arbeitgebern und in den Mitarbeitervertretungen. Aus einer Stellungnahme in diesen Fragen dürfen keine personellen, arbeitsrechtlichen oder andere disziplinierende Konsequenzen gezogen werden. Bei den arbeitsrechtlichen Fragen und

---

[6] Vgl. Synode Hildesheim 4.1.

Entscheidungen sind die gesamte menschliche Situation des/der Betroffenen sowie die berufliche Qualifikation und das Arbeitsfeld zu berücksichtigen, nicht nur die kirchenrechtliche Beurteilung der Ehe. *Kündigungsrecht ist nicht Kündigungspflicht.* Eine Scheidung bzw. die Wiederheirat eines/einer Geschiedenen ist auch kein hinreichender Grund, jemand nicht an einem Bewerbungsverfahren teilnehmen zu lassen.

4 Positionen von Lehramt, Hirtenamt und Theologie

Wie beurteilen nun jeweils Lehramt, Hirtenamt und Theologie die Möglichkeit zur auch weiterhin vollen eucharistischen Gemeinschaft Geschiedener und wiederverheiratet Geschiedener, einschließlich des Kommunionempfangs? Und was können wir aus der Praxis der Ostkirche lernen? Ich will, auch um die historische Zeitenfolge im Blick zu behalten, mit dem Lehramt beginnen, und zwar mit dem Apostolischen Schreiben „Familiaris Consortio" von Johannes Paul II. vom 22. Nov. 1981.

4.1 Das Apostolische Schreiben „Familiaris Consortio"[7]

Im Apostolischen Schreiben Familiaris Consortio wird eine Doppelstrategie verfolgt:

Zum einen wird immer wieder die Nichtzulassung von wiederverheirateten Geschiedenen zu den Sakramenten betont, insbesondere zu den Sakramenten Buße, Eucharistie und Krankensalbung. So heißt es in Familiaris Consortio, Nr. 84: „Die Kirche bekräftigt ihre auf die Heilige Schrift gestützte Praxis, wiederverheiratete Geschiedene nicht zum eucharistischen Mahl zuzulassen. Sie können nicht zugelassen werden, denn ihr Lebensstand und ihre Lebensverhältnisse stehen im objektiven Widerspruch zu jenem Bund der Liebe zwischen Christus und der Kirche, den die Eucharistie sicht-bar und gegenwärtig macht. Darüber hinaus gibt es noch einen besonderen Grund pastoraler Natur: Ließe man solche Menschen zur Eucharistie zu, bewirkte dies bei den Gläubigen hinsichtlich der Lehre der Kirche über die Unauflöslichkeit der Ehe Irrtum und Verwirrung."

Das entscheidende Stichwort hierbei heißt „objektiver Widerspruch". In zweiter Ehe zu leben bedeutet, in einem objektivem Widerspruch zur christlich-kirchlichen vermittelten Überzeugung von einer Ehe nach dem Willen Gottes zu leben, und das wiederum heißt, getrennt von Gott zu sein. Und da der

---

7 Johannes Paul II., Apostolisches Schreiben „Familiaris Consortio", 1981 (= Verlautbarungen des Apostolischen Stuhles, hg. vom Sekretariat der Deutschen Bischofskonferenz,), Bonn 1981.

Kommunionempfang in der Eucharistiefeier die Vereinigung mit Gott darstellt, ist nach kirchlicher Lehre daher die Zulassung zum Kommunionempfang für wiederverheiratet Geschiedene nicht möglich.

Weiter heißt es in Familiaris Consortio, Nr. 84: „Die tägliche Erfahrung zeigt leider, dass derjenige, der sich scheiden lässt, meist an eine neue Verbindung denkt, natürlich ohne katholische Trauung. Da es sich auch hier um eine weitverbreitete Fehlentwicklung handelt, die mehr und mehr auch katholische Bereiche erfasst, muss dieses Problem unverzüglich aufgegriffen werden. Die Väter der Synode haben es ausdrücklich behandelt. Die Kirche, die dazu gesandt ist, um alle Menschen und insbesondere die Getauften zum Heil zu führen, kann diejenigen nicht sich selbst überlassen, die eine neue Verbindung gesucht haben, obwohl sie durch das sakramentale Eheband schon mit einem Partner verbunden sind. Darum wird sie unablässig bemüht sein, solchen Menschen ihre Heilsmittel anzubieten."

Zugleich aber werden die Priester in Familiaris Consortio zu einer differenzierten Wahrnehmung der Einzelsituationen angehalten: „Die Hirten mögen beherzigen, dass sie um der Liebe zur Wahrheit willen verpflichtet sind, die verschiedenen Situationen gut zu unterscheiden. Es ist ein Unterschied, ob jemand trotz aufrichtigen Bemühens, die frühere Ehe zu retten, völlig zu Unrecht verlassen wurde oder ob jemand eine kirchlich gültige Ehe durch eigene schwere Schuld zerstört hat. Wieder andere sind eine neue Verbindung eingegangen im Hinblick auf die Erziehung der Kinder und haben manchmal die subjektive Gewissensüberzeugung, dass die frühere, unheilbar zerstörte Ehe niemals gültig war. Zusammen mit der Synode möchte ich die Hirten und die ganze Gemeinschaft der Gläubigen herzlich ermahnen, den Geschiedenen in fürsorgender Liebe beizustehen, damit sie sich nicht als von der Kirche getrennt betrachten, da sie als Getaufte an ihrem Leben teilnehmen können, ja dazu verpflichtet sind. Sie sollen ermahnt werden, das Wort Gottes zu hören, am heiligen Messopfer teilzunehmen, regelmäßig zu beten, die Gemeinde in ihren Werken der Nächstenliebe und Initiativen zur Förderung der Gerechtigkeit zu unterstützen, die Kinder im christlichen Glauben zu erziehen und den Geist und die Werke der Buße zu pflegen, um so von Tag zu Tag die Gnade Gottes auf sich herabzurufen. Die Kirche soll für sie beten, ihnen Mut machen, sich ihnen als barmherzige Mutter erweisen und sie so im Glauben und in der Hoffnung stärken."

Bei aller Bereitschaft, sich pastoral nicht von den wiederverheiratet Geschiedenen zu trennen, und dem ausdrücklich erklärten Willen, ihnen in den Fragen ihres Lebens beizustehen, kommt es in der Frage der Zulassung zum Kommunionempfang nicht zu einer Versöhnung zwischen Dogmatik und Pastoral.

Zum anderen jedoch wird den wiederverheiratet Geschiedenen eine Versöhnung im Bußsakrament als Voraussetzung für die Zulassung zur Eucharistie ausdrücklich angeboten, allerdings nur unter der Bedingung sexueller Enthaltsamkeit. So heißt es in Familiaris Consortio, Nr. 84, weiter: „Die Wiederversöhnung im Sakrament der Buße, das den Weg zum Sakrament der Eucharistie öffnet, kann nur denen gewährt werden, welche die Verletzung des Zeichens des Bundes mit Christus und der Treue zu ihm bereut und die aufrichtige Bereitschaft zu einem Leben haben, das nicht mehr im Widerspruch zur Unauflöslichkeit der Ehe steht. Das heißt konkret, dass, wenn die beiden Partner aus ernsthaften Gründen – zum Beispiel wegen der Erziehung der Kinder – der Verpflichtung zur Trennung nicht nachkommen können, sie sich verpflichten, völlig enthaltsam zu leben, das heißt, sich der Akte zu enthalten, welche Eheleuten vorbehalten sind."

Den Priestern wird zudem ausdrücklich jeglicher Versuch untersagt, eine zivilrechtliche Wiederheirat durch eine wie auch immer geartete rituelle Handlung zu begleiten. So heißt es in Familiaris Consortio hierzu: „Die erforderliche Achtung vor dem Sakrament der Ehe, vor den Eheleuten selbst und deren Angehörigen wie auch gegenüber der Gemeinschaft der Gläubigen verbieten es jedem Geistlichen, aus welchem Grund oder Vorwand auch immer, sei er auch pastoraler Natur, für Geschiedene, die sich wiederverheiraten, irgendwelche liturgischen Handlungen vorzunehmen. Sie würden ja den Eindruck einer neuen sakramental gültigen Eheschließung erwecken und daher zu Irrtümern hinsichtlich der Unauflöslichkeit der gültig geschlossenen Ehe führen." Abschließend heißt es dann in Familiaris Consortio: „Durch diese Haltung bekennt die Kirche ihre eigene Treue zu Christus und seiner Wahrheit; zugleich wendet sie sich mit mütterlichen Herzen diesen ihren Söhnen und Töchtern zu, vor allem denen, die ohne ihre Schuld von ihren rechtmäßigen Gatten verlassen wurden. [...] Die Kirche vertraut fest darauf, dass auch diejenigen, die sich vom Gebot des Herrn entfernt haben und noch in einer solchen Situation leben, von Gott die Gnade der Umkehr und des Heils erhalten können, wenn sie ausdauernd geblieben sind in Gebet, Buße und Liebe."

Zu fragen ist, welcher Kirchenbegriff hier eigentlich zugrunde gelegt wird? Nach katholischem Kirchenverständnis bilden wir ja alle, durch Taufe und Firmung zum Volk Gottes geworden, die eine Kirche. Und in dieser Kirche gibt es auch das Dienst-Amt („Nicht Herren eures Glaubens, sondern Diener eurer Freude", 2 Kor 1, 24) zur Auferbauung der Gemeinde. Gemeinsam, ohne jegliches Definitionsmonopol des Amtes in der Kirche, gilt es daher nach dem angemessenen Umgang mit der Frage von Scheitern und Neuanfang in einer zweiten Ehe und der Möglichkeit zur auch weiterhin vollen eucharistischen Gemeinschaft Geschiedener und wiederverheiratet Geschiedener, einschließlich des Kommunionempfangs zu suchen.

4.2 Das Schreiben von Bischof Reinhard Lettmann

Eine wichtige Deutungshilfe des Apostolischen Schreibens Familiaris Consortio von 1981 gibt Bischof Reinhard Lettmann (Münster) in seinem Schreiben vom 28. Januar 1991 an die Pfarrer und Pfarrgemeinderäte der Diözese Münster.[8] Er weist u. a. darauf hin, dass die Kirche im Hinblick auf die wiederverheiratet Geschiedenen „kein Urteil über subjektive Schuld (spricht) und darüber, wie der einzelne vor Gott steht". Vielmehr könnten wiederverheiratete Geschiedene nicht zum eucharistischen Mahl zugelassen werden, da ihr Lebensstand und ihre Lebensverhältnisse in einem „objektivem Widerspruch" zu jenem Bund der Liebe zwischen Christus und der Kirche stehen, den die Eucharistie sichtbar und gegenwärtig macht. „Das Weltrundschreiben spricht von einem objektiven Widerspruch. Damit ist ein Sachverhalt angesprochen, der nicht nur den Bereich der kirchlichen Ordnung und des Sittlichen berührt, sondern in den Bereich der Glaubenslehre fällt. Es handelt sich um einen Sachverhalt in der Lehre von der Kirche und in der damit verbundenen Lehre von den Sakramenten."

Im Hinblick auf diesen „objektiven Widerspruch" ergeben sich für Bischof Lettmann, von Hause aus Kirchenrechtler, einige Fragen: „Wann liegt dieser objektive Widerspruch im Einzelfall vor?" Seine Antwort: „Er liegt nicht vor, wenn die erste Ehe keine gültige sakramentale Ehe gewesen ist. Das Kirchliche Ehegericht hat die Aufgabe, dies festzustellen. Und was ist, wenn der Beweis nicht erbracht werden kann, die Ehe aber dennoch ungültig ist und die Betroffenen die subjektive Gewissensüberzeugung haben, dass die frühere unheilbar zerstörte Ehe niemals gültig war?" Bei der Suche nach Antworten auf diese Fragen geht es nach Ansicht von Bischof Lettmann „nicht darum, eine neue Glaubensüberzeugung zu entwickeln, die von der bisherigen Glaubensüberzeugung abweicht. Es geht um die Frage, ob innerhalb der bleibenden Glaubensüberzeugung Differenzierungen möglich sind." Und ausdrücklich betont Bischof Lettmann: „Das Gespräch über diese Fragen kann im theologischen und kirchlichen Bereich offen geführt werden. Gültige Antworten können nur in Einheit mit dem Kirchlichen Lehramt gefunden werden. Das Gespräch wird belastet, wenn vermeintliche Antworten in der Praxis vorweggenommen werden." Ergänzen möchte ich: Aber auch, wenn eine vermeintlich theologisch unumstößliche Position als unhinterfragbar dargestellt und somit die Suche nach einer lebbaren Praxis quasi verunmöglicht wird.

---

[8] Lettmann, Reinhard, Schreiben an die Pfarrer und Pfarrgemeinderäte der Diözese Münster, Münster 1991.

4.3 Die Bischöfe der oberrheinischen Kirchenprovinz

Die in der deutschsprachigen Öffentlichkeit am meisten bekannt gewordene Wortmeldung war die Initiative „Zur seelsorglichen Begleitung von Menschen aus zerbrochenen Ehen, Geschiedenen und Wiederverheirateten Geschiedenen"9. Es war die gleichnamige Veröffentlichung der drei Bischöfe der Oberrheinischen Kirchenprovinz, der Bistümer Freiburg, Mainz und Rottenburg-Stuttgart aus dem Jahre 1993. Die Bischöfe Karl Lehmann (Mainz), Walter Kaspar, der damalige Bischof von Rottenburg-Stuttgart und Oskar Saier (Freiburg) gingen zwei Wege. Sie formulierten zum einen ein „Hirtenwort zur Pastoral mit Geschiedenen und Wiederverheiratet Geschiedenen" und zum anderen „Grundsätze für eine seelsorgliche Begleitung von Menschen aus zerbrochenen Ehen und von Wiederverheiratet Geschiedenen in der Oberrheinischen Kirchenprovinz". Die Kernaussagen lassen sich in sechs Punkten zusammenfassen:

Erstens: „Die neueren kirchlichen Verlautbarungen erklären in Treue zur Weisung Jesu, dass die Wiederverheiratet Geschiedenen nicht generell zum eucharistischen Mahl zugelassen werden können, da sie sich in Lebensverhältnissen befinden, die in objektivem Widerspruch sind zum Wesen der christlichen Ehe" (S. 13).

Zweitens: „Wenn die Betroffenen zu der begründeten Gewissensüberzeugung von der Nichtigkeit ihrer ersten Ehe gekommen sind, der Nachweis dafür in einem Verfahren vor dem kirchlichen Ehegericht aber nicht möglich ist, in solchen und ähnlichen Fällen kann ein seelsorgliches Gespräch den Betroffenen helfen, zu einer persönlich verantworteten Gewissensentscheidung zu finden, die von der Kirche und der Gemeinde zu respektieren ist" (S. 13).

Drittens: Gleiches gilt, „wenn die Betroffenen schon einen längeren Weg der Besinnung und Buße zurückgelegt" haben oder

Viertens: im Fall einer „Pflichtenkollision, wo das Verlassen der neuen Familie schweres Unrecht heraufbeschören würde".

Fünftens: Die Forderung von *Familiaris Consortio*, wiederverheiratete Geschiedene sollten „wie Bruder und Schwester", also in sexueller Enthaltsamkeit leben, kann nach Auffassung dieser drei Bischöfe „auf die Dauer gewiss nicht von allen Wiederverheirateten Geschiedenen verwirklicht werden, nur selten von jüngeren Paaren" (S. 28).

---

[9] Lehmann, Karl / Kaspar, Walter / Saier, Oskar, Schreiben an die Bischöfe der katholischen Kirche über den Kommunionempfang von wiederverheirateten geschiedenen Gläubigen, in: Zur Seelsorge mit Wiederverheirateten Geschiedenen, hg. von den Bischöflichen Ordinariaten der Oberrheinischen Kirchenprovinz Freiburg, Mainz, Rottenburg-Stuttgart 1993.

Sechstens: Einer allgemeinen „Zulassung" zu den Sakramenten stehe zwar entgegen, dass damit die „Treue der Kirche zur Unauflöslichkeit der Ehe verdunkelt würde"; dennoch könne „sich im Einzelfall herausstellen, dass die Ehepartner [...] sich in ihrem [...] Gewissen ermächtigt sehen, an den Tisch des Herrn zu treten" (S. 30).

4.4 Die Kongregation für die Glaubenslehre

Das Schreiben der drei Bischöfe der Oberrheinischen Kirchenprovinz führte zu einer heftigen Kontroverse mit dem damaligen Vorsitzenden der Glaubenskongregation im Vatikan, dem aus Deutschland stammenden Kurienkardinal Joseph Ratzinger, dem jetzigen Papst Benedikt XVI. Er antwortete den drei Bischöfen inhaltlich mit einem Schreiben, das er wegen der grundsätzlichen Bedeutung der zur Klärung anstehenden Fragestellung nicht an die deutsche Ortskirche allein richtete, vielmehr wurde es 1994 ausdrücklich als „Schreiben an die Bischöfe der katholischen Kirche über den Kommunionempfang von wiederverheirateten geschiedenen Gläubigen"[10] veröffentlicht. Das zu erkennende Hauptziel dieses Schreibens ist zum einen, die Lehre und Praxis der Kirche zu erinnern, und zum anderen, die Zuständigkeitskompetenz in der authentischen Interpretation der kirchlichen Lehre klar zu stellen. So heißt es in diesem Schreiben: „Es kommt dem universalen Lehramt der Kirche zu, in Treue zur Heiligen Schrift und zur Tradition das Glaubensgut zu verkünden und authentisch auszulegen" (S. 10). Und dann folgen, zusammengefasst, sechs Kernaussagen:

Erstens: „Wenn Geschiedene zivil wiederverheiratet sind, befinden sie sich in einer Situation, die dem Gesetz Gottes objektiv widerspricht. Darum dürfen sie, solange diese Situation andauert, nicht die Kommunion empfangen" (S. 10).

Zweitens: „Diese Norm hat nicht den Charakter einer Strafe oder irgendeiner Diskriminierung der wiederverheirateten Geschiedenen, sie bringt vielmehr eine objektive Situation zum Ausdruck, die als solche den Hinzutritt zur heiligen Kommunion unmöglich macht: ‚Sie stehen insofern selbst ihrer Zulassung im Weg, als ihr Lebensstand und ihre Lebensverhältnisse im objektiven Widerspruch zu jenem Bund der Liebe zwischen Christus und der Kirche sind, den die Eucharistie sichtbar und gegenwärtig macht.

---

[10] Ratzinger, Joseph, Schreiben an die Bischöfe der katholischen Kirche über den Kommunionempfang von wiederverheirateten geschiedenen Gläubigen, in: Zur Seelsorge mit Wiederverheirateten Geschiedenen, hg. von den Bischöflichen Ordinariaten der Oberrheinischen Kirchenprovinz Freiburg, Mainz, Rottenburg-Stuttgart 1994.

Drittens: Darüber hinaus gibt es noch einen besonderen Grund pastoraler Natur: Ließe man solche Menschen zur Eucharistie zu, bewirkte dies bei den Gläubigen hinsichtlich der Lehre der Kirche über die Unauflöslichkeit der Ehe Irrtum und Verwirrung" (S. 11). Hier scheint vor allem die Angst vor einem *„Dammbruch-Effekt"* wirksam gewesen zu sein.

Viertens: „Der Hinzutritt zur heiligen Kommunion (wird) ausschließlich durch die sakramentale Lossprechung eröffnet, die nur denen gewährt werden kann, welche die Verletzung des Zeichens des Bundes mit Christus und der Treue zu ihm bereut und die aufrichtige Bereitschaft zu einem Leben haben, das nicht mehr im Widerspruch zur Unauflöslichkeit der Ehe steht. Das heißt konkret, dass, wenn die beiden Partner aus ernsthaften Gründen – zum Beispiel wegen der Erziehung der Kinder – der Verpflichtung zur Trennung nicht nachkommen können, ‚sie sich verpflichten, völlig enthaltsam zu leben, das heißt, sich der Akte zu enthalten, welche Eheleuten vorbehalten sind' (Johannes Paul II.). In diesem Fall können sie zur heiligen Kommunion hinzutreten, wobei die Pflicht aufrechterhalten bleibt, Ärgernis zu vermeiden" (S. 11). Hier kann ich mich des Verdachtes eines Rigorismus eheloser Kleriker nicht erwehren.

Fünftens: „Gläubige, die wie in der Ehe mit einer Person zusammenleben, die nicht ihre rechtmäßige Ehegattin oder ihr rechtmäßiger Ehegatte ist, dürfen nicht zur heiligen Kommunion hinzutreten. Im Falle, dass sie dies für möglich hielten, haben die Hirten und Beichtväter wegen der Schwere der Materie und der Forderungen des geistlichen Wohls der betreffenden Personen und des Allgemeinwohls der Kirche die ernste Pflicht, sie zu ermahnen, dass ein solches Gewissensurteil in offenem Gegensatz zur Lehre der Kirche steht" (S. 12).

Sechstens: „Es ist gewiss wahr, dass das Urteil, ob die Voraussetzungen für einen Hinzutritt zur Eucharistie gegeben sind, vom richtig geformten Gewissen getroffen werden muss. Es ist aber ebenso wahr, dass der Konsens, der die Ehe konstituiert, nicht eine bloße Privatentscheidung ist, weil er für jeden Partner und für das Ehepaar eine spezifisch kirchliche und soziale Situation konstituiert. Das Gewissensurteil über die eigene eheliche Situation betrifft daher nicht nur die unmittelbare Beziehung zwischen Mensch und Gott, als ob man ohne die kirchliche Vermittlung, die auch die im Gewissen verbindlichen kanonischen Normen einschließt, auskommen könnte. Diesen wichtigen Aspekt nicht zu beachten, würde bedeuten, die Ehe faktisch als Wirklichkeit der Kirche, das heißt als Sakrament, zu leugnen" (S. 13).

„Das Mit-Leiden und Mit-Lieben der Hirten und der Gemeinschaft der Gläubigen ist nötig, damit die betroffenen Menschen auch in ihrer Last das süße Joch und die leichte Bürde Jesu erkennen können" (S. 15).

4.5 Erstes Fazit

Wenn ich versuche, ein Fazit der Positionen von Lehramt, Bischofsamt und Theologie zu ziehen, dann möchte ich auf folgende Punkte aufmerksam machen: Die Konfliktlinien verlaufen nicht zwischen Lehramt und Basis, sondern innerhalb des Lehramtes selbst. Beide Positionen berufen sich auf den *sensus fidelium*. Doch wie ist der zu ermitteln? Für die eine Seite äußert er sich in der überwiegenden Meinung von Pfarrern, Laien und Betroffenen in den Diözesen, für die andere Seite in der *opinio communis* bei der Interpretation der Tradition. Die Auseinandersetzung zwischen römischer Kongregation und deutschen Bischöfen endete faktisch im Dissens, welcher aber nicht als solcher deklariert wurde. Es könne hier kein Widerspruch entstehen – so das Antwortschreiben – weil die oberrheinische Praxis eine pastorale Lösung sei, keine dogmatische Entscheidung. Diese Argumentation ist eine Strategie des „Runterhängens" vom dogmatischen in den pastoralen Bereich. Im dogmatischen Bereich besteht Konsistenzzwang, im pastoralen gibt es den Spielraum der „pastoralen Flexibilität". Weltkatechismus ja, aber keine Weltpastoral.

Beide Seiten berufen sich auf das Evangelium, aber mit unterschiedlicher Akzentsetzung (Barmherzigkeit oder Gerechtigkeit), beide sind in sich logisch, verwenden aber eine unterschiedliche Logik: Die lehramtliche Logik folgt der *Widerspruchsfreiheit* mit sich und der Tradition und fordert auch Widerspruchsfreiheit bei den wiederverheirateten Geschiedenen: Wer die Ehe einmal versprochen hat, soll die frei gewählte Verbindlichkeit nicht wieder auflösen.

Die bischöfliche Logik folgt einer *Situationsgerechtigkeit*, wonach ihre Empfehlungen ausschließlich für die Gebiete ihrer Diözesen gälten und eine Veröffentlichung außerhalb dieses Gebietes bewusst nicht vorgesehen wäre, dass aber die Antwort aus Rom sich auf alle im Weltepiskopat ähnlichen Initiativen bezogen hat. Zur Logik der Situationsgerechtigkeit gehört auch die Unterscheidung von „*Zulassung*" zu den Sakramenten, was ein Gegenstand der Dogmatik sei, und der Frage nach dem „*Hinzutreten*", das aus pastoralen Gründen und unter Anwendung der Epikie toleriert wird, auch wenn keine Zulassung ausgesprochen wurde.

Der Konflikt verlängert sich durch die unterschiedliche Beurteilung, ob es einen weiteren Gesprächsbedarf gibt oder nicht. Die Glaubenskongregation bekräftigt und zitiert die Meinung *früherer* Lehrschreiben, die Bischöfe dagegen fordern *weitere* theologische Forschung zu diesem Thema ein. Konflikte bestehen materialiter in dem Aufeinandertreffen verschiedener Interpretationen zum selben Gegenstand, formaliter aber in der unterschiedlichen Macht, das Gespräch fortzusetzen oder abzubrechen. Abbruch bedeutet die Akzeptanz des aktuellen Stands, Fortsetzung bedeutet die Akzeptanz des aktuellen Standes als Zwischenergebnis.

4.6 Die Praxis der Ostkirche

Werfen wir einen Blick auf die Ostkirche, also auf die orthodoxen Kirchen, um in unserer Fragestellung von ihr zu lernen.[11] Sie kennt beides: Es gibt das Scheidungsverbot und die Tolerierung einer Wiederheirat Geschiedener. Das Wort Jesu vom Ehescheidungsverbot gilt ohne Abstriche. Die Ehe wird als ein Mysterium, ein Geheimnis der Liebe, eine Ikone des dreieinen Gottes, eine Ikone des Ehebundes Christi mit seiner Kirche (vgl. Eph 5,21 ff.) verstanden. Nicht Frau und Mann spenden sich gegenseitig das Sakrament, vielmehr Gott selbst schließt das Brautpaar durch den Priester zu einem Bund zusammen. Dieser Bund bindet die Eheleute über den Tod hinaus. Der/die verwitwete EhepartnerIn darf deshalb nicht noch einmal heiraten. Denn: Wie Gottes Bundestreue über den Tod hinausgeht, so ist auch der Tod des Ehepartners/der Ehepartnerin keine Grenze der Unauflöslichkeit.

In Berufung auf Kirchenlehrer wie Basilius, Origines und Augustinus wird eine Tolerierung der Wiederheirat praktiziert, um größeres Übel zu vermeiden. Bei Wiederheirat erfolgt die Trauung bewusst als Bußgottesdienst, d. h. es erfolgt keine Krönung des Brautpaares, kein Empfang der Eucharistie während einer festgesetzten Frist; die Buße, durchaus über mehrere Jahre, wird ausdrücklich als „Medikament" verstanden zur geistlichen Gesundung.

Die orthodoxe Theologie versucht zwei Grundgegebenheiten christlichen Glaubens zusammenzuhalten und aufeinander zu beziehen: zum einen die akribeia, die strenge Beachtung der Lehre und der kanonischen Normen, und die oikonomia, die barmherzige Anwendung der kanonischen Normen im Einzelfall. Dahinter steht die Grundüberzeugung: Es ist die eine Liebe Gottes, die beides in sich vereint: Gerechtigkeit und Barmherzigkeit.

5 Konfliktstrategien

Welche Konfliktstrategien lassen sich im Umgang mit der Frage der Zulassung Geschiedener und wiederverheiratet Geschiedener zur Kommunion feststellen? Es sind vor allem zwei Kategorien, mit denen sich alle Strategien sortieren lassen: die Strategie der Konformität und die der Non-Konformität. In knappen Stichworten lassen sie sich so zusammenfassen:

---

[11] Vgl. Güttler, Markus, Unauflöslichkeitslehre und Ehescheidung in Theologie und Praxis der orthodoxen Kirche, in: Ders., Die Ehe ist unauflöslich! Eine Untersuchung zur Konsistenz der kirchlichen Eherechtsordnung, Essen 2002, 165-176.

5.1 Konformität:

Josephsehe: Loyale Fälle von Wiederverheiratung, in denen die Gatten nach der sakramentalen Versöhnung wie Schwester und Bruder zusammenleben, sind mir nicht bekannt.

Geistliche Kommunion: Ungenutzt scheint auch die Möglichkeit, mit dem zweiten Partner zusammenzuleben und nichtsakramental am sakramentalen Leben teilzunehmen. Gerade das Lehramt weist darauf hin, dass wiederheiratete Geschiedene nicht exkommuniziert sind, sondern zum Besuch von Gottesdiensten und zum Gebet eingeladen bleiben. Allerdings wurde diese Einladung pastoral extrem erschwert durch römische Äußerungen (vom 27. Mai 1999), Wiederverheiratete seien von Patenämtern und pastoralen Räten ausgeschlossen. Es ist schwer jemand einzuladen, ihn dann aber nur in die Diele, nicht jedoch ins Wohnzimmer zu bitten.

Annullierung der ersten Ehe: Sie wird von kirchlich Bediensteten gesucht, von kirchlich Engagierten oft abgelehnt, weil sie die Zeit der ersten Ehe nicht nachträglich „ungeschehen machen will". Andererseits biete die „Abarbeitung" der ersten Beziehung eventuell für die neuen, zweiten Partner die Gelegenheit, sich von der Vor-Vergangenheit abzusetzen. Von einigen wird diese Möglichkeit gezielt genutzt nach dem Motto „play the systems". Diese Gläubigen übernehmen die Anforderungen der Kirche, ohne sie innerlich mit zu vollziehen. Sie spielen das Spiel, das verlangt wird. Das setzt allerdings eine souveräne Distanzierung zum Verfahren voraus.

Konformität aus Protest: Einige Gläubige verzichten aus Solidarität mit anderen auf den Empfang der Sakramente, nicht aus Einsicht in die Norm. Sie wollen den derzeitigen Diskussionsstand nicht als endgültig akzeptieren.

Konformität trotz Protest: Es gibt Fälle, in denen Wiederverheiratete in derselben Wohnung leben, aber mit zwei Klingelschildern und zwei Telefonanschlüssen. Oder auf derselben Etage in zwei nebeneinander liegenden Apartments, in möglichst anonymen Wohngebieten. Selten stehen hinter diesen Lösungen selbstbewusste Entscheidungen, als vielmehr Existenzangst, die Arbeit als Kindergärtnerin oder Berater/in im kirchlichen Dienst zu verlieren. Informelle Maximen von diözesanen Behördenmitgliedern ermuntern dazu: „Macht, was ihr wollt, aber schaut, dass euer Verhältnis nicht ruchbar wird." Der Konflikt wird dann ganz ins *forum externum* verlagert, indem man alle öffentlichkeitsrelevanten Aspekte geteilter Privatsphäre (Telefon, Hausnummer, Postkasten, Name) getrennt hält.

5.2. Non-Konformität:

Problemlose Zuwiderhandlung: Die allermeisten der betroffenen Gläubigen lösen das Problem selbst, und zwar dahingehend, dass sie „kein großes Problem darin sehen". Die kirchliche Diskussion wird kaum wahrgenommen, die soziale Kontrolle ist weggefallen und der Ortspfarrer hat nichts dagegen. Die Menschen haben „das subjektiv in Ordnung gebracht" und gehen selbstverständlich zur Kommunion. Im Schweizer Raum ist die Souveränität diesbezüglich größer als im deutschen. Ein Indiz für diese Strategie sind Erfahrungen aus der Diözese Innsbruck: Dort wurde dem Thema oberste Priorität eingeräumt und eigene Beratungsstrukturen eingerichtet; jedoch war die Resonanz der Gläubigen auffällig gering. Hatte man das Problembewusstsein überschätzt?

Subversive Strategien: Aus nichteuropäischen Ländern (Afrika und Südamerika) wird berichtet, dass ganze Regionen samt Diözesanleitung die Duldung der Mehrfachverheiratung praktizieren und dies offiziell einfach verschweigen. Einige Bischöfe sehen in der sukzessiven Monogamie das kleinere Übel gegenüber jeder Form der Polygamie oder des Nebenfrauen-Konkubinats. Die Bischöfe verhalten sich dann strukturell ähnlich der oben genannten „Konformität trotz Protest": sie trennen Privatsphäre der Diözese von der Öffentlichkeit der Weltkirche. Allerdings ist zu fragen, ob diese zur Doppelinstitution erhobene Doppelmoral nicht die weitere Diskussion blockiert, statt sie zu stimulieren?

Unterhalb der Sakramentenebene wurde von einigen Pfarrern auf Sakramentalienebene die Praxis der „Wiedereinsegnung" entwickelt. Sie will die Verbindlichkeit der Ehe bewahren und gleichzeitig die zweite Verbindung kirchlich stärken. Diese Praktiken sind „Schattengewächse", sie gedeihen nicht im Licht der Öffentlichkeit, weil sie die Diözesanleitungen zwingen würden, sie zu verbieten oder Konflikte mit der Weltkirche heraufbeschwören. Daher sollten sie nicht zum Modellfall erklärt werden, sondern gleichsam als Experimentiermöglichkeit geschützt bleiben. Erst wenn die Praxis breitere Wurzeln geschlagen hat, kann man den Weg durch die Institution wagen. – Als analoges Beispiel ließen sich die Aussendungsfeiern für Gemeinde- und PastoralreferentInnen anführen: Vor Jahren noch erfolgten sie – um jeder Verwechslung mit der Priesterweihe vorzubeugen – an einem Werktag in einer Kapelle, heute feiert man einen Festgottesdienst mit dem Bischof im Dom.

6 Was sind pastoral-theologische Kriterien für einen Umgang mit Geschiedenen und wiederverheiratet Geschiedenen?

Unter Pastoraltheologie als einer theologisch begründeten Pastoral verstehe ich in unserem Zusammenhang die „Mit-Sorge für das Gelingen von Beziehungen unter dem Zuspruch und Anspruch Gottes". Es ist Aufgabe der SeelsorgerInnen, die Heiligkeit einer jeden Lebens- und Beziehungsgeschichte zu achten und unter Verzicht auf jeglichen Versuch einer Bevormundung mitzuhelfen, die theologische Aussage „Gott hat uns zuerst geliebt, und zwar vor aller Leistung und sogar trotz und in aller Schuld!" erfahrbar zu machen. Zugleich muss deutlich sein: Es ist und bleibt das Leben der jeweiligen Menschen. SeelsorgerInnen wollen sich die „Freude und Hoffnung, Trauer und Angst der Menschen von heute, besonders der Armen und Bedrängten aller Art" (Gaudium et spes) zu eigen machen, indem sie Mit-Sorge tragen. Leitperspektive einer theologisch begründeten und verantworteten Pastoral ist nicht der Gedanke der Anpassung an die Maßstäbe einer nachchristlichen liberalen Gesellschaft, sondern die Ausrichtung pastoralen Handelns am Evangelium, am Wort Jesu: „Ich will, dass sie das Leben haben, und zwar in Fülle!" (Joh 10,10). Es geht um eine pastorale attentio, eine pastorale Aufmerksamkeit, die Menschen in den Brüchen ihres Lebens nicht allein lässt und als „Pastoral des glimmenden Dochtes (Jes 42,3) jedweder Versuchung zu pastoralen Attentaten widersteht. Vier Ansätze pastoraler Aufmerksamkeit will ich nennen:

6.1 Die Hauptaufgabe heißt *begleiten – beraten – heilen* und konkretisiert sich in Teilaufgaben:

Sich einfühlen statt beurteilen, d. h. sich darum bemühen, die Befindlichkeit des konkreten Menschen zu berücksichtigen, indem wir der/dem Einzelnen helfen, die Trauer und das Leiden am Zerbrechen der Ehe zuzulassen und wahrzunehmen; indem wir die Scham, den Rückzug und die (Selbst)Isolation ansprechen; indem wir zum Aufarbeiten von Schuld und Kränkungen ermutigen; indem wir die Sorge um die Kinder zu einem eigenen Thema machen und indem wir auch die Motive, Hoffnungen und Ängste hinsichtlich der neuen Beziehung ansprechen.

Zur Sprache bringen statt totschweigen, das kann bedeuten: Informations- und Gesprächsabende zur Problematik durchzuführen, das Thema Scheidung und Wiederheirat in Predigt und Verkündigung aufzugreifen, Betroffene mit großer Sensibilität anzusprechen und Gruppengespräche/Selbsthilfegruppen anzubieten.

Einladen statt ausschließen, z. B. dadurch, dass die Betroffenen zur aktiven Beteiligung am kirchlichen Leben und seinen sozialen Aufgaben in der eigenen Gemeinde eingeladen und nicht in andere Gemeinden weggeschickt werden; dass ihnen die Mitgliedschaft und Mitarbeit in kirchlichen Verbänden, die Wahl oder die Berufung in den Pfarrgemeinderat und seine Sachausschüsse weiterhin ermöglicht wird; und dass sie auch weiterhin zur Mitarbeit in Erstkommunion- und Firmgruppen eingeladen werden; dass bei haupt- und nebenberuflichen kirchlichen MitarbeiterInnen (z. B. Kindergärtnerinnen, Caritas-MitarbeiterInnnen) sowie bei hauptberuflichen pastoralen MitarbeiterInnen auf arbeitsrechtliche Konsequenzen verzichtet wird: Kündigungsrecht ist nicht Kündigungspflicht.

Verantwortliche Gewissensentscheidung fördern, d. h. Menschen zum Leben zu ermächtigen statt zu entmündigen; zu den Sakramenten zuzulassen statt diese zu verweigern.

6.2 Das bereits vorgestellte Schreiben „Zur seelsorglichen Begleitung von Menschen aus zerbrochenen Ehen, Geschiedenen und wiederverheirateten Geschiedenen" der drei Bischöfe der oberrheinischen Kirchenprovinzen, Lehmann, Kasper und Saier, verfolgt folgende Ziele:

- Den Betroffenen in ihrer menschlich schweren Situation Gottes Nähe glaubwürdig bezeugen.
- Kirchengemeinschaft und Gemeinde-Zugehörigkeit sicherstellen und „sie nicht allein lassen".
- „Wenn nicht zur Behebung, so doch zur Linderung der Not".

7 Mit Gottes Segen neu beginnen. Die kirchliche Segensfeier: Ein pastoraler Weg bei Wiederheirat

Um aus der Ausweglosigkeit einer „Alles oder Nichts-Haltung" herauszukommen und die Menschen, die in einer neuen Beziehung wieder Zutrauen zu sich und zu einer anderen Frau/zu einem andern Mann gefunden haben, mit der/dem sie einen neuen Anfang in einer zweiten Ehe wagen wollen, pastoral nicht allein zu lassen, ja sie geradezu zu neuem Leben zu ermächtigen, bedarf es des Mutes und der Phantasie zu neuen pastoralen und pastoral-liturgischen Wegen. Es gilt, zwei Ziele miteinander zu verbinden: Zum einen, das Paar erleben zu lassen, dass sie nach wie vor in ihrer Kirche beheimatet und willkommen sind und sie daher diesen für sie existentiell wichtigen Schritt der Wiederheirat nicht abseits der Gemeinde tun müssen, sondern ihn „im Angesicht der Gemeinde" („in facie ecclesiae") vollziehen dürfen. Zum anderen ist in der liturgischen Gestaltung eine Form zu finden, die der Bitte um Gottes

Segen für den gemeinsamen Lebensweg, für den Neuanfang in zweiter Ehe, einen würdigen und nachhaltigen Ausdruck verleiht, sich jedoch deutlich erkennbar von einer Trauung unterscheidet. Auf keinen Fall darf die kirchliche Segensfeier in ihrer Ausgestaltung als zweite kirchliche Trauung oder als Fortführung, Erweiterung oder Teil der standesamtlichen Eheschließung missverstanden werden können. Zudem gilt es, im Aufbau und in den einzelnen Elementen der Segensfeier deutlich werden zu lassen, dass die bisherige Geschichte mit den geschiedenen Partnern nicht einfach übersprungen und ausgeblendet, sondern im versöhnten Gebet füreinander ihren Platz findet. Um Menschen in redlicher Weise mit Gebet und Segen begleiten und dies auch in einer öffentlichen Segensfeier zum Ausdruck bringen zu können, ist in den vorbereitenden Gesprächen besonders auch die Versöhnung mit der je eigenen Beziehungsgeschichte anzuzielen. Dies erfordert, dass die beiden Partner ihre Vergangenheit mit all den entstandenen Verbindungen und Verstrickungen, mit allen Bindungen und Brüchen – und den damit verbundenen Gefühlen von Schmerz, Wut und Trauer – sowie die bestehenden persönlichen Verpflichtungen füreinander und für die gemeinsamen Kinder annehmen. Dieser Zielsetzung muss im Zusammenhang mit einer erneuten Ziviltrauung und einer gewünschten kirchlichen Segensfeier Vorrang eingeräumt werden. In der Suche nach praktischen Wegen im verantwortlichen Umgang mit dem Wunsch nach Segensfeiern gibt es derweil erste Praxis-Entwürfe.[12]

8 Schlussbemerkungen

Für mich stellen sich derzeit besonders acht Aufgaben im Bemühen um einen lebens- und glaubensförderlichen Umgang mit der Situation Geschiedener und wiederverheiratetet Geschiedener.

1 Im Kontakt und im Umgang mit Geschiedenen und wiederverheiratetet Geschiedenen in der Kirche muss die menschenfreundliche Grundhaltung Jesu erfahrbar werden, die sich in Respekt, Wertschätzung und Akzeptanz der Person und ihrer jeweiligen Situation ausweist. Es muss bei Christenmenschen wortlos zu spüren sein, dass sie die Heiligkeit einer jeden Lebens- und Beziehungsgeschichte achten – mitsamt ihren Brüchen und Wunden und der Offenheit, auch beziehungsmäßig neu anfangen und sich mit Gotte Hilfe auf eine zweite Lebenspartnerschaft verbindlich neu einlassen zu wollen.

2 Die vorrangige Aufgabe im Kontakt und im Umgang mit Geschiedenen und wiederverheiratetet Geschiedenen ist – gegen die allzumenschliche

---

[12] Harant, Franz, In zweiter Ehe neu beginnen. Segenfeier bei Wiederheirat, in: Diakonia 33 (2002) 31-37.

193

Versuchung, den Schmerz verdrängen und überspringen und alles möglichst schnell hinter sich lassen zu wollen – das Zulassen der Trauer über das Zerbrechen der ersten Ehe und die Aufarbeitung der je eigenen Anteile der beiden Partner hieran als Voraussetzung zur Versöhnung mit der eigenen Geschichte, zum versöhnten (auch fürbittenden) Umgang mit dem ehemaligen Ehepartner und somit letztlich auch zur (Wieder-) Erlangung neuer Beziehungsfähigkeit.

3   Neben dieser vorrangigen Aufgabe der Aufarbeitung der Trauer über das Zerbrechen der ersten Ehe ist nüchtern und offensiv auch über die Möglichkeit eines kirchlichen Ehenichtigkeitsverfahrens zu informieren, also darüber, dass das Kirchliche Ehegericht von jeder Christin/jedem Christen angerufen werden kann, festzustellen, ob und gegebenenfalls dass die erste Ehe von den Voraussetzungen ihres Beginns her keine gültige sakramentale Ehe gewesen ist[13].

4   Sakramente sind positive, keine exklusiven Zeichen der Nähe Gottes. Wer Gottes Segen für seine Ehe erbitten möchte, seine Ehe aber (noch) nicht als „Ehe aus dem Glauben", als Sakrament begehen möchte, muss ehrlich bleiben können. Er und sie brauchen dann eine gut gestaltete kirchliche Segensfeier und (eben noch) nicht die Feier der Ehe als Sakrament des Glaubens.

5   Die kirchliche Segensfeier ist auch und gerade bei einer erneuten Ziviltrauung ein pastoral sinnvoller Weg der seelsorglichen Begleitung von Menschen in einer für sie existentiell wichtigen Lebenssituation. Und auch wenn bei kirchlichen Segensfeiern die Gefahr einer möglichen Verwechslung mit einer Trauung zurzeit durchaus noch gegeben sein mag, scheint mir diese Befürchtung relativierbar zu sein. Zumal die Sorge um das rechte Sakramentenverständnis bei den „normalen" kirchlichen Eheschließungen bisher auch nicht dazu geführt hat, im Zuge der Vorbereitung der kirchlichen Trauung konsequent das Vorhandensein des Glaubens als Voraussetzung für eine sakramentale Eheschließung zu überprüfen und den Brautleuten gegebenenfalls von diesem Schritt vorerst abzuraten.

6   In der kirchlichen Ehevorbereitung, sowohl im Gespräch zur Aufnahme des Ehevorbereitungsprotokolls als auch im Ehevorbereitungskurs, ist daher in Zukunft nachhaltiger zu thematisieren, wie viel an Bewusstheit und Verständnis von Ehe als Sakrament überhaupt da sein muss, damit dieses Sakrament – und die Sakramente überhaupt – lebensgeschichtliche Be-

---

[13] Vgl. Ratgeber Kirchliches Eherecht: Was tun, wenn die Ehe zerbrochen ist? Darstellung des Verfahrens mit Fallbeispielen, hg. vom Bischöflichen Offizialat Münster, Münster 2001.

deutsamkeit erlangen können. Die Gemeinsame Synode der Bistümer in der Bundesrepublik Deutschland hat zu Recht formuliert: „Sakramente sind Zeichen des Glaubens, deren Empfang Glauben voraussetzt."[14]

7 Das in der Dogmatik vorherrschende Sakramentenverständnis und das daraus abgeleitete kirchliche Eherecht müssen sich fragen lassen, wie es sein kann, dass einerseits, um ein Sakrament zu empfangen, etwa das Bußsakrament, zu Recht die entsprechende Disposition des Empfängers zu Reue, Schuldbekenntnis und Vergebungsbitte vorhanden sein muss. Andererseits gilt die Ehe zweier aus der Katholischen Kirche ausgetretener Partner, die ausdrücklich nur vor dem Standesamt geheiratet und Eine kirchliche Trauung bewusst gemieden haben, kirchenrechtlich als sakramental gültige Ehe.

8 Es bedarf eines neuen, intensiven Gespräches zwischen Dogmatik und Pastoral, in dem die Erfahrungen von Christinnen und Christen mit dem Zerbrechen von Ehe-Beziehungen reflektiert und auch in ihrer theologischen Dimension („Theologie des Scheiterns") gewichtet werden. Daraus sind Konsequenzen zu überlegen – bis hin zu einer Theologie der Ehe, die auch einen neuen Anfang in einer zweiten Ehe als sakramentales Beziehungszeichen zu denken vermag. Diese sollte im Sinne des Privilegium Paulinum „in favorem fidei", zugunsten eines Neuanfangs im Glauben, möglich sein können. Papst Benedikt XVI.: „[B]esonders schmerzhaft [ist] die Situation derjenigen, die zwar kirchlich verheiratet sind, aber nicht wirklich gläubig waren und es aus Traditionsgründen getan haben, und die sich dann in einer neuen, nicht gültigen Ehe wiederfinden und sich dann bekehren, den Glauben finden und sich vom Sakrament ausgeschlossen fühlen. Dies ist wirklich ein großes Leiden, und als ich Präfekt der Glaubenskongregation war, habe ich verschiedene Bischofskonferenzen und Spezialisten eingeladen, dieses Problem des ohne Glauben gefeierten Sakramentes zu studieren. Ob hier wirklich ein Moment der Ungültigkeit gefunden werden kann, weil dem Sakrament eine grundlegende Dimension fehlte, wage ich nicht zu sagen. Ich persönlich dachte es."[15]

---

[14] Gemeinsame Synode der Bistümer in der Bundesrepublik Deutschland, Freiburg i. Br. 1976.

[15] Benedikt XVI, Rede vor dem Klerus der Diözese Aosta, in: Deutsche Tagespost, zit. nach Online-Ausdruck vom 29.07.2005.

Literatur

Baumann, Urs, Utopie Partnerschaft. Alte Leitbilder – Neue Lebensformen, Düsseldorf 1994.

Beck, Ulrich / Beck-Gernsheim, Elisabeth, Das ganz normale Chaos der Liebe, Frankfurt a. M. 1990.

Belok, Manfred, Zur Aufgabe und Chance kirchlicher Ehevorbereitung und -begleitung, in: Lebendige Seelsorge 44 (1993) 236-241.

Bischöfliches Offizialat Münster (Hg.), Ratgeber Kirchliches Eherecht, Was tun, wenn die Ehe zerbrochen ist? Darstellung des Verfahrens mit Fallbeispielen, Münster 2001.

Diözesansynode Hildesheim 1989/90, Hildesheim 1999.

Gaudium et spes, Pastorale Konstitution über die Kirche in der Welt von heute, in: Rahner, Karl / Vorgrimler, Herbert (Hg.): Kleines Konzilskompendium, Freiburg/Brsg. [18]1985, 449-552.

Gemeinsame Synode der Bistümer in der Bundesrepublik Deutschland, Freiburg i. Br. 1976.

Harant, Franz, In zweiter Ehe neu beginnen. Segensfeier bei Wiederheirat, in: Diakonia 33 (2002) 31-37.

Johannes Paul II., Apostolisches Schreiben „Familiaris Consortio", 1981 (= Verlautbarungen des Apostolischen Stuhles, hg. vom Sekretariat der Deutschen Bischofskonferenz), Bonn 1981.

Lehmann, Karl / Kaspar, Walter / Saier, Oskar, Zur Seelsorge mit wiederverheirateten Geschiedenen, hg. von den Bischöflichen Ordinariaten der Oberrheinischen Kirchenprovinz Freiburg, Mainz, Rottenburg-Stuttgart 1994.

Lettmann, Reinhard, Schreiben an die Pfarrer und Pfarrgemeinderäte der Diözese Münster, Münster 1991.

Mieth, Dietmar, Ehe als Entwurf. Zur Lebensform der Liebe, Mainz 1984

Ratzinger, Joseph, Schreiben an die Bischöfe der katholischen Kirche über den Kommunionempfang von wiederverheirateten Geschiedenen, in: Zur Seelsorge mit wiederverheirateten Geschiedenen, hg. von den Bischöflichen Ordinariaten der Oberrheinischen Kirchenprovinz Freiburg, Mainz, Rottenburg-Stuttgart 1994.

Sacrosanctum Concilium, Die Konstitution über die heilige Liturgie, in: Rahner, Karl / Vorgrimler, Herbert (Hg.), Kleines Konzilskompendium, Freiburg/Brsg. [18]1985, 37-90.

Willi, Jürg, Psychologie der Liebe, Stuttgart 2002.

Helmut Renöckl

Ernstfall Organtransplantation

Ethische Aspekte gegen die Verdrängung des Pathischen[1]

1 Die ethische Perspektive

Ethik hat derzeit Konjunktur. Überall wird nach Ethik gerufen, auch in der Medizin. Dieses verstärkte Interesse an Ethik ist ein Zeichen dafür, dass die bisherigen Fundamente und Orientierungen nicht mehr ausreichen, dass man unsicher geworden ist, dass man sucht. Gerade Ärzte und Pflege- und Therapie-Fachkräfte im Bereich moderner Spitzenmedizin stehen unter zunehmendem Druck, den ich als Ethiker nicht zusätzlich erhöhen möchte. Die in weiten Bereichen der Ethik feststellbare einseitige Fixierung auf Imperative und Normen ist nicht hilfreich. Bei der Medizinethik, wie ich sie verstehe und interdisziplinär betreibe, geht es vorrangig um ein besseres Verstehen, um eine Erweiterung der Perspektiven, um Klärungen hinsichtlich in Gang befindlicher Umorientierungen. Das kann den herrschenden Druck durch eine bessere Ausrichtung der Aufmerksamkeit auf angemessene Prioritäten und Proportionen des Einsatzes sogar verringern. Dort und da sind allerdings auch Problemanzeigen und „Leitschienen", rechtliche und ethische Normen, Richtlinien von Berufsverbänden usw. geboten und hilfreich.

Zentrales Anliegen der Ethik sind Antworten auf die Grundfrage: „Wie gelingt unser Leben?" So einfach diese Grundfrage ist, so anspruchsvoll sind tragfähige Antworten darauf. Sie verlangen die Integration vieler Bereiche und Perspektiven. Unser Leben gelingt weder automatisch, noch ein für alle Mal, sondern konkretisiert sich und gewinnt seine Gestalt in den vielen kleinen und gelegentlich großen Entscheidungen und Handlungen, samt den daraus erwachsenden Konsequenzen. Es geht der Ethik also um ein bestmögliches Gelingen unseres Lebens als Ganzem, einschließlich der schönen und schweren Stunden und gerade auch des Alltags. Schwere Stunden, Grenzsitu-

---

[1] Dieser Text, ursprünglich als Referat für einen Transplantationsmedizin-Kongress verfasst, wurde für diese Festschrift für den hochgeschätzten Herrn Kollegen Isidor Baumgartner gründlich überarbeitet. Die Form einer synthetischen Zusammenschau ohne detaillierte Quellennachweise wurde belassen, die verwendete bzw. weiterführende Literatur wird im Anhang angeführt.

ationen sind ein entscheidender Test: Es gibt viele „Schönwetter"-Lebenskonzepte, die uns genau dann ohne Antwort, Orientierung und Halt lassen, wenn wir dies am dringendsten bräuchten. Den Kern der Ethik bilden nicht Vorschriften und Verbote, sondern die Freiheit, das Bewusstsein und die Entscheidungsfähigkeit der Menschen. Untrennbar sind mit dieser Freiheit die Chance und die Pflicht verbunden, sich mit aller Kraft um bestmögliches Verstehen, Entscheiden und Handeln zu mühen und für sein Tun einzustehen, die Verantwortung für die einzelnen Taten und das Leben insgesamt nicht zu verdrängen.

Medizin/Pflege/Therapie und Ethik haben gemeinsame Ziele: Über alle Spezialisierungen hinaus muss es ihnen um den ganzen Menschen, aber auch um Gemeinwohl, Gesundheit der Bevölkerung, um Kultivierung und Gelingen des Lebens, um heilsames Leben gehen und nicht nur um „Reparaturen", Gefährdungen, Erkrankungen, Verletzungen. Zum Leben der Menschen gehören immer die Umwelt und der gesellschaftliche Kontext. Ethik wie Medizin weiten den Blick über kurzfristig-individuelle Interessen hinaus auf Gerechtigkeit und Gemeinwohl.

Überblick: Die ethische Perspektive menschlicher Freiheit
Verstehen – Entscheiden/Handeln – Verantworten

- Einstellung/Haltung: Respekt, Wohlwollen, speziell gegenüber Mitmenschen, Lebewesen und Werten

- Wissen-Können: Ziele – Wege/Mittel, Abschätzungen von Folgen und Risiken, Wirkungen und Nebenwirkungen, vorausgehend und begleitend

  Persönliche Haltung und Praxis
- < Strukturelle, institutionelle Regelungen, im eigenen Bereich, Berufsverbände, staatlich, überstaatlich.

- Metahorizont: Glaube, Weltanschauung, epochale Paradigmen:
  Was ist der Mensch? Woher kommt er? Wohin geht er?
  Hoffnungen, Ängste, Motivationen, Antriebe,
  Orientierung, Werte, Prioritäten, Proportionen.

2 Die Transplantationsmedizin, ein typisches Element moderner Hochleistungsmedizin, ermöglicht Großartiges und stellt schwierige Fragen

Hier ist nicht der Ort, die komplexen Verfahren der Transplantationsmedizin auszuführen. Ich skizziere vielmehr vorerst den kulturellen Kontext. Erinnern wir uns: In den letzten Jahrzehnten haben sich in der Medizin enorme Entwicklungen und Veränderungen vollzogen. Bis vor etwa 50 Jahren waren die Möglichkeiten und Grenzen ziemlich überschaubar: Das wesentliche Instrumentarium des Arztes hatte in der typischen Arzttasche Platz. Auch die therapeutischen Potentiale, Verfahren und Instrumentarien der Spitäler waren im Vergleich zu heute bescheiden. Für Ärzte wie für Patienten war im Großen und Ganzen klar, was möglich bzw. unmöglich war. Seit den Fünfzigerjahren des zwanzigsten Jahrhunderts kam es zu einer sich beschleunigenden Expansion: Künstliche Beatmung und Wiederbelebung wurden in das medizinische Behandlungsprogramm eingeführt und bis zur heutigen Leistungsfähigkeit der Intensivmedizin weiterentwickelt. 1954 erfolgte die erste erfolgreiche Nierenverpflanzung. Heute transplantiert man ganze Organpakete, Knochenmark, experimentell auch schon Hirngewebe und Stammzellen. In den Siebzigerjahren gelang die erste In-vitro-Fertilisierung samt Embryotransfer, das erste „Retortenbaby" wurde 1978 geboren; heute ist das millionenfach praktizierte Routine, man macht pränatale und auch schon Präimplantations-Diagnosen, praediktives Genscreening, pränatale Behandlungen und Operationen, man verwendet gentechnisch hergestellte Medikamente und stößt zur Gentherapie, zur molekularen Medizin vor.

Gerade die Transplantation ist ein typisches Beispiel für die Erfolgsgeschichte der neuzeitlichen Medizin. Der Vergleich mit der vorneuzeitlichen Lage zeigt gewaltige Umbrüche: Die durchschnittliche Lebenserwartung war in vormodernen Zeiten kurz, die der Männer rund 45, die der Frauen rund 35 Jahre. Man war weitgehend ohnmächtig gegenüber Seuchen, Infektionen, gegenüber der hohen Frauensterblichkeit bei und nach der Geburt, gegenüber der Kindersterblichkeit, hilflos bei größeren Verletzungen und Organschäden, aber auch schon bei Problemen mit dem Blinddarm und den Zähnen. Außergewöhnliche Kälte, Ernteausfälle durch Dürre oder zuviel Regen hatten massenhaft tödliche Konsequenzen (wie in den Elendszonen der Welt noch heute).

Die Lebensmöglichkeiten insgesamt und die Grenzen der medizinischen Möglichkeiten waren faktisch sehr eng. Weiters ist zu bedenken, dass durch religiöse Deutung bzw. ethische Normierung die Grenzen zusätzlich verschärft wurden: Das Vorgegebene, die „Natur", das „Natürliche" galten ziemlich unmittelbar als göttliche Ordnung, daher als „sakrosankt". Das heilende Tun war weitgehend beschränkt auf Pflege, auf Leid-Linderung, da wurden ganz große Leistungen vollbracht! Operationen, ein Öffnen des Körpers, interpretierte man als unerlaubte Hybris, als Grenzüberschreitung. Chirurgen waren suspekt, in ihrer gesellschaftlichen Positionierung nahe den Henkern. Leid, Krankheit, Epidemien galten als göttliche Schickung, als Läuterungs- und Reifungsmittel, als Strafe. Dagegen anzugehen erschien in diesem Deutungskontext – persönlich wie medizinisch – als unfromm bis unerlaubt.

Ganz anders entwickelten sich die Deutung und Praxis der Neuzeit: Die vorgegebene Lage galt nicht länger als unabänderlich oder gar sakrosankt, sondern als Ausgangslage, als Betätigungsfeld humaner Erforschungs- und Veränderungsaufgaben, als „Steinbruch" menschlicher Möglichkeiten. Man fühlte sich ermächtigt, alle Naturgesetze zu erforschen, um sie unter menschliche Steuerung zu bringen. Das trifft generell und speziell auch für die Medizin zu: Man unternahm heroische Anstrengungen in der medizinischen Forschung und Praxis, entwickelte völlig neue medizinische Möglichkeiten zur Überwindung von Leid, Krankheit und Sterben vor der Zeit. Die neuzeitlichen Ziele waren Überwindung von Einschränkungen, Befreiung, Abbau von Mangel und Ohnmacht sowie Beseitigung. Die neuzeitliche Medizin orientierte sich also wie die Neuzeit insgesamt an einem umwälzend neuen Paradigma.

Jetzt, „am Ende der Neuzeit", aufgrund der Ergebnisse des neuzeitlichen Programms, zeigen sich generell und auch durch die expandierende Leistungsfähigkeit der Medizin zunehmend Folgeprobleme und Entscheidungssituationen, welche die bisherigen Sichtweisen und Bewältigungsmuster überfordern: Soziologen konstatieren eine tendenziell überalterte Gesellschaft mit einer rasch zunehmenden Zahl hochbetagter, chronisch Kranker, die aufwendige medizinische und soziale Stützungen brauchen. Zunehmend stellen sich neue Fragen, wie z. B.: Ist Lebensverlängerung um jeden Preis anzustreben, wird da mitunter fragwürdig Leiden und Sterben verlängert? Ist jede Befindlichkeitsstörung schon behandlungsbedürftige Krankheit? Die Schere zwischen rasch zunehmenden diagnostischen und demgegenüber zurückbleibenden therapeutischen Möglichkeiten vergrößert sich laufend. Wie bewältigt man die psychischen und sozialen Folgeprobleme bei prädiktiven Diagnosen ohne Therapiemöglichkeit? Die Kosten im Bereich der modernen Hochleistungsmedizin sind hoch und steigen rasch weiter. Ist vieles davon nur noch für eine begrenzte Anzahl, nur mehr für hoch versicherte Reiche leistbar? Dürfen Gesundheit der Gesamtbevölkerung und Gemeinwohl demgegenüber Nachrang bekommen?

3 Unmittelbare ethische Anmerkungen zur Transplantationsmedizin

Als in den Fünfzigerjahren des 20. Jahrhunderts Transplantationen schrittweise als neue therapeutische Möglichkeiten erarbeitet wurden, beginnend mit Augen-Hornhaut und Niere, hatte die medizinethische Reflexion natürlich längst die Berechtigung zu therapierenden und auch amputierenden Operationen im Sinne des Gesamtwohls der Patienten geklärt. Bei Transplantationen war man wegen der noch ungelösten Immunitäts-/Abstoßungsprobleme anfangs hauptsächlich auf Lebendspenden nah verwandter Personen angewiesen. Zur ethischen Argumentation des Gesamtwohls des Patienten, dem in verantwortlicher Weise auch einzelne Teile und entbehrliche Organe geopfert werden dürfen, tritt das Motiv der Nächstenliebe, konkret die Bereitschaft, Leiden anderer zu heilen oder zu lindern, beispielsweise durch Spende eines paarigen Organs wie einer Niere. Die Gefahr einer Kommerzialisierung oder Ausbeutung war damals – unter eng Verwandten – kaum gegeben.

Mittlerweile wurden die Immunitätsprobleme weitgehend beherrschbar und über den Zwischenschritt „belohnter Spenden" werden Kommerzialisierungs-Fragen zunehmend bedeutsam, angesichts der extremen Wohlstands- und Machtgefälle in unserer Welt sogar in erheblichem Ausmaß prekär. Die Transplantationsmedizin schreitet rasch voran. Bei vielen Kranken ist eine Transplantation die Therapie der Wahl, oft die einzigmögliche lebensrettende Intervention. Im Zuge dieser Entwicklung öffnet sich eine höchst diffizile Schere zwischen den vielen medizinisch in Frage kommenden Empfängern und dem zunehmenden Mangel an implantierbaren Organen. Nach welchen Zuteilungskriterien ist zu entscheiden: nach eng medizinischen oder zusätzlich auch nach sozialen (z. B.: Lebertransplantationen für Alkoholiker)? Welche Rolle spielen vorder- wie hintergründig Finanzen und Einfluss? Die zunehmende Dominanz der Ökonomie über das Mitmenschliche generiert sehr gefährliche Tendenzen („Organspende" oder „Organbörse"?) und verlangt bewusstes und gekonntes Gegensteuern.

In hohem Ausmaß sind heute Organentnahmen von Toten möglich und gängige Praxis. Hier stellen sich die Fragen nach einer ausreichend verlässlichen Feststellung des eingetretenen Todes sowie nach der Zustimmung der betroffenen Menschen und ihrer Angehörigen (Zustimmungs- oder Widerspruchserfordernis?). Der Nachfragedruck nach Organen und ihrer optimalen Eignung kann sich auf Therapie-Entscheidungen (kurativ?, palliativ?) bei potentiellen Spendern auswirken. Speziell für die Pflegenden bringt die transplantationsmedizinisch wichtige Pflege der Leiber klinisch toter Menschen große persönliche Belastungen mit sich: Explantandi müssen physiologisch wie Lebende erhalten werden, zeigen Reaktionen, lösen bei den Pflegenden Emotionen aus. Hier und auch gegenüber den trauernden Angehörigen sind entsprechende Rücksichtnahmen und Begleithilfen absolut geboten. Dieser sehr sensible Erweiterungsbereich der Medizin erfordert eine permanente Sorge für die entsprechende persönliche Einstellung der Ärzte und Pflegenden ebenso wie institutionelle Vorsorgen, Richtlinien der Berufsverbände, eine ganzheitliche Kultur und Ethik, nicht bloß medizinische Effizienz.

4 Hintergründige Fragen und Erfordernisse der Transplantationsmedizin

Die Transplantationsmedizin (wie die moderne Hochleistungsmedizin insgesamt) konfrontiert die betroffenen Patienten, die hier tätigen Ärzte und Pflegenden, die Angehörigen (speziell auch Lebendspender) nicht nur mit heiklen medizinischen, sondern auch mit oft verdrängten, aber eigentlich unausweichlichen existentiellen Fragen: Was, wenn trotz größtem Einsatz der Ärzte und Pflegenden, trotz der Aufsichnahme schwerster Belastungen durch Patienten und Spender die Transplantation, beispielsweise von Knochenmark bei Leukämie-Kranken, scheitert? Wie weit reicht und wo endet der humane Sinn des Austauschs erkrankter oder verbrauchter Organe? Wie kommen Patienten, Ärzte, Pflegende und Angehörige mit der Wahrheit der Begrenztheit allen Verfügens und Heilens zurecht? Gibt es nicht eine grobe Disproportion zwischen medizinisch-technischem und psychisch-geistig-menschlichem therapeutischem Aufwand? Gibt es fundierte Hoffnung über diese alles Machen in Frage stellenden Grenzen hinaus? Vielfach lässt man Patienten, Ärzte und Pflegende als auch Angehörige mit diesen Fragen und Ängsten allein.

Die schwierige „Leid-Frage"

Wie schon erwähnt, zielt die moderne Medizin, dem neuzeitlichen Programm entsprechend, auf Leidfreiheit. Das kommt deutlich in der Definition für „Gesundheit" der Weltgesundheits-Organisation (WHO) zum Ausdruck: „Gesundheit ist ein Zustand vollständigen physischen, psychischen und sozialen Wohlbefindens und nicht einfach die Abwesenheit von Krankheit und Gebrechen." Diese Definition und die darauf aufbauenden Programme haben viel Wertvolles hervorgebracht, aber bei genauerer Betrachtung erweisen sie sich als problematisch-einseitig. Sie wecken grenzenlose Erwartungen, blockieren das Unterscheiden zwischen beseitigbarem und unvermeidlichem Leid und lassen die Fähigkeit, unvermeidliche Belastungen, Leiden und Ohnmacht auszuhalten, verkümmern.

Ähnliches gilt für alternativ-esoterische Vorstellungen von „Gesundheit" und daran orientierten Konzepten für Heilen: „Die natürliche Ausstattung der

Menschen besteht aus Harmonie, Vitalität, Selbstheilungskräften. Unser Leben, ursprünglich fähig zur Selbsterneuerung und Vervollkommnung, wird durch schädliche Einflüsse, Fehlsteuerungen und Entfremdungen blockiert und deformiert. Durch alternatives/esoterisches Wissen und darauf aufbauende Therapien können wir Blockierungen und Verformungen lösen, den Zustand des Wohlfühlens wiederherstellen und zur Übereinstimmung mit den tiefsten Harmonien des Kosmos kommen." Wertvoll an diesen Vorstellungen und Heilungskonzepten sind die Hinweise auf schädliche, zu korrigierende Lebensmuster und auf die Selbstheilungskräfte. Problematisch sind die einseitig idyllische Sicht von Natur und Kosmos und wiederum die Ausblendung von unüberwindlichen Grenzen, Einschränkungen, Disharmonien und Verhängnissen, und schließlich des unausweichlichen Alterns und Sterbens.

War es in der Früh- und Hochphase der Neuzeit ein sehr plausibles Ziel, mit allen verfügbaren Mitteln und Kräften um Lebenserweiterung, gegen das „Sterben vor der Zeit", gegen Nöte und Unfreiheit zu kämpfen, so sind in unseren spätneuzeitlichen Wohlstands- und Konsumgesellschaften diese humanen und ethischen Zielsetzungen oft aus den Augen geraten: Unsere Leistungsgesellschaft mit ihren Instant-Glück-Versprechen und -Erwartungen (vgl. Werbe-Botschaften wie „Full Wellness for ever", „Anti-Aging") tendiert zur Verwöhnung und zur Ausblendung von „Störendem", zur Verdrängung und Ausgrenzung nicht nur des Leids, sondern auch der Leidenden, aller „Minderleister", zu Unbarmherzigkeit und Mitleidlosigkeit gegenüber Schwachen und Alten. Das Verdrängen wesentlicher Lebensdimensionen, hier des Pathischen, der Begrenztheit, der Ohnmacht, des Alterns und Sterbens, führt zu krassen individuellen und gesellschaftlichen Fehlentwicklungen und entsprechenden Schäden. Illusionäre Versprechungen/Erwartungen verstärken die Gerechtigkeitsprobleme: die Durchsetzungsfähigeren beanspruchen im sinnlosen Übermaß die personellen und materiellen Ressourcen auf Kosten anderer, oft Bedürftigerer. So unterschiedliche Denker wie F. Nietzsche, Th. W. Adorno und J. B. Metz machen darauf aufmerksam, dass Krankheit und Leiden nicht nur ein zu überwindendes bzw. zu minimierendes Übel sind, sondern dass sie auch eine „prophetische Funktion" haben können: Vielfach werden wir in unserer gefährlich-einseitigen Zivilisation erst beim Kranksein zur „Entschleunigung" gezwungen. Dadurch kann sich die Chance eröffnen, scheinbar grenzenlos Selbstverständliches wie Gesundheit und Leistungsfähigkeit als nicht selbstverständlich zu erkennen und die Unsicherheit, Begrenztheit und Zerbrechlichkeit unserer Existenz sowie unserer Hervorbringungen wahrzunehmen.

Um die fällige paradigmatische Umorientierung im Hinblick auf „Leid" ganz deutlich herauszuarbeiten: Die neuzeitliche Haltung und Erwartung zielt auf grenzenlosen Fortschritt, auf prometheisches Steuern der Natur, auf Beseitigung von Ohnmacht und Leid durch Beherrschung, Leistung und Rationalität. In der gegenwärtigen Spätphase verwöhnt sie mit dem Versprechen, für alles gäbe es „Instant"-Lösungen zu kaufen, alles wäre einfach, pflegeleicht, auf Knopfdruck produzierbar, abrufbar, jederzeit wiederholbar. Gegenüber dem vorneuzeitlichen vorschnellen Abfinden mit Leid einerseits und den skizzierten spätneuzeitlichen Illusionen andererseits ist die Unterscheidung zwischen vermeidbarem bzw. beseitigbarem Leiden einerseits und überwindlichen Leiden, Grenzen und Schwächen andererseits klar zu machen. Die Integration des Pathischen in eine unverkürzt humane, nachneuzeitliche Lebenskultur ist eine wichtige Aufgabe und Chance.

Für „Gesundheit" bzw. richtiger: für gelingendes, heilsames Leben schlage ich anstelle der WHO-Definition und der alternativ-esoterischen Vorstellungen in Anlehnung an Ivan Illich folgende Leitlinien vor: „Wichtig ist die Fähigkeit, sich auf wechselnde Verhältnisse einzustellen, heranzuwachsen, Leben und Umwelt zu kultivieren. Dazu gehören unvermeidlich auch Anspannungen und Krisen. Im Falle einer Verletzung oder Erkrankung stehen viele Heilungs-Möglichkeiten zur Verfügung. Diese sind sinnvoll und gerecht zu nützen. Die Begrenztheit des Menschen erfordert aber auch die Fähigkeit, Schwächen, Grenzen, unheilbares Leid, das Altern und den Tod anzunehmen. Diese schwierigen Wirklichkeiten sind individuell und gesellschaftlich-kulturell wesentliche Bestandteile des Lebens. Lernen, alle wesentlichen Elemente des Lebens anzunehmen und in unsere Lebenskultur zu integrieren, führt zum Gelingen des Lebens." Eine entsprechende Bewusstseins- und Lebensstilentwicklung ist Aufgabe und Verantwortlichkeit jedes Menschen, sowie der Gesellschaft und ihrer Erziehungs- und Bildungseinrichtungen. Auch Ärzte, Pflegefachkräfte und Therapeuten sollen dazu Beiträge leisten.

5 Christliche Koordinaten für Heilen und Heil

Die Transplantationsmedizin eröffnet neue Möglichkeiten des Heilens und sie konfrontiert mit den Grenzen des Heilens. Da meldet sich in neuer Weise die in unserer Zivilisation stark verdrängte Frage, wie eine Annahme von irreversiblen Einschränkungen, unüberwindlichen Leiden und schließlich die definitive Entmächtigung im Tod für uns Menschen möglich und durchhaltbar ist. Geht das ohne Hoffnung über den Tod hinaus? Dies führt uns unweigerlich zu explizit religiös-weltanschaulichen Fragen: Gibt es eine begründete Hoffnung und Verantwortlichkeit über den Tod hinaus? Ich skizziere dazu die christliche Perspektive, ausdrücklich in Respekt vor anderen großen religiösen Traditionen, die sich auch mit der Transzendenz-Frage, mit dem Bereich jenseits unseres unmittelbaren Erfahrungsbereiches und jenseits des Todes, auseinander setzen. Es geht in den folgenden Überlegungen nicht um medizinethische Details, sondern um Antworten auf die im Kontext der Transplantationsmedizin neu sich stellenden, uralten Fragen: Was sind, woher kommen, wohin gehen wir Menschen? Was ist das „dem Menschen Gemäße"? Was ist in den medizinischen Erweiterungsbereichen als menschenwürdig, was als menschenunwürdig zu werten? Können da christliche Perspektiven Überzeugendes und Hilfreiches einbringen?

Kennzeichnend für den biblischen Glauben ist die Ausrichtung auf Jahwe, den transzendenten Ganz-Anderen, von dem alle Lebewesen und speziell wir Menschen das Leben bekommen. In bewusster Verbindung mit diesem Gott leben christlich Glaubende in nüchterner Hoffnung und nach dem hier gelebten Leben dürfen sie auf eine glückselige Vollendung bei Gott hoffen, befreit von Tod, Leid und Trauer. Am Anfang und fortwährend sind in biblischer Sicht nicht anonyme göttliche oder kosmische Kräfte, nicht Mechanismen, Energiefelder oder Systeme grundlegend, sondern Gottes freie, wohlwollende Schöpfung, seine im Leben und in der Geschichte immer wieder erfahrbare, belebende und orientierende Zuwendung. Im Mittelpunkt heilsamen Lebens stehen Beziehung und Begegnung.

Die fundamentalen anthropologischen Aussagen der Bibel sind bekannt: Die Menschen sind als Mann und Frau nach Gottes Ebenbild geschaffen, also mit Sprach-, Beziehungs-, Denk- und Entscheidungsfähigkeit, mit Kreativität ausgestattet. Menschen sind in biblischer Sicht „Söhne und Töchter", nicht „Sklaven oder Marionetten", und sie sind beauftragt, Leben und Welt zu gestalten. Damit ist nicht Willkür und Beliebigkeit legitimiert, denn gottebenbildlich handelnde Menschen orientieren sich an Gottes Umgang mit seinen Geschöpfen. Weniger bekannt ist, dass mit „Schöpfung" nicht vorgestellt werden sollte, alles wäre „fixfertig vom Himmel gefallen". Die biblischen Texte zu „Paradies" und „Sündenfall" schildern nicht chronologisch den Anfang und Ablauf der Geschichte; es handelt sich vielmehr um tiefe bildhafte Aussagen, die vor Augen stellen, was immer gilt und immer wieder („von Anfang an und seither") geschieht, woraus die Gemische und Geflechte der Geschichte und der konkreten Situationen entstehen: gelingendes Leben in Beziehungen der Geschöpfe untereinander und mit ihrem göttlichen Schöpfer bzw. illusionäre oder destruktive Heilskonzepte, Verabsolutierungen, hemmungslose Dominanzen und Rivalitäten. Der biblischen Offenbarung entspricht eine werdende Schöpfung, das schrittweise Lernen und Entwickeln des Menschenwürdigen auf den langen Lebens- und Menschheitswegen. Fertig „vom Himmel gefallene" Menschen und „Paradiese" wären „vorprogrammiert", da bliebe keine echte Möglichkeit für Eigenes, für Kreativität und Freiheit.

Für Christen zeigt sich im Leben, Sterben und Auferstehen Jesu von Nazaret „wie im Blitzlicht", wie Gott zu uns ist. Nach den biblischen Zeugnissen lebte Jesus in intensiver Verbindung mit dem göttlichen Vater, immer wieder zog er sich zu langen Phasen des Betens und Sinnens zurück. Seine intensive Gottes-Wahrnehmung führte ihn nicht von der Welt weg, sondern trieb ihn zu den Menschen. Jesu Zeichen – noch vor dem Kreuz – ist die Sandale. Er ging in die Lebensorte der Menschen, nahm Anteil an ihrem Leben und erschloss ihnen die Bedeutung ihres Lebens. Besondere, heilende Zuwendung widmete er den Beschädigten, den „Blinden, Lahmen, Tauben", den Bedrückten, den von allerlei Ungeist Besessenen, auch den Schuldigen und religiös Unattraktiven, um ihnen Hoffnung und Lebensorientierung zu geben.

Gegen alle Verniedlichung und Verharmlosung zeigen Kreuzweg und Kreuzestod Jesu die oft unverstehbar harte Wahrheit der Ohnmacht, des Leidens, des Unrechts, der Gewalt und des Todes. Im Gekreuzigten zeigt sich die erlösende Haltung des Gottesknechts (vgl. Jes 53,3-10), der Gewalt und Unrecht nicht wie üblich zurückschleudert und damit perpetuiert, sondern im Vertrauen in die Treue Gottes an sich auslaufen lässt, der mitleidende Gottessohn, der seine Arme bis zum Zerreißen auseinander spannen lässt: zwischen der Welt, wie sie ist, und der himmlischen Hoffnung auf Versöhnung und Glückseligkeit, ohne die eine oder die andere Dimension loszulassen. Für Glaubende bestätigt die österliche Auferstehung dieses Vertrauen und diese Hoffnung. Wiederum – gegen alle „Naherwartung" paradiesisch-himmlischer Verhältnisse auf Erden: Dieses jesuanische „Blitzlicht" ist kein Ersparen der Lebens- und Menschheitsgeschichte, der mühsamen, langen Wege des Ertastens und Erlernens des Menschenwürdigen, sondern die Zu-Mutung dieser mühsamen Geschichte samt dem Aushalten der pathischen Dimension, der existentiellen Fragilität des Menschseins.

Menschen sind in christlicher Sicht also zur Gottebenbildlichkeit berufene Geschöpfe, Wesen mit endlicher Freiheit, denkfähig, kreativ, entscheidungsfähig, im Kleinen und Großen fehlbar, im Ausmaß ihrer Fähigkeiten und Möglichkeiten verantwortlich. Endgültige Befreiung, „Heil", gelingt nicht durch „Beherrschung" sondern in „Beziehung". Ganz wesentlich ist die Weg-Perspektive für die einzelnen Menschen, für Kirchen und Gesellschaften, für Institutionen, Lebensstile und Kulturen. Am Anfang steht das Ungestaltete, Ungekonnte, Unreife und Wilde. Jeder darf und muss bei seiner Ausgangslage beginnen und das ihm Mögliche, schrittweise und trotz aller Rückschläge, in der voranführenden Richtung realisieren. Es geht um Reifungs- und Wandlungsprozesse mit Phasen, Spannungen, Krisen, weg von infantilen Abhängigkeiten und wilden, unreifen Dominanzen hin zu einer Kultur der Mitmenschlichkeit. Die biblische Orientierung ist klar (vgl. Mt 23,23; Mt 25,31-46; Joh 15,9-17; 1 Joh 4,7-24): Wo Menschen sich zuvorkommend zuwenden, wo Mitmenschlichkeit, Gerechtigkeit, Barmherzigkeit und Treue gelebt werden, geschieht Göttliches zwischen den Menschen.

Versuchen wir eine christliche Antwort auf die gestellte Frage nach dem uns Menschen Gemäßen, nach dem „Menschenwürdigen", in allen Lebensbereichen und auch in der Hochleistungsmedizin: Das dem Menschen Gemäße ist nichts Abgeschlossenes, nicht bloße Einfügung in eine vorgegebene Ordnung. Das dem Menschen Gemäße ist aber auch nichts Beliebiges und Willkürliches, vielmehr ist die menschliche Natur kulturfähig und kulturbedürftig. Kulturen, epochale Programme (samt Einseitigkeiten und Krisen) sind Beiträge, Etappen zur Realisierung des Menschenwürdigen. Der große Theologe Nicolaus Cusanus hat „Gottebenbildlichkeit" mutig als Berufung zum „Mitschöpfer-Sein" interpretiert. Akzentuierung und Orientierung von „Befreiung" und „Heil" sind in dieser Vorstellung deutlich anders als beim neuzeitlich-prometheischen Beherrschungs-Modell, das sich nicht selten in Grenzenlosigkeits- und Allmachtsillusionen, in Verdrängungs- und Kompensations-Mechanismen verrennt und – davon getrieben – Rücksichtslosigkeit und Ungerechtigkeit hervorbringt.

Keineswegs sollen beim menschlichen Forschen, Gestalten und Heilen vorschnell Grenzen aufgerichtet werden. Unwissenheit, Nichtkönnen und Zufall sind Gott gewiss nicht wohlgefälliger als verantwortliches menschliches Forschen, Gestalten und Heilen. „Entgrenzung", Erweiterung des Möglichen, ist wie im Leben insgesamt so auch in der Medizin nicht generell gut, sondern zuerst einmal ambivalent. Wenn es gelingt, die Erweiterungsräume zu kultivieren, so ist die Erweiterung ein wertvoller Zugewinn, wenn nicht, dann kann sich eine „Entgrenzung" sogar gefährdend für die Menschlichkeit auswirken. Für die durch die Transplantationsmedizin erweiterten Möglichkeiten wurden oben ethische Leitlinien und notwendige Begleitmaßnahmen für Patienten, Ärzte, Pflegende und Angehörige skizziert. Vergessen wir aber nicht: Die Medizin ist kein isolierter Bereich, sondern ein „Seismograph" gesamtgesellschaftlicher Lagen mit entsprechenden Aufgaben, Problemen und Chancen. Mit dem Übergang von der Spätneuzeit zu einer noch namenlosen Nachneuzeit stellt sich die umfassende Aufgabe einer nachneuzeitlichen Lebenskultur. Viel ist da noch zu erdenken und schrittweise – auch gegen Widerstände – zu realisieren. Weil für eine nachneuzeitliche Lebenskultur und für eine nachneuzeitliche Medizin die Integration der pathischen Dimension des Lebens und ein kultivierter Umgang mit Grenzen und Lassen ebenso schwierig wie wichtig sein dürften, schließe ich mit einem Nachdenk-Gedicht von Doris Mühringer über das schwierige „Lassen-Lernen":

Gehen
lernten wir
lieben auch
(mühsam)
lassen
immer noch nicht.

Verwendete und weiterführende Literatur:

Ach, Johann S. / **Anderheiden, Michael** / **Quante, Michael**, Ethik der Organtransplantation, Erlangen 2000.

Ach, Johann S. / **Quante, Michael**, Hirntod und Organverpflanzung, Stuttgart 1999.

Ariès, Philippe, Geschichte des Todes, München [8]1997.

Aufderheide, Detlef / **Dabrowski, Martin** (Hg.), Gesundheit – Ethik – Ökonomik. Wirtschaftsethische und moralökonomische Perspektiven des Gesundheitswesens, Berlin 2002.

Aumann, Christian / **Gaertner, Wulf**, Die Organknappheit. Ein Plädoyer für eine Marktlösung, in: Ethik in der Medizin 16 (2004) 105-111.

Barta, Heinz / **Weber, Karl** (Hg.), Rechtsfragen der Transplantationsmedizin in Europa, Wien 2001.

Bergdolt, Klaus, Das Gewissen der Medizin. Ärztliche Moral von der Antike bis heute, München 2004.

Blankart, Charles B. / **Kirchner, Christian** / **Thiel, Gilbert**, Transplantationsgesetz. Eine kritische Analyse aus rechtlicher, ökonomischer und ethischer Sicht, Aachen 2002.

Bondolfi, Alberto, Ethisch denken und moralisch handeln in der Medizin, Zürich 2000, bes. 121–144.

Brudermüller, Gerd / **Seelmann, Kurt** (Hg.), Organtransplantation, Würzburg 2000.

Eibach, Ulrich, Menschenwürde an den Grenzen des Lebens, Neukirchen-Vluyn 2000.

Feuerstein, Günter, Das Transplantationssystem. Dynamik, Konflikte und ethisch-moralische Grenzgänge, Weinheim 1995.

Fraling, Bernhard, Vom Ethos der Bibel zu biblischer Ethik, Thaur bei Innsbruck 1999, bes. 211-252.

Frewer, Andreas / **Winau, Rolf** (Hg.), Geschichte und Theorie der Ethik in der Medizin, Erlangen 1997.

Gold, Richard E., Body Parts: Property Rights and the Ownership of Human Biological Materials, Georgetown 1996.

Gottschlich, Maximilian, Sprachloses Leid. Wege zu einer kommunikativen Medizin – Die heilsame Kraft des Wortes, Wien 1998.

Grossmann, Wilfried / **Haslinger, Franz** / **Weiberg, Anja** (Hg.), Ethik im Krankenhausalltag, Frankfurt 1999.

Hildt, Elisabeth, Hirngewebetransplantation und personale Identität, Berlin 1996.

Hilhorst, Medard T., Directed Altruistic Living Organ Donation: Partial but not Unfair, in: Ethical Theory and Moral Practice 8 (2005) 197-215.

Holderegger, Adrian, Grundlagen der Moral und der Anspruch des Lebens, Freiburg/Schweiz-Freiburg/Br. 1995.

Imhof, Arthur E., Ars moriendi. Die Kunst des Sterbens einst und heute, Wien 1991.

Jakovljevic, Anna-Karina / **Lenk, Christian**, Ethik und optimierende Eingriffe am Menschen: ethische Aspekte von Enhancement in der Medizin, Bochum 2005.

Jonas, Hans, Das Prinzip Leben, Frankfurt 1997.

Karafyllis, Nicole C. (Hg.), Biofakte – Versuche über den Menschen zwischen Artefakt und Lebewesen, Paderborn 2003.

Kopetzki, Christian / **Zahrl, Johannes** (Hg.), Behandlungsanspruch und Wirtschaftlichkeitsgebot, Wien 1998.

Kopetzki, Christian, Organgewinnung zu Zwecken der Transplantation, Wien 1988.

Körtner, Ulrich H. J., Unverfügbarkeit des Lebens?, Neukirchen-Vluyn 2001, bes. 127–132.

Körtner, Ulrich H.J. / **Buchmüller, Hans R.** (Hg.), Der unbewältigte Tod. Theologische und ethische Überlegungen zum Lebensende in der heutigen Gesellschaft, Passau 1997.

Körtner, Ulrich H.J., Grundkurs Pflegeethik, Wien 2004.

Kreß, Hartmut, Medizinische Ethik. Kulturelle Grundlagen und ethische Wertkonflikte heutiger Medizin, Stuttgart 2003.

Largiadèr, Felix / Candinas, Daniel / Mosimann, Francois (Hg.), Organ-Allokation – Zuteilung von Organen für die Transplantation, Bern 1997.

Meuter, Norbert / Lachmann, Rolf (Hg.), Zur Gerechtigkeit der Organverteilung, München 1997.

Oberender, Peter (Hg.), Transplantationsmedizin. Ökonomische, ethische, rechtliche und medizinische Aspekte, Baden-Baden 1995.

Oduncu, Fuat / Schroth, Ulrich / Vossenkuhl, Wilhelm (Hg.), Transplantation. Organgewinnung und Allokation, Göttingen 2003.

Ondok, Josef P., Bioetika, Svitavy 1999.

Petzold, Hilarion (Hg.), Leiblichkeit. Philosophische, gesellschaftliche und therapeutische Perspektiven, Paderborn 1986.

Pöltner, Günther, Grundkurs Medizin-Ethik, Wien 2002, bes. 221–250.

Reiner, Anselm / Körtner, Ulrich H. J. (Hg.), Streitfall Biomedizin. Urteilsfindung in christlicher Verantwortung, Göttingen 2003.

Rotter, Hans, Die Würde des Lebens, Innsbruck 1987, bes. 65-69.

Schipperges, Heinrich, Die Technik der Medizin und die Ethik des Arztes, Frankfurt/Main 1988.

Schmidbauer, Wolfgang, Hilflose Helfer – Über die seelische Problematik helfender Berufe, Reinbek 1997.

Schmidt, Volker H., Politik der Organverteilung, Baden-Baden 1996.

Sitter-Liver, Beat, Gerechte Organallokation. Zur Verteilung knapper Güter in der Transplantationsmedizin, in: Ethik und politische Philosophie 9, Fribourg 2003.

Spittler, Johann F., Gehirn, Tod und Menschenbild, Stuttgart 2003.

Stefenelli, Norbert (Hg.), Körper ohne Leben – Begegnung und Umgang mit Toten, Wien 1998.

Stoecker, Ralf, Der Hirntod – Ein medizinisches Problem und seine moralphilosophische Transformation, Freiburg 1999.

Virt, Günther, Leben bis zum Ende, Innsbruck 1998.

Wischen, Dieter, Die Organspende eines Lebenden als supererogatorische Handlung betrachtet, in: Zeitschrift für medizinische Ethik 51 (2005) 277-289.

Zufällig kam ein Priester denselben Weg herab; er sah ihn und ging weiter. Auch ein Levit kam zu der Stelle; er sah ihn und ging weiter. Dann kam ein Mann aus Samarien, der auf der Reise war. Als er ihn sah, hatte er Mitleid, ging zu ihm hin, goß Öl und Wein auf seine Wunden und verband sie.

Lk 10,31-34

WIE HELFEN?
INSTRUMENTE CHRISTLICHEN HELFENS

Wunibald Müller
Mitleid – Compassion – Leidempfindlichkeit

Andreas Magg
Hilfreich Führen und Leiten
Das Führungscharisma von Dominikus Ringeisen

Stefan Knobloch
Lösungsorientierte Kurztherapie und Gesprächsseelsorge

Michaela Ständer / Christian Bernreiter
„Sprich, damit ich dich sehe."
Personzentrierte Gesprächsführung als christliche Handlungskompetenz
und zugleich Schlüsselqualifikation für soziale Kompetenz

Barbara Haslbeck
„Er trat hinzu und verband seine Wunden"
Traumatisierten Menschen helfen

Wunibald Müller

Mitleid – Compassion – Leidempfindlichkeit

Wie weit geht unser Mitleid?

„Zum Baron Rothschild kommt ein armer Schnorrer. Triefäugig und abgerissen erzählt er eine schreckliche Leidensgeschichte. Der Reiche hört ihm zu, Mitleid und Rührung drücken sich in seinem Gesicht aus, wie der Bettler mit heimlichen Seitenblicken feststellt. Mit Tränen in den Augen klingelt der Baron schließlich nach dem Diener. Der Arme hofft auf eine gespickte Börse, der Reiche sagt: ´schmeißt ihn hier hinaus, er bricht mir das Herz!`"[1]

So brutal wie Baron Rothschild reagieren wir nicht. Das Wort Mit-Leiden erweckt zunächst positive Gefühle. Wir gehen davon aus, dass wir gut und verständnisvoll sind und mitleiden können. Auch gehen wir mehr oder weniger davon aus, dass Mit-Leiden eine natürliche Antwort auf menschliches Leiden ist. Doch schauen wir genauer hin, kommen wir über ein erstes sogenanntes selbstverständliches Mitleiden oder Mitempfinden nicht hinaus. Wir halten uns die Not, das Elend, die Katastrophe des anderen lieber vom Leibe.

Henri Nouwen beschreibt eine Begegnung mit dem inzwischen verstorbenen ehemaligen Vizepräsidenten der USA Hubert Humphrey. „Als Senator, der gerade ein Gespräch mit dem Botschafter von Bangladesch beendet hatte und offensichtlich eine Beschwerde erwartete oder eine Forderung oder ein Kompliment, war er sehr überrascht, als er gefragt wurde, was er denn von Mit-Leiden in der Politik halte. Instinktiv verließ er seinen großen Mahagoni-Schreibtisch, über dem die amerikanisch Flagge hing, um die Besucher daran zu erinnern, dass man mit dem ehemaligen Vizepräsidenten der Vereinigten Staaten sprach, und setzte sich zu uns um einen kleinen Kaffeetisch. Doch dann, nachdem er sich wieder gefangen hatte, ging er zurück zu seinem Schreibtisch, nahm einen langen Bleistift mit einem Radierer am Ende und sagte in seiner bekannten hohen Stimme: ´Meine Herren, schauen sie auf diesen Bleistift. So wie der Radiergummi nur einen sehr kleinen Teil dieses Bleistifts ausmacht und nur benutzt wird, wenn man einen Fehler macht, so ist Mit-Leiden nur dann gefragt, wenn Dinge schief laufen. Der entscheidende Teil des Lebens ist Wettbewerb; nur der Radiergummi ist Mit-Leiden. Es ist

---

[1] Schmidbauer, Wolfgang, Das Rothschild-Phänomen, in: Süddeutsche Zeitung Nr. 24, 30./31. Januar 1993, 5.

traurig, das so zu sagen meine Herren, aber in der Politik ist Mit-Leiden nur ein Teil des Wettbewerbs`."[2]

Zweierlei Mitleid

Ist es nicht auch verständlich, dass wir uns angesichts so vieler Not in unserer nächsten Umgebung und in der ganzen Welt schützen, indem wir alles nicht so nahe an uns heranlassen? Oder aber auch einfach innerlich abstumpfen, weil es so alltäglich geworden ist?

Ich kann mit-leiden, wenn ich in den Nachrichten höre, dass ein Flugzeug abgestürzt ist und alle Passagiere dabei ums Leben kamen. Ich kann das noch mehr, wenn ich einige Tage später Bilder dieser Personen sehe und erfahre, dass ein Ehepaar sich auf der Hochzeitsreise befand, Kinder nach dem Abschluss eines Schulaufenthaltes auf dem Weg nach Hause waren, ein altes Ehepaar endlich die so lang ersehnte Weltreise machen wollte. Wenn ich mehr aus dem Leben dieser Menschen erfahre, kommen sie mir näher, lasse ich mich mehr von ihrem Schicksal ergreifen. Oder ich kenne Momente, bei denen es mich innerlich fast zerreißt, wenn ich höre, dass wieder ein Kind sexuell missbraucht und ermordet worden ist. Mir kommen die Tränen und ich bin einfach fassungslos wenn ich lese, wie jüdische Frauen und Kinder massenweise über Gräbern, die sie selbst ausgehoben haben, erschossen wurden. Ich stehe erschüttert in Dachau an der Stelle, an der russische Kriegsgefangene niedergeschossen wurden. Im Konzentrationslager in Dachau verweile ich lange Zeit an der Gaskammer, in der auch drei Frauen zu Tode kamen, die das Lager inspizieren wollten. Was mag in ihnen in diesem Augenblick vorgegangen sein. Sie, die den Mut hatten, hierher zu kommen, um zu schauen, wie es den Menschen hier geht, werden selbst zu Opfern, sehen sich plötzlich einer brutalen Macht ausgesetzt, wo Menschenwerte und Menschenrechte nicht zählen.

Stefan Zweig schreibt gleich zu Beginn seines Romans *Die Ungeduld des Herzens*: „Es gibt eben zweierlei Mitleid. Das eine, das schwachmütige und sentimentale, das eigentlich nur Ungeduld des Herzens ist, sich möglichst schnell frei zu machen von der peinlichen Ergriffenheit vor einem fremden Unglück, jenes Mitleid, das gar nicht Mit-Leiden ist, sondern nur instinktive Abwehr des fremden Leidens von der eigenen Seele. Und das andere, das einzig zählt – das unsentimentale, aber schöpferische Mitleid, das weiß, was es will, entschlossen ist, geduldig und mitduldend alles durchzustehen, bis zum Letzten seiner Kraft und noch über dies Letzte hinaus."

---

[2] Nouwen, Henri / McNeill, Donald P. / Morrison, Douglas A., Compassion. A Reflection on the Christian Life, New York 1988, 6.

Von dieser ersten Form von Mitleid spricht der Regisseur Christoph Schlingensief,[3] wenn er sagt: „Deutschland kann etwas von *Parsifal* lernen. Er soll ja über einen Erkenntnisprozess Mitleid lernen, das soll Deutschland auch. Wir sollen Mitleid haben mit den Hartz-IV-Empfängern, mit unserem Konto, mit Schröder, mit dem Osten. Das ist aber nicht wirklich Mitleid, sondern nur Selbstmitleid. Wer denkt an Afrika? Symbole wie Bob Geldofs Live 8 bringen uns nicht weiter. Mitleid gibt es erst, wenn man selbst nichts mehr zu fressen hat. Alles andere ist Heuchelei."

Die eigene Leiderfahrung als Quelle von Mitleid

Menschen, die wirklich mitleiden können, die „geduldig und mitduldend alle durchstehen, sind vor allem Menschen, die körperliches und seelisches Leid am eigenen Leib und in der eigenen Seele erfahren haben. Der Arzt Dale Matthews sagt von sich: „Nur durch meine eigenen Erfahrungen auf der ‚Universität der Schmerzen', [...] bin ich im Mitleiden, Verstehen und Wunsch, anderen zu dienen, gewachsen."[4] Die Erfahrung machen zu müssen, an die eigenen Grenzen zu geraten, der Hilfe, ja des Erbarmens und letztlich der Liebe anderer zu bedürfen, ist eine entscheidende Quelle für die Fähigkeit, mit-leiden zu können. Im eigenen Scheitern, in den eigenen Erfahrungen von Ohnmacht, werden die letzten Fesseln gesprengt, die uns davon abgehalten haben, uns des Anderen zu erbarmen. In der Erfahrung der eigenen Erbarmungswürdigkeit, wenn wir selbst des Erbarmens der anderen und des eigenen Erbarmens bedürfen, kommt die Quelle in uns zum Sprudeln und Fließen, die uns befähigt zum Mitleiden.

Bevor ich mich des Anderen erbarmen kann und mit ihm leiden kann, muss ich mir meiner eigenen Erbarmungswürdigkeit bewusst werden und sie annehmen. Ich muss meiner eigenen Verwundbarkeit, meinem eigenen Leid begegnet sein. Ich muss es in mir gespürt haben, als etwas ganz Persönliches, Intimes, das ich fühle. Die eigene Leiderfahrung ist ein ganz wichtiger Weg, um sensibel zu werden – zunächst einmal für mich und mein Inneres – und schließlich, um in der Lage zu sein, das Leid des Anderen fühlen zu können und auf diese Weise mit dem Anderen mitfühlen zu können. Spüre ich meine eigene Verwundbarkeit, vermag ich auch die Wunde und die Verwundbarkeit des Anderen zu spüren. Darin und dadurch teilen wir etwas miteinander, erfahren wir etwas gemeinsam, erleben wir Gemeinschaft. Es gibt nicht länger ein „oben" und „unten".

---

[3] Schlingensief, Christoph, in: DIE ZEIT Nr. 32, 4. Aug. 2005, 47.
[4] Matthews, Dale, Glaube macht gesund. Spiritualität und Medizin, Freiburg 2000, 22.

Der Philosoph Sören Kierkegaard sagt, dass Mitleid nur dann echt ist, wenn man sich innerlich zugestanden hat und mit einer größeren Sicherheit, als ein Kind sein ABC kennt, weiß, dass alle treffen kann, was einen getroffen hat. Das heißt Mitleiden kann nicht heißen, aus einer privilegierten Position heraus sich auf den erbarmungswürdigen Menschen herabzubeugen. Mitleiden kann ich nur auf der gleichen Ebene. Begebe ich mich aber auf die gleiche Ebene mit dem, der schwach ist, komme ich mit meiner eigenen Schwachheit, mit meiner eigenen Unzulänglichkeit, mit meiner eigenen Hilflosigkeit, ja mit meiner eigenen Erbarmungswürdigkeit in Berührung. Spätestens jetzt.

Mitleiden können als geschöpfliche Anlage

In der Zeitschrift GEO las ich einmal folgende Geschichte: Ein Rancher konnte tagelang seinen Wachhund nicht finden. Er war nicht zum Fressnapf gekommen. Der Rancher fuhr hinaus und fand schließlich den Hund, der bei einem winzigen Schaf Wache hielt, das an einem Dornbusch fest hing. Hätte der Hund nicht bei dem Zicklein ausgeharrt, wäre das Fehlen nicht bemerkt worden und es hätte verhungern müssen.

Die Fähigkeit, mitleiden zu können, ist Ausdruck von etwas zutiefst Geschöpflichem. In der Fähigkeit, sich erbarmen zu können, verwirklicht sich eine Seinsweise von uns, die ganz entscheidend zu uns gehört, auch zu unserer Selbstverwirklichung. Es ist der Moment, in dem unser Selbst sich selbst übersteigt. Der Augenblick, in dem wir die Fesseln, die uns einengen, solange wir uns nur um uns selbst drehen, sprengen. Das wusste schon Angelus Silesius. Er schreibt: „Nichts hält dich fest außer dein Ich – bis du aufbrichst seine Ketten, seine Handschellen und frei bist."

Das heißt, so sehr die Anlage zum Mitleiden zu unserer geschöpflichen Ausstattung gehört, bedarf diese Anlage immer wieder auch des Ansporns, der Neuentdeckung und Entfaltung.

„Die Seele ist da, wo Gott Mitleid bewirkt", meint Meister Eckhart. Man könnte daher auch sagen, dass Seele Mitleid ist. Wenn aber die Seele Mitleid ist, dann ist unsere Seele ziemlich geschrumpft. Wir neigen dazu, uns dieser Tatsache nicht zu stellen. „Wir decken die Wahrheit über unsere geschrumpfte Seele mit allem zu, vom Alkohol bis zur Droge, Fernsehen, Einkaufen, Sex, einfach mit allem,"[5] meinen Rupert Sheldrake und Matthew Fox. Das aber heißt, dass wir immer wieder die Seele freischaufeln müssen, damit wir unsere Fähigkeit, mitleiden zu können, wieder verstärken. So gesehen könnte man sagen, unsere Seele muss wachsen, dass sie immer größer wird, dass wir immer mehr Mitleid für andere empfinden können.

---

[5] Sheldrake, Rupert / Fox, Matthew, Die Seele ist ein Feld, München 1996, 90.

Mitleiden kommt aus einer großen Tiefe

Compassion, Mit-leid, Erbarmen brechen tiefer in den Menschen ein als es Empathie vermag. Ein empathischer Therapeut, der in der Begegnung mit einer Rat suchenden Person alles zu verstehen scheint, kann sich im normalen Leben als ein herzloser, unbarmherziger Mensch erweisen, der sich seine therapeutische Empathie teuer bezahlen lässt, sich ansonsten aber einen Dreck kümmert um die Belange seiner Mitmenschen. Er gleicht jenem Seelsorger, der sich darauf beschränkt, in seiner Predigt von Gottes Liebe zu sprechen, im Grunde genommen aber Gottes Liebe und Barmherzigkeit wie einen Bauchladen vor sich her trägt, gut davon lebt, in seinem privaten Leben aber keine Barmherzigkeit gegenüber seinen Mitmenschen empfindet, gar durch sein Verhalten lebt.

Im Unterschied zu jenem Samariter, von dem der Evangelist Lukas berichtet, der einen Mann, der halbtot da lag, sah und Mitleid für ihn empfand, auf ihn zuging, Öl und Wein auf seine Wunden goss, diese verband und ihn auf sein Reittier hob. Sein Herz schlägt so sehr für diesen Menschen, dass er voll Erbarmen überwältigt ist. Er befragt nicht das Gesetz, er fragt nicht, ob der Mann, der da halbtot am Wege liegt aus seiner Stadt kommt, es also von ihm erwartet werden könnte, dass er ihm hilft. Rolf Zerfaß, bei dem Isidor Baumgartner Pastoraltheologie studierte und der neben Heinrich Pompey seine Theologie mit beeinflusste, kommentiert diese Stelle mit den Worten: „Der Samariter fragt überhaupt nicht, sondern ihm schlägt das Elend des anderen in den Magen hinein. Es überwältigt ihn das Mitgefühl und so geht er auf den andern zu und macht ihn zu seinem Nächsten." Das griechische Wort für Erbarmen, das Lukas gebraucht, kann mit Eingeweide oder Magengrube übersetzt werden. Die Eingeweide werden zum Zeichen dafür, wie Jesus auf uns Menschen reagiert. Rolf Zerfaß: „Das heißt, dieses Erbarmen Jesu meint eine Art instinktive Zuneigung zum Menschen. Es ist eine irrationale, kopflose Geste, die sich deshalb auch in einem sofortigen Tun äußert. Was in solcher Weise von ´da unten`, also gleichsam vom Bauch ausgelöst wird, dafür ist dann keine Zeit, abzuwarten, was wann in die Tat umgesetzt werden kann. Das wird sofort gemacht. Wie der Samariter sich sofort erbarmt. Der Samariter wäscht die Wunden aus, packt den anderen auf seinen Esel und zahlt die Pensionskosten."

Mitleiden kommt aus einer solchen Tiefe. Es ist der Bauch, es ist das Herz. Es ist der Ort, an dem unsere tiefsten und intensivsten Gefühle ihren Platz haben. Es ist das Zentrum, in dem unsere größte Liebe, aber auch unser größter Hass wohnen. Mitleiden ist ein tiefes, zentrales und wichtiges Gefühl, das am ehesten beschrieben werden kann als eine Bewegung, die aus dem Mutterschoß Gottes kommt, in dem die Zärtlichkeit und Sanftheit Gottes verborgen liegt.

217

Im menschlichen Mitleiden wird Gott Mensch

Eine weitere, entscheidende Quelle von Mitleid ist die Liebe zu Gott. Liebe ich Gott wirklich, dann liebe ich ihn bedingungslos und grenzenlos. Dann aber kann ich gar nicht anders als alle die zu lieben, die Gott liebt. Denn echte Liebe zu Gott ist überfließend. Sie muss und will sich ausbreiten über die, die durch Gottes Liebe mit Gott selbst verbunden sind. Ja, in meiner innigen Lieben zu Gott begegne ich in meiner Liebe Gott selbst, der Liebe, der Güte, der Barmherzigkeit in sich. In meiner Liebe zum Nachbarn, zum Fremden, in meinem Mitleiden und Erbarmen konkretisiert sich Gottes Barmherzigkeit, wird Gott Mensch. Entscheidend ist die Initialzündung, die die in mir liegende Fähigkeit zu grenzenloser Liebe, wie sie im Mitleiden zum Ausdruck kommt, in Bewegung setzt, fließen lässt.

Diese Dynamik kommt spätestens dann in Gang, wenn ich mich in Gott verliebe. Der englische Ausdruck dafür *to fall in love* drückt besser aus, was das meint. Ich falle in die Liebe. Ich falle hinein, ob ich es will oder nicht. Und dann bleibt mir gar nichts mehr anderes übrig, dann kann ich gar nicht anders, als mich dieser Liebe zu überlassen, mich von dieser Liebe führen zu lassen. Diese Liebe zu Gott führt mich aber unausweichlich in das Erbarmen, wenn ich den Menschen, den ich liebe, in Not erlebe, ihm Unrecht oder Gewalt angetan wird, er einer schrecklichen Situation ausgesetzt ist. Dann ist wie es bei Hosea heißt: *„all meine Barmherzigkeit entbrannt"*, meine Magengrube dreht sich um, bäumt sich auf. Es erbarmt mich des anderen.

Während ich das schreibe, fällt mir der inzwischen verstorbene Alttestamentler Alfons Deissler ein, der immer wieder auf die Propheten Amos und Hosea verwies und das bei ihnen immer wieder thematisierte Erbarmen. Als Alfons Deissler einmal an einem Vortrag von mir über die Barmherzigkeit teilnahm, bedankte er sich dafür und schlug vor, statt von Barmherzigkeit lieber von Erbarmen zu sprechen. In dem Wort Erbarmen kommt bereits etwas von der Dynamik, der Bewegung zum Ausdruck, die in der Haltung der Barmherzigkeit und der sich daraus ergebenden Handlung zeigt. Es ist eine Haltung, auch eine Seinsweise, in der und bei der wir uns transzendieren, also über uns hinausschreiten. Es ist Gott selbst, der sich in meinem Mitleiden des anderen erbarmt. Da vermischt sich Menschliches und Göttliches. Da wird Gott noch einmal Mensch.

Der Weg des Erbarmens ist der unvernünftige Weg

Wer den Weg des Erbarmens gehen will, muss wissen, dass er einen Weg geht, der ihm Wunden schlägt, auf dem er sich aufreibt. Es ist der unvernünftige Weg, bei dem ich mich für andere verausgabe. Ich bin mir bewusst, dass mit dem Wort Hingabe gerade auch im kirchlichen Kontext viel Schindluder getrieben worden ist. Es gibt viel Fragwürdiges, Undurchsichtiges, Bedenkliches, wenn man näher auf die Motive anscheinend selbstlosen Handelns hinschaut. Auch weiß ich, was es heißt, wie schwer es manchmal sein kann, sich selbst anzunehmen, manchmal so schwer, dass man, statt sich mit sich selbst auseinander zu setzen, sich lieber um die Probleme und die Sünden anderer kümmert. Dann höre ich in der letzten Predigt des 1996 ermordeten Bischofs von Oran Pierrre Claveril: „Wo aber, frage ich mich, ist der Ort der Kirche Jesu Christi, sein Leib, wenn nicht zuletzt dort, wo Menschen leiden, diskriminiert und gefoltert werden? [...] Die Lebendigkeit der Kirche, ihre Fruchtbarkeit und ihre Hoffnung hat dort, in der Nähe des Kreuzes, ihren Nährboden und ihre Wurzeln. Nirgendwo sonst! [...] Liebe, nichts als Liebe ist das Kriterium ihrer Wirksamkeit."[6]

„Mitgefühl ist niemals wahres Mitgefühl, wenn es keine aktive Form annimmt. Arolokiteshrara, der Bruder des Mitgefühls, wird in der tibetischen Ikonographie häufig mit tausend Augen abgebildet, die das Leid in allen Winkeln des Universums erkennen, und mit tausend Armen, die seine Hilfe überall hinbringen", sagt Rinpoche. Manchmal habe ich den Eindruck, dass wir, auch wir Christen, so fixiert sind auf die unmöglichen und ungesunden Motive und Auswirkungen einer Einstellung und eines Verhaltens, das als Erbarmen oder Compassion ausgegeben wird, dass wir, statt uns darauf zu beschränken, die ungesunden Elemente anzuschauen, zu verarbeiten und zu verwandeln, Worten wie „sich hingeben" skeptisch begegnen und es dann auch lassen. Damit einher geht nicht selten ein Rückzug in die Privatheit. Wir alle haben ein Recht auf ein privates Leben und freie Zeit. Und dennoch darf uns die Provokation des Mitleidens nicht erspart werden. Das Erbarmen, das mich in der unmittelbaren Begegnung überwältigen kann, ist das Erbarmen, das mir letztlich gar keinen anderen Spielraum lässt, als alle Überlegungen hinter mir zu lassen, meine Zeit, meine Energie, mich für andere hinzugeben und mich für andere zu verschenken. Ein entscheidendes Wort christlichen Lebens und Wirkens, wenn nicht das entscheidende, ist Mit-Leiden, Erbarmen.

Denn ohne Erbarmen hat „kein Bestreben, keine Lehre, keine Arbeit, kein Opfer den Geschmack des Lebendigen. Alles schmeckt nach Tod, nach *vetustas*, nach den alten Dingen, die mit dem Sieg des Auferstandenen Christus abgeschafft wurden. Kein Gebäude, das nicht auf dem Felsen von Gottes Barmherzigkeit und Gottes unerschütterlicher Liebe (*hesed*) und seinen treuen Versprechen errichtet wurde, kann bestehen"[7]

---

[6] Pierre Claverie, Wie bei kranken Freunden, in: Christ in der Gegenwart 33 (1996) 272.
[7] Merton, Thomas, Liebe und Leben, Zürich 1988, 228.

Andreas Magg

Hilfreich Führen und Leiten –
Das Führungscharisma von Dominikus Ringeisen

1 „Er muss wissen...“

Menschen, die Führungsverantwortung übernehmen, rücken in den Mittelpunkt gesellschaftlicher Aufmerksamkeit. „Geglückte“ Führung animiert zur Nachahmung, wie es auch Jesus im Gleichnis vom barmherzigen Samariter expliziert: *„Geh' und handle genauso“ (Lk 10,37)* Wie kann christlich verstandene und verantwortete Führung aussehen? Dass Führung von Menschen nach den Maßstäben des Evangeliums ein schwieriges Unterfangen ist, wird zum Beispiel in der Anweisung der Benedikt Regel über den Abt deutlich: *„Er muss wissen, welch schwierige und mühevolle Aufgabe er auf sich nimmt: Menschen zu führen und der Eigenart vieler zu dienen.“[1]* Mit dieser Aussage ist ein zweifaches Geschehen benannt. Eine Führungspersönlichkeit muss die Gabe zu Führen (= Führungscharisma) haben und einen Leitungsdienst ausüben.

Anhand der Gründergestalt Dominikus Ringeisen soll aufgezeigt werden, was es heißt, im Bereich der Caritas als Führungspersönlichkeit zu agieren, ein Werk aufzubauen und Zukunft zu eröffnen.

2 Ursbergs Gründer – Kurzbiografie

Dominikus Ringeisen wurde am 6. Dezember 1835 in Unterfinningen bei Dillingen geboren. Als Vierjähriger verlor er seine Mutter. Die erneute Heirat des Vaters, die schwierige Persönlichkeit der Stiefmutter, ließ Ringeisen zu einem introvertierten und verschlossenen Kind werden; er wurde zum Außenseiter. Da er keinerlei Eignung für bäuerliche Arbeiten erkennen ließ, schickte ihn sein Vater nach Augsburg an das Gymnasium der Benediktinerabtei St. Stefan. Eine äußerst schwere Erkrankung zwang den 19jährigen schließlich zu einer dreijährigen Unterbrechung der Schullaufbahn. Durch häuslichen Unterricht erlangte er nach zweijähriger externer Vorbereitung das Absolutorium

---

[1] Salzburger Äbtekonferenz (Hg.), Die Benediktursregel. lateinisch/deutsch, Beuron 1992, II 31.

(= Abitur). 1859 nahm er das Studium der Theologie an der Dillinger Hochschule auf und trat nach dem ersten Studienjahr in den Orden der Jesuiten ein. Diese entließen den kränklichen und schwachen Novizen bereits nach neun Monaten, da sie für ihn keine spätere Einsatzmöglichkeit sahen. Ringeisen kehrte in seine Heimatdiözese zurück und wurde im August 1864 zum Priester geweiht. In Frankenried wirkte er sieben Jahre als Kaplan. Wegen der Krankheit des dortigen Pfarrers übernahm er von Anfang an Leitungsaufgaben. Seine Äußerungen wurden zunehmend politisch. Eine Predigt im Oktober 1869 brachte ihm eine Anzeige ein. Dieses Ereignis belastete das Verhältnis zwischen der bayerischen Regierung und Ringeisen über lange Jahre, eine eigene Pfarrstelle wurde ihm deshalb verwehrt. Als Benefiziat in Obergünzburg begann er, weil er mit seiner Situation haderte, den Bau des Distriktkrankenhauses zu organisieren. Diese Aktion war der Beginn einer Umorientierung; Ringeisen entdeckte fortan die Caritas als seine Lebensaufgabe. Von Kaufbeuren aus kaufte er 1884 das ehemalige Kloster Ursberg. Hier gründete er die Kretinenanstalt Ursberg (das heutige Dominikus-Ringeisen-Werk) und die Frauengemeinschaft der St. Josefskongregation. Bis zu seinem Tod (4. Mai 1904) leitete und gestaltete er seine beiden großen Gründungen.[2]

Seine Führungsaufgaben und -qualitäten sollen im Folgenden veranschaulicht und herausgearbeitet werden.

3 Führungscharisma

Charismatische Menschen begeistern und ziehen an. Aber was ist ein Charisma oder genauer: das Führungscharisma? Charisma (griech: χάρισμα, Gnade, Gunst) bezeichnet ursprünglich ein Geschenk, eine Gabe. In den neutestamentlichen Schriften ist mit Charisma eine von Gott bzw. vom Heiligen Geist geschenkte Befähigung für eine bestimmte Aufgabe oder ein Amt bezeichnet. Bereits hier wird deutlich, dass Gabe nie nur zum Nutzen des Einzelnen geschenkt ist, sondern auch immer schon eine soziale Dimension aufweist. Ein Charisma wirkt für und in eine Gemeinschaft.[3] Durch diese Bestimmung ist eine Korrektiv eingebaut. Charisma, auch wenn es um eine Gabe für eine Einzelpersönlichkeit handelt, ist ethisch nur zu vertreten, wenn es neben den Vorteilen für seinen Träger auch das Gemeinwohl mit einschließt.[4] Der

---

[2] Vgl. Baumgartner, Isidor / Landersdorfer, Anton (Hg.), Jeder Mensch ist kostbar. Dominikus Ringeisen (1835-1904). Ein Anwalt des Lebens, Passau 2004; Tröger, Gert, Dominikus Ringeisen und sein Werk. Zur Feier Hundertjahrfeier der Ursberger Behinderteneinrichtungen 1884-1984, Ursberg 1984.

[3] Vgl. Dautenberg, Gerhard, Art. Charisma I. Begriff, in: ³LThK 2, Freiburg u. a. 1994, 1014.

[4] Vgl. Hausmanninger, Thomas, Art. Charisma. IV. Theologisch-ethisch, in ³LThK 2, Freiburg u. a. 1994, 1016f., hier 1016.

Neologismus Führungscharisma beinhaltet somit die beiden Brennpunkte: die Führungsperson selbst und ihr leitender Einfluss auf eine Gemeinschaft.

Ein aktuelles Managementbuch beschreibt den Einfluss einer Führungspersönlichkeit folgendermaßen: *„Führungskräfte prägen durch ihre Persönlichkeit die Organisation, in der sie wirken. Dies gilt natürlich in erster Linie für jene Führungskräfte, die ganz oben stehen. Es ist nicht gleichgültig, ob der Chef ein kalter Machtzyniker ist, der seine Mitarbeiter gegenüber ausspielt, oder jemand, der sich stets bemüht, fair zu sein, ob er konservativ korrekt ist oder kreativ ausgeflippt, ob an der Spitze ein egomanischer Hektiker steht oder eine besonnene Frau, die auf Kooperation setzt."*[5] Charisma kann in diesem Sinn als eine Persönlichkeitsstruktur oder Eigenschaft verstanden werden, die die jeweilige Person prägt und auch Einfluss auf die geführten MitarbeiterInnen nimmt.

Wie muss nun die Begabung und Befähigung, sprich das Charisma einer Person sein, die ihre Führungsaufgabe bewusst christlich verstehen und ausüben möchte? Wenn Führung bzw. ein Führungsstil mit christlichem Ansatz anderen, vielleicht besonderen Grundsätzen folgt, wird dies dann alle mitprägen und bestimmen? Was es speziell bedeuten kann, eine christliche Führungspersönlichkeit zu sein, soll Anhand von vier Aspekten näher betrachtet und beispielhaft durch biografische Details der Führungspersönlichkeit Ringeisen unterfüttert werden:
a. Theologische Reflexion
b. Symbol – Zeichenhaftigkeit
c. Versammeln
d. SeelsorgerIn sein

3.1 Fähigkeit zu theologischer Reflexion

Was ein christliches Führungscharisma vornehmlich auszeichnet, ist die Fähigkeit zu theologischer Reflektion. Damit steht vor, über und nach allem Handeln ein Korrektiv und Ventil. Denn Reflexion ist die Betrachtung, immer wieder neues, vertiefendes und prüfendes Überdenken. Sie ist somit einen Regelkreislauf: Wahrgenommenes wird nach bestimmten (hier theologischen) Maßstäben geprüft, und wenn nötig korrigiert, und soll schließlich zu einer veränderten Realität führen, die dann wiederum wahrgenommen werden kann. Das bedeutendste theologische Modell mit der Absicht, die Wirklichkeit theologisch und praktisch zu durchleuchten, sind die ignatianischen Exerzitien. In den Anweisungen des Exerzitienbuches geht es von Anfang an darum, die eigene Realität im Glauben zu betrachten, das Gewissen zu erforschen, Emo-

---

[5]   Nöllke, Matthias, Management. Was Führungskräfte wissen müssen, Plannegg [2]2004, 22.

tionen zurückzunehmen, sich zu besinnen und Impulse für das eigene Handeln daraus zu ziehen.[6] Zu diesen Übungen oder Reflexionen ist nur fähig, wer nicht von vorgefertigten Bildern und Meinungen eingenommen ist, sondern mit der eigenen sinnlichen Wahrnehmung beginnt, die Ignatius als Verspüren und Schmecken bezeichnet.[7] Theologische Reflexion beginnt, so verstanden, mit der Wahrnehmung und deren Deutung durch theologische Aussagen.

Dominikus Ringeisens Stärke war die Theologie des Alltags, d. h. er deutete seinen gesamten Alltag vom Glauben her; er konfrontierte seine Wahrnehmungen mit dem Glauben und bestimmte dadurch die Richtung seines Handelns. Da war zum einen seine Faszination von Jesus, die er in kurzen Bibelzitaten oder Aussprüchen zum Ausdruck brachte. So bezog er sich z. B. auf das Wort aus 2 Kor 5,14: *„'Die Liebe Christi drängt uns! Dies ist das Losungswort zu all unseren Bemühungen!' An anderer Stelle beschreibt er seine und der Ursberger Schwestern Mission knapp und bündig: 'Barmherzigkeit ist unser Beruf.'"* [8] Diese biblisch-spirituellen Impulse, die Ringeisen immer wieder heranzog und aus denen er schöpfte, prägten seine Überzeugung und dienten ihm zudem als Richtschnur für sein eigenes Tun. Er entwarf eine Hilfe für die Gewissenserforschung, die er der von ihm gegründeten Schwesterngemeinschaft mitgab. Unter dem Schriftzitat: „Er wird eure Werke untersuchen und eure Gedanken durchforsten (Weis 6,4)" entwickelte er eine Reflexionshilfe, die z. B. auch nachfragt, ob man das von Gott gehörte auch angewendet hat.[9]

3.2 Gespür für die Zeichenhaftigkeit – das Symbol

Neben der Fähigkeit zum theologischen Reflektieren gehört zum Führungscharisma ein Gespür für die Zeichenhaftigkeit des eigenen Tuns. Jede Praxis hat einen Mehrwert, wenn sie nicht bloße Reproduktion oder Kopie ist. In der aktuellen theologischen Diskussion wird die Wahrnehmung kirchlichen und gläubigen Handelns unter dem Fachbegriff der Pastoralästhetik diskutiert. So gilt z. B. die Ordens- und Hospitalgründung des Johannes von Gott unter pastoralästhetischem Gesichtspunkt als eigenständige und inspirierte Gründung,

---

[6] Vgl. Ignatius von Loyola, Geistliche Übungen, in: Peter Knauer (Hg.), Ignatius von Loyola. Gründungstexte der Gesellschaft Jesu, Würzburg 1998, 85-269; hier die Nummern des Exerzitienbuches 1, 23 (Prinzip und Fundament), 24-26 (Examen).

[7] Vgl. ebd. Nr. 2.

[8] Baumgartner, Isidor, Leitmotive bei Dominikus Ringeisen – Leitbilder caritativer Behindertenarbeit heute, in: Baumgartner / Landersdorfer, Jeder Mensch ist kostbar, 117-152, hier 118f.

[9] Vgl. ACSJ Ursberg 015, aus den Schriften von Dominikus Ringeisen, Gewissenserforschung für die kleinen Exerzitien.

weil er nicht einfach nur kopierend z. B. auf das biblische Motiv der Heilung oder der Herberge, wie im Gleichnis vom barmherzigen Samariter, rekurrierte, sondern eine eindrucksvolle und kreative, neue Form der Pflege praktizierte. Für die Pastoralästhetik ist eine kairologische Situationsanalyse und eine am Glauben ausgerichtete „Handlungs"-Kriteriologie notwendig.[10]

Ausgangspunkt für die Gründung der Behinderteneinrichtung Ursberg war für Ringeisen die Konfrontation mit der Situation behinderter Menschen im 19. Jahrhundert. Als Beichtvater im Kaufbeurer Kreszentia-Kloster wurde er mit der Not von Angehörigen konfrontiert. Er wollte für die Not der Kretinen, wie man behinderte Menschen nannte, Abhilfe schaffen. Im Lauf des Jahres 1884 gelang ihm die Suche eines geeigneten Objekts, die Erlangung aller notwendigen Genehmigungen, die Suche nach geeignetem Personal und die Eröffnung der Kretinenanstalt.[11] Da Ringeisen über keinerlei Erfahrungen verfügte und auch keinerlei Hilfsangebote besaß, stellt diese Gründung eine Pionierleistung dar, auch wenn er nicht die erste Gründergestalt einer derartigen Einrichtung war. Er reagierte auf die wahrgenommene Not, indem er all seine Möglichkeiten als Christ und Priester für diese Menschen einsetzte. Auf diese Weise rief er die größte kirchliche Behinderteneinrichtung Süddeutschlands ins Leben.

3.3 Versammeln

Wer ein solches Werk ins Leben gerufen hat und Führungsverantwortung übernommen hat, der versammelt unweigerlich Menschen um sich. Die Kirche selbst verwirklicht sich als Koinonia, als Gemeinschaft mit Gott und zwischen den Menschen. Dies versinnbildlicht auch der Begriff „Kirche", der sich vom griechischen Wort kyriakos (die zum Herrn gehörende) oder biblisch von ekklesia (von ek-kaleo = herausrufen, in der Bedeutung von Volksversammlung) ableitet.[12] Es ist somit auch ein kirchlicher Auftrag bzw. eine kirchliche Handlung, wenn sich Menschen zu einer gegenseitiger Hilfeleistung oder religiös motiviert versammeln.

Diese Bedeutung von Versammlung kann bei Ringeisen an drei verschiedenen Punkten festgemacht werden:

---

[10] Vgl. Baumgartner, Isidor, Auf der Suche nach einer überzeugenden Form der kirchlichen Diakonie, in: Fürst, Walter (Hg.), Pastoralästhetik, Die Kunst der Wahrnehmung und Gestaltung in Glaube und Kirche, Freiburg u. a. 2002, 221-234, hier 221f.

[11] Vgl. Tröger, Gert, Dominikus Ringeisen und sein Werk, Zur Hundertjahrfeier der Ursberger Behinderteneinrichtungen 1884-1984, Ursberg 1984, 54-64.

[12] Vgl. Neuner, Peter, Ekklesiologie – Die Lehre von der Kirche, in: Beinert, Wolfgang (Hg.), Glaubenszugänge, Lehrbuch der Katholischen Dogmatik 2, Paderborn u. a. 1995, 401-573, hier 461; vgl. KKK 751.

a. Er nahm Menschen mit Behinderungen nicht nur auf, sondern bildete Gruppen, die ein Ersatz für Familie sein sollten. Versammlung hatte hier die Bedeutung von Heimat und Geborgenheit. Dies wird auch daran deutlich, dass er seine Schwestern ermahnte, sie sollen wie Mütter sein.[13]

b. Durch die gezielte Gründung und Formung der Schwesterngemeinschaft der St. Josefskongregation, die im Jahr 1897 die staatliche und kirchliche Anerkennung erhielt, rief er für seine Mitarbeiterinnen eine Gemeinschaft ins Leben, die über die Beschäftigung hinaus Sinn stiftete und mit der gestellten Lebensaufgabe verband.

c. Durch Spendenaktionen, Korrespondenz und die Herausgabe des St. Josefsboten machte Ringeisen auf sein Werk aufmerksam und band Angehörige, Freunde und Wohltäter an sein Lebenswerk. Diese Gruppe sicherte wesentlich das Überleben und die Fortentwicklung der Einrichtung.

3.4 Der Seele Raum geben – SeelsorgerIn sein

Die vierte und letzte Aufgabe des Führungscharismas ist es, auch die innerlichen, seelischen Bedürfnisse der Menschen, die man um sich versammelt hat, ernst zu nehmen. *„Gottesbegegnung ist die andere Seite der Weltverantwortung. Wir glauben als Christen, daß sich Gott – durch Menschwerdung, Tod und Auferstehung – so menschengerecht als Retter und Erlöser geoffenbart hat, daß zu unserer eigenen Menschwerdung kein Weg an ihm vorbeiführt.“*[14] Die Begleitung dieser Wege, das Aufzeigen, wie Menschsein gelingen kann, ist die Aufgabe des/der Seelsorgers/in. Hierzu dienen vor allem das Gespräch, die Hinführung zum Glauben und die Feier der Sakramente.

Die Begleitung von Menschen mit Behinderung darf nicht bei Verwahrung und Versorgung enden. Daher schärfte Ringeisen seinem Personal das Ziel seiner Behindertenarbeit ein: *„Macht sie (Anm. die Behinderten) gut und glücklich!“*[15] Mit den Begriffen gut und glücklich wird neben der „Leibsorge" auch die Seelsorge angemahnt. Für die Heimbewohner wurde Seelsorge durch einen speziellen Religionsunterricht, die Feier des Kirchenjahres, das religiöse Leben in den Wohngruppen und die Feier der Sakramente gewährleistet. Für viele war dies die erste Gelegenheit, religiös zu leben, da Behinderten im 19. Jahrhundert das gesellschaftliche Mitleben, auch religiös, meist verwehrt blieb. Auch die Schwesterngemeinschaft wurde intensiv seelsorglich beglei-

---

[13] Vgl. ACSJ Ursberg 061, Dominikus Ringeisen, Pflege- und Aufsichtsschwestern.

[14] Widl, Maria, Kleine Pastoraltheologie. Realistische Seelsorge, Graz u. a. 1997, 101.

[15] ACSJ Ursberg 061, Dominikus Ringeisen, Pflege- und Aufsichtsschwestern, vorangestellter Satz. Ringeisen übernahm ihn, nach einer Randnotiz, von Generalvikar Henle.

tet. Neben einer fundierten Einführung in das Ordensleben legte Ringeisen als ehemaliger Jesuitennovize und Geistlicher außerordentlichen Wert auf ein intensives geistliches Leben.

4 Der Dienst der Leitung

Neben dem Führungscharisma gehört auch Leitungskompetenz bzw. der Leitungsdienst zum Wesen einer christlichen Führungspersönlichkeit. Zu einem christlich geführten Haus gehört neben der christlichen Basis die entsprechende fachliche Kompetenz. Eine entscheidende Qualitätsnorm von Caritaseinrichtungen ist seit jeher der Grad an hoch qualifizierter Dienstleistung. In der Monografie „Der Aufstieg des Christentums" weist der amerikanische Soziologe Rodney Stark im Kapitel „Epidemien, soziale Netzwerke und Bekehrung" darauf hin, dass der gerade bewusste und kompetente medizinische Einsatz der Christen ein Qualitätsmerkmal war, das viele Bekehrungen auslöste und das Wachstum des verfolgten Christentums beschleunigte.[16] Fachlich-kompetente Führung stellt so gelebten Glauben und Verkündigung dar. Dieses Phänomen zeigt sich zuerst in der (An-)Leitung von einzelnen Personen und dann im Aufbau und in der Entwicklung einer Organisation.

4.1 Zum Dienst anleiten –
Leitung und Führung theologisch betrachtet

„Da Leitung immer bedeutet über jene Grundsatzfragen zu entscheiden, von denen das Überleben einer Organisation abhängt, braucht es zur Leitung vor allem solche Menschen, die bereit und in der Lage sind Verantwortung zu übernehmen."[17] Mit dieser allgemeinen Feststellung ist bereits eine christlich-ethische Grundaussage getroffen: Leitung ist Verantwortung für andere. Biblisch ist dies vor allem im Bild des Hirten (vgl. Jer 12,10. 31,10; Ps 23; Mi 5,3f.; Joh 10; Apg 20,28; Eph 4,11 u. a.) gefasst worden. Missbraucht der Hirte seine Leitungsgewalt, leidet die Herde und der Ertrag geht zurück. Verantwortung zahlt sich dagegen für alle aus. Von daher ist der gute Hirte das biblische Modell für jedes Leiten und Führen in Kirche und kirchlichen Einrichtungen. Menschlichkeit wird so zum Qualifikationsmerkmal. Dies spitzt sich neutestamentlich zu, indem sich Jesus als erster Diener aller versteht.

---

[16] Vgl. Stark, Rodney, Der Aufstieg des Christentums. Neue Erkenntnisse aus soziologischer Sicht, Weinheim 1997, 83-109.

[17] Schuster, Norbert, Aus gleichem Schrott und Trott hinaus. Organisationale Grunddaten zur Exodus-Funktion von Leitung, in: Anzeiger für die Seelsorge 3 (2005) 20-23, hier 23.

Wer anderen vorsteht, soll sich in seiner Aufgabe nicht über die anderen stellen.[18]

Das Leitungs- und Führungsmodell Ringeisens war die familienähnliche Gruppe. Die Anrede Ringeisens spiegelt auch sein Selbstverständnis wider: „Vater". Die Schwestern nahmen innerhalb der Gruppen eine Art Mutterrolle ein. Damit ist eine sehr „enge" und verbindliche Form der Führung innerhalb einer Lebensgemeinschaft, wie sie auch im Bild des Hirten beschrieben ist, festgelegt. Ein weiteres Merkmal für das Leitungsverständnis Ringeisens war die Überzeugung, dass eine Lebensgemeinschaft sich nur entfalten kann, wenn Leitung fachlich auf hohem qualitativen Niveau erfolgt. Qualifizierung erfolgte durch Exkursionen, diverse Praktika, Ausbildungskurse und eine eigene Lehrerinnen-Bildungsanstalt.[19] Die Ursberger Schwestern dürften in der Gründungsphase zu den am besten ausgebildeten und geförderten Mitarbeiterinnen in der Behindertenarbeit gehört haben.

4.2 Der Um-Bau einer Einrichtung

Organisationen sind einer ständigen Veränderung und Entwicklung unterworfen. Um diese Prozesse sinnvoll und förderlich zu begleiten, bemühen sich Betriebsführungen um eine prozessorientierte Organisationsentwicklung. *„Zu den zentralen Prinzipien systematischer Organisationsentwicklung zählen verstärkte Partizipation aller Beteiligten, vor allem der MitarbeiterInnen einer Einrichtung; ferner stetiges Reflektieren und Erproben dessen, was als bewahrenswert oder veränderungsbedürftig erscheint."*[20] In vielen Bereichen der Caritas und ihrer Einrichtungen wurden Organisationsentwicklungsprozesse angestoßen und durchgeführt, um die Einrichtungen – umgangssprachlich ausgedrückt – für die Zukunft fit zu machen.

Auch wenn Dominikus Ringeisen heute gerne als Unternehmer der Nächstenliebe bezeichnet wird, handelte und führte er nicht nach heutigen Maßstäben bzw. führte keine Organisationsentwicklung in diesem Sinne durch. Seine Leistung war es, eine Einrichtung auf- und umzubauen, was aber ebenfalls die Entwicklung einer Organisation darstellt. Sein Hauptaugenmerk lag auf der Suche und Ausbildung von geeignetem Personal, was schließlich zur Gründung der St. Josefskongregation führte. Die Gebäude, und damit die Lebens-

---

[18] Steichele, Hanneliese, „Bei euch aber soll es nicht so sein..." (Mk 10,43), in: Anzeiger für die Seelsorge 3 (2005) 5-9, hier 6 u. 8f.

[19] Vgl. Immenkötter, Herbert, Die Gründung der St. Josefskongregation in Ursberg, in: Baumgartner / Landersdorfer, Jeder Mensch ist kostbar, 169-181, hier 174.

[20] Wohlfarth, Albert, Organisationsentwicklung und Führung heute – Sozialethische Impulse und Handlungskonzepte, in: Baumgartner / Landersdorfer, Jeder Mensch ist kostbar, 153-165, hier 154.

und Arbeitsbedingungen, mussten ständig angepasst werden. Bereits im Gründungsjahr kam es zu ersten Baumaßnahmen und die Bautätigkeit ist bis auf den heutigen Tag nicht gänzlich abgeschlossen. Ab 1891 erfolgte der Erwerb neuer Gebäudekomplexe und die Gründung des noch heute bestehenden Filialwesens. Es entstanden so innerhalb der 20-Jährigen Tätigkeit Ringeisens zwei bedeutende Organisationen: die Behinderteneinrichtung (mit Filialen in den heutigen Regierungsbezirken Schwaben, Oberbayern und Unterfranken) und die St. Josefskongregation. Die Grundstruktur dieser beiden Organisationen hat sich mit kleinen Modifikationen bis auf den heutigen Tag erhalten.

5 Führungspersönlichkeit

In vielen Leitungsaufgaben unterscheidet sich eine christliche auf den ersten Blick nicht von einer „weltlichen" Führungspersönlichkeit. Die Akzentsetzung und die Auswirkungen der Leitung sind jedoch sehr unterschiedlich. Die religiöse Führung soll sich durch die menschliche Begleitung von Mitarbeitern auch um deren seelisch-geistiges Befinden annehmen, indem sie Sinn in Symbolen deutet und seelsorgliche Begleitung ermöglicht. Um diesen Aufgaben gerecht zu werden, muss eine christliche Führungspersönlichkeit ihre Entscheidungen grundsätzlich theologisch reflektieren und ihre Mitstreiter um sich versammeln können. Diese Art der Führung wird sich dann nach und nach im Aufbau und System einer Einrichtung niederschlagen. Ringeisen als Gründer und Leiter der „Kretinen- und Blindenanstalt Ursberg" war eine solche christliche Führungspersönlichkeit, an der exemplarisch Eigenschaften und Fähigkeiten abgelesen und für unsere Tage fruchtbar gemacht werden können. Bedenkt man die staatlichen, finanziellen und personellen Engpässe, die er meistern musste, wird seine Aktualität noch greifbarer. Er verfügte über ein mitreißendes Charisma, mit dem er eine große Zahl freiwilliger Hilfskräfte anwarb, diese qualifiziert motivierte und anleitete. Sein Engagement mündete schließlich in den Aufbau zweier Organisationen.

229

Stefan Knobloch

Lösungsorientierte Kurztherapie und Gesprächsseelsorge

0 Vorbemerkungen

„Provokation Helfen" ist ohne Frage ein gut gewählter Titel, um das bisherige wissenschaftliche Lebenswerk Isidor Baumgartners auf eine kurze Formel zu bringen. Es ist überdies – und das dürfte, so vermute ich mal, in verschiedenen Beiträgen dieser Festschrift, und nicht nur in meinem, deutlich werden – eine Formel, die auf die innere Spannung zwischen *Provokation* und *Helfen* aufmerksam macht. Es ist eben nicht so, dass sich gewissermaßen ein über die nötigen Hilfsmöglichkeiten verfügendes Subjekt oder eine Gruppe oder eine Institution zur Hilfe provoziert und herausgefordert sieht und diese Hilfe dann leistet, in einem einlinigen Gestus des Anbietens, so dass dem Gegenüber nur die Annahme bliebe, ohne auf Struktur und innere Gestalt der Hilfe Einfluss zu haben. Der Titel „Provokation Helfen" ist gerade auch unter der Perspektive zu lesen, dass das Helfen-Wollen sich orientiert an den Bedürfnissen und Erwartungen und vor allem an den Ressourcen und Möglichkeiten derer, denen eine Hilfeleistung – in welcher Form auch immer – gilt.

Wenn ich in meinem Beitrag über die sogenannte lösungsorientierte Kurztherapie[1] und ihre Bedeutung für die Gesprächsseelsorge nachdenke, ein Beitrag, der hier in die Rubrik „Instrumente christlichen Helfens" eingereiht wurde – wobei ich die Frage, ob es sich hier um *christliches* Helfen handelt oder nicht, zunächst unberücksichtigt lasse –, dann wird sich zeigen, dass die lösungsorientierte Kurztherapie dezidiert einen Hilfemodus darstellt, der den der Hilfe Bedürftigen in seinen Ressourcen und Fähigkeiten zu aktivieren bemüht ist, ihn also nicht – etwas respektlos gesagt – mit Hilfeleistungen von außen „überfällt", nachdem er vorher von welchen Lebens- und Schicksalsschlägen auch immer überfallen worden war. Ich will keine künstlichen Gegensätze schaffen, die in der Sache nicht gegeben wären. Aber die gedankliche Zuord-

---

[1] Vgl. Hesse, Joachim (Hg.), Systemisch-lösungsorientierte Kurztherapie, Göttingen 1997; Lütz, Manfred, Der blockierte Riese. Psycho-Analyse der katholischen Kirche, Augsburg 1999, 75-86; Shazer, Steve de, Das Spiel mit Unterschieden. Wie therapeutische Lösungen lösen, Heidelberg 1998; Shazer, Steve de, „...Worte waren ursprünglich Zauber." Lösungsorientierte Therapie in Theorie und Praxis, Dortmund 1998.

nung der lösungsorientierten Kurztherapie zu den Versen Lk 10,33-34 vermag nicht ganz zu überzeugen, da der Lk-Text einzig auf die Aktivität des Samariters abstellt: „Dann kam ein Mann aus Samarien, der auf der Reise war. Als er ihn sah, hatte er Mitleid, ging zu ihm hin, goß Öl und Wein auf seine Wunden und verband sie. Dann hob er ihn auf sein Reittier..." Aus diesem Text flüchtig gezogene Konsequenzen könnten das Helfen als eine einseitige Hilfeleistung erscheinen lassen, was es aber wohl nie ist, eine Beobachtung, die besonders an der lösungsorientierten Kurztherapie deutlich werden kann.

War dies eine erste wichtige Vorbemerkung, so muss eine zweite sogleich folgen. Noch bevor wir überhaupt auf die inhaltliche Darstellung der lösungsorientierten Kurztherapie und ihre mögliche Bedeutung für die Seelsorge zu sprechen kommen, muss klargestellt werden, dass sich die Kurztherapie natürlich nicht von sich her und als solche als „Instrument christlichen Helfens" versteht. Mit anderen Worten, nicht das Motiv, christlich zu helfen, steht am Ausgangspunkt ihrer Genese, sondern facettenreiche psychotherapeutische Erfahrungen, die sich schließlich im Zusammenwirken bestimmter Personen zur lösungsorientierten Kurztherapie verdichtet haben. Ein Prozess, der noch in Gang ist und weiteren Entwicklungen unterliegt. Mit dieser zweiten Vorbemerkung ist zugleich gesagt, dass der Gewinn für die Seelsorge nicht darin bestehen kann, sich einfach in globo der lösungsorientierten Kurztherapie zu bedienen und gewissermaßen – wie eben angedeutet – aus ihr selbst das Instrumentarium und die Motivation christlichen Helfens gewinnen zu wollen. Eher ist es so, dass die lösungsorientierte Kurztherapie wie ein „fremdprophetischer Impuls" auf seelsorgliche Situationen wirken kann, die nicht erst dadurch seelsorglich werden, dass sie diesen Impuls aufgenommen haben, sondern die vielmehr durch diesen Impuls genauer den Charakter ihrer originären seelsorglichen Qualität erkennen können. Insofern ist die hier gemeinte zugrundeliegende Bewegungsrichtung exakt die entgegengesetzte zu der von Isidor Baumgartner, der – wenn ich es richtig sehe – in seinen pastoralpsychologischen Studien gewöhnlich psychologische Schulen und Therapieformen sekundär im Licht biblischer Texte zu lesen versucht,[2] eine Matrix, der sich auch diese Festschrift wiederum verpflichtet weiß. Der fremdprophetische Impuls aber geht den umgekehrten Weg.

1 Zur Genese der Kurztherapie

Am Beginn der lösungsorientierten Kurztherapie stehen – ohne hier zu sehr ins Detail gehen zu können – der US-amerikanische Anthropologe Gregory Bateson (1904-1980) und der US-amerikanische Hypnoseforscher Milton

---

[2] Am eindrücklichsten geschah dies in seinem grundlegenden Werk Pastoralpsychologie. Einführung in die Praxis heilender Seelsorge, Düsseldorf 1990.

Erickson (1901-1980). Bateson hatte zusammen mit John Weakland und Don Jackson an einem Forschungsprojekt über menschliche Kommunikation gearbeitet. Weakland war dabei stark von Milton Erickson beeinflußt. Auf die Initiative von Don Jackson kam es schließlich 1958 in Palo Alto (USA) zur Gründung des *Mental Research Institute (MRI)*, dem sich alsbald Paul Watzlawick anschloß. Im Rahmen dieses Institutes entwickelte sich 1967 das *Brief Therapy Center*, eine therapeutische Klinik und Forschungsstätte. Unabhängig von diesen Vorgängen in Palo Alto entstand 1969 in Milwaukee (USA) unter der Federführung von Steve de Shazer und anderen das *Brief Family Therapy Center (BFTC)*. Auch Steve de Shazer war in seinen Ansätzen von Bateson und Erickson beeinflusst, so dass es nicht verwundert, dass es ab 1972 zu einer engen Kooperation beider zunächst unabhängig voneinander entstandener Institute kam.

2 Grundüberzeugungen und Methoden der Kurztherapie

Man könnte meinen, wenn man sich am Begriff der „Kurz"therapie orientiert, das sie von anderen Therapieformen unterscheidende Kriterium liege in der Kürze der Therapie, und man könnte daraus folgern, damit benenne man ihre entscheidende Charakteristik. Tatsächlich aber ist das Moment der Kürze eine sekundäre Folge einer anderen Grundüberzeugung.

2.1 Die Kurztherapie setzt nicht beim Problem, sondern bei *Lösungen* an. Um es noch genauer zu sagen, da wir in der Regel von anderen Therapieformen her auf *Probleme* fixiert sein dürften – man denke an die Psychoanalyse Sigmund Freuds oder an die komplex-analytische Tiefenpsychologie C. G. Jungs: Die Kurztherapie arbeitet nicht an *Problem*lösungen, sondern versucht im Gespräch mit den Klienten Lösungen zu konstruieren, die mit dem Problem nicht zu tun haben müssen. Das therapeutische Gespräch zielt auf eine Verhaltensänderung des Klienten ab. Dazu aber sei es nicht nötig, *über das Problem* zu reden. Einem Ehepaar, das zu Beratung gekommen war, hatte Steve de Shazer gesagt: "Sprechen Sie nicht über das Problem. Wenn es ein Problem wäre, das durch Reden gelöst werden könnte, hätten Sie beide es schon längst gelöst. Es hat keinen Zweck, irgend etwas weiter zu machen, was nicht funktioniert."[3] Statt dessen favorisiert die Kurztherapie Lösungsvisionen, zu denen sie die Klienten anregen will.

Sie stellt Fragen wie die: „Wo möchten Sie in Ihrem Leben hin und dafür auch die Verantwortung übernehmen?" Die Kurztherapie ist davon überzeugt,

---

[3] Lütz, Der blockierte Riese, 80.

dass ein komplexes Problem – gleich welcher Art – keiner komplexen Lösung bedarf. Sie sieht das als therapeutische Wirklichkeit an, was wirkt. Deshalb geht es ihr nicht darum, in einer zeitraubenden Analyse den Dingen auf den Grund zu gehen, warum sie so sind, wie sie sind. Sie sucht nach Verhaltensänderungen, die sie auf der Basis dessen, das die Klienten äußern, mit ihnen gemeinsam erarbeitet.

2.2 Damit kommt ein weiteres entscheidendes Element der Kurztherapie in den Blick: Sie orientiert sich *an den Klienten*. Allerdings nicht so, dass sie ihm in die erneute Ausbreitung eines Problems folgt, gewissermaßen sich über Stunden und Sitzungen immer tiefer (und aussichtsloser?) in einem Problemfeld verheddert. Sondern sie führt ihn an selbst erdachte und selbst zu erprobende Lösungen heran.

2.3 Diesem Vorgehen liegt die weitere Überzeugung zugrunde, dass Probleme der Menschen weniger ein innerpsychisches, als mehr ein Phänomen „*im zwischenmenschlichen Bereich*, zwischen mir und anderen Menschen" darstellen. Steve de Shazer hat das am Beispiel der Depression deutlich gemacht.

Einen Depressiven aufzumuntern, schlage in der Regel fehl. Das bedeute exakt, mehr von dem zu machen, was nicht funktioniere. So paradox es sich ausnimmt, es führe weiter, so Steve de Shazer, den Depressiven dazu aufzufordern, angesichts seiner Lebensrealität eigentlich noch depressiver sein zu müssen. Über eine solche Zumutung werde sich eine depressive Person ärgern. Sie werde es sich nicht gern sagen lassen wollen, dass sie noch nicht depressiv genug sei. Und sie werde dagegen ankämpfen. Dieses Beispiel widerlegt andererseits nicht die These, dass die Kurztherapie nicht problemorientiert arbeite. Sie hat lediglich eine strukturalistische Sicht der Probleme, arbeitet aber nicht an *Problem*lösungen, sondern an Lösungen in Gestalt von Verhaltensänderungen.

2.4 Dazu bedient sich die – deshalb lösungsorientiert genannte – Kurztherapie bestimmter Methoden. Sie können hier nur kurz angerissen werden.

2.4.1 Eine der Methoden, eine der „Lieblingsfragen" Steve de Shazers, wie er immer wieder sagt, ist die *Methode der Skalierungsfrage*[4]. Diese Methode bedient sich einer gedachten Zahlenskala von 0 bis 10. Der Skalenwert 10 bedeutet, dass das Problem, dessentwegen Klienten zur Beratung kommen, vollständig gelöst ist. 0 bedeutet, dass das Problem mit ganzer Wucht da ist. Der Therapeut bittet die Klienten, in einer Selbsteinschätzung zu sagen, wo sie sich mit ihrem Problem auf der Skala von 0 bis 10 augenblicklich und aktuell eintaxieren. Diese Eintaxierung zielt nicht darauf ab, die Eigenwahrnehmung der Klienten zu „messen", sondern darauf, die Klienten zu ermutigen

---

[4] Vgl. Shazer, „...Worte waren ursprünglich Zauber.", 113ff., 120ff., 188.

und zum Handeln zu motivieren. Die Skalenmethode orientiert sich also ausdrücklich an den Klienten. So werden sie beispielsweise gefragt, was sie unternommen, wie sie es angestellt haben, dass sie subjektiv meinetwegen bereits den Skalenwert 4 einnehmen und nicht erst beim Skalenwert 3 stehen. Und sie werden animiert, darüber nachzudenken und das auszusprechen, woran sie erkennen würden, dass sie einen höheren Skalenwert erreicht haben.[5] Letztlich läuft die Frage des Therapeuten immer darauf hinaus, warum die Klienten nicht bei 10 stehen. Und dies eben nicht im Sinne eines eher entmutigenden und demotivierenden Vorwurfs, sondern um so die Ressourcen der Klienten abzurufen. Dabei bedient sich der Therapeut gern zusätzlich der *Methode der systemisch-zirkulären Frage*, etwa in der Frageform: „Woran würden Ihre Freunde, Ihre Eltern, Ihre Frau, Ihre Kinder... merken, dass Sie auf einem höheren Skalenwert angekommen sind?"

Unsere knappe Darstellung mag die Methode der Zahlenskala als technisch und kalt erscheinen lassen, geradezu so, als würde sie den Problemen der Klienten in keiner Weise gerecht.[6] Dabei sieht die Kurztherapie die Begründung dieser Methode gerade darin gegeben, dass sie die subjektive Aufmerksamkeit der Klienten auf die Lösung – und streng genommen nicht einmal auf die *Problem*lösung – fokussieren will.

2.4.2 Eine weitere Methode ist die *Methode der Ausnahme*. Mit „Ausnahme" ist jene Situation gemeint, in der ein Klient beschwerdefrei, problemfrei war, in der er sich wohl fühlte. So kann der Therapeut eine depressive Person beispielsweise fragen, wann sie das letzte Mal nicht depressiv gewesen und warum sie es nicht gewesen sei. Gewöhnlich beurteilen Klienten solche Ausnahmen als Glücksfälle, für die sie nichts können, die sich gewissermaßen zufällig ereignen würden. Sie betrachten sie demnach kaum als mögliche Ansatzpunkte, auf denen ein Modell der Lösung aufbauen könnte.

2.4.3 Eine dritte beliebte Methode, die wie die beiden eben genannten auch die Phantasie und den Mut zu Visionen in Gang bringen will, ist die *Methode der Wunderfrage*.[7] Eine „Wunderfrage" wird in der Regel so formuliert: „Stellen Sie sich vor, Sie gehen heute Abend ins Bett und schlafen ein, und nachts geschieht ein Wunder. Ihr Problem ist gelöst, und Sie wachen am Morgen auf, wissen aber nicht, dass das Wunder passiert ist, weil Sie ja geschlafen haben. Woran werden Sie merken, dass das Wunder passiert ist? Was wäre

---

[5] Steve de Shazer hat dazu in seinem Buch „...Worte waren ursprünglich Zauber" viele Therapiegespräche protokolliert.

[6] Ohne Frage dürften sich gerade Seelsorger und Seelsorgerinnen immer wieder dabei ertappen, nach den *Problemen* ihrer Gesprächspartner zu suchen und zu fragen, also gewissermaßen problemorientiert und dann auch *problem*lösungsorientiert vorzugehen.

[7] Vgl. Shazer, Das Spiel mit Unterschieden, 151 und öfters.

anders?" Mit der „Wunderfrage" ist im Grunde dasselbe angezielt wie mit der Vorstellung des Skalenwertes 10. Und wieder sind die Klienten gebeten, von sich aus auszusprechen, was dann anders, besser wäre. Und dies möglichst konkret. Auch hier kann mit Hilfe der systemisch-zirkulären Frage („Woran würden *andere* erkennen, dass das Wunder geschehen ist?") die Phantasie der Klienten angeregt werden.

2.4.4 Schließlich ist noch die *Methode der paradoxen Intervention* zu nennen. Wir haben sie im Grunde bereits in Gestalt der Zumutung an einen Depressiven, er sei noch nicht depressiv genug, kennen gelernt. So hatte Steve de Shazer einer Frau, die an Einschlafstörungen litt, die paradoxe Empfehlung gegeben, sie solle sich unbedingt zwingen, nach dem Zubettgehen nicht einzuschlafen. Und das war die Lösung. Sie schlief ein.

In der hier im Ganzen sicher verkürzten Darstellung der Kurztherapie mag manches offen geblieben sein. Die Grundrichtung dieser Therapie aber sollte deutlich geworden sein. Vor allem auch, warum sie unter dem Begriff Kurztherapie firmiert. Die Kürze ist dabei nicht das Ziel, sondern vielmehr der Effekt ihres Methodenkanons. Denn sie ist von ihren Grundüberzeugungen und ihrer Lösungsorientierung her nicht auf lange Therapiezeiten angelegt.

Über einem Spiegel seines Institutes in Milwaukee soll Steve de Shazer die scherzhafte Bemerkung angebracht haben: „Kurzzeittherapeuten haben entdeckt, dass Kurzzeittherapie dem ökonomischen Wohlbefinden von Kurzzeittherapeuten entgegensteht." Und ein anderer US-amerikanischer Vertreter der Kurztherapie formulierte noch drastischer: „Der Wert kurzer Behandlungsmodalitäten liegt in ihrer Herausforderung des Mythos, daß Psychotherapie von langer Dauer sein müßte, um Verhaltensänderungen hervorzubringen. Die Ansicht, daß menschliche Wesen so starr, so unflexibel und so unnachgiebig sind, daß sie eine lange Zeit brauchen, um zu lernen, ist eine Beleidigung."[8]

3 Anregungen und Impulse für die Seelsorge

Damit stehen wir vor der eigentlichen Frage, ob und inwieweit die lösungsorientierte Kurztherapie für die verschiedenen Situationen der Seelsorge, zumal der Gesprächsseelsorge, als fremdprophetischer Impuls in Frage komme.

3.1 Zunächst könnte es sein, dass sich die Kurztherapie nur schwerlich dem Eindruck einer gewissen Unseriosität, Flüchtigkeit und Oberflächlichkeit entziehen kann, da sie mit den Menschen gewissermaßen zu technisch-pragmatisch (mit Hilfe von Zahlenskalen und anderem) umgehe. Sie gehe vermeint-

---

[8] Shazer, Das Spiel mit Unterschieden, 58.

lich über die Probleme der Menschen hinweg. Dadurch sei sie zu macherisch angelegt, um ernsthaft als Fremdprophet für die Seelsorge in Frage zu kommen. Damit kann sich der weitere Eindruck verbinden, sie arbeite gewissermaßen auf der Basis der Suggestion, der Fremd- und Autosuggestion, was allenfalls zu kurzfristigen, aber nicht zu nachhaltigen Erfolgen führe. Ihre Methode erinnere zudem sehr an das Programm des „positiv Denken." Doch wird gerade in der Absetzung von letzterem der Unterschied der Kurztherapie deutlich. Bei ihr geht es nicht um ein anderes Denken, das gewissermaßen auf der Ebene des Denkens verbliebe. Ihr geht es - gerade mit Hilfe des systemisch-zirkulären Fragens – um konkrete, zunächst freilich nur gedachte Visionen und Mutationen, die aufgrund des konkret artikulierten und antizipatorisch vorgestellten veränderten Verhaltens einen starken Veränderungsimpuls auslösen, der längst die blasse Dürre des positiven Denkens hinter sich gelassen hat.

3.2 Genau besehen ist das aber noch nicht der eigentliche Punkt, weshalb die Seelsorge von der lösungsorientierten Kurztherapie lernen kann. Der liegt vielmehr darin, dass sie die Klienten zu der *ihnen möglichen* Lösung führt, von der sie bisher noch entfernt sind. Die *ihnen mögliche* Lösung bildet eine subjektive Kategorie. Sie beschreibt nicht eine objektiv in jeder Hinsicht vollständige Lösung, sondern – lebensgerechter – das bessere Zurechtkommen mit eigenen Grundbefindlichkeiten, aus denen immer wieder Probleme erwachsen. Das meint kein suggestives Sich-Hinwegmogeln über Schwierigkeiten, sondern meint umgekehrt die positive Annahme des Lebens und seine subjektive Gestaltung. Mit anderen Worten, sie zielt auf den „gelingenden Umgang mit Unvollkommenheit"[9]

Allein das ist schon ein erster bedeutsamer Impuls, den die Seelsorge von der lösungsorientierten Kurztherapie entgegennehmen kann. Seelsorge, Gesprächsseelsorge zumal, sollte den Menschen ernst nehmen und ihn dazu ermutigen, seine Lebenszukunft auf der Basis seiner eigenen Lebenserfahrungen zu entwerfen, und mit ihm – und nicht über seinen Kopf und seine Erfahrungen hinweg – die Möglichkeiten ausloten, Probleme zu lösen bzw. – was paradoxerweise dasselbe ist – mit Problemen lebenszuversichtlich zu leben. Überhöhte Ansprüche von außen müssten kontraproduktiv wirken.

3.3 Dabei ist diese dezidierte Orientierung am Menschen, für die wir hier plädieren, theologisch begründet, insofern sie auf der Basis der theologischen Anthropologie[10] begründetermaßen davon ausgeht, dass die einzelnen Men-

---

[9] Hesse, Joachim (Hg.), Systemisch-lösungsorientierte Kurztherapie, Göttingen 1997, 12.

[10] Vgl. Knobloch, Stefan, Praktische Theologie. Ein Lehrbuch für Studium und Pastoral, Freiburg-Basel-Wien 1996, 161-262; ders., Artikel Mystagogie, in: Mette, Norbert / Rickers,

schen nicht einfach verirrt und konzeptionslos in ihren Lebensproblemen herumstochern, sondern ihr Leben auf einer Basis aufruht, auf der sie ihre unveräußerliche Subjektivität in der bewussten oder auch unbewusst bleibenden Suche nach Gott realisieren. Was „von der anderen Seite" her soviel bedeutet wie, dass Gott mit jedem von ihnen zu tun hat.

3.4 Ein weiteres: Die lösungsorientierte Kurztherapie bedient sich – auffallend besonders bei Steve de Shazer – der sogenannten *paradoxen Intervention*.[11] Könnte die paradoxe Intervention nicht ein fremdprophetischer Impuls sein, die uns vom Neuen Testament her nur zu bekannte und für die Botschaft Jesu grundlegende Aufforderung zum „metanoein", zum Umdenken, neu zu realisieren? Für damalige Ohren muss die Aufforderung Jesu zur Umkehr – als einzig gemäßes Verhalten gegenüber der Basileia Gottes – etwas Paradoxes an sich gehabt haben. Denn sie legte den Akzent nicht, wie von der Tradition her zu erwarten gewesen wäre,[12] auf rituelle Gebärden, auf Bußwerke, auch nicht auf Reue*gefühle*, sondern auf die vollständige Hinwendung des Menschen zu Gott. In dieser Ausrichtung schwingt eine zweite Paradoxie mit. Denn im Grunde artikuliert sich diese Umkehr nach dem Willen Jesu nicht in der Leistung des Menschen, sondern, wie seine Aufforderung zum Kindwerden deutlich macht (Mt 18,3), eher im Loslassen, im Klein- und Bedürftigsein des Menschen vor Gott und im Empfänglichwerden für das aus, was von Gott kommt.

In seelsorglichen Gesprächssituationen könnte die paradoxe Intervention[13] – immer auf der Grundlage der Zusage der Basileia Gottes – zumindest in jener Gestalt zur Geltung kommen, die wir von Paulus her kennen. „Wenn ich schwach bin, dann bin ich stark," bekannte er in 2 Kor 12,10. Ein solch paradoxer Verweis kann beim Gesprächspartner eine neue Bewegung in Gang bringen. Vorausgesetzt ist dabei freilich, dass ihm die Seelsorge diese „Lösung" nicht wie eine Vertröstung anbietet, die jede Dynamik abwürgt. Vorausgesetzt ist vielmehr, dass sich im Gespräch beim Gegenüber Ansätze finden ließen, von denen aus sich ihm der Satz des Paulus auch für ihn als hilfreich und Perspektiven eröffnend erschließt.

Diese Art, „den Hebel umzulegen", kann im geeigneten Moment eines Seelsorgegespräches, ohne dass auch das wieder überwältigend und wie ein Fremdkörper wirken darf, auch dazu führen, dass man gemeinsam betet, um

---

Folkert (Hg.), Lexikon der Religionspädagogik. Band 2, Neukirchen 2001, 1368-1373; ders., Die Religion entdecken. Wider die Säkularisierungsfalle (erscheint im Juni 2006).

[11] Vgl. dazu vor allem Watzlawick, Paul, Anleitung zum Unglücklichsein, München 1983.

[12] Wenn wir einmal von den kritischen Gegenimpulsen durch die Propheten, die großen und die kleinen, absehen.

[13] Gewiss in einer etwas anderen als der eben aufgezeigten inhaltlichen Ausrichtung.

so den größeren und zugleich unauslotbaren Horizont Gottes für das eigene Leben und seine Probleme in Anspruch zu nehmen. Auch dies wieder kann eine Dynamik auslösen, die neue Phantasien freisetzt und eine stabilisierende und ermutigen Wirkung entfaltet.

3.5 Ganz besonders kann der Seelsorger, die Seelsorgerin von der lösungsorientierten Kurztherapie eine Anregung entgegennehmen, die sie eigentlich vom Verhalten Jesu her schon gut kennen müssten: *den Verzicht auf Problembohrungen*. Der Kurztherapie geht es nicht – das ist im vorausgehenden deutlich geworden – um das „Verstehen eines Problems." Es geht ihr nicht darum, einem Problem nachzufragen, seinen komplexen Verästelungen und Zusammenhängen nachzugehen, es „bewusst zu machen" bzw. bewusst werden zu lassen. Als müsse ein Klient erst in die Abgründe seiner Lebensuntiefen eintauchen, um dadurch erst zu Verhaltensänderungen in der Lage zu sein. Beobachten wir nicht dasselbe am Verhalten Jesu und an seinen Gleichnissen? Als man die Frau zu ihm bringt, die des Ehebruchs überführt war (Joh 8,1-11), da fing er nicht an, analytisch danach zu fragen, wie das möglich war, wie es dazu kam, welche Kindheit sie hatte, welchen komplexen inneren und äußeren Lebensumstände auf ihr Leben Einfluss nahmen und dergleichen. Er enthält sich jeden Urteils. „Auch ich verurteile dich nicht." Und er entlässt sie in die besseren Möglichkeiten ihres Lebens. „Geh und sündige nicht mehr." Das war kein Satz, der Leben verunmöglicht und abwürgt, sondern eine Aufforderung und Einladung, die Leben ermöglichte und erschloss.

Oder man denke an die Rückkehr des Sohnes im Gleichnis vom verlorenen Sohn (Lk 15,11-32). Der fängt an, vor dem Vater sein Problem auszubreiten. „Ich bin nicht mehr wert, dein Sohn zu sein." Doch der Vater lässt sich darauf nicht ein. Nicht wochenlange Gesprächssitzungen sind an der Reihe, mit einem immer wieder über die unsäglichen Enttäuschungen, die ihm der Sohn bereitet hat, nachdenklich und betroffen den Kopf schüttelnden Vater. Stattdessen wird ohne jeden Ansatz, das Problem „verstehen" zu wollen, ein rauschendes Fest inszeniert. Das ist natürlich nur *ein* Aspekt dieses Gleichnisses, aber einer, der uns vom Verzicht der Kurztherapie her, auf Probleme *als* Probleme zu schauen, nachhaltig bewusst werden kann.

Für die Gesprächsseelsorge heißt das, nicht aus Scheu und Berührungsängsten vor den Menschen und ihren Untiefen,[14] sondern aus Achtung vor ihnen und in der geforderten Repräsentanz des Verhaltens Jesu ihnen gegenüber mit ihnen nach vorne auf die Möglichkeiten ihres Lebens zu blicken.

---

[14] Untiefen, die die Seelsorger und Seelsorgerinnen doch auch aus ihrem eigenen Leben kennen.

3.6 Noch eine weitere Anregung kann dir Seelsorge von der Kurztherapie erhalten, indem wir an ihrer Darstellung etwas nachholen, was bisher noch nicht erwähnt wurde. Steve de Shazer hatte sich angewöhnt, seine Klienten in drei Kategorien einzuteilen, in *Besucher*, in *Klagende* und in *Kunden*. Unter „Besuchern" verstand er die, die ohne echten eigenen Beweggrund zu ihm gekommen waren. Sie waren zum Beispiel von der eigenen Frau geschickt worden. Es hätte nahe gelegen, solchen „Besuchern" sogleich wieder die Tür zu weisen. Anders verhielt sich Steve de Shazer. Er nahm sie in ihrer Motivation als „Besucher" an und ernst und mäkelte nicht an ihnen herum, dass sie seine Zeit stehlen würden. Mit der Methode der zirkulären Frage, warum zum Beispiel die eigene Frau den Besucher zu ihm geschickt haben könnte, ergab sich in der Regel ein Gespräch, das den zunächst nur als „Besucher" Eingestuften auf natürliche Art und Weise in die Lösung eines gemeinsamen Problems involvierte. Für die Situation der Gesprächsseelsorge kann das zumindest heißen, in jedem Gesprächspartner mehr zu sehen als einen womöglich unmotivierten und unwilligen Besucher, der einem nur die Zeit stiehlt.

Unter „Klagenden" verstand Steve de Shazer jene, die unentwegt im Ton des Klagens um ihr Problem kreisen, es von allen Seiten beleuchten, vielleicht sogar „analysieren", aber es dabei dann belassen. Hier versucht er sie dazu zu gewinnen, dass allein das Klagen nicht weiterführe, solange es nicht die Dynamik erkennen lasse, sich zu fragen, ob irgendeine Veränderung möglich sei. Wohlgemerkt, eine Verhaltensänderung ist hier gemeint, die dem Klagenden nicht von außen abverlangt bzw. aufgedrückt wird, sondern die sich ihm angesichts seiner eigenen Möglichkeiten letztlich selbst zeigt. Auch mit dieser Kategorie der „Klagenden" bekommt es die Seelsorge nicht selten zu tun. Hier kann sie von der Kurztherapie auf die Gefahr aufmerksam werden, dass das Klagen – sowohl als selbstreferentielles In-Sich-Verfangensein als auch als Ausdruck, endlich einmal gehört und wahrgenommen zu werden, – letztlich nicht weiterführt. Auch hier gilt es, die in der Motivation der Klage sich andeutenden Ansätze einer Verhaltensänderung aufzuspüren und mit dem Gesprächspartner voranzutreiben.

Unter „Kunden" schließlich verstand Steve de Shazer jene, die bereit sind, nach den eigenen realistischen Möglichkeiten von Lösungen zu fragen und sich durch den Therapeuten dabei auf den Weg von Lösungen bringen zu lassen. Gerade an der Kategorie der „Kunden" – aber auch an den beiden anderen Kategorien – kann für die Seelsorger und Seelsorgerinnen darüber hinaus deutlich werden, dass es für sie auch darauf ankommt, sich gegenüber ihren Gesprächspartnern auch verzichtbar zu machen und sie an ihre eigenen möglichen Verhaltensänderungen glauben zu lassen.

4 Ergebnis

Abschließend wird wohl deutlich, dass es in der Seelsorge – und das ist ein Gesichtspunkt, mit dem sich trotz allem manche Seelsorger und Seelsorgerinnen von ihrem eigenen Anspruch und Selbstverständnis her schwer tun dürften – nicht darauf ankommt, was *sie* wollen und für richtig halten, sondern zunächst darauf, was die Gesprächspartner zum Thema machen, egal ob in der Figur des Besuchers, des Klagenden oder des Kunden.

So zeigt sich am Ende, dass nach allem nicht gemeint ist und gemeint sein kann, dass die Gesprächsseelsorge gewissermaßen „am Tropf" der lösungsorientierten Kurztherapie hänge, als hätte sie nicht ihre eigenen Grundvoraussetzungen und Grundbedingungen. Immerhin aber kann sie ihre eigenen Voraussetzungen und Bedingungen aus der Fremdperspektive der Kurztherapie – oder zumindest von manchen ihrer Anregungen her – in einem klareren Profil sehen. In einem Profil, das sie letztlich am klarsten aus ihrer Orientierung am Handeln Jesu und an seiner Botschaft gewinnen sollte.

Michaela Ständer und Christian Bernreiter

„Sprich, damit ich dich sehe." (altes lat. Sprichwort)

Personzentrierte Gesprächsführung als christliche Handlungskompetenz und zugleich Schlüsselqualifikation für soziale Kompetenz

1 Warum gerade jetzt soziale Kompetenz Hochkonjunktur hat?

Gerade in unserer Zeit bekommt soziale Kompetenz eine verstärkte Aufmerksamkeit im Beruf, aber auch in privaten Bezügen. In einer Auswertung von 4000 Stellenanzeigen *(Pressemitteilung 17/98, Bundesinstitut für Berufsbildung)* hat sich gezeigt, dass soziale Kompetenz in Anforderungsprofilen bereits vorausgesetzt wird und nicht mehr als Ergänzung von fachlichem Können gesehen wird. Führungskräfte definieren sich häufig über ihre fachliche Qualifikation. Es zählt das „Was" und nicht so sehr das „Wie". In der sozialen Kompetenz wird hingegen dem „Wie" besonderer Wert beigemessen.

Persönliche Erfahrungen aus unseren beruflichen Tätigkeitsfeldern, als Führungskräfte-Entwickler eines großen Versicherungskonzerns und als Theologin in einem kirchlichen Sozialverband, zeigen die zentrale Bedeutung sozialer Kompetenz auf. Wenn z. B. Führungskräfte und kluge Köpfe es mangels sozialer Kompetenz nicht verstehen ihre MitarbeiterInnen zu gewinnen, provoziert das Widerstand bei den Kollegen und mangelnde corporate identity ist die Folge. Millionenteure Leitbilder werden zur Rettung des Unternehmens aus dem Boden gestampft. Einziger Zweck: der Menschlichkeit (wieder) eine Chance zu geben. Menschlichkeit ist weder Luxus in Zeiten der Hochkonjunktur, noch überflüssig in Zeiten von Massenentlassungen. Zu keiner Zeit können „menschliche Werte" ausgespart werden.

„Mit Menschen gut ins Gespräch kommen" und ihnen im Gespräch „Wertschätzung" und „Respekt" entgegenzubringen, ist in allen Beschäftigungs- und Beziehungsverhältnissen eine unabdingbare Voraussetzung für ein förderliches Klima und ein menschliches Miteinander. Gerade nicht vorhandenes „Einfühlungsvermögen", fehlende Reflexionsfähigkeit und zurückgehaltenes Feedback sind Zeichen von sozialer Inkompetenz und machen Kommunikation oberflächlich und zufällig. Nach unserer Überzeugung können Einfühlungsvermögen, Respekt und Wertschätzung mit einem Übungsprogramm den Eingang in die Persönlichkeitsstruktur finden, um die vielfach vorhandenen Anteile zu stärken und sie gewinnbringend einzusetzen. Erst dann nämlich kommen diese Faktoren der sozialen Kompetenz zur vollen Entfaltung. Nicht als Technik, sondern als Haltung eröffnen sie den „menschlichen" Weg zum anderen.

2 Christliche Handlungskompetenz: Personzentrierte Gesprächsführung

Kunst und Handwerk – alt und neu zugleich!

zünde
ein Feuer an
in der Strasse
aus Stroh...
wärme dein Wort   *(Rose Ausländer)*

Personzentrierte Gesprächsführung – der Kern sozialer Kompetenz – kann als ein Prozess der Freisetzung vorhandener Fähigkeiten durch zwischenmenschliche Beziehung bezeichnet werden. So wird in einem Arbeitsprozess aber auch im Beziehungsverhältnis positive Energie freigesetzt. Wir haben es mit einer partnerschaftlichen „Person–Person–Beziehung" zu tun. Diese Beziehung wird gefördert durch folgende professionelle Grundhaltungen:

♦ Positive Wertschätzung und emotionale Wärme:

Eine Gesprächsführung ohne größeres Ausmaß an Wertschätzung und Akzeptanz – das ist empirisch belegt – hat keine oder abträgliche Wirkung. Es kommt also darauf an, das Gegenüber als Person „bedingungslos" anzunehmen und gelten zu lassen. Das bedeutet nicht, alle seine Handlungen zu billigen, fordert aber, den anderen Menschen trotz seines Verhaltens zu akzeptieren – als Mensch, als MitarbeiterIn, als KollegeIn. Die Annahme darf an keine Vorbedingungen, wie z. B. Wohlverhalten, des anderen gebunden sein. Der Gesprächspartner wird als Person respektiert, auch wenn er anders ist, wenn er eine andere Einstellung hat oder sich anders entscheidet, als es nach meinem Urteil angemessen wäre. Hier zeigt sich die Personzentrierte Gesprächsführung auch als christliche Handlungskompetenz, vgl. beispielsweise den Brief an die Römer: „Nehmt einander an, wie auch Christus uns angenommen hat." (Röm 15,7).

Die Differenzierung von Person und Handlung ist eine zu erlernende Kunst. Sie beinhaltet den Verzicht, dem Gesprächspartner die eigene Sicht der Dinge, die eigene Wertehaltung bzw. Entscheidung aufzudrängen. Die Erfahrung zeigt, dass selbsterarbeitete Lösungen – wenn auch oft mit Um- und Irrwegen verbunden (Fehlermanagement) – eine größere Wirkung auf die Entfaltung des Selbstwertgefühls des Menschen haben, als das stupide Ausführen von vorgefertigten Lösungen. Die wertschätzende Grundhaltung wirkt auf den Menschen als Bestätigung der Person, ist Angst mindernd und fördert die Motivation und Eigeninitiative. Gerade hierarchische Unternehmensstrukturen bauen häufig auf den Faktor Angst. Angst als Führungsinstrument zerstört und demontiert den menschlichen Faktor. Christliche Handlungskompetenz besteht gerade in der „Freisetzung" des Menschen (vergl. dazu Paulus an die Galater: „Ihr seid zur Freiheit berufen." Gal 5,13) und in der Lösung aus Angst (vgl. das Evangelium nach Johannes: „Euer Herz sei ohne Angst" Joh 14,1). In bestimmten Führungssituationen ist es allerdings notwendig, direktivere Anweisungen zu geben (situativer Führungsstil). Sie erfordern jedoch ein hohes Maß an Transparenz. Denn es ist ein Grundbedürfnis des Menschen, Anerkennung, Bejahung und Wertschätzung zu empfangen. Dann erst wird es ihm möglich, sich selbst zu achten und zu akzeptieren und wiederum anderen Menschen Wertschätzung entgegenzubringen. Der Mensch in der „Wertschöpfungskette" braucht die Erfahrung der Wertschätzung, damit Wertvolles weitergegeben werden kann.[1]

◆ Empathisches (einfühlendes) Verstehen:

Die Forschung belegt einen Zusammenhang zwischen dem Ausmaß des einfühlenden Verständnisses des Zuhörers und konstruktiven Persönlichkeitsveränderungen beim Gesprächspartner.[2] Das innere Erleben eines anderen Menschen verstehen und das Bemühen, dem Gesprächspartner Verstandenes mitzuteilen, unter Verzicht auf ein Urteil oder einer Diagnose, dieses verbale Handeln nennt man auch „verbalisieren emotionaler Erlebnisinhalte" (VEE). Eine einfühlende Verbalisierung gelingt, wenn man sich zunächst auf die Erfassung der dem Gesprächspartner bewussten Gefühle beschränkt. Hierin können uns stille Fragen begleiten wie:

- Was denkt, empfindet, erlebt der Gesprächspartner, während er mir das erzählt?

---

[1] Vgl. Samhoud, Salem, u. a., Lust und Leistung. Mitarbeiter motivieren in schwierigen Zeiten, Weinheim 2005.

[2] Vgl. dazu die Ergebnisse der Psychotherapieforschung von Klaus Grawe.

- Durch welche konkreten Äußerungen (in Wort und Ausdruck) teilt der Gesprächspartner mir sein Denken, Empfinden und Erleben mit?
- Was braucht mein Gesprächspartner im Moment von mir als Führungskraft (Kollegen, Berater, Coach, Partner u. a.)?
- Was braucht er im Moment NICHT?
- Was ist mein spontaner Eindruck?

Wer einfühlendes Verstehen verwirklicht, geht das Risiko ein, auch missverstanden zu werden. Man muss daher bereit sein, sich vom Gesprächspartner korrigieren zu lassen, wenn dieser die Verbalisierung als unangemessen empfindet. Während des Gesprächs ist das Bemühen um Einfühlung in den Gesprächspartner immer wieder erforderlich, denn dem Zuhörenden kann die Einfühlung in einzelnen Gesprächsphasen durchaus wieder verlorengehen. Eigene unbearbeitete Themen, Lebenskrisen und „Störungen" des Zuhörenden korrelieren mit einem niedrigen Niveau an Einfühlung. Es gilt: Nur wer sich selber mit seiner gesamten Menschlichkeit in die Beziehung gibt (statt nur seine Kenntnisse oder Gefühle als Instrument zur Verfügung zu stellen), der wird „weiterhelfen". Zur gesamten Menschlichkeit gehört auch die Unvollkommenheit des Menschen und die Erlaubnis, Fehler machen zu dürfen (vgl. Paulus im Brief an die Korinther: „Wenn ich schwach bin, dann bin ich stark" 2 Kor 12,10). Gerade diese Erlaubnis zur Fragmenthaftigkeit, die ja zum Menschsein gehört, tut Führungskräften gut, entlastet, lässt sie als Menschen erkennen und handeln – und Vertrauen kann wachsen. Die Wirkung der Empathie besteht in der Aufhebung von Entfremdung und in der Steigerung von Akzeptanz. Jemand, der sich feinfühlig und gut verstanden fühlt, kann positiv konstruktive Haltungen gegenüber sich selbst entwickeln. Seelsorgliches Gespräch und Personalentwicklung nehmen ihren Auftrag wahr, wenn sie „Geburts- und Entwicklungshilfe" für Menschen ist, wenn sie mithilft einen Raum für Persönlichkeitsentwicklung im Rahmen des Unternehmens und darüber hinaus zu schaffen. Das ist harte Arbeit, die viel Atem braucht. (vgl. die Metapher im Johannesevangelium: „Wenn die Frau gebären soll, ist sie bekümmert, aber wenn sie das Kind geboren hat, denkt sie nicht mehr an ihre Not über der Freude, dass ein Mensch zur Welt gekommen ist." Joh 16,21)

♦ **Kongruenz (Echtheit):**

Das äußere Verhalten muss der inneren Einstellung entsprechen. Unechtheit entsteht einmal dadurch, dass der Zuhörer nicht ganz in der Situation steht (zum Beispiel: routiniert statt engagiert) und zum anderen dadurch, dass der Zuhörer durch das Gespräch persönlich geängstigt, verärgert oder unter Druck gerät.

Das kann nicht bedeuten, dass ein Begleiter, eine Führungskraft selbst keine Schwierigkeiten haben darf, wohl aber, dass sie diese genau kennen, sie akzeptieren und damit umgehen können. Es bedeutet ferner, dass Wertschätzung und Verständnis mit Echtheit realisiert wird. Vorgetäuschte Annahme ist für Mitarbeiter spürbar und wirkt negativ. Das Gleiche gilt für einfühlendes Verständnis. Ein Zuhörer, der so tut, als ob er bestimmte Einstellungen und Anschauungen tolerieren würde, in Wirklichkeit aber nur auf den geeigneten Augenblick zum Eingreifen wartet, ist kein ehrlicher Partner. Können unterschiedliche Sichtweisen nicht zur Deckung gebracht werden, muss man dazu stehen und es in einer geeigneten Weise dem Gesprächspartner mitteilen. Frei nach M. Frisch: „Dem anderen die Wahrheit hinhalten wie einen Mantel, in dem er leicht hineinschlüpfen kann, und ihm nicht die Wahrheit ins Gesicht schlagen, wie einen nassen Lappen."

Wenn der Zuhörer merkt, dass er in diesem Sinne nicht ganz ehrlich ist, muss er sich das eingestehen, die Widersprüchlichkeit erkennen und damit umgehen lernen. Durch „Untertöne" beim Sprechen, Gestik und Mimik des Zuhörers bemerkt der Gesprächspartner diese mangelnde Ehrlichkeit (Körpersprache). Deshalb muss der Zuhörende fähig sein, seine eigenen Gefühle anzunehmen und sie in angemessener Weise auch mitzuteilen. Die Bereitschaft, sich verwundbar zu zeigen, bringt Menschen einander näher, hilft besser zu sich selbst stehen zu können und weckt Vertrauen in die eigenen Reaktionen.[3]

Echtheit ist das wichtigste Element der hier vorgestellten Gesprächsbedingungen. Echtheit verhindert, dass aus dem Gesprächsverhalten des Zuhörers nur eine seelenlose „Technik" und „Rolle" wird (vgl. Matthäusevangelium: „Euer Ja sei ein Ja, euer Nein, ein Nein." Mt 5,37).

Das Klima einer Beziehung charakterisiert sich also durch das bewusste Gestalten der Basisvariablen „**Einfühlung – Wertschätzung – Echtheit**" und durch die Fähigkeit, Schwächen und Grenzen allmählich zeigen und entwickeln zu können. Eine solch ressourcenorientierte Sicht- und Arbeitsweise kann für den Gesprächspartner eine enorme Chance in seiner Persönlichkeitsentwicklung darstellen.

Die Bereicherung der personzentrierten Gesprächführung liegt u. a. darin:

- **eigene Fähigkeiten kennen zu lernen,**
- **brachliegende Ressourcen bei mir und meinen Mitarbeitern zu entdecken und zu fördern,**

---

[3] Vgl. Manager Seminare 9 (2002) 24-31.

- sich seiner Lebensthemen intensiver bewusst zu werden, sie klarer zu erfassen und Möglichkeiten zu ihrer Bewältigung zu erkennen,
- eine klarere Übersicht in komplizierten Situationen zu erreichen und anderen zur Klarheit zu verhelfen,
- Schwierigkeiten nicht zu vermeiden, sondern sich aktiv damit auseinanderzusetzen (Konfliktmanagement),
- Ursachen für das Auftreten bestimmter Probleme zu erkennen und besser zu durchschauen,
- das eigene Verhalten und Erleben deutlicher zu erfahren und die Beeinflussung durch Personen, Situationen, Konstellationen wahrzunehmen,
- mehr und angemessenere Verhaltensalternativen zu erkennen und evtl. zu erproben,
- eingefahrene Kognitionen und Handlungsmuster zu erkennen, zu durchbrechen und sie zum eigenen Wohl und zum Wohle des Unternehmens zu verändern.

„Technik" allein reicht dabei nicht aus, vielmehr der Zuhörer selbst zu einem wichtigen Instrument werden, indem er in einer vorurteilsfreien einfühlsamen Haltung dem Gesprächspartner auch menschlich begegnet. Als Ziel ergeben sich aus diesem Konzept vor allem Offenheit für neue Erfahrungen und Selbstaktualisierung der beteiligten Menschen. In diesem Klima können Mitarbeiter und Führungskräfte sich entwickeln (Personalentwicklung). Die personzentrierte Gesprächsführung zielt weiterhin auf die Umsetzung der im Gespräch (Rückmeldegespräch, Kritikgespräch, Mitarbeitergespräch, u. a.) gemachten individuellen und sozialen Erfahrungen in das konkrete Arbeits- und Alltagsleben. So verstandene Gesprächführung erfordert ein hohes Maß an Konzentration und Zugewandtheit, an Einfühlung und gelassen-neutraler Haltung dem Gesprächspartner gegenüber. Gerade in hierarchisch „über"strukturierten Gemeinschaften liegt hier eine große Herausforderung für Vorgesetzte und Führungskräfte.

3 Gesprächsführung als Christliche Handlungskompetenz im Rahmen des Studienganges Caritaswissenschaften und Angewandte Theologie

„Zum Sammeln braucht man ein Gefäß. Ein Schmelzofen braucht starke Wände, in denen die Glut sicher zusammengehalten wird. [...] Die religiösen Bilder sind Werdemuster des inneren Menschen. Sie ermöglichen uns das Versammeln des ganzen Wesens und das Überwinden der Angst."[4]

Die Arbeit mit den Studierenden im Rahmen des Studiums Caritaswissenschaften und Angewandte Theologie ist eine bereichernde Tätigkeit. Warum? Oft berichten Studierende, dass sie müde und matt nach einem vollen Vorlesungstag bei uns erscheinen und eigentlich keine Lust mehr haben, sich auf Neues einzulassen. Sie sind ausgepowert. Dennoch können sie (gerade) durch die Übungen in der Personzentrierten Gesprächsführung erfahren, wie ungeahnte Ressourcen aktiviert werden. In der Abschluss- Blitzlichtrunde sprechen sie dann häufig von einer neu erschlossenen Kraft.

Die Verbindung der Personzentrierten Gesprächsführung mit dem „Gefäß der biblisch-christlichen Religion" ermöglicht den Studierenden sozusagen „Werdemuster des inneren Menschen" zu entdecken. Die Erlebens- und Erfahrensstruktur der praktischen Übungen lässt sich wie folgt graphisch beschreiben:

unbewusster Inkompetenz ⋑

bewusster Inkompetenz ⋑

bewusster Kompetenz ⋑

unbewusster Kompetenz

4 Förderung der sozialen Kompetenz an der Universität Passau

Das Angebot der personzentrierten Gesprächsführung als Kern sozialer Kompetenz kristallisierte sich zum verbindenden Glied zwischen den Fakultäten heraus, das zeigt die erstaunlich große TeilnehmerInnenzahl von Studierenden verschiedener Studienrichtungen.

Personzentrierte Gesprächsführung versteht sich als Angebot für all jene, die neben ihrer fachlichen Stärke auch den „menschlichen Faktor", eben die per-

---

[4] Grandl, Veronica, Wachsam Wachsen, Innsbruck 1999.

sonale Kompetenz ausbauen wollen. Die Beschäftigung mit den sogenannten „soft skills" wird zur Bereicherung der universitären Landschaft.

Nicht nur in den christlichen Handlungsfeldern, sondern auch im Fächerkanon universitärer Ausbildung überhaupt wird die Förderung der sozialen Kompetenz immer drängender und bedeutsamer.

Seit das II. Vatikanische Konzil das Bild vom „Volk Gottes auf dem Weg" wiederentdeckte, erschließen sich neue Dimensionen für soziale Kompetenz. In den christlichen Handlungsfeldern, hat der „Mensch auf dem Weg" auch theologisch eine neue Relevanz (mit bedeutsamer Auswirkung bis hin zur „Wertschöpfungskette" der Wirtschaft).

Wege

Wollen gegangen werden
geh „ein Wort weiter"

geradeaus schräg
hinauf hinab

finde deinen Schritt.

Geh
in den Steinbruch
der Wörter   *(Rose Ausländer)*

Das Wagnis, sich in den „Steinbruch der Wörter" hineinzubegeben, dient letztlich nicht nur der eigenen Persönlichkeitsentwicklung, sondern zielt auf das Wohl der uns umgebenden Menschen und der Unternehmen, in denen wir arbeiten.

Barbara Haslbeck

„Er trat hinzu und verband seine Wunden"

Traumatisierten Menschen helfen

1 Traumatisierung – damals wie heute

1.1 Unter die Räuber fallen – damals...

Das neutestamentliche Gleichnis vom barmherzigen Samariter beschreibt die Situation einer Traumatisierung, deren Schilderung auch am Anfang des 21. Jahrhunderts bleibende Gültigkeit hat. Mit eindrucksvoller Minimierung auf das Wesentliche erschließt sich den Lesenden ein Geschehen, das damals wie heute Aktualität besitzt. Die Beteiligten werden benannt: die Täter, das Opfer und die Vorbeigehenden.

Von den *Tätern*, den Räubern, wird mit knappen Worten berichtet, was sie tun: „Die zogen ihn aus, schlugen ihn wund, machten sich davon und ließen ihn halbtot liegen." (Lk 10,30[1])

Vom *Opfer* selbst wissen wir wenig: „Ein Mann ging von Jerusalem nach Jericho hinunter und fiel unter eine Räuberbande." (Lk 10,30). Der biblische Text gibt Auskunft darüber, was die Täter diesem Mann antun; er wird ausgezogen und halbtot geschlagen, jedoch ist nichts darüber zu erfahren, wie er sich dabei und danach fühlt.

Das zentrale Augenmerk des Gleichnisses gilt den *Menschen, die am Geschlagenen vorbei gehen*, die ihn mit seinen Wunden halbtot am Weg liegen sehen: „Zufällig kam ein Priester auf jenem Weg hinunter, sah ihn an und ging vorüber. Desgleichen auch ein Levit. Der kam an den Ort, auch er sah ihn an und ging vorüber." (Lk 10,31f.) Schlicht wird beschrieben, wie der größere Teil der Menschen am Geschlagenen vorbei geht – und das, obwohl sie ihn sehen und obwohl ihr gesellschaftlicher Status ein helfendes Eingreifen erwarten ließe. Als schließlich doch einer stehen bleibt und zum Opfer hinzu tritt, kommt das erste und einzige Mal im Gleichnis Gefühl ins Spiel:

---

[1] Übersetzung von Fridolin Stier; auch alle weiteren Bibelzitate werden in der Version von Stier zitiert.

„Ein Samariter, der unterwegs war, kam ebenda hin, sah ihn an und es ward ihm weh ums Herz. Er trat hinzu, verband seine Wunden und goß Öl und Wein darauf." (Lk 10,33f.)

Der Evangelist Lukas beschreibt mit bestechender Klarheit nicht nur Handlung und Beteiligte des Geschehens, sondern verwendet dabei auch einen Terminus, der in gegenwärtiger psychologischer und psychotherapeutischer Forschung ein zentrales Paradigma darstellt. Es handelt sich um den Begriff des Traumas. Im griechischen Text heißt es, dass der Samariter die Traumata, also die Wunden des Geschlagenen, versorgt. Menschen werden traumatisiert – damals wie heute.

1.2 Unter die Räuber fallen – heute...

Räuberbanden und Wegelagerer gehören im heutigen Westeuropa nicht mehr zu den alltäglichen Gefahrenquellen menschlicher Existenz, doch es gibt eine ganze Bandbreite anderer Formen von Gewalt, die Menschen halbtot liegen lassen und langfristig traumatisieren. Dazu gehören etwa Misshandlung, Vernachlässigung und Missbrauch von Kindern, Vergewaltigung, Gewalt in Beziehungen, Frauenhandel, rassistisch motivierte Übergriffe, Folter und Krieg.[2] So sehr sich auf den ersten Blick die Ursache für die Traumatisierung in der biblischen Erzählung von der Welt des 21. Jahrhunderts unterscheiden mag, so erstaunlich ähnlich stellen sich die subjektiven Erfahrungen der Traumatisierten durch alle Zeiten dar. Dabei handelt es sich nicht nur um das innere psychische Leid, sondern auch um die Erfahrung des Alleingelassenwerdens mit den Folgen des Traumas. Die erste Frage ist weniger: Was hilft einer traumatisierten Person?, sondern zuallererst: Wer bleibt stehen? Eine Frau, die in ihrer Kindheit dauerhaft innerfamiliäre Gewalt und Missbrauch erleiden musste, beschreibt ihr Erleben mit folgender Geschichte:

„Stell' Dir vor, Du bist ein kleines Mädchen, irgendwo in der Stadt stehst Du, vor Dir ein Mann mit einem Hammer und haut Dir immer kräftig auf die Zehen. Du hast nichts getan. Dein einziger Fehler: Du bist du. Er hat keinen Grund. Er hat einfach nur Lust drauf. Der findet es toll, dass er das kann. Dir brechen die Zehen, Du hast Schmerzen, die sind nicht mehr vorstellbar. Und

---

[2] Die WHO sieht als Ursache für Traumatisierung eine „Situation außergewöhnlicher Bedrohung oder katstrophenartigen Ausmaßes (kurz- oder langanhaltend), die bei fast jedem eine tiefe Verstörung hervorrufen würde" (WHO, Internationale Klassifikation psychischer Störungen. ICD 10, Bern-Göttingen-Toronto 1991, 157). Diese kann sowohl durch Naturereignisse als auch durch Menschen verursacht werden. Im vorliegenden Zusammenhang beziehe ich mich auf <u>menschlich</u> verursachte Traumata. Zur Präzisierung des Begriffes Trauma und seiner Unterscheidung von belastender Lebenserfahrung vgl. Huber, Michaela, Trauma und die Folgen. Trauma und Traumabehandlung, Paderborn 2003, 37-51.

die Leute, die da herumlaufen, sehen einfach nicht hin. Sie gucken pikiert in die Luft. Irgendeine alte Tante läuft an Dir vorbei und zischt ‚Muss das denn hier sein'. Es gibt Leute, die laufen in der Nähe vorbei und sehen Dich nicht. Aber es gibt viele andere, die sehen das, die müssen das sehen, die müssen ja um Dich herumgehen. Aber sie tun so, als ob nichts wäre. Und der Hammermann haut und haut. Zwischendurch freut er sich, weil das Geräusch so schön ist, wenn Deine Knochen kaputtgehen. Manche Zehen spürst Du schon nicht mehr, die sind nur noch Matsch. Deine Mutter kommt vorbei und sagt: ‚Aber um fünf Uhr bist Du zuhause'. Schulkameradinnen kommen vorbei, stecken die Köpfe zusammen, ‚Ih, wie das aussieht!' hörst Du. Ein Pfarrer kommt vorbei und sagt vor sich hin sinnend: ‚ja, ja, die Welt... '. Und alle Leute gehen einfach weiter. Niemand hilft Dir. Du stehst da allein unter all den Menschen, wie in einer Blase aus Schmerz und Entsetzen. Und der Hammermann haut und haut mit diesem verdammten Hammer."[3]

Mit dieser Geschichte schildert eine traumatisierte Frau ihre Not, die sie nicht nur als Kind, sondern auch als Erwachsene empfindet: Das wiederkehrende Gefühl, ausgeliefert und hilflos zu sein. Das Leid verstärkt sich durch das Vorbeigehen der umstehenden Menschen, die eigentlich sehen müssten, welches Unrecht mit dem Mädchen geschieht.

1.3 Die Innenperspektive des Traumas

Traumatisierung bedeutet, die Ohnmacht und Erschütterung des gewalttätigen Einbruches ins Leben immer wieder zu erleben; der Würgegriff des Traumas packt unvorhersehbar und wiederholt zu.[4] Für traumatisierte Menschen stimmt die Alltagsweisheit nicht: Die Zeit heilt alle Wunden. Trauma ist eine Metapher für einen Prozess, der die Integrität einer Person tiefgreifend und nachhaltig verletzen kann. Entfremdung und Betäubung machen es dem Opfer schwer, in Kontakt mit sich selbst zu bleiben. Beziehungen sind durch Vertrauensverlust und Schamgefühle erschwert. Auf den guten Verlauf der Dinge in der Welt ist kein Verlass. Traumatisierte berichten häufig von dem Gefühl, nicht in diese Welt zu passen, nicht zugehörig zu sein. Der Shoaüberlebende Jean Amery schildert das eindrucksvoll: *„Wer der Folter erlag, kann nicht mehr heimisch werden in der Welt. Die Schmach der Vernichtung lässt sich*

---

[3] Ein Beitrag aus der Mailingliste von www.gottes-suche.de (Arbeits- und Selbsthilfegruppe von gewaltüberlebenden Christinnen im Internet). Die in der Geschichte geschilderten Empfindungen wurden von allen Frauen des Internetforums bestätigt. Danke an S., die den Text zur Veröffentlichung frei gab.

[4] In verständlicher Weise, wissenschaftlich sorgfältig recherchiert und engagiert erschließt die Traumatherapeutin Michaela Huber die Psychodynamik und Folgen von Traumatisierung, vgl. Huber, Michaela, Trauma und die Folgen. Trauma und Traumabehandlung Teil 1, Paderborn 2003.

nicht austilgen. Das zum Teil schon mit dem ersten Schlag, in vollem Umfang aber schließlich in der Tortur eingestürzte Weltvertrauen wird nicht wieder-gewonnen. "[5]

Um trotz des Schrecklichen weiterleben zu können, greift die menschliche Seele zu einem Trick: Über Dissoziation spaltet sie das traumatische Erleben vom Alltagsbewusstsein ab. Dieser sinnvolle Mechanismus trägt dazu bei, das Individuum wieder handlungsfähig zu machen. Der Auschwitzüberlebende Primo Levi betont diese Funktion: *„Der beste Weg, sich vor dem Ansturm belastender Erinnerung zu schützen, ist der, sie gar nicht erst hereinzulassen und eine Hygieneschranke entlang der Grenze einzurichten. Es ist leichter, einer Erinnerung den Eintritt zu verwehren, als sie loszuwerden, wenn sie erst einmal registriert worden ist.* "[6] Die Abspaltung hat jedoch auch eine Kehr-seite: Die problembeladenen Erinnerungen können durch Situationen, die an das Trauma erinnern, plötzlich aufbrechen und die betroffene Person in einem Flashback wieder in die Gefühlswelt des Traumas hineinkatapultieren. Auf Außenstehende wirkt das manchmal bizarr und bruchstückhaft. Die jäh unter-brochene Amnesie folgt nicht den Gesetzen der Chronologie und Logik.

Jan Philipp Reemtsma beschreibt diese verwirrenden Zustände nach seiner Geiselhaft in einem Keller: *„Und da geschah es. Von einer Minute auf die andere war er wieder im Keller. Das Gefühl war wieder da, deckte es über alles oder schob es weg. Nichts anderes war mehr da. Wie beschreibe ich es? Das Ineinander von einer Lähmung, dem Erlöschen aller Lebensgeister, dem Schwinden aller anderen Emotionen, wie der Tiefpunkt einer Depression, die sich über Tage aufgebaut hat, zusammen mit einer Anspannung aller Nerven, einer extremen, fahrigen Nervosität. Eine Reprise der Kombination von dumpf machender Verzweiflung und ständig erregter Erwartung.* "[7]

Die tiefgreifende Strukturzerstörung einer Person durch ein gewaltsam zuge-fügtes Trauma kann auch zum Verlust des Glaubens führen. Die Erfahrung totaler Hilflosigkeit lässt schwer an einen Gott glauben, der es gut mit dem Menschen meint. Der Journalist Pedro Rosa Mendes formuliert: „Vielleicht bedeutet Trauma, dass sogar Gott tot ist und wir zurückblieben, um ihn zu beweinen. [...] Ich nehme an, Trauma bedeutet das Vermögen, im Dunkeln Bilder zu sehen und das Abbild dessen zu berühren, was wir nicht mehr

---

[5] Amery, Jean, Jenseits von Schuld und Sühne. Bewältigungsversuche eines Überwältigten, München 1966, 70. Amery nahm sich 1978 das Leben.

[6] Levi, Primo, Die Untergegangenen und die Geretteten, München 1986, 27f. Auch Levi beging Suizid.

[7] Reemtsma, Jan Philipp, Im Keller, Reinbek bei Hamburg ³2002, 213.

sind."[8] Diesen Verlust zu spüren und daran nicht zu verzweifeln ist die große Herausforderung für Menschen, die lang anhaltenden und schweren Traumatisierungen ausgesetzt waren. Im Kontext sexuellen Missbrauchs etwa ist die Rede vom „Seelenmord"[9], der die vernichtende Tragweite des Traumas ins Wort bringt. Ob und wie das Opfer mit der zugefügten Zerstörung umgehen kann, hängt nicht unwesentlich mit den Reaktionen der Umstehenden zusammen, diesen Schluss lassen sowohl der biblische Text als auch die Geschichte vom Hammermann zu.

2 Trauma als Provokation an die Umstehenden – Einsichten aus der Psychologie

2.1 Die Dialektik des Traumas

Das Vorübergehen an dem, der unter die Räuber gefallen ist, das Wegsehen, wenn einem Mädchen die Zehen zertrümmert werden – beides ist mit Blick auf die Geschichte der Erforschung psychischer Traumata nicht weiter ungewöhnlich. Diese ist von einer eigentümlichen Dynamik durchzogen, die mit der Dialektik des Traumas zu tun hat. Wer traumatisiert ist, erinnert entweder zu viel oder zu wenig. Auf Phasen von Betäubung folgen Zeiten, die von der ständigen Wiederkehr der Erinnerungen an das traumatische Ereignis gekennzeichnet sind. Diese gegensätzlichen psychischen Zustände von Intrusion und Konstriktion wechseln einander in „oszillierendem Rhythmus"[10] ab. Was für das Individuum gilt, zeigt sich auch strukturell in der Geschichte der Traumaforschung. Diese liest sich wie die spannende Dokumentation einer Expedition in unerforschtes Land, die immer wieder unterbrochen und neu aufgenommen wurde.

2.2 Die Anfänge der Traumaforschung – Psychoanalytische Hysterieforschung

Seit der Antike sind einzelne Schilderungen von Traumatisierungen überliefert, vor allem die Auswirkungen kriegerischer Gewalt auf die Soldaten. Eine erste systematische Auseinandersetzung fand im ausgehenden 19. Jahrhundert in der psychoanalytischen Hysterieforschung statt, deren Ahnherr, der französische Neurologe Jean-Martin Charcot, in der Pariser Salpetriere die Ursache

---

[8] Mendes, Pedro Rosa, Eine Nacht in Florida, in: medico international (Hg.), Im Inneren der Globalisierung. Psychosoziale Arbeit in Gewaltkontexten, Frankfurt 2005, 8-15.

[9] Vgl. Wirtz, Ursula, Seelenmord, Inzest und Therapie, Zürich 1989.

[10] Herman, Judith Lewis, Die Narben der Gewalt. Traumatische Erfahrungen verstehen und überwinden, München 1993, 72.

der Hysterie seiner Patientinnen herausfinden wollte und der damit im Kontext seiner Zeit, in der außerordentliche psychische Zustände mit Besessenheit und Dämonen in Verbindung gebracht wurden, als fortschrittlich gelten muss.[11] Sein Schüler Sigmund Freud formulierte 1896 seine These: „Ich stelle also die Behauptung auf, zugrunde jedes Falles von Hysterie befinden sich [...] ein oder mehrere Erlebnisse vorzeitiger sexueller Erfahrung, die der frühesten Jugend angehören."[12] Erstmalig wurde also die traumatisierende Wirkung sexuellen Missbrauchs von Kindern reflektiert. Bereits ein Jahr später allerdings widerrief Freud seine Theorie, da ihm die Häufigkeit sexuellen Missbrauchs durch Väter unwahrscheinlich erschien.[13] Stattdessen wertete er die Erzählungen seiner Patientinnen als Produkte libidinöser und ödipaler Konflikte.[14] Real existierende Traumata wurden also ignoriert und in das Reich psychopathologischer Träume und Phantasien verlagert. Freud entwickelte aus der Umkehr der Fakten – nicht Väter missbrauchen Kinder, sondern Kinder wünschen Eltern als Sexualpartner – seine Ödipustheorie. In dieser Theorie ist das Kind verantwortlich für seine ödipalen Wünsche – und nicht mehr der Erwachsene für sexuellen Missbrauch.

Freuds Widerruf seiner Erkenntnis über die traumatisierenden Folgen von sexuellem Missbrauch kann exemplarisch für die weitere Entwicklung stehen. Im 20. Jahrhundert wurde im Anschluss an die Weltkriege zwar die Traumatisierung von Kriegsteilnehmern beschrieben – etwa von Abram Kardiner, der die psychischen Auswirkungen der Kriegserfahrungen auf die Betroffenen als „Physioneurose"[15] bezeichnete und damit die charakteristischen psychophysiologischen Symptome von traumatisierten Menschen wie Hypervigilanz und verstärkte Sensibilität für Bedrohungen im Umfeld auch lange nach den traumatischen Ereignissen eindrucksvoll beschrieb. Bald nach Kriegsende jedoch gerieten solche Ergebnisse wieder in Vergessenheit.

2.3 Traumaforschung – auch aus der Perspektive der Betroffenen

Den Wendepunkt in der wechselvollen Geschichte der Traumaforschung, die immer wieder Phasen der Amnesie durchziehen, kennzeichnen Studien von Menschen, die mit der traumatisierenden Situation unmittelbar zu tun hatten,

---

[11] Vgl. Herman, Die Narben der Gewalt, 21-34.

[12] Freud, Sigmund, Zur Ätiologie der Hysterie, in: Freud, Sigmund, Gesammelte Werke. Chronologisch geordnet. Erster Band. Werke aus den Jahren 1892-1899, London 1952, 439.

[13] Vgl. Freud, Sigmund, Briefe an Wilhelm Fliess 1887-1904. Ungekürzte Ausgabe. Herausgegeben von Jeffrey Moussaieff Masson, Frankfurt 1986, 283f.

[14] Vgl. Freud, Sigmund, „Selbstdarstellung", in: Freud, Sigmund: Gesammelte Werke. Chronologisch geordnet. Vierzehnter Band. Werke aus den Jahren 1925-1931, London 1948, 59f.

[15] Kardiner, Abram, The traumatic neuroses of war, Menasha 1941.

die sich damit etwa als Betroffene identifizieren, zum Beispiel Kriegsteilneh-mer und Überlebende von Konzentrationslagern.[16] Durch Initiativen von Viet-namveteranen und schließlich durch die feministische Bewegung der 70er Jahre wurde auf breiter Ebene deutlich, dass das Erleben bestimmter Formen zwischenmenschlicher Gewalt zu charakteristischen und vergleichbaren psy-chischen und psychosomatischen Beeinträchtigungen führt. Zunehmend ge-rieten nicht mehr nur die traumatischen Erfahrungen von weißen Männern in den Blick, sondern auch die von bisher vernachlässigten Bevölkerungsgrup-pen. Krieg und Terror finden nicht nur auf den Schlachtfeldern dieser Welt in Tschetschenien, Ruanda oder im Irak statt, sondern auch in unseren Kinder-, Schlaf- und Wohnzimmern, in Schulen, Behinderten- und Altenheimen. Un-beachtete Lebenswelten traten aus dem Schatten des Privaten.

2.4 Die Entstehung der Psychotraumatologie

Die neue Wahrnehmung der Folgen von Traumatisierung führte im Jahr 1980 zur Aufnahme des „Posttraumatischen Syndroms" in das Manual psychischer Erkrankungen durch die American Psychiatric Association, was als Paradig-menwechsel im psychiatrischen Denken bewertet werden kann.[17] Erstmalig existiert eine Diagnose, die die Ursache für die psychische Störung in einem äußeren Ereignis verortet und die Schwierigkeiten der Betroffenen nicht mehr allein mit ihren Psychopathologien in Verbindung bringt.

Seit den 90er Jahren sind eine Fülle von Studien zur Traumathematik erschie-nen, etwa zu psychophysiologischen Vorgängen[18] oder zur psychotherapeuti-schen Behandlung[19]. Auf der Suche nach einem verbindenden Namen für das Forschungsgebiet entstand der Begriff der Psychotraumatologie – eine Wort-schöpfung, die in Verbindung und Abgrenzung zur chirurgischen Traumato-logie das Profil des Faches zu schärfen vermag.[20] Beide Fächer befassen sich mit Verletzungen, das eine mit körperlichen, das andere mit seelischen. Im

---

[16] Vgl. Kolk, van der Bessel A. / Weisaeth, Lars / Hart, van der Onno, Die Geschichte des Traumas in der Psychiatrie, in: Kolk, van der Bessel A. / McFarlane, Alexander C. / Wei-saeth, Lars (Hg.), Traumatic Stress, Paderborn 2000, 84f.

[17] Vgl. Huber, Trauma und die Folgen, 29.

[18] Vgl. etwa Rothschild, Babette, Der Körper erinnert sich. Die Psychophysiologie des Trau-mas und der Traumabehandlung, Essen 2002; Kolk, van der Bessel A., Der Körper vergisst nicht. Ansätze einer Psychophysiologie der posttraumatischen Belastungsstörung, in: Kolk / McFarlane / Weisaeth, Traumatic Stress, 195-220.

[19] Vgl. etwa Huber, Michaela, Wege der Trauma-Behandlung. Trauma und Traumabehandlung Teil 2, Paderborn 2003; Sachsse, Ulrich (Hg.), Traumazentrierte Psychotherapie. Theorie, Klinik und Praxis, Stuttgart 2004.

[20] Vgl. Fischer, Gottfried / Riedesser, Peter, Lehrbuch der Psychotraumatologie, München 1998, 19-28.

Unterschied zur Chirurgie ist die Psychotraumatologie ein vergleichsweise junges Fach. Der Grund dafür liegt vor allem darin, dass seelische Verletzungen im Gegensatz zu körperlichen nicht sichtbar sind, insofern schwerer einzuschätzen und deshalb lange unerforscht blieben. Psychische Traumata haben keine „physische Repräsentanz"[21].

2.5 Die Präsenz des Opfers als Opfer provoziert

Wenn nun weiterhin berücksichtigt wird, dass die Auseinandersetzung mit Traumata in der Regel mit Widerfahrnissen konfrontiert, die nicht zu Idealen wie der autonomen und freien Selbstentfaltung passen, dann scheint es nur plausibel, Menschen mit Traumaerfahrung besser zu übersehen und sie am Straßenrand links liegen zu lassen. Wer genau hinsieht, läuft Gefahr, an die Grenzen des Ertragbaren geführt zu werden. Die Verwundbarkeit menschlichen Lebens scheint ebenso auf wie die skrupellose Grausamkeit, zu der Menschen fähig sind. Wer Menschen mit Traumaerfahrung hilft, kommt an der Erkenntnis nicht vorbei, dass menschliches Leben, auch das eigene, zutiefst verwundbar ist.

Immer wieder in der Geschichte der Erforschung psychischer Traumata setzte sich das Muster durch, die Wahrnehmung und Glaubwürdigkeit des Opfers anzuzweifeln, da das ungeheuerliche und empörende Wissen um die Ursachen psychischen Leides das Menschen- und Weltbild verunsichert. Menschen sind zu spontaner Hilfe eher bereit, wenn es sich um Opfer einmaliger Naturkatastrophen handelt. Wer jedoch zum Opfer der Willkür eines oder mehrerer Menschen wurde, und das vielleicht dauerhaft und im Rahmen familiärer Beziehungen, stellt grundlegende Annahmen zum Tun-Ergehen-Zusammenhang in Frage; dann stimmt die Erwartung nicht mehr, dass guten Menschen Gutes widerfährt und dass diejenigen, denen es schlecht geht, dafür in irgendeiner Form verantwortlich sind. So „stellt die fortgesetzte Präsenz des Opfers als Opfer eine Verunglimpfung der (zumindest in der westlichen Welt) vorherrschenden Annahme dar, dass menschliche Wesen grundsätzlich Herr ihres Schicksals seien. Opfer sind diejenigen Mitglieder der Gesellschaft, deren Probleme die Erinnerung an Leid, Wut und Schmerz in einer Welt repräsentieren, die sich nach Vergessen sehnt."[22] Trauma provoziert die eigenen Sicherheiten und hinterfragt die Art und Weise, wie Menschen miteinander umgehen.

---

[21] Fischer / Riedesser, Lehrbuch der Psychotraumatologie, 20.

[22] McFarlane, Alexander C. / Kolk, van der Bessel A., Trauma und seine Herausforderung an die Gesellschaft, in: Kolk / McFarlane / Weisaeth, (Hg.), Traumatic Stress, 51.

3 Traumatisierten Menschen helfen

3.1 Von der Unmöglichkeit ethischer Neutralität

Was traumatisierte Menschen erleben, ist eingangs in der Perikope vom barmherzigen Samariter und in der Geschichte vom Hammermann, der dem Mädchen die Zehen zerschlägt, eindringlich beschrieben worden. Wie sinnvolle Hilfe aussehen kann, ist auch aus den Geschichten zu entnehmen: Zuallererst braucht es Menschen, die sich von der blutigen Angelegenheit nicht abwenden, die stehen bleiben und sich von der Not des Opfers berühren lassen. Neutralität ist nicht möglich, wenn Traumatisierten geholfen werden soll.[23] Der Alltag sieht anders aus – das Vorbeigehen der Umstehenden ist der Normalfall.

Die Konfrontation mit dem Leid des Opfers kostet Kraft und verunsichert die eigenen Gewissheiten. Es ist einfacher, Leid zu individualisieren und es zum Spezialproblem einer einzelnen Person zu machen. Bestehende Strukturen werden konsolidiert, indem das Trauma zum extraordinären Phänomen erklärt wird, das nur die „ganz Anderen" trifft, vornehmlich Randgruppen. In der Konsequenz bleibt die beste Handlungsmöglichkeit, sich unbeteiligt zu geben. Wolfgang Sofsky beschreibt das als aktive Passivität:

„Da ist der Unbeteiligte. Er geht zügig am Ort des Geschehens vorüber, wirft allenfalls einen Blick zur Seite. [...] Er will nichts bemerken, was ihn selbst betreffen könnte. Er tut nicht mit, und er versucht, sich innerlich raus zu halten. Dies ist nicht mit Unkenntnis zu verwechseln. Der Unbeteiligte ist keinesfalls ahnungslos. Er weiß so viel, wie er wissen will. Neben der individuellen Zuwendung bedarf es der gesellschaftlichen Anerkennung. [...] Auch das Nichtstun, das Vorübereilen, das Wegsehen sind Handlungen. Sich taub zu stellen, sich selbst mit Blindheit zu schlagen, ist eine Aktivität."[24]

Diese Art der Nichteinmischung bedeutet für das Opfer eine zementierende Verstärkung der traumatisierenden Konstellation, in der keiner deutlich ausspricht, dass Unrecht passiert. Deshalb sieht die Traumatherapeutin Herman die Notwendigkeit, klare ethische Stellungnahmen für das Opfer abzugeben. *"Die Versuchung, sich auf die Seite des Täters zu schlagen, ist groß. Der Täter erwartet vom Zuschauer lediglich Untätigkeit. Er appelliert an den allgemein verbreiteten Wunsch, das Böse nicht zu sehen, nicht zu hören und nicht*

---

[23] Vgl. Bloom, Sandra L., Die Erregertheorie des Traumas. Über die Unmöglichkeit ethischer Neutralität, in: Hudnall Stamm, B. (Hg.), Sekundäre Traumastörungen. Wie Kliniker, Forscher & Erzieher sich vor den traumatischen Auswirkungen ihrer Arbeit schützen können, Paderborn 2002, 235-249.

[24] Sofsky, Wolfgang, Traktat über die Gewalt, Frankfurt 1996, 104.

darüber zu sprechen. Das Opfer hingegen erwartet vom Zuschauer, daß er die Last des Schmerzes mitträgt. Das Opfer verlangt Handeln, Engagement und Erinnerungsfähigkeit."[25]

Ein neutraler Beobachter wird das nicht leisten können, eher jemand, der die Anwaltschaft für das Opfer übernimmt. Was an Zutrauen in Menschen und Welt zerbrochen wurde, kann das Opfer nicht durch rein private Bewältigung wiedergutmachen. Dazu bedarf es solidarischer Beziehungen, die das Opfer als Opfer rehabilitieren und seine Würde durch parteiliche Anteilnahme wieder herstellen. Deshalb ist es wichtig, dass es bei Solidarität mit Opfern nicht nur um Einzelfallhilfe geht, sondern um politische, sichtbare, öffentliche Solidarität. Neben der individuellen Zuwendung bedarf es der gesellschaftlichen Anerkennung.

Insbesondere in der Holocaustforschung wurde überdeutlich, wie wichtig für Shoaüberlebende die Anerkennung des ihnen geschehenen Unrechts ist. Diese darf sich nicht nur in Lippenbekenntnissen ausdrücken. Die Anteilnahme der Umwelt spielt eine zentrale Rolle für die Überlebenden.[26] Als Opfer war es ihnen unmöglich, um Mitgefühl von Außenstehenden für ihre Situation zu bitten. Deshalb ist es umso wichtiger, dass andere das „nachträglich" von sich aus tun.

3.2 Wo steht Gott?

Wer das Gleichnis vom barmherzigen Samariter ernst nimmt, entdeckt im Samaritan ein Selbstporträt Jesu. Er zeigt ein Modell auf, wie Nächstenliebe konkret aussieht. Gelebte Liebe ist nicht emotionslos und neutral. Sie steht nicht über oder neben der Wirklichkeit, sondern mitten darin, indem sie sich auf die Ebene der traumatisierten Person begibt. Damit wird das Bild von einem Gott gezeichnet, der sich mit den Leidenden solidarisiert. Es ist ein Gott, der Option ergreift für die, die geschlagen am Rande liegen bleiben. Gott ist dann kein isolierter Mächtiger, der von oben auf das Opfer schaut, das hilflos wie ein Käfer auf dem Rücken liegt und strampelt. Es ist klar zu benennen, wo Gott steht: Er ist nicht Handlanger des Täters, der Gewalt ausübt, sondern er will das Opfer zu einem freien Leben ermächtigen. Jede andere Rede von Gott wäre gotteslästerlich. Ein Gott, der auf der Seite der Opfer steht, ist von den falschen Göttern zu unterscheiden. Im Kontext von Trauma entsteht eine unselige Allianz, wenn Gott in die Nähe von Prädikaten wie

---

[25] Herman, Die Narben der Gewalt, 18.

[26] Vgl. Levita, da David, Über das Schweigen, in: Rossberg, Alexandra / Lansen Johan (Hg.), Das Schweigen brechen. Berliner Lektionen zu Spätfolgen der Schoa, Frankfurt 2003, 71-80, 72-75.

Herrschaft, Macht und Gewalt gerückt wird. Gott ist verbündet mit den Machtlosen, wie er sich selbst am Kreuz in die ultimative Ohnmacht begeben musste.

Die Optionalität Gottes ist keine rein intellektuelle Angelegenheit; sie verlangt nach Ausdrucksweisen, welche Ernst machen mit dem Anspruch, parteilich an der Seite der Opfer zu stehen. Das heißt also: Über konkretes menschliches Verhalten, über hilfreiche Gesten, verständnisvolle Worte und ethisch anspruchsvolle und nicht folgenlose Stellungnahmen können der unter die Räuber Gefallene und das Mädchen, das vom Hammermann verletzt wird, vielleicht wieder einen Gott entdecken, der auf ihrer Seite steht. Über solidarische Beziehungen in dieser Welt wird eine Welt erfahrbar, die die Hoffnung auf das Reich Gottes offen hält. Von außen kommende spektakuläre Lösungen vermögen das kaum, dafür sind die Verletzungen zu gravierend. Vorsichtige Bewegungen auf Augenhöhe sind gefragt. Langsam buchstabiert sich in das Leben ein Gott, der nicht in Donner und Sturm, sondern im leisen Säuseln des Windes zu erfahren ist (vgl. 1 Kön 19,11-13).

3.3 Was not-wendig ist

Was zuallererst not-wendend ist, ist mit der Perikope vom barmherzigen Samariter zwar einfach gesagt, aber anspruchsvoll umzusetzen: Die Einheitsübersetzung nennt es Mitleid. Das zugrundeliegende griechische Wort ist ein körpernahes Bild, das sich auf den Bauch bezieht. Was der Mann aus Samarien sieht, scheint ihm durch Mark und Bein zu gehen; beim Blick auf die Wunden – die Traumata – des Geschlagenen ziehen sich seine Eingeweide zusammen und es ward ihm weh ums Herz, wie Fridolin Stier übersetzt. Offensichtlich kann er deshalb gar nicht anders, als dem Gequälten zu helfen.

Erforderlich ist ein gewisses Maß an Leidensfähigkeit, die in eine vielleicht unbehagliche Nähe mit dem Opfer führt, weil nicht zu umgehen ist, den Schmerz des Opfers wenigstens in Ansätzen auch zu spüren. Die Zehen des Mädchens sind bereits kaputt, da lässt sich in unserer lösungsorientierten Zeit nichts mehr „machen". Es geht um die Bereitschaft, sich vom Trauma infizieren zu lassen. Wer Tränen trocknen will, macht sich dabei die Hände nass. Die Ohnmacht des Opfers kann sich auf parteilich Helfende übertragen.[27] Traumatisierten Menschen zu helfen bedeutet auch, das „Vokabular der Finsternis"[28] lernen, das mit einer fremden und unmenschlichen Welt konfrontieren kann.

---

[27] Der Vollständigkeit halber ist an dieser Stelle natürlich darauf hinzuweisen, dass eine professionelle Psychohygiene für Helfende nötig ist, um die Mitempfindens-Müdigkeit zu verhindern; Hilfreiches dazu in: Huber, Wege der Trauma-Behandlung, 275-296.

[28] Mendes, Eine Nacht in Florida, 14.

Aufzugeben ist jede Form der Opferbeschuldigung, wie sie in der Aufdeckungsgeschichte psychischer Traumata in der Psychologie stattgefunden hat. Auch wenn die helfende Begleitung Traumatisierter mühsam und zeitaufwendig sein kann, weil das Ausmaß psychischer Störungen oft nicht mehr an eine Verbesserung der posttraumatischen Symptomatik glauben lässt, ist immer wieder daran zu erinnern, dass sie ihr Leid nicht selbst verursacht haben, wie es auch Levi beschreibt: „Hier befinden wir uns [...] vor einer paradoxen Analogie zwischen Opfer und Unterdrücker, und es ist äußerst wichtig, daß wir das klar sehen: beide sitzen in derselben Falle, aber es ist der Unterdrücker und nur er, der sie aufgestellt hat und zuschnappen läßt: wenn er daran leidet, ist es nur gerecht, daß er daran leidet, aber es ist ungerecht, daß auch das Opfer daran leiden muss, wie es gezwungenermaßen daran leidet, auch nach Jahrzehnten noch."[29] Gerade in esoterisch geprägten Kreisen – zunehmend auch im Raum der Kirche! – scheint dieses Wissen hin und wieder verloren zu gehen, wenn die gesamte Verantwortung für das Wohlbefinden der Person ihrer persönlichen Fähigkeit zum Vergeben, zur Selbstannahme, zur Versöhnung mit dem inneren Kind etc. in bedrohlicher Weise aufgeladen wird. Wenn jedeR sich selbst erlösen kann und muss, spielt es keine Rolle mehr, Unrecht zu benennen. Helfen wird dann gar unnötig.

Unersetzlich ist ein langer Atem. Auch der barmherzige Samariter steht in einem längerfristigen Kontakt, erkundigt sich, ob sein Helfen auch wirklich hilfreich ist. Er verspricht nicht, die Wunden des Geschlagenen heil zaubern zu können und hat eine realistische Einschätzung dafür, dass seine Hilfe ihn etwas kosten wird. Einer traumatisierten Person zu helfen bedeutet unter Umständen auch dann dazubleiben, wenn definitiv nichts mehr zu „reparieren" ist. Gerade die Wunden, die nahe Bezugspersonen einem Kind durch Misshandlung und Missbrauch zufügen (und das ist verbreitete Realität in Deutschland!), fordern die Geduld von Helfenden stark heraus und führen allzu oft zum resignierten oder genervten Rückzug. Hier wird sich das Proprium christlichen Helfens in besonderer Weise bewähren müssen.

3.4 Zu guter Letzt

Traumatisierten zu helfen, kann für alle Beteiligten zu einem Transformationsprozess führen.[30] Die Auseinandersetzung mit Trauma kann – paradoxer-

---

[29] Levi, Die Untergegangenen und die Geretteten, 20.

[30] Das wird in der US amerikanischen Erforschung Posttraumatischen Wachstums (Posttraumatic Growth) beschrieben, vgl. Tedeschi, Richard G. / Calhoun, Lawrence G., Trauma and Transformation, Growing in the aftermath of suffering, Thousand Oaks 1995. Eine Darstellung dieses Ansatzes ist zu finden bei: Haslbeck, Barbara, Sexueller Missbrauch und Religiosität, Münster 2006.

weise – die Einstellung zum Leben vertiefen und zu erhöhter Wertschätzung alles Lebendigen führen. Wer hilft, wird an die Grenzen menschlicher Existenz geführt und ist dadurch gezwungen, wesentlich zu werden und Tragfähiges zu entdecken. Auch wenn die Wunden der Geschlagenen mit Grauenvollem infizieren können, so sind es doch die Opfer, die eine Ahnung von der Hoffnung jenseits des Grauens haben.[31]

---

[31] Herzlicher Dank für die anregenden und konstruktiven Rückmeldungen zu diesem Artikel gilt Frau Erika Kerstner.

Dann hob er ihn auf sein Reittier, brachte ihn
zu einer Herberge und sorgte für ihn.

Lk 10,34

WER HILFT?
INSTITUTIONELLE ASPEKTE

Martin Hofmeir
www.wellness-im-kloster.de
Eine Ordensgemeinschaft wagt neue Wege

Peter Oberleitner / Christian Domes
Leitbild-Umsetzung als partizipative Arbeit
Der Leitbild-Prozess beim Diözesancaritasverband Passau

Elfriede Schießleder
Christliche Nächstenliebe:
Verbindlich? Verbandlich? Unverbindlich?
Zur politischen Dimension ehrenamtlicher Arbeit

Martin Hofmeir

www.wellness-im-kloster.de

Eine Ordensgemeinschaft wagt neue Wege

> *Einen „Wellness-Urlaub" hatten wir gebucht,*
> *doch auch etwas für die Seele gesucht.*
> *All das haben wir hier gefunden,*
> *so konnten Leib und Seele wieder gesunden!*
> (aus dem Gästebuch von Kloster Arenberg – Weihnachten 2004)

Was würde wohl Mutter M. Cherubine Willimann (1842–1914), die Gründerin der Arenberger Dominikanerinnen, sagen, wenn man ihr berichten würde, dass im Koblenzer Mutterhaus ein, wie die Presse sagt, „Wellness-Kloster" entstanden ist? Würde es ihr ähnlich ergehen wie so manchen der noch 200 lebenden Mitschwestern, die diesem Projekt anfangs mit einer gewissen Skepsis gegenüber gestanden haben? Oder hätte diese mutige Ordensfrau, die mit ihrer Gemeinschaft immer wieder einen Neuanfang wagte, darin direkt die große Chance gesehen, in der heutigen Zeit das zu verwirklichen, was ihr Grundliegen war und bis heute ihr Vermächtnis bleibt: die „heilende Liebe"?[1] Diese Liebe galt zeit ihres Lebens insbesondere den Not leidenden Menschen, so dass im Laufe der Jahre unterschiedliche caritative Einrichtungen, vor allem Krankenhäuser und Alten- und Pflegeheime entstanden sind, in denen sich die Schwestern zusammen mit vielen Mitarbeitern bis in unsere Tage liebend und heilend engagieren.

Erholen • begegnen • heilen

Im Koblenzer Mutterhaus entstand unter dem Einfluss von Pfarrer Sebastian Kneipp ein Erholungshaus für Kurgäste, das sog. „Kneipp-Sanatorium Marianum", das über fast 50 Jahre vielen Menschen Erholung, Heilung und eine

---

[1] Einen guten Einblick in die Entwicklung der Arenberger Dominikanerinnen und in das Vermächtnis ihrer Gründerin bietet die von der Kongregation anno 1993 selbst herausgegebene Festschrift zum 125jährigen Bestehen. Dieses bleibende Vermächtnis und das heutige Selbstverständnis sind auch auf der Homepage der Ordensgemeinschaft dargelegt: www.arenberger-dominikanerinnen.de

spirituelle Heimat bot. Da in heutiger Zeit weniger Kuren bewilligt und die Kur- und Klostergäste immer älter werden, standen die Arenberger Dominikanerinnen vor der Herausforderung, sich neu zu orientieren. Wie in vielen anderen deutschen Ordensgemeinschaften kommt hinzu, dass mit einem Altersdurchschnitt von über 70 Jahren auch die Alterspyramide der Arenberger Dominikanerinnen auf dem Kopf steht, so dass die Gemeinschaft sich immer wieder vor die Frage gestellt sieht, Einrichtungen zu schließen, zu verkleinern oder mit „weltlichem" Personal weiterzuführen. Im Falle des Kneipp-Sanatoriums entschloss man sich zu einem neuen Aufbruch. Aufbauend auf dem ganzheitlichen Ansatz von Pfarrer Kneipp wurde für das 2003 neu eröffnete, von Grund auf renovierte Gästehaus, das den Namen „Kloster Arenberg" erhielt, unter dem Motto *erholen•begegnen•heilen* ein umfassendes Programm entwickelt, das nicht nur passionierte Kneippianer, sondern auch andere erholungsbedürftige Menschen ansprechen möchte.

„... und als er ihn sah, empfand er Mitleid" (Lk 10,33)

Diese Präferenz für Erholung suchende Menschen lag aufgrund der Tradition des Hauses und der bestehenden Räumlichkeiten nahe. Dennoch stellte sich die Ordensgemeinschaft die grundsätzliche Frage, welchen Menschen und welchen Zielgruppen ihr heutiges Engagement zuteil werden soll. Wer sind die „Nächsten" von heute, denen die spontane oder systematische Hilfe zu gelten hat? Wen treffen die Ordensfrauen in der heutigen Zeit am Wegesrand?

Der Blick der Arenberger Dominikanerinnen fiel vor allem auf die vielen Menschen, die in unseren Tagen unter physischem und psychischem Stress leiden, die, wie es die Gäste selbst ausdrücken, „viel um die Ohren haben", sich „restlos ausgelaugt", „völlig ausgepowert" fühlen, auf Menschen, die sich nach einem Ort der Geborgenheit und Erholung sehnen, „um Leib und Seele wieder in Einklang zu bringen". So schufen die Arenberger „Samariterinnen" einen Ort der ganzheitlichen Erholung, eine Herberge, in der jeder Regenerationsbedürftige willkommen ist, insbesondere aber die ausgebrannten, trauernden und Sinn suchenden Gäste, denen das besondere Augenmerk und Mitleid der Schwestern gilt.

„... goss Öl und Wein auf seine Wunden und verband sie" (Lk 10,34)

Welches „Öl" und welchen „Wein" bietet man im Kloster Arenberg diesen suchenden, leidenden und erholungsbedürftigen Menschen an? Was heilt die Wunden der heutigen Menschen, was gibt neue Kraft für den Alltag?

Vermutlich ganz ähnliche Therapeutika wie zu biblischen Zeiten: Mitgefühl, Berührung, Öl ... Gerade das Öl spielt in Kloster Arenberg neben der Heilkraft des Wassers eine wichtige Rolle im sog. Vitalzentrum, wo insbesondere bei den „Aromaölmassagen" viel Öl fließt. Allein schon die Wärme und der Duft des Öls sind Balsam für Leib und Seele. Aber auch die wohltuende Berührung und das Einfühlungsvermögen des therapeutischen Fachpersonals scheinen neben der Wirkkraft der vitalisierenden oder beruhigenden Essenzen wichtig zu sein. Wärme, Berührung und Empathie sind in einer Zeit und Gesellschaft, die immer kühler und anonymer werden, offenbar besonders wertvolle Heilmittel.

Diese Erfahrung zeigt sich auch in der Seelsorge[2]. Die Gäste reagieren besonders intensiv und dankbar auf spirituelle Angebote, die sie innerlich berühren, auf Impulse, die sie nicht nur auf der Verstandesebene, sondern auch im Herzen ansprechen. Ein wesentlicher Bestandteil der Seelsorge sind die Begleitgespräche, in denen es nicht nur um ein professionelles Lösen von Problemen geht, sondern auch um die heilende Begegnung von Person zu Person. Die Seelsorge in Kloster Arenberg möchte Räume schaffen für das heilende Wirken Gottes, das sich in guten Begegnungen und Klärungen, aber auch in der Stille und Zurückhaltung ereignet gemäß der Empfehlung von Madeleine Delbrêl: „*Lass Gott wirken, dann erst wirke du, wenn es noch etwas zu bewirken gibt*"[3].

Herzlichkeit und Ruhe

Fragt man die Gäste, was ihnen in Kloster Arenberg besonders gut tut – diese Frage wird in den Gästefragebögen tatsächlich gestellt –, werden in großer Regelmäßigkeit zwei Dinge hervorgehoben: Die Herzlichkeit des Personals und die Ruhe des Hauses. Auch andere Qualitätsmerkmale werden immer wieder genannt: die harmonische, lichte Architektur des Gästehauses, die Inneneinrichtung mit ihren warmen, fröhlichen Farben, der gut gepflegte, weitläufige Klosterpark, das schmackhafte und gesunde Essen, das ganzheitliche Konzept, das breite spirituelle Angebot... Aber weder diese Vorzüge noch einzelne Angebote des Tages- oder Wochenprogramms scheinen die entscheidenden Punkte zu sein. Das Besondere wird von den Gästen vielmehr in den menschlichen Qualitäten und in der Ruhe, die im Hause herrscht, gesehen.

---

[2] Der Autor selbst ist Theologe und Psychologe und als solcher im Seelsorgeteam von Kloster Arenberg tätig. Gemäß dem verstärkten Schwerpunkt auf suchende und seelisch leidende Menschen und aufgrund des Abschieds vom Kurwesen wurde die Stelle des Arztes durch die pastoralpsychologische Stelle ersetzt und die Seelsorge, in der auch zwei Schwestern und ein Pater mitwirken, schrittweise ausgebaut.

[3] Delbrêl, Madeleine, Der kleine Mönch, Freiburg 2004, 36.

Die Menschen, die nach Kloster Arenberg kommen, suchen offenbar zutiefst eine herzliche und auch ruhige Atmosphäre. Sie spüren, wie gut es ist, sich der Ruhe und Stille auszusetzen. Als Beispiel sei eine junge Frau genannt, welche im Gästebuch die wesentliche Erfahrung ihres Aufenthalts mit dem Spruch bekundete: *„Wenn nichts passiert, geschieht am meisten"*. Und eine andere Frau dankte für die erfahrene Ruhe mit den Worten: *„Am 7. Tag ruhte Gott und ging nach Kloster Arenberg"*. Stille und Geborgenheit scheinen mehr als alles andere neue Kräfte zu verleihen, lassen zur eigenen Mitte finden und „verbinden" so manche Wunde.

Gelassenheit und Kontemplation – das faszinierende Ordensleben

Herzlichkeit und Ruhe werden von den Gästen insbesondere mit den Schwestern in Verbindung gebracht, gerade auch mit älteren Schwestern, die eine große Zufriedenheit ausstrahlen, eine Ruhe und Gelassenheit, die man sich selbst wünschte. Diese Schwestern, die aus Altersgründen zum Teil nicht mehr aktiv im Betrieb mitwirken können, diesen aber durch ihr Wohlwollen und Gebet mittragen, verkörpern vielleicht am besten den dominikanischen Leitspruch *contemplari et contemplata aliis tradere* – aus dem Gebet und der Stille heraus für andere Menschen da sein.

Aber auch die jüngeren Ordensfrauen erfahren großes Interesse. Eines der bestbesuchten Angebote von Kloster Arenberg ist die Veranstaltung „Lebenslänglich", in der eine der jüngeren Schwestern Einblicke in das Klosterleben verleiht und für allfällige Fragen offen steht. Die klösterliche Lebensweise macht neugierig und wirft Fragen auf. Wie kann man, so mag sich manche Frau fragen, die darunter leidet, keine eigenen Kinder oder Enkelkinder zu bekommen – dieses Leiden zeigt sich oft in den seelsorglichen Begleitgesprächen –, auf dieses hohe Gut, wie kann man freiwillig auf Partner und Familie verzichten?

Durch ihre Lebensweise und durch ihre Ausstrahlung lassen die jungen wie die alten Schwestern erfahren oder zumindest erahnen, dass das größte Glück von Gott her kommt, ja dass das höchste Gut Gott selbst ist. Es ist nur zuzustimmen, wenn eine erfahrene Ordensfrau unserer Tage konstatiert, dass die Welt nicht so sehr unser Tun benötigt, *„sie braucht vor allem unser Sein, sie braucht Persönlichkeiten, die gleichsam überfließen von Gott. Solchen ‚Über-*

fluss' aber gewinnt man nur in der Kontemplation"[4], das heißt, in den zumeist *„ganz leisen umwandelnden Berührungen der Seele durch Gott"*[5].

Vielfalt und Freiheit

Wenn das Entscheidende nicht die einzelnen Angebote zu sein scheinen, warum leistet sich ein Kloster dann ein so großes Vitalzentrum mit Schwimmbad, Sauna, Fitnessraum, Fußpflege, Massagen etc. und ein so breites spirituelles Programm, das nicht nur klassisch katholische Angebote beinhaltet (Eucharistie, Stundengebet, Rosenkranz, Anbetung), sondern auch Meditation und unkonventionelle spirituelle Angebote wie die sog. Morgen- und Nachtimpulse?

Der Grund für das breite Angebot liegt zum einen in den gewachsenen Ansprüchen und in der Vielfalt der Gäste. Da Kloster Arenberg für Frauen und Männer gleich welchen Alters und gleich welcher Konfession da sein möchte, braucht es unterschiedliche Formen der religiösen und körperlichen Betätigung. Menschen, die kaum kirchlich sozialisiert sind, tun sich oft schwer, einen Zugang zum Stundengebet oder zur Eucharistie in der Mutterhauskirche zu finden, kommen aber gerne zu einem kurzen spirituellen Impuls in die Kapelle oder zur täglichen Meditation in den Meditationsraum. Oder ein anderes Beispiel: Auch wenn sich das morgendliche Walking im Klosterpark einer gewissen Beliebtheit erfreut, ziehen andere es vor, sich am Morgen im Schwimmbad zu bewegen oder im Fitnessraum aktiv zu werden. Und wer Ruhe sucht, findet diese nicht nur in der Kapelle, sondern vielleicht ebenso im Ruheraum der Sauna oder etwa bei der Mitarbeit im neu angelegten Kräutergarten.

Die Ausweitung des Angebots entspricht dem Leitspruch, der die inhaltliche wie auch die bauliche Umgestaltung des Hauses begleitete: *Das gute Alte bewahren und mit dem notwendig Neuen verbinden.* Diese konzeptionell gewollte Verbindung von alt und neu bedeutete zum Beispiel, dass die bestehenden Zimmer mit einer eigenen Nasszelle ausgestattet wurden, dass neben der schmackhaften Klosterküche auch ein reichhaltiges Salatbuffet angeboten wird, dass im Vitalzentrum die bestehende Krankengymnastik und die bewährten Kneippanwendungen (zum Beispiel Tautreten, Güsse, Heusack) ergänzt sind durch moderne Angebote wie Sprudelbad, Solarium und Nordic Walking.

---

[4] Schenkl, Assumpta, O.Cist., Aus meinem ganzen Herzen. Impulse für ein erfülltes Leben, Leipzig 2005, 43.

[5] Schenkl, Aus meinem ganzen Herzen, 116.

Diese Kombination von Tradition und Progression und die damit verbundenen Auswahlmöglichkeiten werden von den Gästen sehr geschätzt. Insbesondere im religiösen Bereich wird positiv vermerkt, dass man sich zu nichts gedrängt fühlt. Gerade diese in Kirchengefilden und auch hinter Klostermauern oftmals nicht vermutete Freiheit ermöglicht manchem Gast, der nicht primär aus religiösen Absichten das Kloster aufsucht, sich auch für spirituelle Impulse zu öffnen, was folgendes Beispiel veranschaulichen mag:

> „Wir haben schon öfter zusammen Wellness-Urlaub gemacht", erzählen zwei Freundinnen aus Frankfurt. „Aber immer nur Körper und Schönheit – das war es irgendwie auch nicht." Jetzt sitzen sie bei einem Glas Wein im Klosterkeller, berichten von ihren ersten Meditationsversuchen und denken über die religiösen Erfahrungen ihrer Kindheit nach. „Damals wurden wir ja nur unterdrückt. Aber das hier, das ist jetzt was anderes." Weil sie hier zu nichts gezwungen werden, können sich die beiden Frauen auch auf das spirituelle Angebot einlassen.[6]

Viele Gäste schätzen diese Verbindung von Wohlwollen und Freiraum, die „aufmerksame Zurückhaltung" oder das „Geborgensein in Freiheit", wie es verschiedentlich zum Ausdruck gebracht wird. Diese Menschen wollen dort abgeholt werden, wo sie stehen, und manche nicht einmal abgeholt, sondern nur aufmerksam gemacht werden.

Internet und andere Medien

Um die Menschen auf das eigene Angebot aufmerksam zu machen, ist man heutzutage, wo bereits jede dritte Urlaubsbuchung per Internet erfolgt, gut beraten, im world wide web präsent zu sein, zumal wenn man ein 100-Betten-Haus zu füllen hat. Dass Kloster Arenberg bereits von Anfang sehr gut belegt war, ist zu einem großen Teil seiner Internetpräsenz zu verdanken.

Einen noch größeren Effekt zeitigten indes die zahlreichen Artikel, die über Kloster Arenberg geschrieben wurden, und insbesondere die verschiedenen Fernseh- und Radiosendungen. Das einzigartige Angebot von „Wellness im Kloster", von „Klosterwellness", wie es eine Journalistin bezeichnete, erregt bis in die heutigen Tage ein großes Medieninteresse.

„Wellness"?

So sehr man sich über dieses Interesse und die damit verbundene Chance, viele Menschen zu erreichen, freuen mag, wirft es doch auch die Frage auf, ob es richtig und stimmig ist, das eigene Angebot in den Horizont von „Well-

---

[6] Dieses Beispiel findet sich in einem Artikel über Kloster Arenberg, der in Publik Forum 12 (2005) 46-47 erschien.

ness" zu stellen bzw. stellen zu lassen. Ist es nicht eine Anbiederung an den Zeitgeist, der gebietet, alles mit diesem Zauber- und Füllwort zu belegen, sei es nun das „Wellness-Hotel", der „Wellness-Joghurt", die „Wellness-Microfleece-Hose" oder auch der Wunsch nach einem „Kinderwellnessbeschäftigungs-programm", der von einer allein erziehenden Mutter an Kloster Arenberg herangetragen wurde?

Für die Ordens- und Hausleitung war von Anfang klar, dass man sich des inflationären Modeworts „Wellness" eher zurückhaltend, am liebsten gar nicht bedienen möchte. So kommt im Hausprospekt dieser Begriff so gut wie nicht vor. Andererseits wollte man sich aber auch nicht der Tatsache verschließen, dass die Erholung suchenden Menschen – gerade im Internet – nicht zuerst „Erholung", sondern eben „Wellness" ansteuern.[7] Um von diesen Menschen gefunden zu werden, war es ratsam, nicht nur die offizielle Homepage www.kloster-arenberg.de einzurichten, sondern auch mit anderen suchmaschinenrelevanten Adressen wie www.wellness-im-kloster.de im Netz präsent zu sein. Wer die erholungsbedüftigen Menschen von heute erreichen will, muss sein Netz auch auf dieser Seite auswerfen.

Läuft man aber mit dieser pragmatischen Anpassung nicht Gefahr, das eigene christliche Profil preiszugeben? Suggeriert „Wellness", diese Verbindung von sich wohlfühlen (*well*being) und gut in Form sein (fit*ness*), nicht ein ganz anderes Lebensmodell, eine selbstfixierte Lebensweise, die sich etwa ausdrückt in dem Werbeslogan „Wellness fürs Ich"? Ist die christliche Verheißung von Lebensfülle nicht etwas ganz anderes als das „Wohlfühlglück" der Wellness-Anbieter?[8]

Gottes- und Nächstenliebe

Die christliche Freude ist in der Tat weit mehr als die durch Wellness verheißene Wohlfühl-Freude. Tiefes Glück ereignet sich in christlicher Perspektive gerade nicht, wenn ich auf mich selbst fixiert bleibe, sei es auf meine Gesundheit, meine Fitness, meine Schönheit oder auch auf mein seelisches Wohlbefinden, um die zentralen Werte des Wellness-Kults zu nennen. „*Das Geheimnis geglückten Lebens*" beruht in jesuanischer Perspektive hingegen

---

[7] Wenn man die Menschen fragt, was sie unter „Wellness" verstehen, wird laut einer Studie der Agentur Mediaedge zumeist „Entspannung", „Wohlfühlen" und „Erholung" genannt. Dieser Befund wird gestützt durch die von der Universität München durchgeführten „Wellnesshotel-Studie 2005/2006", in der festgestellt wird, dass die Hotelbetreiber die Hauptmotivation ihrer Gäste für einen Wellness-Urlaub in erster Linie in dem Wunsch nach Erholung und Entspannung sehen.

[8] Vgl. Schmid, Wilhelm, Mit sich selbst befreudet sein, Frankfurt 2004, 183.

„*immer auf einem Umweg*".[9] Dieser Umweg, der zu uns selbst und zum Glück führt, ist Gott.[10] Um unseres vollen Glücks willen, gilt die biblische Einladung: „*Du sollst den Herrn, deinen Gott, lieben mit deinem ganzen Herzen, mit ganzer Seele, mit ganzer Kraft und mit deinem ganzen Denken*" (Lk 10,26; Dtn 6,5). Die Gottesliebe ist geboten, weil „*Gott Liebe ist, die Liebe schlechthin. Und deshalb ist er auch derjenige, der uns am meisten glücklich machen kann. Er liebt uns in einer für uns gar nicht mehr vorstellbaren Intensität, er will uns diese Liebe zeigen und schenken. Und er möchte auch von uns wieder geliebt werden, weil er weiß, dass auch dies für unser Glück notwendig ist, dass wir lieben dürfen*".[11]

Diese biblische Ganzheitlichkeit, in der es um unser ganzes Glück und um unseren ganzen Einsatz geht, wird ergänzt durch den Zusatz „*...und deinen Nächsten sollst du lieben wie dich selbst*" (Lk 10,26; Lev 19,18). Mit dem Gleichnis des barmherzigen Samariters wollte Jesus unterstreichen, dass der Weg zum wirklichen Glück immer auch über die Nächstenliebe führt. Gottesliebe und Nächstenliebe gehören zusammen, wie es in dem bekannten Bildwort zum Ausdruck kommt: Wer wirklich in Gott eintaucht, taucht bei den Mitmenschen wieder auf. So kann auch für unsere Tage bestätigt werden: „*Je mehr wir dem Egoismus frönen, umso unglücklicher werden wir, und je mehr wir dem Ruf Jesu folgen, von uns wegzugehen und in allem Gott suchen, umso mehr erfüllen Glück und Freude unser Herz.*"[12]

Im Fokus der christlichen Glücksverheißung steht die Bereitschaft und Fähigkeit, Gott und die Mitmenschen mit allen Kräften zu lieben. Es geht um eine Liebe, die letztlich bereit ist, sich voll für andere zu investieren, sich ganz hinzugeben und immer wieder loszulassen. Diese Erfahrung zeigt sich auch heutzutage, wenn etwa die Ordensfrau Ruth Pfau im Rückblick auf ihr hingebungsvolles Leben sagen kann: „*Ich habe mein Leben gelebt, voll und ganz und intensiv [...] Danke für die mehr als 70 Jahre und dass du mir behutsam alles genommen hast, was nicht das ‚Eigentliche' ist.*" Dieses Glück hat auch im Loslassen Bestand und verblasst selbst im Angesicht des Todes nicht: „*Der Tod ist nicht das Nichts*", heißt es auf der letzten Seite ihrer Autobiographie, „*sondern Begegnung mit der Fülle. Der Tod ist keine Grenze, nicht für die Liebe. Die Liebe kennt keine Grenzen.*"[13]

---

[9] Berger, Klaus, Jesus, München 2004, 217.

[10] Berger, Jesus, 220.

[11] Schenkl, Aus meinem ganzen Herzen, 101.

[12] Schenkl, Aus meinem ganzen Herzen, 58.

[13] Pfau, Ruth, Das Herz hat seine Gründe, Freiburg 2003.

„… wie dich selbst" (Lk 10,26)

Menschen wie Ruth Pfau oder Cherubine Willimann haben in ihrem Leben schier Unmenschliches vollbracht, weil sie Maß genommen haben an Gott, weil sie radikal von sich abgesehen und sich auf den maßlosen Gott eingelassen haben.

Diese christliche Ganzhingabe ist zu bewundern, kann jedoch auch zu Überforderungen führen. Die Rede von der grenzenlosen Liebe, die Tendenz zur Maßlosigkeit kann Menschen verleiten, sich beruflich oder privat zu verbrauchen, ohne dafür die nötigen spirituellen, psychischen und physischen Ressourcen zu haben. So trifft man im Kloster Arenberg immer wieder auf Gäste, die sich selbst überfordern oder von anderen überfordert werden, auf Menschen, die es nicht gelernt haben, gut für sich selbst zu sorgen. Diese erschöpften Menschen bedürfen weniger des Hinweises auf die Nächstenliebe, sondern vielmehr einer Einladung, Maß zu halten und sich auch selbst etwas Gutes zu tun. Es gibt eine legitime christliche Selbstliebe, welche die Nächstenliebe ergänzt, ja sogar voraussetzt. „Du sollst Deinen Nächsten lieben", heißt es nämlich, *„wie dich selbst"*. Dieser Zusatz, der eine gesunde Eigenliebe impliziert, ist in der christlichen Verkündigung lange Zeit vernachlässigt und zum Teil wohl ganz ausgeblendet worden. Schon Bernhard von Clairveaux musste den damaligen, offenbar total überarbeiteten Papst Eugen III. ermahnen: *„Gönne dich dir selbst"*.[14]

Dass die Nächstenliebe bei einer gesunden Selbstliebe nicht auf der Strecke bleibt, ja diese sogar befördert, zeigt das Beispiel einer Frau, die im Gästebuch dafür dankt, dass ihre beiden Kinder und ihr Mann „eine ausgeruhte und fitte Mama/Frau" zurückbekommen.

Leib und Seele

In Verbindung mit der einseitigen Betonung der Nächstenliebe ist auch die Tendenz zu sehen, die moralisch-seelische Entwicklung zu forcieren, die Sorge um den Leib hingegen gering zu achten. *„Christliche Spiritualität"*, muss heute selbstkritisch festgestellt werden, *„hat einen wertschätzenden Blick auf den Körper und alles, was mit ihm zusammenhängt: Wohlfühlen, Lust, Sexualität [...] lange vernachlässigt"*.[15] So könnte das Christentum von der Well-

---

[14] Jacob, Heinrich, Sehnsucht nach dem Paradies. Wellness als pastorale Chance, in: Diakonia 35 (2004) 248.

[15] Prüller-Jagenteufel, Veronika, Unverzweckt dankbar. Auf der Suche nach einer christlichen Spiritualität des Genießens, in: Diakonia 35 (2004) 259.

ness-Bewegung, der es um eine Harmonie von Körper, Geist und Seele geht[16], durchaus lernen, auch den Leib wohlwollend in den Blick zu nehmen.

Neben der wünschenswerten Erholung kann ein bewusster Umgang mit dem Leib auch zu spirituellen Erfahrungen führen, was sich an verschiedenen Beispielen deutlich machen lässt.[17] Allerdings ist kritisch anzumerken, dass die spirituelle Leiberfahrung im Sog von Wellness, insofern es dabei vornehmlich um Behaglichkeit und Zerstreuung geht, oft an der Oberfläche bleibt: „*Die Tiefe wird verspachtelt, während die Oberfläche poliert wird.*"[18]

Dass bewusste Leiberfahrungen von spiritueller Relevanz sein können, zeigt sich in der Praxis von Kloster Arenberg immer wieder, etwa in dem Beispiel eines Priesters, der eine tiefe spirituelle Erfahrung, die ihm in der Kapelle zuteil wurde, auch auf die vorausgegangene Massage im Vitalzentrum zurückführte.

Diese beglückende Erfahrung von Gottverbundenheit und leib-seelischer Einheit ist bisweilen mit großen Erschütterungen und Umkehrbewegungen verbunden. So mancher Gast kehrt nicht nur erholt, sondern auch tief berührt und innerlich verändert in seinen Alltag zurück, wie das abschließende Beispiel eines Mannes veranschaulicht, der seinen Eintrag ins Gästebuch „Revision de vie" betitelte:

Revision de vie
Ich habe so viele glückliche Gesichter gesehen.
Dieser Ort der Sinnlichkeit.
Erfüllt von deinem Geist.
Wie eine wahre Quelle, Impulse, frisch und klar.
Heilig diese Lebensfreude.
Gemeinschaft, Mensch sein, ich spüre lebendiges Evangelium.
Leib und Seele, zusammengekommen.
Verbunden, berührt.
Gott, du sichere, verlässliche Größe.
Revision de vie.
Hab ich den Mut für Umkehr und Buße?

---

[16] Vgl. Jäger, Willigis / Quarch, Christoph, „... denn auch hier sind Götter", Freiburg 2004, 13.

[17] Siehe die verschiedenen Beiträge und Beispiele im Buch von Jäger / Quarch.

[18] Jäger / Quarch, „... denn auch hier sind Götter",132.

Peter Oberleitner und Christian Domes

Leitbild-Umsetzung als partizipative Arbeit

Der Leitbild-Prozess beim Diözesancaritasverband Passau

1 Leitbildprozesse der Caritas – Vergewisserung und Neuorientierung

Mit Leitbildern und Leitlinien wollen kirchliche Organisationen christlichen Anspruch, Ziele und Handlungsfelder, Herausforderungen und Konsequenzen für die Weiterentwicklung formulieren und realisieren. Warum in den vergangenen Jahren Leitbildarbeit in der Kirche bekanntermaßen einen größeren Raum eingenommen hat, scheint zum Teil mit der Sorge verbunden, dass die Spannung zwischen Auftrag aus Evangelium und Tradition einerseits und der erlebten oder vermuteten Praxis andererseits immer größer zu werden droht. Verantwortliche und MitarbeiterInnen der Caritas fragen nach der Erkennbarkeit als dienende Kirche, die sich den Menschen in Leid, Krankheit und Armut zuwendet. Denn die Großorganisation kann offensichtlich auch den Blick verstellen für das Ereignis der Liebe und Zuwendung. Ökonomische Ansprüche und Erfordernisse, der Aufbau sozialstaatlicher Strukturen in den neuen Bundesländern, die Diskussion um den „Kundenbegriff" und das Ringen um die Stellung der Wohlfahrtsverbände markieren Mitte der 90er Jahre einschneidende Veränderungen von Rahmenbedingungen, die eine künftige Gestalt der Caritas beeinflussen.

Diese genannten Faktoren verstärken die Frage nach einer erkennbaren und verbindlichen Ausrichtung der Caritas, wie angesichts von wachsenden Nöten in der Gesellschaft und christlichem Auftrag ein kirchlicher Wohlfahrtsverband mit all seinen MitarbeiterInnen und verfügbaren Möglichkeiten handeln soll.

Diesem Bedarf nach Neubestimmung stellte sich der Deutsche Caritasverband mit einem breit angelegten Leitbildprozess von 1993 bis 1996. Ausgehend von einer repräsentativen MitarbeiterInnenbefragung wurden auf allen Ebenen und Bereichen der verbandlich organisierten Caritas Grundlagen und Vorgehensweisen überdacht, an Prioritäten gearbeitet, Organisationsformen und

Leistungsprofile diskutiert, der kirchliche Standort hinterfragt und beschrieben.[1]

Die gesonderte Auswertung der MitarbeiterInnenbefragung für die Diözese Passau war erste Grundlage für den Leitbildprozess in der verbandlichen Caritas im Bistum. In regionalen Veranstaltungen wurden die Ergebnisse präsentiert und diskutiert. Prof. Dr. Isidor Baumgartner vom Lehrstuhl für Caritaswissenschaften und angewandte Theologie wertete diese aus und lud die Teilnehmer zur Mit- und Neugestaltung der Caritas ein:

„Die Leitbildsätze verstehen sich als zukunftsorientiert [...] Ob eine solche zukunftsfähige Entwicklung in Gang kommt, hängt von vielen Faktoren ab: dem gesellschaftlichen und kirchlichen Umfeld, den Organisations- und Leitungsstrukturen und nicht zuletzt von den MitarbeiterInnen der Caritas. [...] Auch hier gilt: Betroffene beteiligen [...]"[2]

Ein wirkungsvoller und auf Veränderung ausgerichteter Leitbildprozess erfordert strukturierte Beteiligung.

2 Leitbildprozess der Caritas im Bistum Passau – ein Überblick

Zeitraum	Leitbildprozess
1993-1995	Der DCV führt einen breit angelegten Leitbildprozess [3]durch, ausgehend von einer Mitarbeiterbefragung. Im DiCV Passau beginnt man 1995.
1996	Die Vorstandschaft des DiCV beschließt ein Entwicklungskonzept mit starker Beteiligung der haupt- und ehrenamtlichen MitarbeiterInnen (Mitarbeitertage, Arbeitsgruppe, Beteiligung der Pfarrcaritas,)
1997	Texterarbeitung, 1. bzw. 2. Entwurf werden in den Gremien und Einrichtungen der Caritas zur Diskussion gestellt. Mitwirkung der Gemeindeberatung aus der Diözese Passau

---

[1] Baumgartner, Isidor, Ergebnisdiskussion bei Mitarbeitertagen in der Diözese Passau, in: Deutscher Caritasverband (Hg.), Meinungsbild Caritas, Bd. 2, Freiburg, 1997, 222.

[2] Baumgartner, Ergebnisdiskussion, 214.

[3] Deutscher Caritasverband e.V. (Hg.), Leitbild des Deutschen Caritasverbandes, Freiburg ³1997.

1998	Das „Leitbild der Caritas in der Diözese Passau" wird vom Caritasrat beschlossen. Schritte der Umsetzung werden ausgearbeitet. 1.Vorsitzender des DiCV als Leitbildbeauftragter ernannt.
1999	Die DiCV-Vorstandschaft beschließt, eine Projektstelle „Leitbildumsetzung" einzurichten. (Geplante Projektzeit: 2 Jahre)
2000	Planspiel – Angebot, Gründung des AK Leitbild, regelmäßige Infos an die Mitarbeiter, Einbeziehen des Caritasrates, regelmäßige Beratungen zwischen Leitbildgruppe und DiCV-Vorstand. Externe Beratung für Leitbildgruppe
2001	weitere Planspiele, Beginn OE in WfbMs, Satzungsdiskussionen,
2002	Klausur Referenten, Matrix-Entwicklung für Zentrale, Gründung Zukunftsgruppe, Präsentation der Arbeit im Luragosaal vor Bistumsleitung und MitarbeiterInnen der Caritaszentrale
2003	Matrix weiter, Zukunftsgruppe, Vorstandsarbeit, Beendigung durch Entzug der Freistellung durch neuen Bischof
2004	Weiterarbeit auf Honorarbasis in einzelnen Einrichtungen, Zukunftsgruppe läuft weiter, Satzungsdiskussion läuft weiter, kein offizielles Ende
2005	Zukunftsgruppe, WfbMs, Satzungskommission, Qualitätsmanagement

3 „Partizipation" aus Sicht der Theologie

Mit Partizipation ist theologisch **das konziliare Stichwort der aktiven Beteiligung des Volkes Gottes** gemeint. Alle im Glauben Befähigten und Bereiten sind eingeladen, „bei der gemeinsamen Suche nach dem Willen Gottes für seine Kirche und damit beim Aufbau der Kirche" mitzuwirken.[4] Der Caritasverband als Teil der Kirche und getragen von vielen kirchlichen MitarbeiterInnen kann sich diesem Anspruch nicht entziehen. Die Entwicklung eines Leitbildes, also die Suche nach den leitenden Zielen, braucht deshalb Formen, wie eine entsprechende Beteiligung gestaltet werden kann. Ebenso bedarf es des Bekenntnisses, Teil des Volkes Gottes zu sein.

---

[4] Kehl, Medard, Eine katholische Ekklesiologie, Würzburg 2001, 105-115.

Die ersten Aussagen im Leitbild der Caritas im Bistum Passau formulieren den Grundauftrag: „Im Mittelpunkt steht der Mensch mit seiner von Gott gegebenen Würde. Wir handeln nach dem Vorbild Jesu Christi. Wir sehen uns als christliche Gemeinschaft eingebunden in die solidarischen Traditionen der Christenheit."[5]

Caritas gibt sich damit als Organisation zu erkennen, die sich gebunden weiß an die biblischen Fundamente und an die Zeugen christlicher Diakonie. Bei aller fachlichen und wirtschaftlichen Ausrichtung bleibt die Basis das jesuanische Vorbild und die Beispiele für solidarisches Handeln in dessen Nachfolge. „Wenn sich der Christ wie der barmherzige Samariter um die Not des Nächsten kümmert, bleibt seine Hilfe nie rein materiell", sagt Papst Johannes Paul II[6] und fährt fort: „Sie ist zugleich eine Ankündigung des Reiches, die den vollen Sinn des Lebens, Hoffnung und Liebe bekannt gibt." Ganz auf dieser Linie ist auch Steinkamp zu verstehen mit seiner Deutung der Geschichte vom barmherzigen Samariter, der durch seinen Dienst selber zu Vollendung und Lebenssinn gelangt und selber der Beschenkte ist – ohne jegliche theologische oder spirituelle Überhöhung – allein durch das Tun, das bereits die ganze Botschaft in sich trägt. In ähnlicher Weise ist auch Baumgartner mit den Kriterien christlicher Diakonie zu verstehen, die er als „Subjektwerdung des Menschen unter den Augen Gottes […]" beschreibt.[7]

In einem mehrere Jahre dauernden Prozess des Dialogs und der Auseinandersetzung in der Caritas soll auch dieses Grundverständnis neu ins Bewusstsein kommen. Die formulierten Leitsätze, entstanden aus den Ergebnissen von Mitarbeiterbefragung, Veranstaltungen, Arbeitskreisen und Arbeitsgruppe „Leitbild", haben damit auch die Chance, einen „Sitz im Leben" der Caritas zu finden. **Ziel der Verbandsleitung war es, die Texterarbeitung als einen Weg der Beteiligung zu verstehen, um dieses Projekt auch als Chance zur Identifikation und Motivation zu nutzen.**

Denn Caritas als Ort kirchlicher Gemeinschaft und Wesensäußerung macht Kirche auch als Weggemeinschaft sichtbar: „Die im Volk Gottes versammelten […] Laien sind […] berufen, als lebendige Glieder alle ihre Kräfte, die sie durch das Geschenk des Schöpfers empfangen haben, zum Wachstum und zur ständigen Heiligung der Kirche beizutragen."[8] Im Beschluss „Unsere Hoffnung" der gemeinsamen Synode der deutschen Bistümer wird die Verpflichtung aller Christen zum Zeugnis lebendiger Hoffnung konsequent umgesetzt

---

[5] Diözesan-Caritasverband Passau, Leitbild der Caritas in der Diözese Passau, 1998.

[6] Johannes Paul II., Botschaft für die Fastenzeit 2002.

[7] Baumgartner, Ergebnisdiskussion, 227.

[8] LG 33, in: Rahner, Karl / Vorgrimler, Herbert, Kleines Konzilskompendium, Freiburg [14]1980.

in der Feststellung, dass auch alle beteiligt sein müssen „an der lebendigen Erneuerung der Kirche"[9].

MitarbeiterInnen der Caritas, ehrenamtlich und hauptamtlich, nehmen in ihren sozialen Diensten und Einrichtungen Anteil an dem Auftrag der Kirche, den Menschen nahe zu sein in Not und Armut. Aus diesem Dienst heraus sind sie Zeugen für die Liebe Gottes zu den Menschen und können Kirche bereichern. Die Kirche als Gemeinschaft der Gläubigen ist von ihrem Wesen her angelegt auf die Teilhabe der Charismen: „Das heilige Gottesvolk nimmt auch teil an dem prophetischen Amt Christi [...]"[10]

Bei der Präsentation der Ergebnisse aus der MitarbeiterInnenbefragung von 1995 wird sichtbar, dass einerseits eine hohe Identifikation mit Caritas und Kirche bei vielen MitarbeiterInnen gegeben ist, andererseits Brüche und Distanz erkennbar werden. Umso bedeutsamer ist ein Prozess, der die Beteiligung an der Ziel- und Wertediskussion der Caritas ermöglicht und gestaltet. Die Erfahrungen dieser Form der Beteiligung führen dann zu der Erkenntnis: „Offene Kommunikation, Kritik und Verbesserungsvorschläge sind notwendig für die Weiterentwicklung unserer Verbände und Einrichtungen."[11]

So waren die Korrekturen und Eingaben des Diözesanbischofs Franz Xaver Eder ebenso Bestandteil, wie die Vorschläge und Beiträge aus Einrichtungen und Fachdiensten. Von dem Selbstverständnis geleitet, dass Caritas sich als Bewegung versteht, die im Auftrag des Bischofs und in Mitträgerschaft von Vielen handelt, arbeiteten Verantwortliche und MitarbeiterInnen der Caritasverbände im Bistum bei den MitarbeiterInnentagen[12] an den Ergebnissen der Befragung und entwickelten daraus ihre Vorschläge für Leitsätze zu Caritas und Kirche, Dienstgemeinschaft, Ziele und Aufgaben, Verantwortung als Mitarbeiter. Die Ermutigung zu „Offener Kommunikation und Kritik" erweist sich in der Alltagspraxis einer Organisation als hoher Anspruch – wie auch viele andere Leitsätze – den es einzulösen gilt, um nicht Entmutigung und Enttäuschung zu verursachen.

Beim Caritasverband als kirchlicher Organisation liegt die **Begründung für den Weg der Teilhabe in der ekklesiologischen Dimension.**

Kirchliche Mitarbeiter der Caritas, ehrenamtlich und hauptamtlich, sind gerufen, sich als Volk Gottes zu versammeln und berufen, mit ihren geschenkten

---

[9] Synode der deutschen Bistümer, Beschlüsse der Vollversammlung, Offizielle Gesamtausgabe I, Freiburg 1976, 102.

[10] LG 12, Rahner, Konzilskompendium.

[11] Diözesan-Caritasverband Passau, Leitbild, Vorwort.

[12] Baumgartner, Ergebnisdiskussion, 214.

Gaben des Geistes „zur ständigen Heiligung der Kirche beizutragen."[13]. Die Kirche Jesu Christi konstituiert sich aus den Beiträgen aller ChristInnen und gestaltet sich als Gemeinschaft.

Das erneuerte Kirchenverständnis des Zweiten Vatikanums als priesterliches Gottesvolk verdichtet diese Aussage. Das Wirken der Kirche als Gemeinschaft, die von Gott her lebt, ereignet sich in der Welt durch das Aufeinanderhören von Amt und Gottesvolk. **Der Beitrag der Laien hat seinen ekklesiologischen Platz und bedarf auch bei der Caritas einer sinnvoll gestalteten Art und Weise der Beteiligung.** Der Caritasverband als die vom Bischof beauftragte Organisation der örtlichen Kirche im Einsatz für die Würde des Menschen und der Gerechtigkeit,[14] gibt dieses kirchliche Grundverständnis wieder. Partizipation bedeutet für den Caritasverband nicht nur ein modernes Instrument des Managements, sondern ist Ausdruck einer kirchlichen Organisation, die Leitung als synodales Geschehen begreift.

4 „Partizipation" – aus Sicht der Organisationsentwicklung (OE)

Wenn wir behaupten, Leitbild-Umsetzung sei im Wesentlichen Arbeit an der Partizipation, müssen wir natürlich sagen, woran soll partizipiert, teilhaftig gemacht werden. Im OE-Bereich wäre das: Mit-Unternehmertum, Lernende Organisation, Stärkung der corporate identity, Sinnvermittlung (Teilhabe und Gewinnung bzw. Entfaltung des eigenen Lebens-Sinns).[15] Selbstverständlich soll auch eine Optimierung von Arbeitsabläufen im Sinne der Effizienz erreicht werden – mit dem Vorteil, dass MitarbeiterInnen von Anfang informiert, beteiligt oder sogar die Vorschlagenden sind.[16]

Grundlegende Problemstellung in jeder Arbeitsorganisation ist, vor allem in Veränderungsprozessen, die **Balance zu halten** zwischen dem erhofften Engagement der Mitarbeiter, der vorhandenen Tradition und der Rationalität in den verschiedenen Bereichen (technisch, betriebswirtschaftlich, psychologisch etc.).[17] Nach Doppler und Lauterburg ist es ein Leichtes, ein wunderbares **Leitbild-Konzept zu entwerfen**, mit relativ wenig Aufwand, von wenigen Profis geschrieben, aber dann ein Schweres, diesen Text im Betrieb zum

---

[13] LG 33, Rahner, Konzilskompendium.

[14] GS 27, Rahner, Konzilskompendium.

[15] Senge, Peter M., Die fünfte Disziplin, Stuttgart 1996, 171, 267ff.

[16] Doppler, Klaus / Lauterburg, Christoph, Change Management, Frankfurt 1999, 60f, 115, 118, 158.

[17] Buer, Ferdinand (Hg.), Praxis der psychodramatischen Supervision. Ein Handbuch, Opladen 2001, 165, 176.

Leben zu erwecken![18] Um eben diesen häufig gemachten Fehler zu vermeiden (5% Energie stecken im Leitbild-Text, 95% müssen in die Umsetzung gesteckt werden), hat der Diözesancaritasverband bei der Umsetzung, bzw. schon bei der **Entwicklung des Textes sehr aktiv die MitarbeiterInnen einbezogen.**

Erfolgreich war eine Umsetzung aber auch nur dann, wenn eine Synergie zustande kam zwischen der Mitarbeiter- und der Leiter-Seite. Wenn eine der beiden Seiten nicht „wollte" oder nicht „konnte", also Phantasien von Gesichtsverlust im Raum standen, oder die Organisation in alten Konflikten befangen war, kam kein fruchtbarer Prozess in Gang. In einzelnen Fällen konnte über ein vorgeschaltetes Konflikt-Coaching eine Verbesserung im Sinne des Leitbildes erreicht werden.

Der von Vester geprägte Begriff vom „**Vernetzten Denken**"[19] aus der Biokybernetik schließt sich strukturell sehr gut an das synodale, plurale Denken der Theologie des Zweiten Vaticanums und der apostolischen Kirche an: Keine zentrale Steuerung, sondern multifaktoriell, schnell wirkende, subsidiäre Entscheidungsprozesse, mit antagonistischen „In-Zaum-Haltern" ermöglichen schnelle Anpassungen an sich verändernde Rahmenbedingungen, wie es auch die Evolutionsbiologie uns zu verstehen gegeben hat.

Nicht vergessen werden darf nach Doppler und Lauterburg, dass im Übergang zu solchen Prozessabläufen oft ein „Drama" vor sich geht,[20] da die heute **leitenden Persönlichkeiten meist selber keine Team-Erfahrung „von innen"** haben, damit auch wirkliche Partizipation, offene Kommunikation, beidseitige Kritik, [...] nicht erlebt und eingeübt haben. Deshalb ist es besonders wichtig, Einrichtungsleiter zu begleiten, zu ermutigen, ihre Sorgen und Nöte zu hören, sie zu stärken, deren Lernprozess zu begleiten, damit vor Ort Partizipation eine Chance bekommt. Über Verordnungen und Appelle gelingt es sicher nicht.

Natürlich können bestimmte **Rahmenbedingungen eines Verbandes** dazu beitragen, dass die Stimmungslage für derartige neue Sichtweisen positiv eingestellt wird, dass sich ein entsprechender „Main-stream" einstellt. Dazu dienten z. B. das „DCV-Leitbild", die „Eckpunkte Qualität", wie auch die „Richtlinien Personalplanung und -entwicklung".[21] Solche Texte setzen im

---

[18] Doppler, Change Management, 151, 179; vgl. auch Getz, Isaac / Robinson, Alan G., Innovationspower, München 2003.

[19] Vester, Frederik, Die Kunst vernetzt zu denken, Stuttgart 2000, 55f, 100.

[20] Doppler, Change Management, 119.

[21] Deutscher Caritasverband e. V., Empfehlungen zur Personalpolitik im Deutschen Caritasverband, Freiburg 2005.

Umfeld Markierungen, auf die sich auch Mitarbeiter berufen können, schaffen Klarheit, wohin die Reise gehen soll, damit stützen sie die Corporate Identity des Betriebes, der Einrichtung. Dies geschieht um so stärker, desto expliziter in einer Einrichtung die jeweiligen Texte besprochen und integriert werden. Oft wird vor derlei „Investitionen" im personellen und finanziellen Bereich zurückgescheut, offiziell aus Kostengründen, dabei ist bereits empirisch belegt, dass Einrichtungen, die stringent auf Instrumente der Personalführung/-Entwicklung und Supervision setzen, mittel- bis langfristig auch finanziell sparen können, dank höherer Arbeitszufriedenheit und Motivation der Mitarbeiter. Dies wiederum schlägt sich nieder in geringerer Fluktuation und niedrigerem Krankenstand, beides direkte Kosten-Faktoren.

Die Arbeit am Leitbild führte insgesamt zur verstärkten Wahrnehmung von Kooperationen – sowohl interdiözesan wie auch auf der diözesanen Ebene zwischen Einrichtungen und Referaten. Es wurde also die **Partizipation zwischen den Verbandsebenen** gestärkt, aus der schließlich auch Impulse zu Qualitätsentwicklung im Verband, zur Diskussion und Gestaltung einer künftigen Gestalt der Caritas und Satzungsänderungen erwuchsen, bzw. konkretisiert wurden. Auch die explizite Einbindung in den kirchlichen Raum wurde wieder stärker realisiert, wie sie von der Bischofskonferenz thematisiert wurde.[22]

Angeregt durch die Leitbild-Arbeit gab es einzelne Einrichtungen, die besonders intensiv diese Ideen aufgegriffen haben und die entstandene Energie nutzten, um im eigenen Betrieb eine **Organisationsentwicklung damit zu verbinden**, durch Aktivierung der Mitarbeiter mittels Befragung, die auch in einer Diplomarbeit ausgewertet wurde.[23]

5 Ergebnisse und Konsequenzen

Im Rückblick wird deutlich, welch **große Zeitspanne** nötig war seit den ersten noch suchenden Vorarbeiten über die Entwicklung des Leitbild-Textes bis zum Ende der Umsetzungsphase, das allerdings abrupt vollzogen wurde, so dass nicht alle Chancen genutzt werden konnten. Insgesamt waren es fast 10 Jahre – für einen geordneten „Change-Management-Prozeß wahrlich zu lang, aber für so ein komplexes Gebilde wie einen Diözesan-Caritasverband kaum

---

[22] Sekretariat der Deutschen Bischofskonferenz (Hg.), Caritas als Lebensvollzug der Kirche und als verbandliches Engagement in Kirche und Gesellschaft, Bonn 1999, 28; vgl. auch Nikles, Bruno W., Caritas zwischen Einheit und Pluralität, in: Stimmen der Zeit 5 (2003) 312.

[23] Fuchs, Barbara, Leitbildentwicklung und -umsetzung im Diözesancaritasverband Passau, am Beispiel der Dreiflüsse-Werkstätten Passau-Grubweg, Diplomarbeit an der Kath.-Theol. Fakultät, Uni Passau, 2003.

anders möglich, arbeiten doch „die einzelnen Träger und Einrichtungen [...] recht autonom" wie Nikles feststellt.[24]

Immerhin gab es durch die erzeugte „**kreative Unruhe**" auch indirekten Zwang, den „fachlichen Service zu profilieren, sich auf verbandliche Kernkompetenzen zu konzentrieren und ihre Existenz nicht nur durch Anwesenheit, sondern durch konkrete Dienstleistungen zu rechtfertigen."[25] Die durch den Leitbild-Prozess etwas beschleunigten schmerzhaften inneren Struktur-Prozesse sind naturgemäß auch noch nicht abgeschlossen, harren aber einer konsequenten weiteren Behandlung, womöglich auch in einem weiteren innerkirchlichen Kontext: *„sollte Caritas zur Bewältigung ihrer Zukunftsaufgaben verstärkt das gesamtkirchliche Engagement einfordern, wobei eine ‚kirchliche Rückzugspolitik' zu vermeiden und eine neue zivilgesellschaftliche ‚Inkulturationspolitik' zu suchen ist. Pastoral und Diakonie benötigen verbindende Organisationsentwicklungen."*[26]

Gerade für diese Verbindung gibt es in der Diözese Passau mit der Anlage des Pastoralplans 2000 „Gott und den Menschen nahe",[27] nach wie vor beste Voraussetzungen. In den Zielen des Projektes 4: „In Liebe dienen", ist Netzwerkbildung zwischen Caritas und Pastoral ausdrücklich eingefordert. Hilfreich für ein Aufgreifen des bereits Erreichten und Fortsetzens könnte nun eine „Relecture" der Leitbilder sein: des Diözesanen wie des Deutschen, um sich auch strukturell nochmals klarer zu machen, wofür Caritas da ist, wie sie sich für die Menschen anbietet, wie sie mit den MitarbeiterInnen umgehen möchte.

Abhängigkeit von Rahmenbedingungen:

Im Verlauf des Umsetzungsprozesses wurde immer wieder deutlich, wie gefährdet die Freigabe von personellen Ressourcen ist, wenn die unmittelbare Sinnhaftigkeit nicht eingesehen werden konnte. Auch der personelle Wechsel von Entscheidungsinstanzen erschwerte die Kontinuität der Arbeit. Sinnvoll erscheint deshalb bei ähnlichen Vorhaben, groß angelegte (Leitbild-)Vorhaben zeitlich in Einklang zu bringen mit den voraussichtlichen Dienstzeiten von Verantwortungsträgern.

---

[24] Nikles, Caritas, 307.

[25] Nikles, Caritas, 308.

[26] Nikles, Caritas, 312; vgl. auch Manfred Körber / Rainer Krockauer, Glaubenszeugnis und Kirchenentwicklung, in: Diakonia 36 (2005) 213-216.

[27] Eder, Franz X. (Hg.), Passauer Pastoralplan 2000, Gott und den Menschen nahe, Passau 2000.

Kreative Unruhe[28] als Vorbedingung von jeglicher Veränderung konnte vor allem erzeugt werden durch ungewohnte Zusammensetzung von Leitbild-Arbeitsgruppen: Ersttreffen mit allen Mitarbeitern einer Einrichtung zum Brainstorming, Zukunftsgruppe DiCV Passau mit Teilnehmern aus allen relevanten Bereichen, Einrichtungsleitertreffen aus verschiedenen Fachbereichen gemeinsam. In diesen Gruppierungen, die sonst strukturell nicht aufeinander trafen, war das Interesse aneinander besonders groß, auch der Wille, miteinander Caritas zu gestalten.

In der Entwicklung und der Umsetzung eines Leitbildes zeigt sich, dass eine Organisation *„langfristige Ziele finden und Handlungsprinzipien und Werthandlungen anzugeben vermag, dazu sich die Organisation verpflichtet fühlt",*[29] also ein erkennbares Profil entwickelt und zeigt, damit nicht mehr nur diffus „Caritas" ist. Weil das im Miteinander, partizipativ entwickelt wurde und ebenso partizipativ auf die konkreten Erscheinungsformen von Caritas hin adaptiert wurde, kann man berechtigterweise davon sprechen, ein Stück „lernende Organisation" geworden zu sein.[30]

Insgesamt erwies sich die frühe Entscheidung, einen **mittleren Weg** zwischen verordnetem Leitbild und induktivem Ansatz zu wählen, als richtig.[31] Im ersten Fall wäre es ein Text zum Abheften geblieben, im anderen kaum mehr steuerbar gewesen. Allerdings war auch von Anfang an eine immense Erwartungshaltung zu spüren: Mitarbeiter wandten sich mit heiklen Anliegen an die Leitbildgruppe, welche eigentlich von der Mitarbeitervertretung hätten geregelt werden sollen. In einigen Einrichtungen kam die Fragestellung zum Vorschein, welche Stellung bzw. „Rechtsverbindlichkeit" denn nun dieser Text habe, ob er auch von Mitarbeiterseite „eingeklagt" werden könne. An solchen Fragen zeigte sich symptomatisch, wie wichtig es von den jeweils Leitenden gewesen wäre, sich eindeutig auf die Seite des Leitbildtextes zu stellen und zusammen mit den MitarbeiterInnen einen Weg damit zu gehen. Wo das geschah, war auch der größte Gewinn zu verbuchen, im Sinne einer gefundenen Stärkung der corporate identity.[32]

---

[28] Kreative Unruhe gilt hier als einer von fünf Schlüsselfaktoren für dynamischen Wandel (Kreative Unruhe, Konfliktfähigkeit, Zusammengehörigkeitsgefühl, Sinnvermittlung, Kommunikation). Vgl. Doppler, Change Management, 54.

[29] Vagedes, Guido, Leitbildprozesse nutzen, in: Diakonia 34 (2003) 440.

[30] Doppler, Change Management, 39.

[31] Vagedes, Leitbildprozesse, 445.

[32] Fuchs, Leitbildentwicklung; vgl. auch Giesecke, Michael, Die notwendige Integration individueller, kollektiver und institutioneller Leitbilder zu ambivalenten CI-Konzepten, in: Supervision 30 (1996) 77ff.

Insgesamt lässt sich also sagen, dass sowohl von der aktuellen OE her als auch von der Ekklesiologie her sich eine Verstärkung der Partizipation geradezu aufdrängt und ein Leitbildprozess zur Förderung oder Einführung dafür ein vorzügliches Instrument darstellt. Die von der Zentrale in Freiburg her angestoßene Entwicklung ist ein mutiger Versuch, einen kirchlichen Großverband auf die Höhe der (OE-) und (Ekklesiologie-) Zeit zu bringen. Beim Diözesanverband in Passau fiel der Samen auf fruchtbaren Boden und wirkt fort – es wäre sicher sehr intelligent, die aufgegangenen Pflänzchen weiter zu hegen und zu pflegen [...] nicht zuletzt als Chance, die gegenseitigen Loyalitäten zu stärken und tatsächlich Verbindlichkeiten (des Leitbildtextes) von unten nach oben und von oben nach unten einzugehen. [33]

Es bleibt aber die Frage der Verbindlichkeit eines Leitbildes und dessen Weiterentwicklung als Instrument der christlichen Profilierung des Caritasverbandes bestehen. Die gestaltete Partizipation stärkte die Hoffnung auf Verbindlichkeit der Aussagen als handlungsweisend für Leitung und Mitarbeiterschaft. Dieser berechtigten Erwartung wird Caritas gerecht, wenn das Leitbild lebendig gehalten wird bei der Suche nach Balance zwischen ökonomischen und diakonischen Herausforderungen.

---

[33] Vester, Kunst, 110; vgl. auch Nikles, Caritas, 311; Körber, Glaubenszeugnis, 213; Vagedes, Leitbildprozesse, 441.

Elfriede Schießleder

Christliche Nächstenliebe: Verbindlich? Verbandlich? Unverbindlich?[1]

Zur politischen Dimension ehrenamtlicher Arbeit

1 Soziales Engagement in säkularer Gesellschaft

1.1 Hilfe zwischen Verband und Initiative

Am Anfang des dritten Jahrtausends scheint die Bundesrepublik von einem seltsamen Virus befallen. Kein Tag, an dem nicht Kirchen, Organisationen und natürlich der Staat in seinen ungezählten Organisationsformen feststellt, was alles an sozialer Dienstleistung zu teuer ist und künftig unbezahlbar sein wird. Gleichzeitig wird der Ruf nach freiwilliger und damit kostenneutraler (sprich: unbezahlter) Übernahme dieser Arbeiten durch mündige Bürger laut. In Zeiten hoher Arbeitslosigkeit, früher Verrentung und enorm gestiegenen Freizeitpotentials scheinen hierfür genug Ressourcen bereit zu stehen.

Im Gegenzug geraten die bislang unangefochtenen Träger sozialen Engagements in Kritik, etwa das Ehrenamt in vorwiegend konfessionell arbeitenden Verbänden. Sei es Diakonie, Caritas, der Katholische Frauenbund oder wer sonst auch immer, stets werden zähe Bürokratie und langwierige Entscheidungsprozesse moniert, wodurch gerade unabhängig bleiben wollende Hilfswillige in ihrem Engagement abgeschreckt würden. Dazu kommt der Vorwurf, derartige „Großvereinigungen" dienten vor allem der Besitzstandswahrung bisheriger Nutznießer des Systems, gar von „inszenierter Solidarität"[2] ist die Rede.

So verzeichnen unbürokratisch arbeitende Initiativgruppen Zulauf gerade solcher Hilfswilliger, die, um Gutes zu tun, eben kein Mitglied in einem Verband werden wollen. Die Bundesbürger unserer Zeit zeigen sich also durchaus

---

[1] „Verbindlich? Verbandlich? Unverbindlich? Neue Bürgergesellschaft: Herausforderungen für das Ehrenamt" war Thema der bundesweiten Arbeitskonferenz des Katholischen Deutschen Frauenbundes KDFB in Freising vom 15.-17.Februar 2000.

[2] Behrer, Karin / Liebig, Reinhard / Rauschenbach, Thomas (Hg.), Strukturwandel des Ehrenamts. Gemeinwohlorientierung im Modernisierungsprozess, Weinheim-München 2000, 21.

bereit, altruistisch tätig zu werden. Allerdings in selbstverantworteter (Glaubens-)Überzeugung, in eigener Regie, auch ehrenamtlich, freiwillig und unentgeltlich, wenn nur die „Passung"[3] stimmt. Sprich: die Art des Engagements, ebenso dessen Zeitmaß und Ziel, vor allem aber Form und Ende dieser Freiwilligenarbeit. Findet sich darin nicht durchaus eine Analogie zum biblischen Samariter, dessen (verachtete) Andersartigkeit im Glauben ihn nichtsdestotrotz zum Vorbild christlich-glaubenden Handelns machte?

1.2 Der Freiwilligenmarkt BRD

Das Jahr 2001 wurde von der UN als „Internationales Jahr der Freiwilligen" ausgerufen und sollte Wert und Bedeutung unentgeltlichen Einsatzes für das Gemeinwohl neu bewusst machen. Dies förderte auch den Blick auf die bundesdeutsche Freiwilligenszene aus Ehrenamt, Freiwilligenarbeit, bürgerschaftlichem Engagement und Selbsthilfegruppen. Bereits diese Begriffsvielfalt bezeichnet die Unterschiedlichkeit je konkreten Engagements, wobei es gerade im sozialen Bereich unmöglich erscheint, diese Aktivitäten exakt zu systematisieren. Dies betont auch der Freiwilligensurvey, den das BMFSFJ für das Jahr 1999 erstellen ließ, um die gegenwärtige Situation ehrenamtlich/freiwilligen Engagements repräsentativ zu erfassen.[4]

Demnach ist grob ein Drittel der Bundesbürger in einer ehrenamtlichen bzw. unentgeltlichen Freiwilligenarbeit aktiv. Die große Mehrzahl davon sogar in verschiedenen Bereichen, was heißt: mehrfach engagiert. Ein zweites Drittel würde sich für derartig helfendes Handeln gewinnen lassen, wenn oben beschriebene Passung stimmte. Ein letztes Drittel wiederum ist nicht zu einem wie auch immer geartetem Engagement jenseits des Berufs- und Familienlebens bereit.

Ergo geht es im Sinne der Einleitung darum, dieses zweite Drittel zu motivieren, das in einer gewissen Bindungsscheu noch Warteposition bezieht und künftig anzusprechen ist. Im Sinn moderner Lebenspraxis gelingt dies zweifellos leichter über ein Projekt, das zeitlich befristet und mit einem konkreten Ziel angegangen wird – um danach abgehakt, aufgegeben oder modifiziert neu begonnen zu werden. So arbeiten bereits zahllose Elterninitiativen, Umweltschutzgruppen, Selbsthilfeorganisationen und Nachbarschaftskreise.

Unabdingbare Voraussetzung für all diese Aktionen sind allerdings die persönlichen Ressourcen. Wer arbeitslos, finanziell schlecht abgesichert, gesund-

---

[3] Mehr dazu in: Keupp, Heiner, Gesellschaft der Ichlinge?, München 2000.

[4] Bundesministerium für Familie, Senioren, Frauen und Jugend, Freiwilliges Engagement in Deutschland (Hg.), Ergebnisse der Repräsentativbefragung zu Ehrenamt, Freiwilligenarbeit und bürgerschaftlichem Engagement I-III, Berlin 2000, I,73.

heitlich labil oder sonst existentiell bedroht ist, hat kaum Reserven für andere. Dessen Potential für unbezahlten Freiwilligendienst ist gering, ob für Initiativprojekte oder große Verbände.

1.3 Triebfeder eigene Gestaltungsmöglichkeit

Die subjektbetonte Ausrichtung freiwilligen Dienstes unter dem Sammelnamen „Volonteering", dem globalen Begriff für unentgeltlich geleistete Hilfe, entspricht durchaus dem soziologischen Befund zur Analyse gesellschaftlicher Realität, innerhalb dessen der Mensch für seine Biographie selbst verantwortlich ist; auch für seinen Anteil an gemeinwohlorientiertem Handeln. Darüber hinaus aber egalisiert obiger Anglizismus in bedenklicher Weise die erwähnten Differenzierungen, was noch zu problematisieren ist.

Zugrunde liegt jedem Engagement die Identifikation mit dem anvisierten Ziel, dazu Spaß an der Aufgabe und das Gefühl, Subjekt des eigenen Handelns zu sein[5]. Dieser Spielraum eigenen Gestaltens wird im Moment offensichtlich den traditionell zentral organisierten, zumeist konfessionell arbeitenden Verbänden weniger zugetraut als spontan entstehenden Hilfsgruppen. Daraus erklärt sich, dass „neue Freiwillige" statt in Verbände mit festen Strukturen aus Vorstandschaft, Wahlperioden und Ausschussarbeit eher den relativ wenig vorstrukturierten Eigeninitiativen folgen. Ist Hilfe not-wendig, muss sie geleistet werden, so der Tenor, ob in christlicher Nächstenliebe oder aus säkularem Verantwortungsgefühl heraus scheint irrelevant. Dennoch beinhaltet es einen beträchtlichen Unterschied.

Klar ist: Kein Ehrenamt oder Freiwilligendienst ist „bezahlbar". Im Gegenteil, der Blick aufs Geld verstellt den Blick für die Tatsache, dass echte Freiwilligkeit von der Gleichzeitigkeit des Gebens und Nehmens lebt. Bezeichnenderweise geht es derzeit bei der Gewinnung neuer Ehrenamtlicher fast durchweg um notwendige, aber scheinbar nicht bezahlbare Mehrarbeit für kirchliche, gesellschaftliche oder politische Belange. Und anstatt sich auf „eine Standortdebatte jenseits ökonomischer Engführung"[6] einzulassen wird sehr vereinfacht an Güte und Hilfsbereitschaft appelliert. Die Reduktion auf den volkswirtschaftlichen Nutzen zerstört den Charme jeder Ehrenamtlichkeit, denn Engagement aus bloßem Sparzwang heraus raubt Freiwilligkeit und Spontaneität, die Spezifika jeden Freiwilligendienstes.

Auf deren Geringschätzung basiert auch die derzeitige Wirtschaftskritik führender Feministinnen in ihrem Zweifel an der Gültigkeit der herrschenden

---

[5] Klages, Helmuth / Gersicke, Thomas, Wertewandel und Bürgerschaftliches Engagement an der Schwelle des 21. Jahrhunderts, Speyer 1999, 15.

[6] Keupp, Gesellschaft der Ichlinge, 21.

ökonomischen Systeme[7]. Neben Hauswirtschaft und Sorgediensten sind in deren Logik freiwillige Initiativen und Hilfen nicht anders als am Geldwert für den Erhalt des Sozialsystems zu messen und entsprechend – gesamtgesellschaftlich betrachtet – unterbewertet[8]. Dieses Denken sparte in mancher Untersuchung zur Freiwilligenarbeit explizit das breite Feld des sozialen Ehrenamts aus, da es zu wenig konkret und daher schwer zu erfassen sei.[9] Verstärkt wird diese stark geschlechtsspezifische Prägung nahezu aller Ehrenamtsuntersuchungen noch um die konfessionell-religiöse Komponente. Denn gerade für diesen Bereich ist zu betonen, dass vermehrt auch „religiös motiviertes Engagement nach außen hin bewusst werden soll, da dies in unserer pluralen Gesellschaft wenig wahrgenommen wird."[10]

2 „Hilfe - wozu?" – Theologische Dimension helfenden Engagements

2.1 Kriterium Gottebenbildlichkeit

Gemeinsam ist allen Hilfsinitiativen ein grundsätzlich positives Menschenbild. Der fragmentarische Charakter des Menschen, seine Sündhaftigkeit und Ichbezogenheit stehen entgegen sonst üblicher Gesellschaftsklage im Blick auf die verändernden Möglichkeiten durch Freiwilligenarbeit nicht zur Diskussion. Das Böse in der Welt, persönliche oder strukturelle Defizite, ja sogar der explizite Unwille zum gedeihlichen Miteinander unter Menschen werden fast durchweg ausgeblendet. Anders als im muslimischen Denken, das den Helfer zugleich zum Verantwortlichen für die Zukunft des geretteten Gegenübers macht, stellt sich dem Hilfswilligen unserer Tage und unseres Kulturkreises diese Frage kaum. Das „Wozu?" der Rettung eines Lebens ist tabu.

---

[7] Dazu besonders Gisela Notz / Andrea Günther in: Günther, Andrea / Pretorius,Ina / Wagener, Ulrike (Hg.), Weiberwirtschaft weiterdenken, Feministische Ökonomiekritik als Arbeit am Symbolischen, Luzern 1998; Notz, Gisela, Frauen im sozialen Ehrenamt. Ausgewählte Handlungsfelder: Rahmenbedingungen und Optionen, Freiburg 1989.

[8] So heißt es auch im Freiwilligensurvey: „Es ist wichtig, wenn der Beitrag der aktiven Beteiligung von Frauen gegenüber Männern am gesellschaftlichen Leben bewertet werden soll, hier beides zu berücksichtigen, die freiwillige Arbeit und die Arbeit der Reproduktion. Diese beiden Komponenten unbezahlter Frauenarbeit bedeuten insgesamt eine hohe gesellschaftliche Wertschöpfung." In: BMFSFJ, Ergebnisse der Repräsentativbefragung zu Ehrenamt, 100.

[9] Vgl. Humnius, Gerhard / Schimpf-Humnius, Sigrun, Die Messprobleme in der Ehrenamtsforschung sind die gleichen wie in anderen Bereichen – nur vielleicht etwas vielfältiger, in: Kister, E. u.a. (Hg.), Perspektiven gesellschaftlichen Zusammenhalts, Berlin 1999, 455-464.

[10] Landesverband des Katholischen Deutscher Frauenbunds Bayern (Hg.), Forschungsbericht Ehrenamts- und Fortbildungsnachweise. Zukunftsfähige Instrumente um ehrenamtliches Engagement zu fördern?, München 2003, 113f.

2.2 Solidarität in kirchlicher Tradition

Theologisch steht dahinter die von Gott verliehene Würde des Menschen, der als Abbild Gottes in seiner Geschöpflichkeit unveräußerlichen Selbstwert hat. Dazu kommt die durch Jesus universalisierte Nächstenliebe[11], gemäß der der von ihm ins neue Dasein gerufene Mensch diese Welt nach dem Bild des Gottes Reich ausrichten will. So finden sich bereits bei Paulus und in der Apostelgeschichte christlich motivierte Hilfsaktionen. Die Solidarität von wohlhabenden für bedürftige Gemeinden, von etablierten Christen für arme Glaubensgenossen[12] war Glaubenszeugnis.

Für den weiteren Verlauf christlicher Hilfsbereitschaft ist festzustellen: „Bereits die frühkirchliche Armenfürsorge blieb nicht nur der privaten Frömmigkeit überlassen, sondern wurde auch in institutionalisierter Form durch die Gemeinde praktiziert – freilich auf den eigenen Raum begrenzt, verstand sie sich doch nicht als humanitäres Unternehmen , sondern als Ausdruck innerkirchlicher Solidarität."[13] Entsprechend entwickelte sich der Bischof zum Anwalt der Armen, später wurden Klöster Anlaufstelle Bedürftiger, mittelalterliche Städten schließlich regelten in Eigenverantwortung das Armenwesen und die Fürsorge, wobei derart institutionalisierte Hilfe jeweils auf Nachhaltigkeit bedacht war und sich durchaus gegen Missbrauch schützen musste.

Diese sozial betreute Armut bedeutete allerdings auch Jahrhunderte lang den Erhalt des Status quo. Standesunterschiede wurden gefestigt ohne Wesentliches an der gesellschaftlichen Struktur zu verändern.[14] Das revolutionäre Potential der Botschaft Jesu wach zu halten blieb zumeist Sache der Heiligen und engagierter Gläubiger, die darob nicht immer geliebt wurden.

2.3 Unbequeme Fragen heute

Heute nun, im säkularisierten Sozialstaat, fragen Diözesanräte,[15] und nicht nur sie, nach der den Christen eigenen Spiritualität von Ehrenamt und freiwilli-

---

[11] Roth, Rainer, Das Ehrenamt, München 1997, 26f.

[12] Steichele, Hanneliese, Auf das Wort der Frau hin kamen sie zum Glauben, Die Rolle der Frau in der urchristlichen Seelsorge, in: Pemsel-Maier, Sabine (Hg.), Zwischen Alltag und Ausnahme, Seelsorgerinnen, Ostfildern 2001, 21-39, besonders 29-33; dies., Geben ist seliger denn nehmen (Apg 20,35). Beispielhaftes Engagement im Alten und Neuen Testament, in: Hunstig, Hans-Georg / Bogner, Magdalena / Ebertz, Michael N. (Hg.), Kirche lebt. Mit uns. Ehrenamtliches Laienengagement aus Gottes Kraft, Düsseldorf 2004, 92-104.

[13] Eder, Manfred, Helfen macht nicht ärmer, Altötting 1997, 9.

[14] Roth, Das Ehrenamt, 21.

[15] So etwa der Diözesanrat Amberg 1997 in einer eigens eingerichteten Arbeitsgruppe zum Thema „Ehrenamt – Chance für Christen und Gesellschaft".

gem Engagement. Worin besteht der „Mehrwert" christlichen (Laien-) Handelns, wenn ihm inzwischen ziemlich unverblümt Tätigkeiten zugewiesen werden, für die sich Kirchen und Gesellschaft in finanzkräftigeren Jahren arbeitsrechtlich geordnete Strukturen aufgebaut haben? Ebensolche Vorbehalte äußern Frauen, deren familienbedingt fehlende Erwerbstätigkeit plötzlich als soziale Ressource „zur Abfederung gesellschaftspolitischer Problemlagen instrumentalisiert zu werden"[16] droht. Hier tun sich neue, sehr unangenehme Felder in der Debatte um die Freiwilligenarbeit auf: Erwerbstätigkeit kontra Ehrenamt, Professionalität kontra Spontaneität, Finanznot gegen Altruismus? Wird Hilfebereitschaft zum billigen Ersatz in allen (Not-)Fällen?

Gleichzeitig beinhaltet dies auch die Frage nach Spätwirkung und Nachhaltigkeit solchen Einsatzes. Laienengagement heißt im Selbstbewusstsein der Getauften und in der Nachfolge Jesu heute noch immer Eigeninitiative, auch Selbsthilfe entwickeln. Gleichzeitig bleibt nach Grenzpfählen zu suchen, die derartigen Dienst von säkularen Aktion oder bloßen Sparkonzepten abgrenzt. Denn nach wie vor ist unentgeltliches Helfen eng verknüpft mit dem Gottesglauben der Aktiven, wie Statistiken[17] belegen.

3 Geschlechtergerechtigkeit und Engagement

3.1 Strukturelle Ungleichheit – vererbt?

Mit dem Beginn säkularen Denkens musste sich die gottgegebene Würde des Geschöpfes ablösen lassen von der selbstbewussten Emanzipation des modernen Staatsbürgers. Kraft eigener Vernunft entdeckt „Mann" die Leitbegriffe Freiheit, Gleichheit und Brüderlichkeit, deren Begrenztheit Frauen sehr schnell spürten. Die bestimmenden Männer hielten ihr neues Selbstbestimmungsrecht für naturgegeben, dessen Umsetzung auf die weibliche Hälfte der Menschheit lange unterblieb.

Dem gesellschaftlichen Umbruch des 19. Jahrhunderts traten zahllose Orden und Vereine als katholisches Bollwerk tradierter Werte entgegen. Ihre Aufgabe, und hier wurden bevorzugt Frauen angesprochen, war vor allem christliche Mildtätigkeit und Vermehrung der Frömmigkeit, sah man doch die wachsende Verelendung der Massen als Frucht dieser neuen Gesellschaftsordnung[18]. Bis ins 20. Jahrhundert hinein glaubten viele katholische Kreise,

---

[16] Landesverband des KDFB Bayern, Forschungsbericht Ehrenamts- und Fortbildungsnachweise, 12.

[17] Zum Beispiel Klages-Gersicke, Wertewandel, 130.

[18] Dazu mehr bei: Ebertz, Ehrenamtliches (Laien-)Engagement, in: Hunstig / Bogner / Ebertz, Kirche lebt, 142-175.

allein christliche Fürsorge und die Rückkehr zu den wahren Glaubenstugenden erwirkte die Lösung der Zeitprobleme. Der Ruf nach den „heilenden Kräften" der Frau[19], also die Instrumentalisierung ihres unbezahlten und freiwilligen Dienstes, ist auch hier unverkennbar.

3.2 Statt Patronagen gesellschaftliche Veränderungen

Erst 1903 entstand ein „Katholischer Frauenbund" mit dem Ziel, die zahllosen katholischen Naueninitiativen zu bündeln und berechtigte Anliegen der Frauenemanzipation mit dem eigenen Glauben zu verbinden. Oberste Priorität hatte die Bildung von Frauen und Mädchen zur nachhaltigen Prävention gegen Elend und Ausbeutung großer Bevölkerungsschichten. Förderten gönnerhafte Patronagen[20] bisher artige Dienstmädchen, so bekämpften nunmehr angesehene Damen aus dem neuen Verband Zuhälter und ausbeuterische Dienstgeber. Dieses Engagement bedeutete auch den Einsatz weit unter dem eigenen gesellschaftlichen Niveau.

Gleichzeitig hieß es, den revolutionären Anteil dieses Handelns wohldosiert und in kleinen Schritten voranzutreiben[21], um tatsächlich eine Veränderung im tradierten Frauenbild zu erreichen. Die Damen der höheren Kreise nutzten dabei eigene Stellung und familiäres Ansehen, weder höhere Töchter noch Dienstmädchen jener Gesellschaft hätten für sich Vergleichbares erreichen können. Die jeweils engagierte Frau war einzeln überfordert, was die bis heute kaum veränderte Kirchenstruktur und bürgerliche Ordnung belegt. Am Beispiel dieses Frauenverbandes wird so die spezifische Stärke einer verbindlichen Organisationsform deutlich, die Macht eines langen Atems in der öffentlichen Positionierung.

4 Unsichtbare Arbeit sichtbar machen – das Beispiel des KDFB

4.1 Biblischer Spot:

„Als der Samariter an nämlicher Stelle zum 297. Mal einen Verletzten auf seinen Esel band und dieser in alter Gewohnheit bereits von allein den Weg

---

[19] Brühler, Marianne, Frauen-Kirche-Ehrenamt. Entwicklungen und Perspektiven, Düsseldorf 1995, 185.

[20] Eder, Helfen macht nicht ärmer, 270-273.

[21] Schießleder, Elfriede, Das Ehrenamt von Frauen im Wandel. Verbandliches Engagement am Beispiel des Katholischen Deutschen Frauenbundes, Dissertation Passau 2004, 7-30.

zur Herberge einschlug, wurde dem Mann klar, dass er etwas verändern musste."[22]

Hier findet sich keine theologische Reflexion, kein revolutionär neues Gesell-
schaftsbild, nur die simple Anerkenntnis der Tatsache, dass persönlich-perso-
nale Hilfe überfordert ist, wo strukturelle Sünde beherrschend wird. Folglich
gilt es, Abschied nehmen von der lieb gewordenen Einzel-Helfer-Situation,
die ihn, den Samariter, bisher vor allen andern ausgezeichnet hat. Nun könnte
er ... vieles, vor allem aber – sich vernetzen. Der Autorin ist diese Verfremd-
dung des biblischen Textes und die Offenheit seines möglichen Ausgangs
Anlass, im Blick auf die beschriebene Verengung religiös geprägter Frauenarbeit die überkommenen Strukturen verbandlichen Engagements für das Zeitalter demokratischer Mehrheiten mit seiner unerlässlichen Lobbyarbeit neu zu
bedenken. Finden sich hier doch Chancen, helfendes Handeln über jene Erst-
und Einzelhilfe hinausgehen zu lassen.

4.2 Arbeit im Verband: konzeptionell und kontinuierlich

Der inzwischen 200 000 Frauen starke KDFB hat auch heute gesellschaftlich-
soziale Defizite sichtbar zu machen, politische klug Weichenstellungen vorzunehmen und kontinuierlich deren Realisierung bzw. Modifizierungen zu
betreiben. Wer Gutes tut und dabei die Linke nicht wissen lässt, was die
Rechte tut, bleibt politisch wirkungsarm. Aus diesen Erfahrungen seiner über
90jährigen Geschichte heraus beschoss der Landesverband des KDFB, das
kontinuierlich und in der Öffentlichkeit mitunter wenig beachtete Engagement
seiner Mitglieder tatsächlich als „Arbeit" sichtbar zu machen. Dazu sollten die
Frauen Nachweis über ihre konkrete Ehrenamtsarbeit und zugehörige Fortbildungen führen, wobei alle Angaben durch Amtspersonen jährlich zu bestätigen waren. Neben der Gewinnung konkreter Zahlen ging es auch darum, frau-
enspezifischen Forderungen mehr Nachdruck zu verleihen, etwa der Anerkennung langjähriger Ehrenamtsarbeit als berufliches Praktikum, für Renten-
anwartschaften oder steuerliche Vergünstigungen.

4.3 Verlässlichkeit und Qualität sucht Anerkennung

Der 2003 abgeschlossene Forschungsbericht[23] liefert erstmals einen Blick auf
Umfang, Themenspektrum und Bildungsengagement aktiver Frauen des Bayerischen Landesverbandes. 2000 von ihnen beteiligten sich auch an der parallel dazu gestarteten Befragung zu ihrem persönlichen Umfeld, ihre Bindung

---

[22] Quelle unbekannt.

[23] Landesverband des KDFB Bayern, Forschungsbericht Ehrenamts- und Fortbildungsnachweise.

an den Verband und zeigen exemplarisch Vielfalt und Kontinuität persönlichen Engagements. Die wechselseitige Verlässlichkeit haupt- und ehrenamtlicher Begleiterinnen erweist sich als Skelett, das Engagement „hochhält", fördert und unterstützt. Nahezu die Hälfte der Befragten erfüllt bereits 6-15 Jahre ihre Aufgabe, zu der die Frauen überwiegend aus dem Verband selbst angeworben worden waren. Bildungsarbeit ist gefragtes Instrument, um kompetent und zeitgemäß die sozialen bzw. verbandlichen Aufgaben zu bewältigen. Wie erwartet überwiegt darin die praktische Arbeit mit Frauen, Senioren und Kindern. Verbal wird den Frauen dafür hohe Achtung gezollt, doch bleiben zahlreiche Forderungen an Kirche, Wirtschaft und Staat offen, mit denen der Landesverband des KDFB weiter zu arbeiten hat.

5 Verschiedene Seiten einer Medaille

Die Unterschiede verbandlichen Engagements zum modernen Volonteering sind klar: Dosen sammeln, den Kindergarten streichen oder einen Modellbrief verschicken besitzt eine andere Qualität als das – in Teilen durchaus vergleichbare – Aktionsspektrum eines personenstarken, satzungskonform organisierten Verbandes. Die Vernetzung seiner Untergruppen braucht klare Strukturen und Verantwortlichkeiten, Kontinuität im Führungsmodus und immer neu Mehrheitsentscheide. Das kostet Zeit und Energie, stärkt aber auch die Aktivität der Einzelnen. Rücksprachemöglichkeit in der je größeren Gemeinschaft beugt persönlicher Überforderung vor, wobei Erstbegeisterung und Initiativkraft in kritischen Vorstandsdebatten reifen und wachsen können. Insofern ist politisch-soziales Handeln nicht gegen die Pflege der Gemeinschaft im Verband auszuspielen, sie sind Kehrseiten einer Medaille.

Die Verbindlichkeit der Verbandsarbeit gibt dem Helfer ebenso Handlungs- und Planungssicherheit wie dem Bedürftigen und der Gesellschaft, wobei niemand behaupten wird, die Existenz der Caritas befreie den einzelnen Christen von helfendem Tun. Allerdings erleichtert die Kompetenz verbandlichen Wirkens das subsidiäre Miteinander im modernen Sozialstaat, in seiner säkularen Ausrichtung bezeichnet es christliches Wertbewusstsein. Insofern sollten weder Arbeit noch Organisationsform traditioneller Verbände gegen die Initiativkraft freier Projektarbeit aufgerechnet werden: auch der Einsatz gegen ungerechte Strukturen ist vom Glauben getragene Nächstenliebe.

Am andern Morgen holte er zwei Denare hervor, gab sie dem Wirt und sagte: Sorge für ihn, und wenn du mehr für ihn brauchst, werde ich es dir bezahlen, wenn ich wiederkomme.

Lk 10,35

WOMIT HELFEN?
WIRTSCHAFTLICHE GESICHTSPUNKTE

Paul Grünzinger
Ökonomische Aspekte des Helfens

Uta Baur
Chancen und Probleme von konfessionellen Non-Profit-Organisationen

Volker Kuppler
Caritas zwischen Barmherzigkeit und Wirtschaftlichkeit – ein unüberbrückbares Spannungsfeld?

Markus Griesbeck
.com – Christlich orientiertes Management

Paul Grünzinger

Ökonomische Aspekte des Helfens

„Am nächsten Tag holte er zwei Denare hervor, gab sie dem Wirt und sagte: Sorge für ihn und wenn du mehr aufwenden musst, werde ich es dir bezahlen."

1 Zwei Denare: Die Hilfeleistung des barmherzigen Samariters damals: „Erste Hilfe" und „Finanzspritze"

Aus der Analyse der Kaufkraft der zwei Denare zur damaligen Zeit ergibt sich, dass mit dieser Summe die Hotelkosten für mindestens zwölf Tage, bzw. je nach Quellenanalyse des Wertes eines Denars sogar bis zu acht Wochen finanziert werden konnten. Dieser Zeitraum müsste ausgereicht haben, um den Verletzten einigermaßen bewegungsfähig zu machen.[1]

Der barmherzige Samariter ist der Prototyp moderner Wohlfahrtsorganisationen: Er hilft seinem Nächsten eigenhändig, ehrenamtlich und zugleich mit Geld. Das Gleichnis zeigt, dass Nächstenliebe und ökonomisches Handeln einander nicht ausschließen, sondern in der „richtigen Kombination" wirksame Instrumente dauerhafter Hilfeleistung sind. Mit einer Übertragung der Handlung auf die Gegenwart wird das Ausmaß der ökonomischen Aspekte des Helfens besser deutlich:

2 Das Gleichnis des barmherzigen Samariters im modernen Sozialstaat heute

„Einer wird von Räubern überfallen, beraubt und verletzt liegen gelassen."

Ein Passant (sofern er nicht ebensogleichgültig ist wie die Priester im Gleichnis) eilt herbei, leistet erste Hilfe und verständigt den Notarzt. Ein oder mehrere Krankenwagen (im Gleichnis der Esel) kommen, um den Verletzten zu versorgen. Im Krankenhaus erfolgt die weitere medizinische Versorgung. Die Polizei sichert indes die Spuren, befragt Zeugen und gibt den Vorfall an den Staatsanwalt weiter. Das juristische Nachspiel beginnt. Der Verletzte wird

---

[1] Vgl. Schröder, Heinz, Jesus und das Geld. Wirtschaftskommentar zum Neuen Testament, Karlsruhe [3]1981.

301

nach der medizinischen Erstversorgung je nach Schwere der Verletzung in einer Rehabilitationseinrichtung wiederhergestellt. Unter Umständen hat er eine bleibende Schädigung, z. B. ein Schädel-Hirn-Trauma erlitten und nimmt in einer Werkstatt für Menschen mit Behinderung an Maßnahmen der beruflichen Rehabilitation teil. Die Rentenversicherungsträger müssen unter Umständen eine Erwerbsunfähigkeitsrente gewähren, wenn die Rehabilitation scheitert. Die Liste aller möglichen an einem Hilfeprozess Beteiligten ließe sich je nach Schwere der Verletzung beliebig verlängern oder verkürzen, aber eines wird hier deutlich:

An der eben beschriebenen modernen Version des Gleichnisses zeigt sich, wie viele Menschen und Institutionen in unserem Sozialstaat an einem Hilfeprozess beteiligt sind. Und es wird auch sichtbar, dass hier immense Folgekosten anfallen, die weit über die Finanzspritze des Samariters zur vorübergehenden Versorgung des Opfers hinausgehen. War Helfen vor 2000 Jahren unmittelbarer, billiger und unbürokratischer? Die Antworten könnten lauten:

a) An der Notwendigkeit der Nächstenliebe und der unmittelbaren Hilfsbereitschaft hat sich nichts geändert. Die barmherzige Haltung des Samariters ist auch heute die Grundlage des Helfens. Anderen helfen gehört wesentlich zum Menschsein. Der helfende Akt ist kein ökonomischer Tauschakt, in welchem Gleichwertiges nach dem jeweiligen Eigennutz ausgetauscht wird, sondern eine asymmetrische Beziehung, in der der Hilfebedürftige vom anderen abhängig ist.[2] Mit dieser Feststellung ist ein wesentliches Problem des Helfens in einem leistungsorientierten Hilfesystem verknüpft, in dem die innere Haltung der Helfer und ihre Passion nicht monetär erfassbar und abrechenbar sind, diese aber Hilfe fundamental ausmacht. Diese Tatsache der Öffentlichkeit und den Kostenträgern zu kommunizieren, ist eine der großen Herausforderung christlicher Wohlfahrtsorganisationen.[3] Nächstenliebe und Hilfsbereitschaft entziehen sich den ökonomischen Kalkülen. Deshalb wird die uneigen-

---

[2] Vgl. Speck, Otto, Die Ökonomisierung sozialer Qualität, München–Basel, 124 f.

[3] Exkurs: Die moderne, ökonomistische Variante des „Am-Opfer-Vorbeigehens": Trägerverbände und Kirchen sind häufig dazu übergegangen, ihre Hilfeangebote strategisch zu planen, sich auf Kernaufgaben zu konzentrieren, defizitäre Einrichtungen und Dienste aufzugeben, Kirchen zu verkaufen etc. Wenngleich solche Schritte die wirtschaftliche Überlebensfähigkeit von Trägerverbänden sichern und notwendig sind, so dürfen solche Aktionen nicht zu einer dauerhaften Grundhaltung des modernen Wegschauens werden. Denn wenn – in Analogie zum Gleichnis des barmherzigen Samariters – die Hilfeinstitutionen an den Opfern vorbeigehen, wie es dort der Priester und der Levit (aus anderer Motivation) getan haben, nur weil diese Art Hilfe nicht rentabel oder kostendeckend abgesichert ist, dann hätte eine gemeinnützige Dienstgemeinschaft ihren Zweck verfehlt. Denn gerade christliche Hilfeorganisationen haben auch eine Anwaltsfunktion gegenüber den schwächsten Mitmenschen. Dies gilt umso mehr in einer Umwelt, die zunehmend von Marktmechanismen geprägt ist.

nützige Hilfe im modernen Sozialstaat durch das Gemeinnützigkeitsrecht vor Missbrauch durch ökonomische Zweckentfremdung geschützt.[4] Geändert haben sich aber im Unterschied zu damals die Rahmenbedingungen für Hilfeleistungen:

b) Hilfeleistung heute ist komplexer, umfassender, systematischer, durch Recht und Gesetz (z. B. Sozialgesetzgebung) abgesichert und deshalb auch kostenträchtiger. Unterlassene Hilfeleistung wird sogar bestraft! (§ 323 c Strafgesetzbuch).

3 Professionelle, dauerhafte und nachhaltige Hilfe hat ihren Preis

Warum kostet Hilfe überhaupt Geld? Folgende Gründe können hier beispielhaft angeführt werden:

a) Dauerhafte stationäre Hilfe: Viele Hilfebedürftige sind zeitlebens auf dauerhafte Hilfe angewiesen, z. B. Menschen mit Behinderung: Sie und ihre Angehörigen bedürfen der Betreuung und Unterstützung von der Frühförderung bis zum behindertengerechten Wohnen im Alter.

b) Professionalität: Ausgebildete Fachkräfte, die professionelle Hilfe leisten und in ihr Humankapital investiert haben, haben ihren Preis.

c) Nachhaltigkeit: Es ist sicherzustellen, dass Hilfe nicht von der Willkür einzelner potentieller Helfer abhängig ist, sondern als System bereitgestellt wird.

d) Finanzierung der Infrastruktur des Hilfesystems: Helfende Organisationen gehen in Vorleistung.

Der barmherzige Samariter ist vorbildhaft selbst in Vorleistung gegangen und hat mit seiner Hilfeleistung nicht gewartet, bis eine Kostenzusage erteilt wurde. Diese Haltung erwartet unsere Gesellschaft von christlichen Organisationen. Allerdings stellen sich im modernen Hilfesystem auch Probleme mit der Vorleistung. Die dauerhafte Bereitstellung und Vorhaltung der verschiedensten Hilfeangebote durch die öffentliche und freie Wohlfahrtspflege schafft ökonomische Sachzwänge: Die bereitgestellten Kapazitäten (Betten, Wohnheimplätze, Werkstattplätze für Menschen mit Behinderung, Kindergartenplätze, Altenheimplätze, Sonderschulplätze und vieles mehr) müssen ausgelastet werden, Gebäude errichtet und finanziert werden, professionelles Personal muss eingestellt, entlohnt, weitergebildet und dauerhaft beschäftigt

---

[4] Problematisch sind in diesem Zusammenhang die auf europäischer Ebene in Frage gestellte Gemeinnützigkeit als wettbewerbsverzerrendes Privileg des bundesdeutschen Hilfesystems. Vgl. dazu die Beiträge von Tiburcy, Ulrich / Meyer, D. / Kessmann Heinz J. / Czogalla, Dieter, in: neue caritas 9 (2005) 106.

werden. Sachkosten und Abschreibungen müssen erwirtschaftet werden. Kosten für die Lobbyarbeit der Interessensverbände und Öffentlichkeitsarbeit fallen an. Vorleistungen müssen also finanziert werden, d. h., dass Hilfeleistungen diesbezüglich eine wirtschaftliche Eigendynamik haben.

4 „Sorge für ihn...“[5]

Die „Finanzspritze" des Samariters in Höhe von zwei Denaren waren keine Spende, sondern ein Entgelt für eine Hilfeleistung und damit auch Vorläufer des modernen Entgeltsystems, in dem von einem Kostenträger (in der Regel die öffentliche Hand) für eine Hilfeleistung ein Entgelt gewährt wird. Ebenso grundlegend für das moderne Hilfesystem ist im Gleichnis die Beziehung zwischen den beteiligten Akteuren: Das Opfer (heutzutage häufig als „Kunde" bezeichnet), der Samariter (Ersthelfer und Auftraggeber zugleich) und der Wirt (Leistungserbringer). Der Samariter erteilt dem Wirt den Auftrag, sich um das Opfer zu kümmern. Es entsteht ein Dreiecksverhältnis, das man auch als Dienstleistungsdreieck bezeichnen könnte.

Die erfolgreiche Zukunft sozialer Hilfeleistungen liegt im Dienstleistungsverständnis der Leistungserbringer. Das gilt sowohl für die Leistungen an den Klienten[6] als auch für das Innenverhältnis der Sozialunternehmen zu seinen MitarbeiterInnen.[7] Letztlich wird auch die Akzeptanz (und Finanzierung) des staatlichen Auftraggebers gegenüber den nach dem Subsidiaritätsprinzip beauftragten Wohlfahrtsunternehmen davon abhängen, ob die Anbieter von Hilfeleistungen ihr Arbeit auch erfolgreich messbar belegen und nach außen kommunizieren können. Die Dienstleistungsbeziehung im Dreiecksverhältnis zwischen Hilfesuchendem, helfender Organisation und finanzierendem Auftraggeber hat auch Auswirkungen auf den Geist und das Selbstverständnis all derer, die sich dem Helfen in einer „Dienstgemeinschaft" verschrieben haben.[8] Aufgrund der aktuellen Entwicklungen ist die Dienstgemeinschaft auf dem Weg in die Dienst-Leistungs-Gemeinschaft.

---

[5] In der modernen Sozialgesetzgebung könnte nun der Zuständigkeitsstreit für die Hilfeleistung entstehen, denn die Aufforderung des Samariters „Sorge für ihn!" lässt sich nicht eindeutig einem Hilfeträger zuteilen. Hätte er gesagt: „Pflege ihn!", so wäre dies eindeutig ein Fall für die Pflegeversicherung. Es könnte aber auch die Hilfe zum Lebensunterhalt durch den kommunalen Sozialhilfeträger gemeint sein!

[6] Brüsseler Kreis, Ausgangslage und Zukunftsvision für die Behindertenhilfe in Deutschland, 2004, 3.

[7] Zum Grundpostulat Dienstleistungsorientierung vgl. Deutscher Caritasverband, Zentralratsausschuss Soziale Berufe und Personalentwicklung. Empfehlungen zur Personalpolitik im DCV, in: neue Caritas 10 (2005) 30.

[8] Vgl. Sekretariat der Deutschen Bischofskonferenz (Hg.), Grundordnung des kirchlichen Dienstes, im Rahmen kirchlicher Arbeitsverhältnisse, Bonn 1993, 7.

5 „Wenn Du mehr aufwenden musst, werde ich es Dir bezahlen"

Solche Kostenträger würden wir uns wünschen! Anders als im Gleichnis des barmherzigen Samariters, der dem Wirt anbietet, alle Mehrkosten zu erstatten, befinden sich so gut wie alle sozial-caritativen Einrichtungen in einer Situation, die der Präsident der Evangelischen Kirche als „Mangelsituation im Reichtum" bezeichnet.[9]

Seit dem Ende des Selbstkostendeckungsprinzips (nach dem Vorbild des Mehrkostenerstattenden barmherzigen Samariters) in den Gesundheits- und Sozialorganisationen. Anfang/Mitte der 90er Jahre sind die Leistungsentgelte für die Deckung der (häufig gesetzlich vorgegebenen Hilfebedarfe) vielerorts nicht mehr kostendeckend.[10]

Die Gründe für die Entstehung von „Mehrkosten" sind mannigfaltig:

a) Steigerung der Sach- und Personalkosten:

Hier muss man – in der gebotenen Kürze – die gesamte Palette aller möglichen Kostenarten anführen, die sich im Laufe der Zeit permanent steigern: Angefangen von den derzeit hohen Energiekosten bis hin zu den tariflich bedingten steigenden Personalkosten.

b) Transaktionskosten der Individualisierung des Hilfebedarfs und Ermittlung des Grenznutzens sozialer Hilfeleistung

Die in den letzten Jahren stärkere Forderung nach individueller Hilfe (d. h. passgenaue, maßgeschneiderte Hilfe für jeden einzelnen Hilfebedürftigen, zum Beispiel in der neuen Finanzierung der Kindergärten nach individuellen Maßgaben, Eingliederungs- und Förderpläne in der Behindertenhilfe, Einteilung der Klienten in Hilfebedarfsgruppen und anderes mehr) heißt: Mehr Leistungen für die Klienten, die auch mehr kosten. Der Mehraufwand für die Analyse des Hilfebedarfs, die Planung und die Abstimmung zwischen einzelnen Hilfeleistungen. Letztlich geht es aber den Kostenträgern mit dieser Zielrichtung nicht um die Erstattung von Mehrkosten, sondern um die Schaffung kostengünstiger Entgelte bzw. der Sicherstellung der Kostenneutralität.

---

[9] Gohde, Jürgen, Zeit für neue Ideen, in: Bundesgemeinschaft Werkstätten für Behinderte (Hg.), Werkstatt-Dialog 1 (2005) 6.

[10] Vgl. Halfar, Bernd, Finanzierung sozialer Dienste, in: Arnold, Ulli / Maelicke, Bernd (Hg.), Lehrbuch der Sozialwirtschaft, Baden-Baden 1998, 442 ff.

Die Forderung nach mehr Individualisierung von Hilfen steht im Widerspruch zur Forderung der Bayrischen Bezirke, dass die Einrichtungen bereits beim Kostensatzantrag Vorschläge zur Absenkung der Leistungsstandards machen müssen! Entscheidend jedoch für eine erfolgreiche Umsetzung und Finanzierung individueller Hilfeangebote ist die Kenntnis der individuellen Nutzenfunktion des Hilfesuchenden. Da es aber an empirisch gestützten theoretischen Modellen über den Grenznutzenverlauf sozialer Dienstleistungen (Produktionsfunktion) fehlt, kann auch keine am Ergebnis orientierte Finanzierung und Erfolgskontrolle erfolgen.[11]

c) Legitimation der Hilfekosten durch Qualitätssicherung und Qualitätsmanagement (QM)

Die Träger der freien Wohlfahrtpflege sind unter dem Diktat der leeren öffentlichen Kassen unter Zugzwang geraten und haben in vielen Einrichtungen Qualitätsmanagementsysteme eingeführt, um neben einer Steigerung der „Kundenzufriedenheit" auch die Kosten ihrer Leistungen zu rechtfertigen und nach außen zu legitimieren. In diesen QM-Prozessen sind hohe Kosten für die Implementierung und Zertifizierung entstanden, die zum Großteil von den Einrichtungen selbst finanziert werden mussten. Der Zeitaufwand für die schriftliche Dokumentation des Hilfeprozesses durch das Betreuungspersonal lässt den Schluss zu, dass Hilfeleistung heute bürokratischer ist als zur Zeit des barmherzigen Samariters.

d) Kostentreiber Vorschriften

Die Fülle von Vorschriften, die für die meisten sozialen Einrichtungen gelten, werden hier am Beispiel von Altenheimen dokumentiert: Was wird in einem Altenheim geprüft?

1. Örtliche Prüfungen (§114 SGB XI)
2. Personalabgleich (§80 SGB XI)
3. Wirtschaftlichkeitsprüfung (§ 79 SGB XI)
4. Pflegesatzverfahren (§85 SGB XI)
5. Leistungs-/ Qualitätsnachweis (§113 SGB XI)
6. Anzeigepflichten (§13 HeimG)
7. Aufbewahrungspflichten (§ 13 HeimG)
8. Überwachung (§15 HeimG)
9. Lebensmittelkontrolle (LMHV)
10. Kühlanlagen (LMHV)
11. Elektrische Anlagen (BGV A2)

---

[11] Vgl. Halfar, Bernd, Veränderungen im Sozialmarkt, in: Bayerische Sozialnachrichten 2 (2005) 3ff.

12. Ortsveränderliche Elektrogeräte (BGV A2)
13. Brandmeldeanlage (BauO BY)
14. Aufzug (BauO BY)
15. Lüftungsanlagen (BauO BY)
16. Feuerlöscher (BauO BY)
17. Feststellanlagen (BauO BY)
18. Kraftbetätigte Türen (BauO BY)
19. Medizinische Geräte, Pflegebetten (MPG)
20. Lichtrufanlagen
21. Dampfkessel (GSG)
22. Ölbehälter (GSG)
23. Wasseranlagen (IfSG)
24. Prüfung auf Legionellen (TrinkWV)
25. Brandschauen (FSHG)
26. Hausinstallation und Trinkwasser (ÖGDG)
27. Baumkontrollen/Baumschadensdiagnosen

Neben diesen Unfallverhütungsvorschriften sind die Betreiber eines Altenheims zudem mit 80 (!) weiteren verschiedenen Gesetzen konfrontiert, deren Aufzählung hier aus Platzgründen unterbleiben muss.[12] Die Beachtung dieser zahlreichen Vorschriften verursachen hohe Transaktionskosten (Beratungs-, Informations-, Kommunikations- und Kontrollkosten) sowie Kosten für Wartung und Überwachung.

Bei der Vielzahl, Komplexität und Kurzlebigkeit der gesetzlichen Vorschriften muss festgestellt werden, dass viele soziale Dienstleistungen unter Einhaltung aller Vorschriften nicht mehr erbracht bzw. nicht mehr finanziert werden können,[13] zumal die Kostenträger hierfür in der Regel keinen Kostenersatz leisten. „Der Aufwärtstrend administrativer Auflagen und Kontrollen muss unbedingt gestoppt und möglichst umgekehrt werden."[14]

Aus diesen ökonomischen „Zwängen" entsteht die Notwendigkeit, unternehmerisch zu handeln und Hilfeleistungen zielgerichtet und bedarfsorientiert zu planen, zu koordinieren und zu finanzieren. Es entsteht damit auch mehr denn je die Notwendigkeit, betriebswirtschaftliche Instrumente zur optimalen Ressourcenallokation in einer Umwelt einzusetzen, in der die Mittel knapp sind.

---

[12] Vgl. Fexer, Helmar, E-Government. Die Bürokratie wird perfektioniert, in: neue Caritas 8 (2005) 20 ff.

[13] Vgl. Fexer, Bürokratie, 23.

[14] Brüsseler Kreis, Zukunftsvision, 6; vgl. auch Landes-Caritasverband Bayern, in: Bayern intern (2005) 2.

6 „Die Kinder dieser Welt sind im Umgang mit ihresgleichen klüger als die Kinder des Lichts" (Lk 16,8): Die breite Anwendung betriebswirtschaftlicher Instrumente sichert das Hilfesystem

In vielen Wohlfahrtsbetrieben hat die Nutzung betriebswirtschaftlicher Instrumente Einzug gehalten, von denen hier nur einige beispielhaft aufgezählt werden:

a) Rechtsformen-Management: Ausgliederung („Outsourcing") klassischer Dienstleistungen (z. B. Essensversorgung, Reinigung, Finanzbuchhaltung, Lohnabrechnung, Hausmeisterdienste) in gemeinnützige GmbH's.[15]

b) Organisationsentwicklung und Strukturreformen: Satzungsänderungen, Verbesserungen in Aufbau- und Ablauforganisation, Qualitätsmanagement, EDV-unterstützte Betreuungsdokumentationen.

c) Finanzierung: Fehlende Kirchensteuermittel und leere öffentliche Kassen haben in den letzten Jahren zu einer breiteren Anwendung von Finanzierungsmöglichkeiten geführt.

Neugründung von Stiftungen, Nutzung von Fundraising und Spendenmarketing, Finanzierung von Gebäuden, Anlagen, Fahrzeugen, Maschinen etc. durch Leasing und vieles andere mehr.

d) Rechnungswesen: Die Nutzung der Kosten- und Leistungsrechnung als Kalkulationsgrundlage für Pflegesatzgestaltung und Preispolitik ist heute in vielen sozialen Einrichtungen gängige Praxis, bedarf jedoch noch einer weiteren Verbreitung und Intensivierung.

e) Gründung und Weiterentwicklung von Einkaufsnetzwerken
(z. B. Energie).

f) Veränderungen in der Lohn- und Tarifpolitik und beginnende Anpassung an Wettbewerbsbedingungen auf dem Sozialmarkt: Einführung von Modellprojekten für leistungsbezogene Löhne und Gehälter, Gründung von regionalen Unterkommissionen innerhalb der arbeitsrechtlichen Kommission des Deutschen Caritasverbandes mit weit reichenden Entscheidungsspielräumen in der Lohnpolitik.

g) Marketing und Öffentlichkeitsarbeit: Viele Träger präsentieren ihre Einrichtungen und Dienste mittlerweile im Internet.

---

[15] Vgl. dazu die Diskussion bei Ludemann, Georg / Negwer, Werner, Rechtsformen kirchlich caritativer Einrichtungen, Freiburg 2000.

Die verbreitete Nutzung dieser Instrumente hat sich auch in der wachsenden Literatur zum Sozialmanagement in den letzten Jahren niedergeschlagen. Mittlerweile gibt es dort und im Internet viele auf die Wohlfahrtsbranche angepasste brauchbare Anregungen.

7 „Macht euch Freunde mit Hilfe des ungerechten Mammons (Lk 8,9)": Der Ökonomie im Hilfeprozess eine angemessene Rolle zuweisen

Mit dieser Aufforderung Jesu könnte man die Wertigkeit wirtschaftlicher Aspekte im Hilfeprozess definieren: Die Ökonomie steht im Dienst der Nächstenliebe. Der professionelle Umgang mit dem „ungerechten Mammon" bedeutet demnach: Den Hilfe suchenden Freunden mit den knappen finanziellen Mitteln einen maximalen individuellen Nutzen zu stiften. Dies kann mit der Anwendung der oben beschriebenen betriebswirtschaftlichen Instrumente besser gelingen. Alle Geld- und Finanzgeber, vom privaten Spender bis zur öffentlichen Hand, haben den legitimen Anspruch, dass ihre Gabe möglichst ungeschmälert den Hilfesuchenden zukommt und nicht in unwirtschaftlichen Strukturen verschwindet.

Deshalb sind die Wohlfahrtsorganisationen aufgefordert, das Expertenwissen in ökonomischen Angelegenheiten zu vertiefen und in den Einrichtungen umzusetzen. Es müssen noch viele Hausaufgaben gemacht werden, damit „die Kinder des Lichts im Umgang mit dem Materiellen" ebenso qualifiziert werden wie die Kinder dieser Welt![16]

---

[16] Die Frage nach dem Zusammenspiel zwischen Ökonomie und Nächstenliebe ist letztlich auch eine Frage des interdisziplinären Diskurses zwischen Theologie und Ökonomie. Nach Jäger wird diese Auseinandersetzung zwischen diesen beiden Disziplinen in der evangelischen Theologie gegenwärtig mit einer ähnlichen Intensität geführt, wie sie zwischen den empirischen Sozialwissenschaften und der Theologie in den 60er und 70er Jahren zu beobachten war. Vgl. Jäger, Alfred, Theologie und Ökonomie. Plädoyer für eine Grenzüberschreitung, in: Dietzfelbinger, Daniel / Teufel, Jochen (Hg.), Heilsökonomie?, Gütersloh 2002, 9f., 200ff.

Uta Baur

Chancen und Probleme von konfessionellen Non-Profit-Organisationen

Anliegen dieser Festschrift ist, nachzufragen, „was das Proprium christlichen Helfens angesichts veränderter gesellschaftlicher Herausforderungen ausmacht." Im Kontext dieser Fragestellung und unter dem Blickwinkel wirtschaftlicher Aspekte soll eine Einschätzung gegeben werden, inwieweit sozial-caritative Organisationen den wirtschaftlichen Änderungen und den aktuellen sozialpolitischen Gegebenheiten gewachsen sind. Dazu ist es zunächst vonnöten, eine Diagnose der Entwicklung sozialer Organisationen vorzunehmen. Diesen Versuch möchte ich in folgendem Beitrag ebenso unternehmen wie die Überlegung, wie in der Folge postmoderne sozialcaritative Arbeit gestaltet sein müsste.

In Deutschland hat laut Wohlfahrt „in den 90er Jahren ein Modernisierungsdiskurs um den Wohlfahrtsstaat begonnen,"[1] der auch an sozialen Organisationen und ihren Diensten nicht vorbeigeht. Symptome sind beispielsweise die schleichende Verabschiedung der Vorrangstellung der freien Wohlfahrtspflege, oder ein politisch gewollter Wettbewerb (nicht nur) mit privatgewerblichen Anbietern. Die zunehmende Schwierigkeit der Finanzierung sozialer Organisationen und Dienste und die damit einhergehende Forderung nach Effektivität, Nachweisbarkeit und Transparenz stehen immer stärker im Mittelpunkt. Der Markt aber, so lautet die Prämisse der Wohlfahrtspflege, muss den Menschen dienen und nicht umgekehrt. Dazu braucht es neben der sozial- und finanzpolitischen Gestaltung und Ordnung auf der einen Seite einen bewussten Umgang der Organisationen bzw. der Führungspersonen mit den begrenzten Ressourcen. Dieser darf sich nicht nur auf Finanzen konzentrieren, sondern ebenso auf Werte und die Zufriedenheit der Nutzer und der Mitarbeiter. Nun aber zunächst einen kurzen Überblick zur Entwicklung sozialer Organisationen.

---

[1] Wohlfahrt, Norbert, Der Verband braucht ein neues Kleid, in: neue caritas 7 (2004) 9.

1 Diagnose der Entwicklung sozialer Organisationen

a) Armenhilfe der Gegenwart

Die kirchlich diakonische Wurzel heutiger sozial-caritativer Organisationen liegt in der Krankenpflege und Sozialen Arbeit der Ordensgemeinschaften als Dienst am Nächsten neben den Hilfen der Bischöfe und der Städte. Im 19. Jahrhundert, im Zuge der Industrialisierung und den damit verbundenen sozialen Problemlagen der Säkularisation entstanden daneben die ersten Vereine und Gemeinschaften wie der Deutsche Caritasverband 1897, die Diakonie 1848 oder der Landescaritasverband Bayern im Jahre 1917, die sich alle der Armenpflege widmeten. Parallel dazu entwickelte sich ebenso die öffentliche Armenpflege weiter und damit auch eine beginnende Institutionalisierung „moderner" Sozialarbeit. In den Auseinandersetzungen dieser Zeit gewann auch die katholische Soziallehre an Gestalt – die katholische Kirche reagierte mit der ersten großen Sozialenzyklika Rerum Novarum.

b) Sozialgesetzgebung und stürmische Aufwärtsentwicklung

Im Laufe der Jahre entstand eine eigenständige verbandliche Struktur, die sogenannte Verbands-Caritas. Die sich entwickelnde Professionalisierung von Einrichtungen und Diensten, entstand in Deutschland im Wesentlichen jedoch durch die Entwicklung der Sozialgesetzgebung. Im Jahre 1961 trat durch das Bundessozialhilfegesetz erstmals ein Rechtsanspruch auf soziale Leistungen durch den Staat ein. Es begann eine Phase der „stürmischen Aufwärtsentwicklung"[2] – es entstanden Werkstätten und Wohnheime für Menschen mit Behinderung, Jugendhilfeeinrichtungen usw.

Mit diesem Auf- und Ausbau der sozialen Arbeit auf allen Ebenen ging die Ablösung des früheren Fürsorgeprinzips durch den Anspruch auf Hilfe einher, die Festlegung des Grundsatzes „Hilfe zur Selbsthilfe" in Verbindung mit Subsidiarität, wie dies auch die katholische Soziallehre fordert. Partnerschaft zwischen öffentlicher und freier Wohlfahrtspflege war damals das Gebot der Stunde.

c) Flächendeckende Angebote in fragiler Beständigkeit

Die nächste Phase war gekennzeichnet von „fragiler Beständigkeit"[2] so Frankl. Neben dem mittlerweile flächendeckenden Angebot an Hilfen im sta-

---

2 Frankl, Johann, Perspektiven für die Zukunft der freien Wohlfahrtspflege, anlässlich der Klausurtagung des Landescaritasverbandes Bayern e.V. in Schloß Fürstenried, München 2005.

tionären und teilstationären Bereich kennzeichnete den Anfang der 80er Jahre die Entstehung der Selbsthilfeorganisationen. Es war von „Normalisierungsprinzip, Mitbestimmung, Teilhabe" die Rede, ambulante Hilfeformen wurden initiiert. So entstanden beispielsweise in Bayern allein innerhalb der Caritas 47 Dienste der Offenen Behindertenarbeit mit dem Ziel, die Fähigkeit und die Möglichkeiten behinderter Menschen zu stärken, über ihr Leben selbst zu bestimmen und es selbst zu gestalten.

d) Phase des Abbaus und der Relativierung der sozialpolitischen Absichten

Seit Beginn der 90er Jahre führen die Auswirkungen der demographischen Entwicklung, des gesellschaftlichen Wandels, des Wegs nach Europa und der Globalisierung zu einer lang anhaltenden Reform der Sozialsysteme. Erkennbar wird eine verstärkte Entsolidarisierung in unserer Gesellschaft und der Abbau sozialer Sicherungssysteme. Das hat auch Auswirkungen auf die Soziale Arbeit. Eine Folge davon ist, das spüren Betroffene, Wohlfahrtsverbände und Träger seit langem, die zunehmende Ökonomisierung, der Ruf nach Effektivität und Effizienz und damit auch nach strukturellen Veränderungen des Sozialen. Als Beispiele seien neue Rechtsformen wie die Gründung von GmbHs, Fusionen, und sogar Schließungen genannt.

Im Zuge von Europa soll die Gemeinwohlorientierung dem Markt unterworfen werden – unter dem Stichwort Daseinsvorsorge wird in der EU derzeit darum gekämpft, ob (soziale u. a.) Dienstleistungen privatisiert werden. Die gleiche Diskussion wird auf globaler Ebene innerhalb der WTO („Liberalisierung von Dienstleistungen" – für die Bereiche Gesundheit, Behinderung, Pflege, Bildung sollen betriebswirtschaftliche Aspekte in den Vordergrund treten) geführt. Auf nationaler Bühne sollen in Deutschland im Rahmen der Föderalismusdebatte staatliche Aufgaben zunehmend auf kommunale Ebenen delegiert werden.

Der beschriebene Strukturwandel, welcher sich auch in gesetzlichen Anpassungen und neuen Gesetzen (z. B. 90er Jahre: im Zuge der Einführung der Pflegeversicherung: beginnende Etablierung der privatgewerblichen Anbieter, Gleichstellung mit den Trägern der freien Wohlfahrtspflege und kommunalen Trägern; neues Krankenpflegegesetz, Pflege-Qualitätssicherungsgesetz, Novellierung des Heimgesetzes, Reform des Sozialhilferechts, KonTraG, Basel II) niederschlägt, konfrontiert den Gesundheits- und Sozialbereich aber auch mit veränderten Anforderungsprofilen und erhöht kontinuierlich den Bedarf an besseren Qualifikationen. (Beispiele für veränderte Bedarfe sind: Casemanagement, Prozesssteuerung, Organisationskompetenz, Betriebswirtschaft, um nur einige zu nennen).

Parallel sprechen wir heute – aus fachlicher Perspektive – ebenfalls von einem Paradigmenwechsel des Sozialen – weg von der beziehungsorientierten Hilfeleistung hin zu einer sozialen Dienstleistungserbringung und zunehmender Professionalisierung der Fachlichkeit und der Berufe der Sozialen Arbeit. Wohlfahrtsverbände wie die Caritas und ihre Einrichtungen haben im Kontext der Entwicklungen mit der Erarbeitung von Leitbildern versucht, sich nicht der politisch gewünschten Dienstleistermentalität unter Verzicht auf traditionelle Werte zu unterwerfen. Dennoch wurde ein Neues Denken erkennbar. Die mittlerweile – im Gegensatz zu früher – nun erwerbsorientierten Unternehmen können heute auf den Einsatz komplexer Instrumentarien zur systematischen Steuerung der Leistungsqualität nicht mehr verzichten.

Zusammenfassend kann man sagen, dass das, was der Staat gegenwärtig an finanziellen Mitteln zur Verfügung hat, nicht ausreicht. Dies bedeutet auch eine weitere Reduzierung der finanziellen Ressourcen bei den Kirchen und in der Folge bei den Wohlfahrtsverbänden. Die aufgezeigten Entwicklungen werden auch in den nächsten Jahrzehnten die Soziale Arbeit stark beeinflussen. Obwohl man durchaus propagieren könnte, die ethische Debatte würde durch die Praxis längst überholt, wird es heute und in Zukunft trotzdem darum gehen müssen, dass sich die Verbände der freien Wohlfahrtspflege und hier im Besonderen die Caritas mit ihren korporativen und angeschlossenen Mitgliedseinrichtungen verstärkt auf die Aufgaben konzentrieren, die ihrem Auftrag und Selbstverständnis gemäß sind[3]. Für die Caritas könnte gerade das eine ernst gemeinte Rückbesinnung auf die Botschaft des Christlichen in der Anwendung auf das Soziale bedeuten. Dies nicht nur, was die Hilfe am Nächsten angeht und die mehr denn je notwendige Anwaltschaftsfunktion, sondern vielmehr noch, was eine wohlverstandene Reorganisation der Institutionen selbst betrifft.

Soweit zur Diagnose der Entwicklung der Sozialen Arbeit und eine Art Standortbestimmung aus geschichtlicher und sozialpolitischer Sicht. Nun schließt sich die Frage an: Was ist auf der Ebene der Organisationen passiert? Mit den Menschen, den Mitarbeitern, den Führungskräften, den Nutzern? Wie haben Führungskräfte auf diesen Wandel reagiert? Ginge man nach dem Proprium christlichen Helfens im Wandel der Zeit, müsste sich parallel ein Proprium christlichen Führens herausbilden. Dazu nun eine kurze organisationstheoretische Betrachtung.

Kehren wir noch einmal zurück zu den Wurzeln der sozialen Arbeit, genauer zu den Anfängen von Institutionalisierung und Professionalisierung der Dienstleistungen zu Beginn des 19. Jahrhunderts. Die „**Gründungs- u. Pio-**

---

[3] Vgl. Frankl, Perspektiven für die Zukunft.

nierphase"[4] der Vereine legte den Grundstein der Vereins- und Organisationskultur durch spezifische Werte und ein spezifisches Proprium, welches durch Führungspersönlichkeiten zum Tragen kam. Genannt seien an dieser Stelle besonders Lorenz Werthmann, aber auch Dominikus Ringeisen oder Pauline von Mallinckrodt. Von diesen Personen wurden Vereine gegründet und geprägt. Organisationstheorethisch war „Improvisation" im Vordergrund. Leitung in Institutionen wurde damals in der Regel von Ordensleuten ausgeübt, wodurch organisationale Aufgaben personalisiert waren und gleichzeitig die Kirchlichkeit durch diese Personen gewährleistet wurde. Kennzeichnend für diese Zeit war aber eine „Drohende Unterorganisation" der Institutionen.

Auf die Gründungs- und Pionierphase folgte in den 60er Jahren das „**Sichere Stadium**"[5] mit einer stärkeren Formalisierung der Vereine durch Regeln und Normen und der nun notwendig werdenden Anpassung an politische Rahmenbedingungen. Erstmals entstanden umfassende organisatorische Konzepte mit Ansätzen von Aufgabendelegation und Koordination. Die Etablierung und Institutionalisierung der Organisationen glichen einer Gratwanderung zwischen „Regelwut und Sinnorientierung". Eine „drohende Überorganisation, welche auch heute wieder im Raum steht, nicht zuletzt durch die Flut gesetzlicher Vorgaben, wurde – aus heutiger Sicht betrachtet – zum Teil nicht ausreichend erkannt und in mancher Hinsicht zum ungeschriebenen Dogma.

Spätestens gegen Ende dieser und zu Beginn der nächsten Phase entstand – meines Erachtens mit zu geringer Beachtung der Wirkung auf die Veränderung des christlichen Profils – das Problem der Systemüberlappung. Gemeint ist damit eine Art „Interessenkollision" innerhalb von Organisationen zwischen „weltanschaulicher" und „kategorialer" Ausrichtung. Ein Kennzeichen dafür war beispielsweise der zunehmende Rückgang der aktiven Mitwirkung von Ordensfrauen selbst an der Basis der Sozialarbeit, aber auch die zunehmende „BWL-isierung" in den zu besetzenden Spitzenpositionen. Umgekehrt waren und sind Führungskräfte, die zwar fachlich oder theologisch gebildet sind, immer wieder überfordert in ihrer Aufgabe, zu leiten, da sie häufig genug allein aufgrund ihres Auftrags und ihrer Sendung Verbände und Einrichtungen führen (müssen), ohne von jemandem das Führen beigebracht bekommen zu haben.

Die 80er und 90er Jahre waren gekennzeichnet von einem „**Reifestadium**"[6] entweder mit weiterem Wachstum der Organisationen oder auch Stabilisierung, angepasst an die sich weiter verändernden Anforderungen gesetzlicher

---

[4] Langnickel, Hans, Widerstandskultur und Veränderungsmanagement im Verein, in: BFS Heft 5 (1995) 11.

[5] Langnickel, Widerstandskultur, 22.

[6] Langnickel, Widerstandskultur, 24.

und professioneller Art. In dieser Phase ist die Gefahr der defensiven Routine, der Perspektivlosigkeit und Müdigkeit hoch. Nicht selten entstand eine gewisse Ernüchterung (im Gegensatz zu früheren Phasen) mit Merkmalen wie Meckern, wachsende innere Spannungen, aber auch Versachlichung mit dem durchaus richtigen Ziel, das Erreichte zu stabilisieren.

Problematisch ist anzusehen, wenn sogenannte „Old boys Networks"[7] der Gründerzeit einfach fortgeschrieben wurden, ohne eine umfassende Reflexion und Analyse der Situation der Organisation vorzunehmen. Es wäre früher wie heute eine dringende Aufgabe für Führungskräfte der Sozialen Arbeit, die „alte" formale Organisation reflektiert und verantwortungsbewusst an die neuen Anforderungen anzupassen. Im Zuge der sozialpolitischen Entwicklungen besteht zurzeit mehr denn je die Gefahr des hastigen und ungeplanten Verwaltens von Finanzen. Dies mit dem Ergebnis, dass das Menschenbild des homo oeconomicus, das man ja ursprünglich abwenden wollte, umso stärker zum Vorschein tritt und „Bürokratische Erstarrung" oder wiederum drohende Überorganisation entsteht.

Sozialpolitisch durch das Selbstkostendeckungsprinzip unterstützt, war es für die Verantwortlichen in sozialen Organisationen früher allgemeiner Standard, mit dem Pflegesatz auszukommen (Quantität) und historisch moralisch begründete Ziele umzusetzen (Qualität). Die bedeutende Rolle des Fachpersonals war die der „Experten, die wissen, was der Hilfebedürftige braucht". Im Mittelpunkt der Hilfe stand das „Helfende Subjekt gegenüber dem Objekt".

Gegenwärtig ist anderes gefragt, nämlich die Gesamtverantwortung von Leitungskräften für die Organisation und die damit verbundene Entscheidung über betriebliche Ziele und Kontrolle der Zielerreichung sowie die Koordination der Fachlichkeit. Das Fachpersonal muss sich dabei am Gesamtziel orientieren und die Kunden einbeziehen. Richtig verstanden wird hier der Hilfebedürftige tatsächlich zum Subjekt: Er rückt vom Rand in die Mitte, wird Partner.

Aus dem bisher Gesagten wird verständlich, dass gerade im Zuge der – politisch ja beabsichtigten – Strukturveränderungen bis hin zur Einführung von Marktmechanismen, wie oben beschrieben, Führungskräfte heute wachsam sein müssen in zweierlei Hinsicht: In ihrer Rolle als „personifizierter" Anwalt der Armen und in ihrer Funktion als Führungskraft, wenn sie dem Abbau des Sozialen nicht Vorschub leisten wollen. Chancen und Probleme von konfessionellen Non-Profit-Organisationen liegen im Innen und Außen. Obwohl die weiter oben aufgezeigten sozialpolitischen Entwicklungen kritisch zu be-

---

[7] Langnickel, Widerstandskultur, 25.

[7] Langnickel, Widerstandskultur, 25.

trachten sind, findet die Leserin, der Leser in diesem Beitrag keine Lösungen sozial-politischer Art. Im Vordergrund stehen vielmehr die (immer noch) nicht ausgeschöpften Veränderungspotenziale des Binnenraums sozial-caritativer Organisationen. was nicht nur aktuelle Untersuchungen (wie beispielsweise die rosenbaum-nagy Studie oder auch die ExBa Studie) mit ihren Effizienzanalysen in Wohlfahrtsverbänden und Wirtschaftsunternehmen untermauern, sondern auch der eigenen Erfahrung der Autorin entspricht.

2 Postmoderne Sozialarbeit – Chancen

Ein grundlegender Wandel im sozialen Sektor drückt sich, wie weiter oben gesagt, darin aus, dass messbare und nachweisbare Qualität wichtiges Entscheidungskriterium für Kostenträger und Klienten werden. Die Erwartungen an die Leistungsfähigkeit des Organisationen steigen kontinuierlich.

Dieses neue Denken kommt einem Paradigmenwechsel im Führungsverhalten gleich, den zu vollziehen auch Bewusstheit, Reflexionsvermögen und Feedback über das eigene Verhalten verlangt. Sollen Leitbilder nicht nur eine aufgesetzte Identität widerspiegeln, wäre zu anzuregen, gerade jetzt die Qualitäten der katholischen Soziallehre für Organisationen im Kontext der Gesellschaft neu zu buchstabieren. Es ginge darum, Wechselwirkungen zwischen dem Individuum und der Gemeinschaft, die Zusammenhänge von Wirklichkeiten zu erkennen und daraus Ideen zu entfalten. Ideen nicht nur für das Handeln im Sinne der Anwaltfunktion, sondern ebenso im Sinne der Gestaltung einer postmodernen Dienstgemeinschaft. Auf der Basis der ureigensten Wurzeln, könnte dies gleichsam zu einer Salutogenese für Führungskräfte und ihre sozialen Unternehmen führen.

Dass das caritative Anliegen durch strukturierte Methoden der Betriebsführung unterstützt, ja sogar gefördert wird, wenn bestimmte Parameter berücksichtigt werden, ist nicht zuletzt durch die Qualitätsdebatte in den letzten zehn Jahren hinlänglich bewiesen. Neue ökonomische Maßgaben müssen dabei in der Balance mit caritativer Hilfe gehalten werden[8] Hierzu bedarf es einer Reflexion der christlichen Führungskompetenz, immer wieder Erinnern, Befragen, Reflektieren der eigenen Ziele, der Mission im Sinne einer Metanoia. Eine Umkehr, welche die Wurzeln wieder entdecken lässt, nämlich Sinnstifter/in zu sein im Dienste der Mitarbeiter, der Nutzer und der Gesellschaft.

Es sind Führungspersönlichkeiten gefragt, die ihre Stärken, Schwächen und Werte kennen, die wissen, dass sie sich selbst managen müssen, bevor sie

---

[8] Vgl. Speck, Otto, Die Caritas: Samariter und/oder Wirt?. Fachtagung „Störfaktor Behinderung, Kostenfaktor Mensch: Behindertenhilfe 2000" des Landescaritasverbandes Bayern, Passau 1998.

andere managen[9]. Wir brauchen mehr Führungskräfte, die diese verantwortungsvolle Aufgabe „lernen", die sich dem Prinzip des lebenslangen Lernens verpflichtet fühlen. Was wir brauchen, sind Führungspersönlichkeiten, die ebenso eine aufmerksame Gestaltung der Beziehungen berücksichtigen als auch die Steuerung von Unternehmensprozessen beherrschen. Es ist leider heute nicht mehr so, dass allein die Existenz der Dienstgemeinschaft aus sich heraus Dialog und Vertrauen erzeugt. Oftmals verhindern auch nicht geregelte Abläufe und Prozesse sowie schlechtes Management geradezu das Lebendigwerden der viel beschworenen Dienstgemeinschaft.

„Helfen als Proprium christlichen Handelns provoziert". Dieser Leitsatz muss Führungskräfte moderner konfessioneller Non-Profit-Organisationen herausfordern, in dem sie das Proprium christlichen Führens neu definieren. Dies könnte eine positive Signalwirkung sowohl nach innen als auch nach außen herbeiführen. Heute wie früher ist es so, dass „kirchliche Einrichtungen hörende Hirten brauchen, die in ihrer eigenen Lernfähigkeit mit gutem Beispiel vorangehen"[10].

---

[9] Drucker, Peter F., Die Kunst, sich selbst zu managen, in: Harvard Business Manager 5 (2005).

[10] Schmidt, Th., Qualitätskriterien auf dem Prüfstand. Zur Spiritualität kirchlicher Krankenhäuser, in: Krankendienst. Zeitschrift für katholische Krankenhäuser, Sozialstationen und Rehaeinrichtungen 5 (2005) 99.

Volker Kuppler

Caritas zwischen Barmherzigkeit und Wirtschaftlichkeit – ein unüberbrückbares Spannungsfeld?

„Am andern Tag zog er zwei Denare heraus, gab sie dem Wirt und sagte: Trag Sorge für ihn; und was du darüber noch aufwendest, werde ich dir auf dem Rückweg bezahlen."

Stellt man diesen biblischen Text (LK 10,35) einmal der heutigen Zeit und dem Verhältnis von Staat und Caritas gegenüber, so könnte er wie folgt lauten: „Am Verhandlungstisch genehmigte der Staat als Kostenträger zwei Euro für Unterkunft und Verpflegung. Diese erhielt die Caritas als Leistungserbringer mit einem klar umschriebenen Auftrag, welcher in den Pflegestandards niedergeschrieben war. Sollten die Kosten nicht ausreichen, so werden sie im Nachhinein erstattet."

Klingt gut – leider sieht die Realität der heutigen Zeit etwas anders aus. Bundespräsident Horst Köhler hat in seiner Antrittsrede den Sozialstaat als eine zivilisatorische Errungenschaft hervorgehoben, auf die wir sehr stolz sein dürfen. Aber er hat seine Aussage gleichzeitig eingeschränkt und auch darauf hingewiesen, dass dieser Sozialstaat heutiger Prägung sich übernommen hat. Betrugen die Wachstumsraten in der Bundesrepublik Deutschland in den 50er Jahren noch 8,1 Prozent, so sanken sie auf 3,1 Prozent in den 70er Jahren und für die Jahre 2000-2003 betrugen sie nur noch 0,5 Prozent.[1] Die Wachstumsprognosen der Wirtschaftsinstitute verheißen für 2005 auch nichts Gutes und die Kieler Experten des Instituts für Weltwirtschaft (IfW) rechnen nur mit einem Anstieg des realen Bruttoinlandsprodukts von 0,7 Prozent.[2]

Der Sozialstaat befindet sich in einer Umbruchsituation und der Sozialbereich ist gegenwärtig einem tiefgreifenden Wandel unterworfen. Verschiedene Reformmaßnahmen wurden im Rahmen der Agenda 2010 eingeleitet und auf Bundesebene wurde in den Gesetzeswerken SGB II und SGB XII die Sozialgesetzgebung neu gestaltet.

Leider wirken sich einige Maßnahmen besonders auf die Menschen aus, die zum einkommens- und vermögensschwachen Bevölkerungsdrittel gehören.

---

[1] Vgl. Niederalteicher Beiträge Nr. 12 (2004), Wirtschaften zwischen Werten und Wertpapieren – Denkanstöße für eine Wirtschaftsethik im 21. Jahrhundert.

[2] Vgl. Die Tagespost, Nr. 84, 16.7.2005, 7.

Bayerns Bezirke verweigern so z. B. seit Januar 2005 die Kostenübernahme für das Mittagessen vieler Menschen mit Behinderungen in Behindertenwerkstätten. Vermehrt bleibt den Betroffenen nur übrig, gegen solche Bescheide letztendlich vor Gericht zu ziehen. Viele Bürger – gerade wenn sie sozial nicht so gut gestellt sind – scheuen aber den Klageweg.

Auch – oder gerade – die Caritas bekommt diese neuen Zeichen der Zeit zu spüren. Aufgrund der hohen Arbeitslosigkeit und der wirtschaftlichen Situation steigt der Bedarf an sozialen Hilfeleistungen. Die Zahl derer, die an der Armutsgrenze leben, wird immer größer, die Zahl der Klienten, die in die Schuldnerberatung oder zur Kleiderkammer kommen, steigt beträchtlich, während gleichzeitig aufgrund der Finanznot der Kommunen, Länder und des Bundes die Geldmittel, die zur Hilfe dringend notwendig wären, immer mehr gekürzt werden. Diese Entwicklung wird durch die finanzielle Situation in den Bistümern noch verschärft. So muss z. B. der Caritasverband Aachen mit 2,8 Millionen Euro die größte Kürzung des Zehn-Millionen-Euro-Sparpakets in der Diözese Aachen verkraften.[3]

Betrachtet man nun einmal allgemein die Situation der Caritas, so ist festzustellen, dass in den vergangenen Jahrzehnten viel aufgebaut werden konnte und die Caritas als Mitgestalter des Sozialstaates ein hohes Gewicht besitzt. So gab es innerhalb des Deutschen Caritasverbandes Ende 2003 ca. 25.460 Einrichtungen und Dienste mit 1.188.503 Plätzen. Der Anteil des Deutschen Caritasverbandes innerhalb der freien Wohlfahrtspflege betrug 38%. Insgesamt waren in den Einrichtungen und Diensten der Caritas ca. 493.313 MitarbeiterInnen beschäftigt, davon ca. 243.063 MitarbeiterInnen im Teilzeitbereich.[4]

Das Gesamtsystem der freien Wohlfahrtspflege befindet sich aber in einer gewaltigen Umbruchphase. Davon sind alle leistungsfinanzierten Einrichtungen des Deutschen Caritasverbandes und seiner Gliederungen betroffen. Die Einrichtungen und Dienste müssen sich nun neuen Herausforderungen und Entwicklungen stellen und unternehmerisch klug und richtig handeln. Gegenwärtig steckt der Staat und somit auch die Kirche in einer Finanzkrise und an einen weiteren Ausbau der notwendigen Hilfen ist nicht zu denken. Die Gedanken und Überlegungen spielen sich im Sparbereich ab und es wird hitzig diskutiert und überlegt, welche Bereiche gehalten werden müssen und welche man aufgeben muss. Der sozialen Arbeit tut die Besinnung auf ihre ökonomischen Grundlagen gut. Die Verpflichtung zu Qualität und Kundenorientierung verankert sich im Bewusstsein der Verantwortlichen und der

---

[3] Vgl. Die Tagespost, Nr. 65, 2.6.2005, 5.

[4] Vgl. Die katholischen sozialen Einrichtungen der Caritas in der Bundesrepublik Deutschland, in: neue caritas 4 (2004) 38.

Fachkräfte.[5] Dabei stellt sich jedoch verstärkt die Frage nach dem Stellenwert des Christlichen. Wo bleibt in einer modernen Einrichtung das unterscheidend Christliche? Wo kommt es unter dem Druck der Finanzierungszwänge unter die Räder?

Nach wie vor sind Wohlfahrtsverbände in ihrem Selbstverständnis gemeinnützige Nonprofit-Organisationen, die sich vor allem durch Multifunktionalität auszeichnen. Würden Wohlfahrtsverbände den Empfehlungen der Wirtschaftswissenschaftler folgen, müssten sie zwangsläufig diese multiple Identität preisgeben und sich einiger ihrer Aufgaben und Aktionsfelder entledigen. Die in den Verbänden beobachtbaren Konflikte zwischen Verbands- und Betriebsinteressen deuten durchaus den Spagat an, den die Verbände gegenwärtig vollführen müssen und den die Leitbilddiskussionen mit sich bringen, wenn darum gerungen wird, wie zukünftig die Interessen des Gesamtverbandes mit den Betriebsinteressen auszutarieren sind.[6]

Man kann sich die gegenwärtige Situation sehr gut anhand eines Bildes vorstellen. Das Bild eines Seiltänzers, welcher eine Balancestange in den Händen hält, auf der einen Seite der Balancestange befindet sich ein Herz und auf der anderen ein Geldstück. Das Herz steht hierbei für die Barmherzigkeit, die Nächstenliebe, dem Grundauftrag der Caritas und das Geldstück steht für die Wirtschaftlichkeit. Es gilt die Balance zwischen beiden zu finden und zu halten. Achtet man nur auf die Barmherzigkeit, so ist dies zwar im Sinne der Caritas sehr schön und gut, aber man wird vom Seil stürzen, da die Wirtschaftlichkeit in Form der Finanzierung nicht mehr gewährleistet ist. Umgekehrt bedeutet dies aber auch, falls ich nur auf die Wirtschaftlichkeit achte und nur Arbeiten mache, welche sich finanziell rechnen, dass ich den Auftrag der Caritas – denen zu helfen, die in ihrem persönlichen Umfeld oder im sozialen Sicherungssystem keine ausreichende Hilfe erfahren – evtl. nicht mehr gerecht werde! Somit verliere ich ebenfalls den Halt und falle vom Seil.

Dieses Spannungsfeld bzw. diesen Balanceakt gilt es aktuell in vielen Bereichen der Caritas zu meistern. Anhand des Bereiches der ambulanten und stationären Altenhilfe soll dies beispielhaft deutlich gemacht werden, da es derzeit und angesichts der demografischen Entwicklung keinen anderen Bereich gibt, welcher einen so großen Seiltanz zu meistern hat wie in dem genannten. So lautet z. B. eine Vision im Bereich der Altenhilfe eines Altenheimes wie folgt: „In unserer Einrichtung wird der alte Mensch alt sein dürfen, er darf gebrech-

---

[5] Lindenberger, Hans, Balance zwischen Herz und Hirn, in: neue caritas, Jahrbuch 2005, 238.

[6] Wohlfahrt, Norbert, Die Caritas als kirchlicher Wohlfahrtsverband unter veränderten sozialwirtschaftlichen Bedingungen; in: Gabriel, Karl / Ritter, Klaus (Hg.), Solidarität und Markt – Die Rolle der kirchlichen Diakonie im modernen Sozialstaat, Freiburg 2005, 72.

lich, verwirrt, gelähmt, ängstlich und krank sein. Eben anders als wir sogenannten Gesunden – aber doch ganz vollkommen Mensch."[7]

Verbunden mit dieser Vision muss es unser Ziel sein, dass die Bewohner und Patienten gut versorgt werden. Dass ihnen ein Lebensraum geboten wird, in dem sie ihr Leben so weit wie möglich selbst gestalten können, nach ihren Wertvorstellungen und Bedürfnissen. Ihnen eine Zuwendung zuteil werden lassen, die dem Menschen Geborgenheit und Wärme vermittelt und gibt. Letztlich ein Haus zu betreiben, das für die Bewohner ein „Daheim" ist! Von dieser grundlegenden Sicht des Menschen leiten sich als Grundprinzipien für eine Sozialeinrichtung in kirchlicher Trägerschaft die drei (uns allen bekannten) Prinzipien der katholischen Soziallehre ab: Personalität, Solidarität und Subsidiarität. Personalität fordert dabei von Sozialeinrichtungen die Beachtung der Würde des einzelnen Menschen. Subsidiarität fordert die Eröffnung eines möglichst eigenverantwortlichen Lebens der KlientInnen und Solidarität bedeutet hier gerade die Pflicht zur Solidarität mit den Schwächsten der Gesellschaft.[8]

Dieses Ergebnis wird aber nicht alleine erreicht durch eine gute und funktionelle Ausstattung, nicht durch Bereitstellung verschiedener technischer Möglichkeiten, nicht durch gute und geschmackvolle Einrichtung der Räume, so wichtig das auch ist. Dieses Ergebnis wird mit dem Geist erreicht, der in diesem Hause herrscht. Diesen Geist erlebbar und spürbar zu machen liegt überwiegend in der Hand der MitarbeiterInnen. Soziale Arbeit steht und fällt mit dem Personal. Die Träger sind deshalb gehalten, ihr Personal sorgfältig auszusuchen, zu motivieren, vor dem „Burnout" zu schützen. Damit die MitarbeiterInnen Profil – christliches Profil – zeigen können, müssen zuerst die Führungskräfte Profil zeigen: Vertrauen schenken, Eigenverantwortung stärken, sittliche Kompetenz vorleben, partnerschaftlich mit den MitarbeiterInnen umgehen bei aller Beachtung der Hierarchien.

Die Frage ist: Werden Führungskräfte durch Beachtung der christlichen Ethik gehemmt? Wird diese Anforderung zum Qualitätsmerkmal oder Hemmschuh? Sicherlich kostet es mehr Nerven und Geduld, mehr Geld und mehr Zuwendung. Aber im Umgang mit den KlientInnen ist es wichtig, auch menschliche Zuwendung, ein tröstendes Wort, also Dienste, die nicht abrechenbar sind, zu geben. Es wird aber zunehmend schwieriger, diesen guten Geist in der Praxis umzusetzen. Dies liegt nicht an fehlendem Willen oder mangelnder Motivation, sondern an den veränderten Rahmenbedingungen. Barmherzigkeit ver-

---

[7] Quelle unbekannt – Auszug aus einem Rahmenkonzept eines Altenheims.

[8] Lindenberger, Balance, 238 ff.

322

leiht dem Christlichen ein Gesicht, aber wie lange kann dieser hohe Stellenwert noch finanziert werden? Das ist eine Frage an Kirche und Gesellschaft.[9]

Ein Stichwort hierfür lautet „Bürokratie statt Pflege". Aktuell gibt es ca. 960 Verordnungen aus über 80 Gesetzen, Verordnungen und Richtlinien, welche im Altenhilfebereich zur Anwendung kommen und beachtet werden sollen. Die Folge daraus ist, dass ca. 30% der Arbeitszeit für Dokumentationsaufgaben benötigt werden und somit als Zeit am Bewohner/Patienten fehlen!

Eine weitere Veränderung und nicht unbegründete Gefahr wird in einer Qualitätsabsenkung aufgrund von Sparmaßnahmen gesehen. So gibt es aktuell seitens der Kostenträger die Überlegungen, Doppelzimmer für Sozialhilfeempfänger vorzuschreiben. Es wird für zumutbar gehalten, zwei sich bisher nicht bekannte Personen in ein Zimmer zu legen. Was dies für die Betroffenen bedeutet, interessiert, so scheint es zumindest, in diesem Moment nicht mehr. Grundsätzlich stellt sich hier die Frage, wie viel Geld wir alle bereit sind, in den Wirtschaftsbereich Pflege/Betreuung älterer und hilfebedürftiger Mitmenschen einzubringen. Angesichts leerer Kassen ist hier die Solidarität aller gefragt!

Einen richtigen Seiltanz stellt die Situation bzgl. der Leistungen der Pflegeversicherung und der Entwicklung der Renten dar. Seit Einführung der Pflegeversicherung 1995 sind die Leistungen nicht erhöht worden – auch die Rentenhöhen sind momentan stagnierend. Die höheren Kosten der Träger von Altenheimen (Lohnkosten, Energiekosten usw.) müssen entweder durch Einsparmöglichkeiten in den Heimen aufgefangen werden (diese sind aber bereits in den meisten Fällen ausgereizt) oder sind durch Pflegesatzerhöhungen, welche durch die Heimbewohner alleine zu tragen sind, auszugleichen. Und hier zeigt sich das Bild des Seiltänzers noch mal deutlich, denn eine Anhebung des Pflegesatzes kann zu Belegungsproblemen führen und andererseits können die Kosten nicht unbegrenzt durch die Caritas alleine getragen werden.

Kostenträger bezichtigen aber gleichzeitig soziale Einrichtungen wirtschaftlicher Realitätsverweigerung und stellen nie definierte Standards als überzogen in Frage. Der Staat schafft die bewährte Zusammenarbeit zwischen öffentlicher und freier Wohlfahrtspflege in Sozialausschüssen ab und reduziert damit nicht Bürokratie, sondern Partizipation. Die Verbände der freien Wohlfahrtspflege stellen fest, dass Behinderte oder Kranke als bloße Kostenfaktoren zwischen Systemen verschoben werden. Eine Gesellschaft, der das Soziale

---

[9] Vgl. Lindenberger, Balance, 238 ff.

lästig wird, schreibt Heidrun Graupner in der Süddeutschen Zeitung, hat womöglich weniger Schulden, aber auch weniger Menschlichkeit.[10]

Es stellt sich angesichts dieser Probleme für die Caritas die Frage, ob eine Weiterführung in diesem Sozialstaat noch möglich ist. Ob aber Caritas noch möglich ist oder nicht, hängt nicht vom Sozialstaat ab. Caritas ist vielmehr erforderlich, weil sie zum Wesen der Kirche gehört und neben der Verkündigung und Liturgie die dritte Grundfunktion bildet, den Bruderdienst, auch Diakonie oder eben Caritas. Diese drei Grundfunktionen sind gleichsam die Säulen für den Bau der Kirche. Ein Bau, der auf drei Säulen ruht, würde einstürzen, wenn man eine der tragenden Säulen herausnehmen würde. Die drei Grundfunktionen greifen ineinander über wie die Zahnräder in einem Getriebe. Nur, wenn alle drei Grundfunktionen in der Kirche zusammenwirken, handelt es sich um die Kirche Jesu Christi.

Eine katholische Gemeinde ohne gottesdienstliche Versammlung können wir uns kaum vorstellen, ebenso wenig ohne Verkündigung und Weitergabe des Glaubens. Und genau so wichtig ist die Caritas! Erst die enge Verbundenheit und Verflochtenheit dieser drei Grundfunktionen Verkündigung, Gottesdienst und Caritas sind Zeichen einer christlichen Gemeinde. Sie begleiten uns auf unserem ganzen Weg. Der Bogen spannt sich vom Kind über den Erwachsenen bis hin zu den alten Menschen. Fragen von einem Auf- und Abstieg prägen unser ganzes Denken. Dieses Denken geht hinein in unsere Gesellschaft, die gewöhnlich als Leistungsgesellschaft bezeichnet wird.

Dabei darf man Leistungsgesellschaft nicht von vorne herein negativ betrachten, im Gegenteil. Leistung ist zunächst etwas Gutes. Leistung kann zum Motor der menschlichen Entwicklung werden. Problematisch wird es dann, wenn Leistung nur in wirtschaftlicher Hinsicht gesehen und gemessen wird, wenn Leistung nur als etwas angesehen wird, was sich in klingender Münze umsetzen lässt. Dann entstehen nämlich Randgruppen, die diese wirtschaftlich geforderte Leistung nicht mehr oder noch nicht erbringen können, wie Kinder, Behinderte und vor allem auch alte und kranke Menschen. Das wäre eine falsche Sicht von Leistung.

„Not sehen und handeln. Caritas"

So lautet das Motto der Caritas. Wenn wir von Not sprechen, dann denken wir zuerst an die Opfer von Krieg und Vertreibung in aller Welt, an die Flüchtlinge, an Hunger oder an Naturkatastrophen. Aber Not gibt es auch bei uns, in zunehmendem Maße. Die Not, die wir entdecken, in der Pfarrgemeinde,

---

[10] Vgl. Graupner, Heidrun, Fünf vor Zwölf im Sozialmarkt?, in: Bayerische Sozialnachrichten 2 (2005) 2.

gleich nebenan, hat ein etwas anderes Gesicht. Es muss nicht immer materielle Not sein, die uns da begegnet. Viel öfter ist es eine Not, die sich erst auf den zweiten Blick offenbart und so alltäglich ist, dass sie keine Schlagzeilen füllt:

- Die Frau, die unter der Last der Pflege fast zusammenbricht,
- das Kind von nebenan, das unter der Trennung seiner Eltern leidet und nicht damit fertig wird,
- der Mann im Nachbarhaus, der trinkt und im Rausch Frau und Kinder misshandelt,
- der alte Mensch, der demenzkrank ist und niemanden hat, der ihn versorgt und sich um ihn kümmert...

Die Aufzählung ließe sich beliebig fortsetzen. „Not sehen und handeln!" Jeder von uns kann Not sehen, wenn er mit offenen Augen durch die Welt geht. Not sehen ist der erste Schritt. Der zweite ist handeln. Gewiss, nicht jeder kann „handeln", d. h., selbst Not lindern. Aber er kann mithelfen, aufmerksam machen, zuhören und weiterhelfen. Da, wo die Kräfte des Einzelnen nicht ausreichen, ist die Caritas, die Institution, auf den Plan gerufen. Caritas, das ist nicht nur ein großer Verband, eine Institution, die sich im Verwalten von Einrichtungen erschöpft, sondern Caritas, das sind wir alle. Beratungsstellen, Dienste und Einrichtungen stehen bei Bedarf jedem offen, der in Not ist. Not sehen ist relativ einfach, „handeln" nicht. Und Handeln kostet meist nicht nur Geduld, Nerven und Zeit. Handeln kostet in den meisten Fällen auch Geld.

Die Finanzpolster bei den Verbänden und Einrichtungen der Freien Wohlfahrt werden aber immer dünner. Ob bei den kirchlichen Trägern Diakonie und Caritas, der Arbeiterwohlfahrt, dem Deutschen Roten Kreuz oder dem Paritätischen Wohlfahrtsverband – ihre Krankenhäuser, Altenheime, Kindertagesstätten und Sozialstationen kämpfen häufig ums Überleben. Der Handlungsdruck steigt erheblich, da vor allem im umkämpften Pflege- und Gesundheitsmarkt die privaten Anbieter zunehmen. Ein Vorteil bei den privaten Anbietern ist hierbei, dass ihre Strukturen effizienter und die Personalkosten geringer sind.[11] Die Verbandsfunktionäre und Einrichtungschefs der Wohlfahrtsorganisationen wollen das nicht länger hinnehmen. Mit neuen Tarifverträgen sollen ihre Einrichtungen fit für die Zukunft gemacht werden. Denn die Refinanzierung durch die Kassen richtet sich nicht mehr nach dem BAT, sondern nach der Konkurrenz. Früher bekamen Krankenhäuser und Pflegeheime ihre Ausgaben einfach ersetzt – steigende Personalkosten inklusive. Diese Zeiten sind jedoch vorbei. Die sinkenden Zuschüsse und die geringen Spielräume bei der Erhöhung von Leistungsentgelten, sowie der Einzug des Wett-

---

[11] Vgl. Röthig, Iris, Unbarmherzige Konkurrenz, in: Die Welt, 22.4.2005.

bewerbs im sozialen Bereich haben die finanziellen Rahmenbedingungen für die Einrichtungen und Dienste der Caritas signifikant verschärft. Das Risiko der Geschäftstätigkeit nimmt zu und damit erlangt auch die strategische Unternehmenspolitik eine größere Bedeutung. Dies macht sich unter anderem in der Verstärkung von betriebswirtschaftlichem Know-how bemerkbar und der Zunahme von Fusionen/Kooperationen zwischen Einrichtungsträgern und Verbänden.

Diese Entwicklungen zeigen, dass die Verbände der Caritas vor großen Herausforderungen stehen und das Handeln der Dienste und Einrichtungen zur Zeit auf das wirtschaftliche Überleben ausgerichtet ist. Es bedarf vermehrt Anstrengungen und Veränderungen, um die aus Sicht der Caritas unverzichtbaren Dienste für die Menschen aufrechtzuerhalten. Diese erforderlichen Veränderungen sind oft auch mit Einschnitten verbunden. Einschnitten, die aber wohlüberlegt sein müssen. Denn bei allem gilt, dass unser Einsatz besonders denen gilt, die in ihrem persönlichen Umfeld oder im sozialen Sicherungssystem keine ausreichende Hilfe erfahren!

Solidarität, Gerechtigkeit und Subsidiarität, aber auch Stärkung der Flexibilität und Eigeninitiative als Grundpfeiler der Sozialen Marktwirtschaft und Katholischen Soziallehre gehören weiterhin zu den entscheidenden Tools unternehmerischen Handelns der Caritas, zumal aus christlicher Perspektive. Sie machen das Menschenbild aus, das dahinter steht und das es weiter zu stärken gilt: Der Mensch ist der Maßstab für Technik und Ökonomie. Und nicht umgekehrt.[12]

Die aus dem Solidarprinzip abgeleitete Option für die Armen und Schwachen hat Bedeutung für die Auswahl der Arbeitsfelder eines kirchlichen Trägers. Das kann aber gerade in Zeiten knapper Kassen in Konflikte zwischen christlichem Anspruch und realen Möglichkeiten führen. Non-Profit-Organisationen stehen hier vor entscheidenden Management- und Strukturfragen. So rechtfertigt sich z. B. eine profitable Ökonomie oder das Erwirtschaften von Erträgen in anderen Arbeitsbereichen, wenn dadurch Arbeitsfelder, die sich nicht rechnen, aber christlicher Barmherzigkeit entsprechen, gesichert werden können.

„Kennzeichen einer Caritas der Kirche war immer, dass sie auf die akuten Nöte der Zeit und die Lebenssituationen der Menschen reagiert und sich daran ausgerichtet hat. Eine Grundhaltung der Veränderung und Offenheit ist also

---

[12] Vgl. Gespräch mit dem Priester und Unternehmensberater Augustinus Graf Henckel von Donnersmarck über Wirtschaftsethik in Zeiten der Globalisierung, in: Die Tagespost, Nr. 20, 17.2.2005, 16.

typisch für die Caritas. Wir können von einer „caritas semper reformanda" sprechen."[13]

Der Sozialstaat befindet sich im Wandel und stellt große Herausforderungen an alle Bürgerinnen und Bürger. Heute sind es nicht mehr nur die so genannten Randgruppen, die von sozialpolitischen Veränderungen betroffen sind. Jeder kann von heute auf morgen zum Hilfebedürftigen werden. Wir leben in Zeiten des Umbruchs. Die Schlagzeilen der vergangenen Tage haben dies einmal mehr gezeigt. Aber gerade dann, wenn alles auf den Prüfstand muss, kommt es darauf an, Bewährtes zu erhalten und die Schwächsten der Gesellschaft nicht zu vergessen.[14] Die Caritas muss auf diese Veränderungen reagieren und braucht eine Konzentrierung auf die Aufgabenfelder, die dieser Zeit und unserem Auftrag gerecht werden. Dabei ist es für die Zukunft von größter Bedeutung, dass überall der Mensch, der Mitarbeiter und vor allem der Klient, Patient und Hilfesuchende im Mittelpunkt steht.[15]

Caritas steht dabei nicht zwischen Barmherzigkeit und Wirtschaftlichkeit. Es ist auch kein unüberbrückbares Spannungsfeld, sondern wie im erwähnten Bild des Seiltänzers ein Balanceakt, den jede christlich geprägte Einrichtung zu bewältigen hat und bei dem beide Seiten sich brauchen.

---

[13] Diese Worte hat Msgr. Dr. Peter Neher, Präsident des Deutschen Caritasverbandes, in seinem Fachvortrag bei der 1. Delegiertenversammlung am 13. Oktober 2004 in Paderborn gesprochen.

[14] Vgl. Mauritz, Markus, Menschlichkeit beginnt mit der Hilfe für die Schwächsten, in: Bayerische Staatszeitung, 23, 10.6.2005.

[15] Feldhoff, Norbert, Caritas in Kirche und Gesellschaft, in: Kirche im Gespräch Nr. 38, Bischöfliches Generalvikariat Osnabrück 9 (2003) 19.

Markus Griesbeck

.com – Christlich orientiertes Management

1 (Finanzielle) Management-Aspekte der Perikope Lk 10,25-37

Die meisten Zuhörer bzw. Leser entdecken im Gleichnis vom barmherzigen Samariter meist „nur" die soziale und ethische Relevanz, also inwieweit der Priester, der Levit und der barmherzige Samariter sich an die Maxime „Gottes- und Nächstenliebe" halten. Die grundsätzliche Intention des Gleichnisses wird auch der Wunsch sein, dass Menschen an dieser Beispielerzählung ihr eigenes (ethisches) Verhalten überprüfen, kritisch hinterfragen und möglicherweise neu ausrichten.

Das Gleichnis enthält neben dieser sozialen und ethischen Dimension mehr oder minder auch finanzielle und – damit verbunden – Management-Aspekte. Die handelnde Person des Wirts[1] wird nur kurz eingeführt, aber es kann davon ausgegangen werden, dass hinter der „Sorge um die verletzte Person" nicht allein rein menschliche Zuwendung zu finden ist. Es ist auch nicht verwerflich, hinter dem vermutlich professionellen Hilfeprozess[2] (non-) profitorientiertes Managen und Handeln[3] zu entdecken[4]. Zum einen wird der im Gleichnis nicht näher beleuchtete Wirt mit großer Wahrscheinlichkeit *auch* implizit

---

[1] „Am nächsten Tag holte er zwei Denare hervor, gab sie dem Wirt und sagte: Sorge für ihn; und wenn du mehr aufwenden musst, werde ich es Dir bezahlen, wenn ich wiederkomme" (Lk 10,35).

[2] vgl. Baumgartner, Isidor, Helfen als Beruf. Zwischen Burnout und Salutogenese, in: Fonk, Peter / Pree, Helmuth (Hg), Theologie und Seelsorge in einer zukunftsfähigen Kirche, Passau 2000, 4-12.

[3] Wirtschaftsethisch ist Gewinnerzielung bzw. Profitsteigerung grundsätzlich nicht verwerflich. Dies gilt nicht, wenn a) der Profit/Gewinn auf nicht-ethische (vgl. z. B. wirtschaftliches Verhalten auf Kosten von Menschen, Umwelt und dgl. oder sogar illegale Weise (vgl. z.B. Erpressung) erworben wird oder b) die Gewinnverteilung ungerecht ausfällt bzw. ebenfalls auf Kosten von Menschen, Umwelt und dgl. geht (vgl. z. B. mangelnde Investitionsbereitschaft eines Unternehmens trotz Gewinn/Profit).

[4] Auch Non-profit-Organisationen sind neben ihrer (oft gemeinnützigen) Ausrichtung gezwungen, ökonomische Prinzipien zu beherzigen, weil ansonsten z. B. ihr finanzielles Überleben nicht gesichert wäre. Im Folgenden werden auf Basis dieser Überlegung Non-profit- und Profitorganisationen – im Bewusstsein ihrer realen Unterschiedlichkeit – gleichgestellt.

kaufmännisch – im Sinne des eigenen/betrieblichen Überlebens – gedacht und gehandelt haben. Zum anderen wird die Arbeit des Wirtes *auch* finanziell durch den barmherzigen Samariter gewürdigt.

Leider gibt das Gleichnis vom barmherzigen Samariter, obwohl dies für die Theologie einen Mehrwert gehabt hätte, keine Auskunft darüber, ob und wie der Wirt

a) der verletzten Person hilft: Alle Organisationen, die sich mit professioneller Hilfe beschäftigen, hätten hier einen weiteren (theologischen) Orientierungsrahmen für ihre Arbeit vorgefunden.

b) mit dem ihm überlassenen Geld wirtschaftet: Diese Information wäre für die v. a. wirtschaftsethisch spannende Aufgabe hilfreich gewesen, das grundsätzliche Zueinander von professionellem Helfen/Handeln und deren finanzielle Aspekte zu klären.

c) seine Wirtschaft führt, leitet und managet: Schließlich könnte sich das Handeln von Organisationen und Unternehmen an dieser Auskunft stärker orientieren und damit der **Profilbildung von christlich orientiertem Management** (nicht nur in Non-Profit-Organisationen) dienen.

Aber auch ohne diese biblischen Informationen hat Praktische Theologie die Möglichkeit, den Dialog mit der Ökonomie zu suchen, die sich als Wissenschaftsdisziplin intensiv mit gelingendem Management auseinandersetzt. Dazu muss in einem ersten Schritt aber geklärt sein, ob ökonomische Themenstellungen von Interesse für die Praktische Theologie sind (vgl. 3.) und wie Praktische Theologie an einen solchen interdisziplinären Dialog mit der Ökonomie herangehen muss (vgl. 4.).

2 Jedes menschliche Thema ist von Interesse für Praktische Theologie

Theologie versteht sich als Wissenschaft, bei der man – ähnlich wie im christlichen Glauben – in die Lehre gehen kann, „*um das Leben zu meistern*"[5]. Herbert Haslinger greift diesen Gedankengang auf, wenn er in seinem Entwurf der Praktischen Theologie konstatiert: Eine Eingrenzung auf das Materialobjekt Kirche und einen allein kirchlich/karitativ bezogenen, handlungstheoretischen Praxisbegriff würde die Praktische Theologie daran hindern, „*sich bereits in der Veranschlagung des Praxisbegriffs für ein möglichst weites Spektrum von Wirklichkeiten bzw. Erfahrungen zu disponieren*"[6]. Theologie muss sich vielmehr als Denkprojekt des Glaubens in die Kontexte moderner

---

[5] Baumgartner, Isidor, Pastoralpsychologie, Düsseldorf ²1997, 50.

[6] Haslinger, Herbert, Die wissenschaftstheoretische Frage nach der Praxis, in: Ders. (Hg.), Handbuch Praktische Theologie. Band 1, Mainz 1999, 115.

Wissenschaftlichkeit stellen. Nicht *„um sekundäre Autoritäts- und Anerkennungszufuhr zu erhalten, sondern um der von diesen Wissenschaften eröffneten Perspektiven auf die eigenen Themen willen. Da diese Themen aber eben mit Gott, Menschen und Welt so ziemlich alles umfassen, muss Theologie auch (fast) alles interessieren"*[7]. Kurz: Es gibt kein menschliches Thema, das die Praktische Theologie nicht zu interessieren hat.

3 Interdisziplinarität als Herausforderung für Praktische Theologie

Wenn jedes menschliche Thema von Interesse für Praktische Theologie ist, dann erfordert dies ein interdisziplinäres, wissenschaftliches Vorgehen, welches auch im Einklang mit dem Glauben steht:

„Vorausgesetzt, dass die methodische Forschung in allen Wissensbereichen in einer wirklich wissenschaftlichen Weise und gemäß den Normen der Sittlichkeit vorgeht, wird sie niemals in einen echten Konflikt mit dem Glauben kommen, weil die Wirklichkeiten des profanen Bereichs und die des Glaubens in demselben Gott ihren Ursprung haben." *(Gaudium et spes 38)*

Diese Interdisziplinarität ist aber keineswegs voraussetzungslos möglich. Die theologische Diskussion kennt zwischenzeitlich nicht nur Fehlformen interdisziplinärer Dialoge (wie z.B. Multidisziplinarität, Methodenmonismus und Pseudointerdisziplinarität)[8], sondern auch Bedingungen gelingender Begegnungen zwischen Theologie und anderen Wissenschaften, die hier ohne weitere Erklärung lediglich stichpunktartig aufgelistet werden sollen:

- terminologische und definitorische Klärungen im Vorfeld
- Jede(r) Beteiligte ist zuerst einmal Hörende(r) und Lernende(r)
- Erfordernis der kritischen (Selbst-)Reflexion bezüglich der jeweiligen weltanschaulichen Grundoptionen und gegebenenfalls divergierender Rationalitätstypen
- Unterscheidung von Hypothesen und allgemein anerkannten Theorien

---

[7] Bucher, Rainer, Über Stärken und Grenzen der „Empirischen Theologie", in: ThQ 182 (2000)144.

[8] Eine lesenswerte Zusammenfassung ist zu finden bei: Brantl, Johannes, Verbindende Moral. Theologische Ethik und kulturvergleichende Humanethologie, Freiburg i. Br. 2002, 32ff.

4 Management als praktisch-theologischer Diskussionsgegenstand

4.1 Bisherige Ansätze des interdisziplinären Diskurses

Praktische Theologie kann sich auch dem Thema Management als Diskussionsgegenstand auf interdisziplinärer Basis widmen. Bis heute existieren aber lediglich Ideen und erste Ansätze[9], nicht aber systematisch durchdachte oder praktisch-theologische Handlungskonzepte für das Management. Es ist aber diesen ersten Ansätzen zu verdanken, dass sie ernsthaft versuchen, theologisches Wissen im Managementbereich auf Basis biblischer oder spiritueller Impulse fruchtbar zu machen.[10] Damit verbunden ist aber auch die Gefahr, dass Theologie als Anwendungswissen (z. B. Jesus **für** Manager) verstanden und möglicherweise instrumentalisiert wird. Eine Instrumentalisierung widerspricht aber grundsätzlich dem Eigenwert der Wissenschaftsdisziplin Theologie. Eine interdisziplinäre Ausrichtung ist aber unumgänglich und wird deshalb nun konsequent auf das Thema Management übertragen. Dazu sind in einem ersten Schritt folgende Klärungen notwendig:

- Begriff „Management" (vgl. 4.2),
- Christliches Menschenbild als Ausgangspunkt des Diskurses (vgl. 4.3) und
- Miteinander von christlichem Menschenbild und Management (vgl. 4.4).

4.2 Klärung des Begriffs Managements

„Management ist nichts typisch ‚Wirtschaftliches'. Es ist auch nicht in der Wirtschaft entstanden. Andere – viel ältere – Organisationen sind längst schon gemanagt worden, bevor es so etwas wie Wirtschaftsunternehmen überhaupt gab. Dennoch wird eines in der Wirtschaft besonders deutlich, nämlich dass eine systematische Anwendung von Management zu Erfolgen und

---

[9] Vgl. z. B. Knoblauch, Jörg / Opprecht, Jürgen, Jesus auf der Chefetage, Holzgerlingen 2003; Burkett, Larry, Management auf biblischer Grundlage, Asslar ³2003; Kirchner, Baldur, Benedikt für Manager, Wiesbaden ³2001; Bilgri Anselm, Finde das rechte Maß, München Zürich ²2004.

[10] Theologische Bezugspunkte werden – aus betriebswirtschaftlicher Perspektive betrachtet – bis heute weder wahrgenommen, noch für notwendig erachtet. Ein interessantes Beispiel dafür ist die 2005 veröffentlichte Handelsblatt Management Bibliothek (Frankfurt, New York, 2005). Das 12 Bände umfassende Werk kennt insbesondere im Band 7 „Die wichtigsten Philosophen für Manager" keinerlei Anknüpfungspunkte zwischen Jesus, Bibel und/oder Religion und Management.

Resultaten führt. "[11] Primär bezeichnet Management – im betriebswirtschaftlichen Sprachgebrauch – die Leitung bzw. Führung eines Unternehmens, weshalb im Allgemeinen nur die obersten und oberen Führungskräfte eines Unternehmens als Manager bezeichnet werden.[12] Funktionell fallen unter Management alle *„Tätigkeiten, die von Führungskräften in allen Bereichen der Unternehmung (Personalwesen, Beschaffung, Absatz, Verwaltung, Finanzierung, etc.) in Erfüllung ihrer Führungsaufgabe zu erbringen sind.* "[13] Für das Management werden Techniken bzw. Methoden gefordert, wobei die sog. „Management by ..." Konzeptionen – größtenteils entwickelt in den USA – großen Bekanntheitsgrad erreichen.[14]

Die Betroffenen dieser Techniken bzw. Methoden sind Menschen als Mitarbeiter/innen und Führungskräfte, weshalb Manager menschliche Gesichtspunkte, bewusst wie unbewusst, wollend oder nicht wollend, berücksichtigen müssen. Die Kreativität der Manager wird dabei auch an Grenzen stoßen, weil menschliches Leben – siehe oben – selbst an seine Grenzen (vgl. z. B. Endlichkeit) stößt. Gefordert sind deswegen letztlich weniger Techniken und Methoden des Managements, sondern Führungsmodelle und Handlungskonzepte, die sich von Philosophie und Theologie, Human- und Naturwissenschaften gleichermaßen inspirieren lassen und führenden Menschen in Unternehmen selbst Orientierung bieten. Eine der Hauptaufgaben und -chancen solcher Handlungskonzepte[15] bildet die Möglichkeit, dass Manager ihr eigenes Management- und Führungsverhalten reflektieren[16] können und selbst Impulse für die Umsetzung gelingenden Führens/Leitens entwickeln. Genau hier schließt das praktisch-theologische[17] Handlungskonzept „Christlich orientiertes Management" an.

---

[11] Malik, Fredmund, Führen Leisten Leben, Wirksames Management für eine neue Zeit, Stuttgart-München [8]2003, 37.

[12] Fredmund Malik geht davon aus, dass *„jeder, der managt, ein Manager ist, und zwar völlig unabhängig von der Bezeichnung, die er bzw. seine Stellung hat, unabhängig von Statussymbolen, dem Rang innerhalb der Organisation usw.*"; dgl. 35.

[13] Management, in: Gabler Wirtschaftslexikon. Band L-O. Wiesbaden. [15]2000, 2042.

[14] Vgl. ebd.

[15] Eines der bekanntesten Managementmodelle ist das St. Gallener Management Modell, vgl. Bleicher, Knut, Konzept Integriertes Management. Visionen – Missionen – Programme, Frankfurt New York [7]2004; eine gute Rezeption und Zusammenfassung bietet: Thommen, Jean-Paul / Achleitner, Kristin, Allgemeine Betriebswirtschaftslehre. Umfassende Einführung aus managementorientierter Sicht, Wiesbaden. [4]2004, 837-842.

[16] Vgl. dazu auch Mintzberg, Henry, Der Managerberuf. Dichtung und Wahrheit, in: Harvard Business Manager. Jubiläumsausgabe 10 (2004) 72-89.

[17] Als Handlungswissenschaft ist Praktische Theologie nicht nur Reflexionshorizont der wahrgenommenen Praxis (Praktische Theologie als Empirische Theologie), sondern auch Impulsgeber für neue Handlungskonzepte.

4.3 Christliches Menschenbild als Ausgangspunkt des Diskurses

Ausgangspunkt und unhintergehbare Basis christlich orientierten Managements ist – aus theologischer Perspektive – ein christliches Menschenverständnis.[18] Das Zweite Vatikanische Konzil hat dazu wesentliche Erkenntnisse und Kernsätze in der Pastoralkonstitution „Gaudium et Spes" formuliert. Die deutlichste Aussage dürfte GS 25 enthalten, wenn es sowohl Individualität als auch Sozialität des in Gesellschaft lebenden Menschen betont: *„Wurzelgrund nämlich, Träger und Ziel aller gesellschaftlichen Institutionen ist und muss auch sein die menschliche Person, die ja von ihrem Wesen selbst her des gesellschaftlichen Lebens durchaus bedarf".* Auf Basis dieser Aussage schreibt der Personbegriff des Zweiten Vatikanischen Konzils dem Menschen eine vor aller ökonomischen Leistung liegende Menschenwürde zu:[19] *„Auch im Wirtschaftsleben sind die Würde der menschlichen Person und ihre ungeschmälerte Berufung wie auch das Wohl der gesamten Gesellschaft zu achten und zu fördern, ist doch der Mensch Urheber, Mittelpunkt und Ziel aller Wirtschaft"* (GS 63). Für eine rational denkende und handelnde Ökonomik bedeutet das eine Relativierung des absolut Ökonomischen: *„Alle wirtschaftliche Tätigkeit ist [...] immer im Rahmen der sittlichen Ordnung so auszuüben, dass das verwirklicht wird, was Gott mit dem Menschen vorhat"* (GS 64). **Fazit**: Das christliche Menschenbild bewahrt die ökonomische Vernunft vor Absolutsetzung des Ökonomischen.

4.4 Miteinander von christlichem Menschenbild und Management

Die Relativität des Ökonomischen und die im christlichen Menschenbild formulierte Menschenwürde lassen die Schlussfolgerung zu: Unternehmerisches Wirtschaften hat sich am Kriterium der Lebensdienlichkeit zu messen.[20] Für ein Miteinander von christlichem Menschenbild und Management bedeutet das die – im interdisziplinären Dialog zwischen Praktischer Theologie und Betriebswirtschaftslehre zu entwickelnde – Konkretisierung und Umsetzung der Lebensdienlichkeit wirtschaftlichen Handelns in zwei Richtungen:

---

[18] Vgl. dazu Griesbeck, Markus, Notfall Mensch. Notfallseelsorge aus praktisch-theologischer Sicht, Winzer 2005, 45-60.

[19] Vgl. Mixa, Walter, Was Gott über Wirtschaft denkt – Grundsätze und Anregungen der christlichen Gesellschaftslehre, in: Keller, Markus / Maloney, Patrick (Hg.), Glaube und Business – Konturen einer christlichen Ökonomik, Münster 2004, 53.

[20] Vgl. Ulrich, Peter, Integrative Wirtschaftsethik. Grundlagen einer lebensdienlichen Ökonomik, Bern-Stuttgart-Wien ³2001, 428; dies wird ein permanenter Prozess sein, in dem vorbehaltlos und kritisch tragfähige, normative Bedingungen der Möglichkeit lebensdienlichen unternehmerischen Wirtschaftens reflektiert und gestaltet werden.

(1) Zuerst ist der/die **Manager/in** selbst angesprochen. Denn: Es sind die einzelnen Managerpersönlichkeiten, die das Management wesentlich gestalten (vgl. 5.1).

(2) Es sind aber auch die klassischen **Managementbereiche** (Strategie, Führung, Marketing und Organisation) angesprochen, deren implizite Philosophien und Weltanschauungen wesentlich das Management beeinflussen (vgl. 5.2).

5 Christlich orientiertes Management

5.1 Individualethische Umsetzung: Der/die Manager/in

Die Gestaltung des Managements hängt wesentlich von den Menschen und Persönlichkeiten ab, die diesen Beruf ergreifen und ausfüllen. Wenngleich Fredmund Malik[21] aus betriebswirtschaftlicher Sicht zurecht Resultatorientierung, Stärkenoptimierung, unternehmerisches Denken, Konzentration auf das Wesentliche, gerechtfertigtes Vertrauen und positives Denken von Führungskräften verlangt, so ist aus theologischer Sicht gleichzeitig die Beachtung von menschlichen Phänomenen wie Gewissen[22], Entscheidungskompetenz und Verantwortung gefordert. Dabei ist nicht eine zweckorientierte Führungsmethodik zur Vermeidung von Korruption, Fälschungsskandalen, u. ä. gemeint, sondern die auch und gerade in Organisationen jeglicher Coleur gefragte Haltung[23] des Managers. Die theologischen Aussagen der Kompromissethik[24], aber auch der Tugendethik geben hier Managern zwar kein Anwendungswissen an die Hand, aber laden zur kritischen Diskussion der eigenen Managementhaltung ein.

5.2 Strukturethische Umsetzung in den klassischen Managementbereichen[25]

Neben der Managerpersönlichkeit, die direkt angesprochen ist, sind dies letztlich auch die impliziten Anschauungen der klassischen Managementbereiche Strategie, Führung, Marketing und Organisation.

---

[21] Malik, Fredmund, Führen Leisten Leben. Wirksames Management für eine neue Zeit, Stuttgart-München ^{8}2003.

[22] Fonk, Peter, Das Gewissen. Was es ist – wie es wirkt – wie weit es bindet, Kevelaer 2004.

[23] Moraltheologisch formuliert: Die erlernten und immer wieder zu reflektierenden Tugenden.

[24] Vgl. z. B. Fonk, Peter, Christlich handeln im ethischen Konflikt. Brennpunkte heutiger Diskussion, Regensburg 2000.

[25] Vgl. Griesbeck, Markus, Zuerst der Mensch. Betriebswirtschaftliche Fusion aus praktisch-theologischer Perspektive, Winzer 2005, 183-193.

5.2.1 Strategie

Wer sich in einem Markt erfolgreich positionieren will, wird sein besonderes Augenmerk auf den Wettbewerb richten müssen: *„Eine Strategie zu formulieren heißt in erster Linie, sich dem Wettbewerb zu stellen."*[26] Wenn Manager, Unternehmer und Strategen eine eigene Unternehmensstrategie formulieren, so gilt es, die jegliche Konkurrenzsituation übergreifende Menschenwürde zu achten. Konkretisiert wird die Menschenwürde in der Anerkennung des Anderen in seiner unternehmerischen Situation und in einem fairen Wettbewerb. Ein Unternehmer formuliert das so: *„Wenn ich als Unternehmer eine gewisse ausgewogene und bescheidene Grundhaltung leben möchte, meinem Handeln Werte zugrund lege, nicht beherrscht sein will von den verführerischen Möglichkeiten der Macht und des Kapitals, dann bin ich auch erfolgreich! Möglicherweise wächst das Unternehmen langsamer, das kann sein, aber der Erfolg stellt sich genauso ein. Und ich bin der geblieben, der ich sein wollte"*[27].

Fazit: Die Formulierung einer Strategie folgt einerseits rationalen, ökonomischen Gesichtspunkten. Andererseits wird nur die Achtung der Konkurrenten und eine Fairness im Wettbewerb eine menschenwürdige und verantwortete Strategie hervorbringen.

5.2.2 Führung

Der wichtigste Grundsatz für Führungskräfte und Manager muss lauten: *„Menschliche Arbeit darf niemals vollständig zur Ware [oder zu verfügbaren Faktoren; Anmerkung des Verfassers] degenerieren."*[28] Vielmehr dient jegliche menschliche Arbeit sowohl dem existentiellen Überleben als auch dem Leben gesamt. Deswegen fordert christliche Anthropologie nicht nur eine gerechte Lohnfindung, sondern die Betrachtung des arbeitenden Menschen in seiner Gesamtheit. Menschen wollen in der Arbeit neben dem Geldverdienst auch ihre Fertigkeiten, Erfahrungen und Kenntnisse einbringen und Zufriedenheit bei ihrer Arbeit spüren: *„Mag jemand seine Arbeit gut machen – was in der Regel auch seine Pflicht ist – und die Belohnungen schätzen, die damit verbunden sind. Langfristig zufrieden wird er sich aber nur fühlen, wenn er auch seine beruflichen Interessen verwirklichen kann"*[29]. Menschen zu führen

---

[26] Porter, Michael, Wie die Kräfte des Wettbewerbs Strategien beeinflussen, in: Harvard Business Manager 49.

[27] Emmerling, Thomas, Wer Verantwortung fordert, muss Sinn bieten, in: Keller / Maloney, Glaube und Business, 27.

[28] Mixa, Walter, in: Keller / Maloney, Glaube und Business, 45.

[29] Butler, Timothy / Waldroop, James, Wie Unternehmen ihre besten Leute an sich binden, in: Harvard Business Manager 99.

erfordert deshalb nicht nur eine große Fachlichkeit, sondern vor allem ein hohes Maß an Sozialkompetenz, besser noch Menschenkompetenz.

Fazit: Gelingende Menschenführung ist wichtigste und wertvollste Basis für lebensdienliches Wirtschaften und damit Ausgangspunkt für wirtschaftlichen Erfolg.

5.2.3 Marketing

„Beim Marketing geht es um den Grundgedanken, die Bedürfnisse und Wünsche des Kunden zu erahnen und zufrieden zu stellen – durch das Produkt selbst und durch Entwicklung, Distribution und Konsum, eben das ganze Bündel von Aktivitäten, in die es eingebettet ist"[30]. Letztlich ist Marketing nichts anderes als eine konsequente Umsetzung von respektvollem Umgang zwischen Unternehmen und Kunden. Die Wertschätzung des Kunden respektiert die tatsächlichen (Wunsch-)Bedürfnisse des Kunden und sichert damit einen ehrlichen und verantworteten wirtschaftlichen Erfolg. Augustinus, einer der Kirchenväter der Alten Kirche, hat dies mit einem für Unternehmer und Manager einprägsamen Grundsatz zusammengefasst: „Dilige et quod vis fac." (Schätze hoch, und was du dann tun willst, das tu!). Anders formuliert: Schätze Deinen Kunden hoch und dann tu, was Du willst.

5.2.4 Organisation

Welche Aufbau- und welche Ablauforganisation gewählt, also wie der/die Geschäftsprozess/e gestaltet wird/werden, mag oftmals den entscheidenden Geschäftserfolg ausmachen. Wichtig ist jedoch: Wie sich eine Organisation letztlich aufstellt, hängt von der für sie formulierten Strategie, dem entsprechenden Führungsansatz und einem kundenorientierten Marketing ab. Auf dieser Basis sind das Controlling und die Steuerung einer Organisation in einem sog. strategischen Cockpit zu entwickeln. Kurz: Die Organisation ist nichts anderes als die konsequente Umsetzung der Strategie, Führung und des Marketings in einen menschenwürdigen und verantworteten Geschäftsprozess.

Gesamtfazit: Wirtschaftliches Handeln dient letztlich dem menschlichen Leben in all seinen Dimensionen. Jede christlich orientierte Managementtätigkeit im Bereich Strategie, Führung, Marketing oder Organisation hat deshalb die Menschenwürde immer im Blick und verfolgt deren Umsetzung konsequent.

---

[30] Levitt, Theodore, Marketing – Kurzsichtigkeit, in: Harvard Business Manager 118.

6 Ausblick

Mit dem hier vorgestellten christlich orientierten Management ist sicherlich ein hehres und ideales Handlungskonzept aus praktisch-theologischer Perspektive angerissen worden. Dagegen kennen die in der Marktwirtschaft lauernden Sachzwänge oft nur absolut rein ökonomische, nicht aber lebensdienliche **und** ökonomische Lösungen. Gerade deshalb kann und soll das christlich orientierte Management Orientierung für ein verantwortetes wirtschaftliches Handeln bieten, auch wenn dieses im konkreten Einzelfall nicht immer erreicht werden kann.

Es wäre wünschenswert, wenn das vorgestellte Handlungskonzept zu weiterem, wissenschaftlichen Diskussionsbedarf einlädt. Denn: Die Theologie ist für eine Auseinandersetzung mit der Ökonomie reif.

Was meinst du: Wer von diesen dreien hat sich als der Nächste dessen erwiesen, der von den Räubern überfallen wurde? Der Gesetzeslehrer antwortete: Der, der barmherzig an ihm gehandelt hat. Da sagte Jesus zu ihm: Dann geh und handle genauso.

Lk 10,36f.

HELFEN - WOHIN?
PERSPEKTIVEN CHRISTLICHEN HELFENS

Peter Neher
Für eine zukunftsfähige Kirche

Karl-Heinz Zerrle
Die Schwachen als Maßstab – Optionen für die Caritas

Oskar Bärlehner
Studium der Caritaswissenschaften als zukunftsorientierte Qualifizierungsmaßnahme

Anna Hennersperger
Kirchliche Veränderungsprozesse aktiv und partizipativ gestalten

Christoph Jacobs
Wer glaubt, dem ist geholfen!
Von der Heilkraft des Glaubens und dem hilfreichen Potential einer heilsamen Pastoral

Peter Neher

Für eine zukunftsfähige Kirche

Die Zukunft der Kirche ist ein Thema, das die Kirche seit ihrer Gründung bewegt. Immer wieder wurde in der Geschichte danach gesucht, wie der Weg der Kirche weiter aussehen kann. Bereits in der nachösterlichen Phase suchten die Jünger nach einer Zukunft für ihren Glauben und ihre Gemeinschaft ohne die Gegenwart Jesu, die sie zuvor erlebten hatten. Jedes Konzil war ein Ereignis, in dem um die Zukunft der Kirche gerungen wurde. Das Zweite Vatikanische Konzil war die letzte bis in die Gegenwart nachwirkende große Etappe auf diesem Weg. Auch in der Gegenwart wird in der Kirche über ihre Zukunft diskutiert und darum gebetet. Viele Papiere wurden geschrieben, wie eine Pastoral der Zukunft aussehen und wie sich die Kirche im dritten Jahrtausend gestalten könnte. Häufig verschwinden diese Papiere jedoch doch wieder in der Schublade, neue werden geschrieben und verabschiedet.

Doch an vielen Orten ist einfach Zukunft entstanden. Wer hätte beispielsweise vor sechzig Jahren gedacht, dass in dem kleinen unscheinbaren Dörfchen Taizé im französischen Burgund eine geistliche Bewegung entstehen würde, die Menschen bis heute begeistert und über die konfessionellen Grenzen hinweg im Glauben zusammenführt. Sie ist entstanden, weil ein Mensch, Frère Roger Schütz, das Wagnis des Glaubens eingegangen ist. Er hat keine großen theologischen Reden gehalten, sondern sich um verfolgte Juden und Kriegsgefangene gekümmert. Mit seinem Engagement und seiner Faszination für den Glauben hat er viele andere angesteckt. Besonders aber hat er junge Menschen angesprochen. Menschen, die ihn persönlich erlebten, haben nach seinem gewaltsamen Tod darauf hingewiesen, dass er ein guter Zuhörer war. Er hat sich vom Leben der Menschen erzählen lassen und hat ihnen einen Raum gegeben, in dem sie mit ihrer ganz eigenen Art und Geschichte einen Platz hatten und sich angenommen fühlten. Sie haben mit ihm und in der Atmosphäre von Toleranz und Begegnung, die Taizé ausstrahlt, etwas erlebt, das ihnen Hoffnung und Zuversicht gegeben hat.

Diese Erfahrung von Taizé zeigt, wie vieles in der Kirchengeschichte, dass es für die Zukunftsfähigkeit der Kirche kein klares praktisch-theologisches Rezept gibt, das sich immer wieder bewährt. Sondern diese hängt von Überraschungen ab, von Ideen, Perspektiven und dem Wagnis, das Menschen im Glauben eingehen. Dementsprechend soll im Folgenden auch kein weiteres Konzept für die Zukunftsfähigkeit der Kirche erstellt werden. Vielmehr will ich versuchen, in einem ersten Schritt zu hinterfragen, welche Voraussetzungen für die Zukunftsfähigkeit bestehen. Im zweiten Schritt werde ich in einigen Schlaglichtern aufzeigen, vor welchen Herausforderungen die Kirche und die Gesellschaft in Deutschland stehen. In einem dritten Schritt werden theologische Perspektiven für eine Zukunftsfähigkeit der Kirche entwickelt. Und in einem vierten Schritt schließlich wird aufgezeigt, welche Chancen und Handlungsnotwendigkeiten sich daraus für eine Kirche der Zukunft ergeben. **Grundthese ist, dass die Kirche nur zukunftsfähig ist, wenn sie noch stärker die Sorge für den Menschen, die Diakonia, als Auftrag und Chance der Begegnung mit den Menschen und Gott betrachtet und begreift.** Eine gelebte Diakonie ist eine entscheidende Möglichkeit, die Menschen in ihren Fragen und Nöten aufzusuchen und eine Kirche in der Zeit zu werden und zu bleiben.

1 Voraussetzungen für die Zukunftsfähigkeit

Woran lässt sich die Zukunftsfähigkeit der Kirche messen? Diese Frage lässt sich nur schwer beantworten. Jedoch können einige zentrale Aspekte genannt werden. Zum einen ist die Kirche darauf angewiesen, dass sie sich immer ihrer Fundamente bewusst wird – dem inspirierenden Geist Gottes und der biblischen Botschaft durch die Zeit. Sie braucht fähige Frauen und Männer, welche die Kirche weiterentwickeln und andere mit ihrer eigenen Glaubenserfahrung anstecken. Die Kirche kann sich auch künftig nur entfalten, wenn sie die Fähigkeit zur Erneuerung bewahrt und sich dieser immer wieder stellt.

Zum anderen ist sie angewiesen auf die Fähigkeit zu einer realistischen Wahrnehmung und kritischen Bewertung der Herausforderungen, die sich innerkirchlich und durch gesellschaftliche Veränderungsprozesse ergeben. Sie braucht Vertrauen darauf, dass auch diese Herausforderungen neue Möglichkeiten eröffnen, damit sich das Volk Gottes und somit die Kirche weiter auf dem Weg der Nachfolge Jesu entfalten kann. Grundvoraussetzung dafür ist ein positives Menschen- und Weltbild, das in Entwicklungsprozessen nicht nur Rückschritte und Gefährdungen sieht, sondern auch neue Impulse für das Leben im Glauben. Menschen sollten die Kirche als einen Ort erfahren, an dem sie sich angenommen und ernst genommen wissen.

Die Kirche muss sich deshalb mit den Fragen und Nöten der Menschen auseinandersetzen und ihnen dort begegnen, wo sie leben. Zukunftsfähigkeit setzt voraus, dass sie konflikt- und dialogbereit ist. Sie bedingt, dass, dass sich auch die Kirche immer wieder von Gottes Botschaft anfragen lässt und sich den Herausforderungen der Zeit stellt.

2 Herausforderungen für Gesellschaft und Kirche (Schlaglichter)

2.1 Zeitalter der Beschleunigung

Der Philosoph Herman Lübbe sprach in seinem Buch „Im Zug der Zeit" vom Zeitalter der Beschleunigung, in dem wir uns befinden.[1] Die Menschen erleben sich in einer immer schnelleren Welt, die unzählige Handlungsmöglichkeiten bietet. Mobilität, Flexibilität und schnellste Kommunikation sind heute selbstverständlich. Im Notfall steht uns eine hoch technisierte Medizin zur Verfügung. Das Wissen wächst permanent. Zwangsläufig setzt sich die multikulturelle Gesellschaft mit anderen Religionen und Kulturen auseinander. Mittlerweile kann sich heute jeder auf dem Markt der Möglichkeiten seine Sinninhalte selbst zusammensuchen und sie auch ständig wechseln.

Häufig wird mit diesen Entwicklungen der Begriff „Werteverlust" verbunden. Traditionelle Werte seien in Gefahr oder hätten schon längst ihre Geltung verloren. Von vielen Seiten wird gefordert, dass fundamentale Werte unbedingt erhalten und gesichert werden müssen. Andere widersprechen der These des Werteverlustes und heben das Entstehen neuer Werte hervor. Ein Beispiel dafür ist das Kriterium der Nachhaltigkeit, das im Zuge der ökologischen Bewegung entwickelt wurde.

Mit dem möglichen Werteverlust wird häufig auch der Rückgang an religiöser Bindung und folglich ein fortschreitender Prozess der Säkularisierung festgestellt. Sicherlich ist ein solcher Rückgang in Form einer formalen Mitgliedschaft in einer Religionsgemeinschaft zu beobachten. Gleichzeitig zeigen viele Studien, dass das Bedürfnis nach religiöser und weltanschaulicher Orientierung nicht abgenommen hat. Die Formen der Religiosität sind vielfältiger geworden und verändern sich häufig. Das Bedürfnis nach Sinnorientierung ist also auch in der pluralistischen Kultur ungebrochen. Denn gerade die Beschleunigungsgesellschaft produziert immer wieder neue Wert- und Sinnfragen, mit denen sie und der Einzelne umgehen müssen. Ebenso besteht bei vielen Bürgern die Bereitschaft zum sozialen Engagement. Es haben sich viele neue Formen des bürgerschaftlichen Engagements entwickelt, auch im kirchlichen Bereich.

---

[1] Vgl. Lübbe, Hermann, Im Zug der Zeit. Verkürzter Aufenthalt in der Gegenwart, Berlin-Heidelberg [2]1994.

2.2 Soziale Herausforderungen

Ein wichtiger Faktor für die soziale Situation ist die Veränderung der Lebensformen, insbesondere von Familien. Ein weiterer Faktor ist die demografische Entwicklung, welche die sozialen Strukturen in Deutschland stark beeinflusst. Das Gleiche gilt für die hohe Arbeitslosigkeit und die wirtschaftliche Situation. Viele Menschen sind aufgrund von Arbeitslosigkeit und der wirtschaftlichen Situation in Deutschland von Armut betroffen. Der Bedarf an sozialen Hilfeleistungen steigt. Gleichzeitig werden aufgrund der Finanznot der Kommunen, Länder und des Bundes viele finanziellen Zuwendungen für den Sozialbereich gekürzt – mit entsprechenden Folgen für die Betroffenen.

Die Angst vor einer unsicheren Zukunft steigt, wie die jüngste Studie „Perspektive Deutschland" zeigte.[2] Viele Menschen befürchten, dass durch Arbeitslosigkeit und den Abbau sozialer Leistungen der Lebensstandard zukünftig sinken könnte. Zugleich sehen viele Bürgerinnen und Bürgern die Notwendigkeit, dass der Sozialstaat reformiert werden muss. Denn nur durch nachhaltige Reformen können die sozialen Sicherungssysteme langfristig erhalten werden.

In den letzten Jahren ist das Bewusstsein gewachsen, dass die Gesellschaft darauf angewiesen ist, dass mehr Kinder- und Familienfreundlichkeit entsteht, damit wieder mehr Kinder geboren werden. Es besteht die Erwartung an die Politik, dass dafür geeignete Rahmenbedingungen geschaffen werden.

2.3 Herausforderungen für die Kirche und ihre Caritas

Die Kirche befindet seit längerer Zeit in einem deutlichen Prozess der Veränderung. Dieser ist geprägt durch einen Mangel an seelsorgerlichem Personal und die Entfremdung ganzer Schichten von Kirchenmitgliedern und der damit einhergehenden Situation der Pfarrgemeinden. Neue Formen territorialer Seelsorge entstehen. Und noch ist nicht deutlich, ob es in diesem Umbruch zu einem Aufbruch kommt.[3]

---

[2] Vgl. Perspektive Deutschland. Eine Initiative von McKinsey, stern, ZDF und AOL. Vorabbericht zur Pressekonferenz, April 2005. Von den 510.000 Teilnehmenden bekunden 60%, dass sie heute mit dem Leben in Deutschland zufrieden sind. Nur 28% der Teilnehmenden erwarten, dass dies auch in fünf bis zehn Jahren der Fall sein wird. Die größten Sorgen betreffen den Arbeitsmarkt. Mehr als 55% der Teilnehmenden rechnet mit einer Verschlechterung der Lage auf dem Arbeitsmarkt. Dies bedeutet eine Steigerung von 7% zur Studie im Vorjahr. Vgl. Perspektive, 21.

[3] Vgl. Zollitsch, Robert, Aufbruch im Umbruch. Optionen für eine pastorale Schwerpunktsetzung in der Erzdiözese Freiburg. Referat auf der Dekanekonferenz der Erzdiözese Freiburg am 1. Oktober 2003, Freiburg 2003. (www.bistum-freiburg.de)

Die Kirche in Deutschland erlebt zur Zeit durch veränderte finanzielle Rahmenbedingungen starke Einschnitte. Bestehende Strukturen werden in Frage gestellt, Arbeitsplätze sind gefährdet. Parallel dazu verändern sich viele Gemeinden. Sie werden zusammengelegt und bilden Seelsorgeeinheiten. Bei aller Wertschätzung der pfarrlichen Arbeit ist häufig zu erleben, dass Gemeinden ihren Schwerpunkt auf Liturgie und Katechese legen. Die Nächstenliebe bezieht sich dann vorwiegend auf jene, die einem aus der Gemeinde nahe sind. Das heißt, man kümmert sich vielleicht noch um das vertraute alte Gemeindemitglied, hat aber wenig Bezug zu den Ausgegrenzten, zu Randgruppen und zur politischen Gemeinde. Dadurch wirken manche Pfarrgemeinden geradezu blutleer. Sie bilden eher eine sonntägliche Sonderwelt für Eingeweihte denn ein missionarisches Milieu.

Die Sorge für sozial Schwache wird den professionellen Diensten der verbandlichen Caritas überlassen. Natürlich hat diese Entwicklung auch Ursachen in der verbandlichen Caritas. Sie selbst unterliegt ja ebenso vielen Herausforderungen. So steigt in den Einrichtungen und Diensten der Caritas der Anteil der Mitarbeitenden, die keine klassische Sozialisation im kirchlichen Umfeld erfahren haben. Die Mitarbeiterschaft der Caritas ist wesentlich heterogener als zu früheren Zeiten. Damit ergeben sich ganz neue Fragen nach der Begleitung der Mitarbeitenden und der karitativen Unternehmen. Darüber hinaus mussten einzelne Einrichtungen und Dienste der Caritas teilweise Angebote aufgrund der Finanzsituation der öffentlichen Kostenträger und der Bistümer einschränken bzw. einstellen zum Leidwesen der Hilfesuchenden und der Mitarbeitenden. Zugleich unterliegen die Einrichtungen und Dienste der Caritas einem verstärkten Qualitäts-, Konkurrenz- und Wettbewerbsdruck, der auch verschiedene positive Effekte hat. Entscheidend für die Caritas ist die Frage, wie sie die Anliegen der Benachteiligten in den sozialpolitischen Umbruchprozessen am besten und wirkungsvollsten vertreten und sich konstruktiv mit ihren Konzepten und Lösungsvorschlägen in die Politik und Gesellschaften einbringen kann. Ebenso stellt sich für sie die Frage nach ihrem eigenen Beitrag für die Zukunftsfähigkeit der Kirche.

3 Theologische Perspektiven für die Zukunftsfähigkeit der Kirche

In vielen Bistümern werden aufgrund der Finanzkrise zur Zeit Prioritäten hinsichtlich der Verwendung der Ressourcen entwickelt. Es werden zentrale Funktionen und Dienste genannt, die in jedem Fall erhalten bleiben sollen. Parallel dazu werden häufig aus akuter wirtschaftlicher Notwendigkeit oft in sehr kurzer Zeit Strukturen und Personal abgebaut. Konsequenterweise ergeben sich in einer solchen Phase zwischen den kirchlichen Institutionen und

Akteuren Konkurrenzsituationen. Es fällt auf, dass die diakonische Dimension in vielen Prozessen der Prioritätensetzung kaum berücksichtigt wird. Es stellt sich die Frage, ob dies Zufall ist oder ein Symptom für eine kirchliche und theologische Realität. Angesichts der Auswirkungen dieser Prozesse für die Zukunft der Kirche ist die Frage nach der Bedeutung der verschiedenen Dimensionen der Kirche und ihrer Relevanz in der Praxis neu zu stellen.

Das Zweite Vatikanum hat die Kirche im 20. Jahrhundert entscheidend verändert. Es hat die Kirche in der modernen Welt verortet und sie für die Fragen, Bedürfnisse und Nöte der Zeit geöffnet. Die Glaubensverkündigung und die Liturgie hat weitgehend eine zeitgemäße Sprache gefunden. Entscheidend war insbesondere die theologische und ekklesiologische Perspektive, welche die Kirche gefunden hat – als Volk Gottes, das in der Geschichte unterwegs ist und sich mit den Fragen und Bedürfnissen der Menschen auseinandersetzt. Nicht umsonst wird die Pastoralkonstitution *Gaudium et Spes* als das Dokument bezeichnet, in der die Theologie des Konzils und der Neuansatz im kirchlichen Selbstverständnis am stärksten zum Ausdruck kommt. *Gaudium et Spes* beginnt mit der Aussage: „Freude und Hoffnung, Trauer und Angst der Menschen von heute, besonders der Armen und Bedrängten, sind auch Freude und Hoffnung, Trauer und Angst der Jünger Christi." (GS 1)[4] Die Sorgen und Anliegen der Menschen sind auch die Anliegen der Kirche und ihrer Gläubigen. In der Konstitution wird die Trennung zwischen Kirche und Welt aufgegeben. Die Kirche versteht sich als Teil dieser Welt (ohne in ihr aufzugehen) und entdeckt die Gegenwart und ihre Kultur gerade als Orte der Theologie und der realen Präsenz Gottes. Das Dokument ist geprägt von einer Wertschätzung der Welt und ihrer Gegenwartskultur, ohne die Probleme der Zeit auszublenden.

Die Lebenswelten der Menschen werden als Orte der Menschen- und Gottesbegegnung begriffen. Voraussetzung dafür ist eine Hermeneutik der Lebenswelten, d. h. ein Kennenlernen und eine realistische Wahrnehmung der pluralen Lebenswelten der Menschen.

In der Eröffnungsformel der Konstitution wird zum Ausdruck gebracht, dass sich kirchliches Leben nur realisiert, wenn es sich den Nöten, Fragen und Sorgen der Menschen annimmt. In den späteren Kapiteln wird dieses weiter entfaltet. Der diakonische Auftrag der Kirche, der die konkrete Hilfe, aber auch den Einsatz für Menschenrechte und gerechte Strukturen beinhaltet, wird als eine zentrale Dimension des kirchlichen Handelns ausgewiesen. Diese Dimension konkretisiert sich in der Caritas der Kirche.

---

[4] Pastoralkonstitution „Gaudium et spes", in: Rahner, Karl / Vorgrimmler, Herbert (Hg.), Kleines Konzilskompendium. Sämtliche Texte des Zweiten Vatikanums, Freiburg u. a. 1966, 449.

Dieses spiegelt sich auch im Gleichnis vom barmherzigen Samariter. „Was meinst du: Wer von diesen dreien hat sich als der Nächste dessen erwiesen, der von den Räubern überfallen wurde? Der Gesetzeslehrer antwortete: Der, der barmherzig an ihm gehandelt hat. Da sagte Jesus zu ihm: Dann geh und handle genauso." (Lk 10,36f.) Jesus betrachtet also den unmittelbaren Dienst am Menschen als einen zentralen Ausdruck des Glaubens. Die Unterstützung und Befähigung des Menschen zu einem selbstbestimmten, sinnerfüllten Leben ist Bestandteil der Sendung Jesu. Genau dies vollzieht sich in den Diensten und Einrichtungen der Caritas. Die beruflichen und ehrenamtlich/freiwilligen Mitarbeitenden setzen dort die Sendung Jesu in die Tat um. Sie tun dies als Teil einer Caritas der Kirche.

In der Geschichte haben immer wieder Menschen erkannt, wo die Nöte der Zeit liegen und kreativ Initiativen entwickelt, wie den Menschen beigestanden werden kann. Daraus sind unzählige Einrichtungen und Dienste entstanden. In dieser Geschichte lässt sich das Wirken des Geistes Gottes erkennen. Die Kirche hat durch diese sozialen Einrichtungen und Dienste Menschen über Jahrhunderte erreicht und inspiriert. Für viele Menschen sind diese Einrichtungen und Dienste bis heute Orte, an denen sich christlicher Glaube erweist und andere überzeugt.[5] Die Umfrage „Perspektive Deutschland" vom Frühjahr 2005 unterstreicht dies.[6] Kern dieses christlichen Zeugnisses war und ist in den Einrichtungen und Diensten jedoch nicht nur die konkrete Hilfeleistung, sondern vor allem der „Geist" und die Zuwendung, die Menschen dort durch Menschen erleben und erfahren. Die Mitarbeitenden und die Hilfesuchenden, aber auch die ganze Kirche brauchen aus meiner Sicht mehr denn je Lesehilfen, dass sie die konkrete Hilfe für den Menschen als einen Ausdruck des Glaubens und einen Ort der Theologie erkennen können. Denn erst in der Begegnung und in der konkreten Auseinandersetzung mit den Fragen der Menschen können Sinn- und Glaubensfragen entdeckt werden. In diesen Begegnungen ereignet sich kirchlicher Vollzug. Wer den Maßstab für die Kirchlichkeit einer Einrichtung oder von Mitarbeitenden nur am äußeren Vollzug von Ritualen misst, blendet entscheidende Aspekte des Kirchlichen aus.

---

[5] Vgl. Lehmann, Karl, Was Kirche von Caritas erwartet, Vortag bei der zweiten Arbeitstagung der Rechtsträger der Unternehmen in der Caritas am 29.09.2004, in: neue caritas 1 (2005) 8-14; vgl. auch Sekretariat der Deutschen Bischofskonferenz (Hg.), Caritas als Lebensvollzug der Kirche und als verbandliches Engagement in Kirche und Gesellschaft, Bonn 1993.

[6] Vgl. Perspektiven Deutschland. Die Caritas befindet sich zusammen mit der Diakonie und anderen Organisationen wie z. B. dem ADAC, dem Deutschen Roten Kreuz und Greenpeace im sogenannten „Grünen Bereich". Diese Organisationen genießen hohes Vertrauen unter den Befragten.

Die Einrichtungen und Dienste der Caritas der Kirche sowie die Pfarrgemeinden befinden sich dort, wo die Menschen leben. Sie sind mit den sozialen Umbruchssituationen konfrontiert und erleben Menschen, die von Arbeitslosigkeit und gesellschaftlicher Isolation betroffen sind. Der Nächste, nach dem Jesus im Gleichnis fragt, kann dementsprechend gerade die Person sein, die eine soziale Beratungsstelle aufsucht, auch wenn sie nicht Glaubensfragen stellt oder auch einer anderen Religion angehört.

Liturgie und Verkündigung sind zentrale Dimensionen kirchlichen Handelns. Eine Marginalisierung der diakonischen Dimension hätte zur Folge, dass die Kirche ihren Zugang zu den Menschen und zu ihren Lebenswelten weitgehend verlieren würde. Sie würde Glaubwürdigkeit und Überzeugungskraft einbüßen und damit auch ihre innere Erneuerungsfähigkeit, weil sie sich dann zeitlos – ohne Bindung an die Fragen der Zeit – bewegte.

4 Chancen für eine zukunftsfähige Kirche

Eine Neuorientierung hin zur Diakonie könnte die Gemeinden wieder für viele Menschen öffnen. „Damit meine ich", sagt Alfred Delp, „das Sich-Gesellen zum Menschen in allen seinen Situationen mit der Absicht, sie ihm meistern zu helfen [...] Damit meine ich das Nachgehen und Nachwandern auch in die äußersten Verlorenheiten und Verstiegenheiten des Menschen, um bei ihm zu sein genau und gerade dann, wenn ihn Verlorenheit und Verstiegenheit umgeben. ‚Geht hinaus' hat der Meister gesagt, und nicht: ‚Setzt euch hin und wartet, ob einer kommt'."[7] Gemeinden, die sich mit den sozialen Nöten ihrer Umgebung auseinandersetzen, erleben dies als sehr fruchtbar. Liturgie und Verkündigung würden dadurch wesentlich lebensnaher und lebendiger. Wichtig wäre, dass die Diakonie ein durchgängiges Prinzip der Pastoral würde und keine Sonderkategorie. Dazu zählt auch, dass die Pfarrgemeinden innovative Schritte gehen können, indem sie sich beispielsweise an Nachbarschaftsprojekten oder an einer Ganztagsbetreuung von Kindern in Schulen beteiligen. Die Formen sind vielfältig – der Phantasie keine Grenzen gesetzt.

Die verbandliche Caritas muss dafür in enger Zusammenarbeit mit den Gemeinden, den Mitarbeitenden in der Pastoral, den ehrenamtlich/freiwillig Tätigen und allen Interessierten Impulse setzen. Sie kann gerade durch ihre Nähe zu den Menschen in den Einrichtungen und Diensten der Caritas eine Seismographenfunktion übernehmen und auf Bedürfnisse und Nöte der Menschen aufmerksam machen. Gerade in der Vernetzung kirchlicher Dienste und Ausdrucksformen, die nicht nur aus Spargründen erfolgen, sondern aufgrund in-

---

[7] Delp, Alfred, Im Angesicht des Todes. Geschrieben zwischen Verhaftung und Hinrichtung 1944-1945, Frankfurt [10]1976, 141.

348

haltlicher Nähe, kann der kirchliche Vollzug eine ganzheitliche Perspektive bekommen. In der Perikope vom barmherzigen Samariter zitiert Jesus den Beginn des Schema Israel. „Du sollst den Herrn, deinen Gott, lieben mit ganzem Herzen und ganzer Seele, mit all deiner Kraft und all deinen Gedanken" und ergänzt es mit dem Gebot der Nächstenliebe „und: Deinen Nächsten sollst du lieben wie dich selbst." (Lk 10,27) Die Gottesliebe soll sich also durch den ganzen Menschen realisieren, durch seine Perspektive auf die Welt und den Mitmenschen, durch seine Liebe und durch sein konkretes Handeln für den anderen. In der Verschränkung und Vernetzung der kirchlichen Dienste wird dies realisiert.

Deshalb müssen die diakonischen Dienste um der Menschen willen angemessen auch in den Prozessen der Prioritätensetzung genauso wie andere Dienste berücksichtigt werden. Vor allem muss aber das Bewusstsein wachsen, dass erst alle Dimensionen gemeinsam ein Leben der Kirche in der Nachfolge ermöglichen.

Die jüngste Ausgabe der Studie „Perspektive Deutschland" hat überraschenderweise gezeigt, dass jüngere Katholiken der Zukunft am optimistischsten in Deutschland entgegenblicken.[8] Sie sehen für sich Perspektiven und Hoffnungen auf eine lebenswerte Zukunft. Gleichzeitig benennen sie aber auch deutlichen Veränderungsbedarf u. a. in der Kirche und in der Gesellschaft. In diesem Sinn lohnt es sich, die aktuellen Herausforderungen auch als Chance für eine Neuorientierung der Kirche als ecclesia semper reformanda zu begreifen und zu nutzen. Befreiend und ermutigend kann dabei die Perspektive sein, dass es nicht allein um die Zukunft der Kirche geht. Sondern es geht um die Zukunft Gottes mit dem Menschen und das Reich Gottes, das bereits angebrochen ist.

---

[8] 51% der 16 bis 29-jährigen Katholiken mit starker Bindung zur Kirche sind unter den Befragten dieser Altersgruppe mit ihren aktuellen Lebensumständen am zufriedensten und sind in ihren Zukunftserwartungen am optimistischsten. Vgl. Mitschke-Collande, Thomas, Perspektive Deutschland. Blicken junge Christen optimistischer in die Zukunft? Sonderauswertung zum Weltjugendtag. 16- bis 29-jährige Katholiken im Profil, Düsseldorf 2005, 13.

Karl-Heinz Zerrle

Die Schwachen als Maßstab –
Optionen für die Caritas

Christliche Sozialethik im Rahmen der verbandlichen Caritas der Kirche reflektiert und fordert die Bedingungen ein, unter denen ein menschenwürdiges
Leben insbesondere für die Menschen möglich ist, die in besonderer Weise
der Begleitung und Unterstützung bedürfen. Sie bindet diese Reflexion zurück
an Jesus Christus. Seit Jesus in diese Welt kam, seit der Zeit der Urkirche, ist
der Dienst am Nächsten – die Caritas – festes Glaubensgut und kontinuierli-
che Praxis all derer, die sich auf Christus als ihren Herrn berufen. Wo immer
Christen ihren Glauben verkündet und den Gottesdienst gefeiert haben, dort
haben sie sich auch dem Not leidenden Mitmenschen zugewandt und z. B.
Hospize und Krankenhäuser errichtet. Caritas, der Dienst am Nächsten aus
christlicher Verantwortung, ist Wesensäußerung der Kirche. Caritas gründet
im Heilshandeln Gottes, dessen Wesen die Liebe ist. Caritas ist die Antwort
des Jüngers Jesu auf Gottes Liebe.

Jesus hat Gottes Liebe vorgelebt. Auf die Frage Johannes des Täufers, ob er
der Messias sei, antwortete er: „Geht hin und berichtet dem Johannes, was ihr
seht und hört: Blinde sehen, Lahme gehen, Aussätzige werden rein, Taube
hören, Tote stehen auf, Armen wird das Evangelium verkündet." (Mt 11,4f).
Der Messias ist also erkennbar an seinem Dienst für die Menschen. Dort, wo
der Messias wirkt, wird der Mensch heil, an Körper und Seele, hier und jetzt.
Die Nachhaltigkeit des messianischen Wirkens Jesu erweist sich nicht nur in
seinem Wort, sondern auch und gerade in der heilenden Tat für Menschen in
Leid und Not.

Die Menschen zu heilen an Leib und Seele hat Jesus uns als Vermächtnis
hinterlassen. Sein Gebot Liebt einander! Wie ich euch geliebt habe, so sollt
auch ihr einander lieben" (Joh 13,34) und seine Aufforderung, den Notleidenden zu helfen, entsprechend dem Beispiel des barmherzigen Samariters, ist an
jeden einzelnen Christen gerichtet, gilt aber auch der Kirche als ganzer. Sie
soll die Liebe Gottes bezeugen und das Heil Gottes zu allen Menschen tragen.
Darum zählt die Caritas zusammen mit der Verkündigung des Wortes Gottes
und der Liturgie zu den Grundfunktionen kirchlichen Lebens und Handels.

Als Leitbild einer caritativen Sozialethik dienen die Prinzipien der katholischen Soziallehre. Die Prinzipien der Personalität, Solidarität und Subsidiari-

351

tät sind die ethische Richtschnur nicht nur für die Gestaltung eines Gemeinwesens, sondern auch für das Handeln verbandlicher Caritas.

Dieses Handeln spielt sich in drei miteinander verbundenen Bereichen ab:
- als unmittelbare Hilfe von Mensch zu Mensch in der Begegnung zwischen dem hilfebedürftigen Menschen und dem ‚Helfer'
- als Handeln der verbandlich organisierten Caritas, die sich Ziele vorgibt, ihre Arbeitsfelder und Organisationsform wählt
- als politische Diakonie, die Einfluss nimmt auf die Gestaltung gesellschaftlicher, politischer, sozialer und wirtschaftlicher Rahmenbedingungen und Strukturen.

Was willst du, dass ich dir tue? (Mk 10, 46-52)

Der Umgang Jesu mit Menschen in Not ist eine unerschöpfliche Quelle für den unmittelbaren caritativen Beziehungsprozess. Dieser Umgang Jesu ist überraschend modern. Er erinnert uns daran, dass wir alle unsere Dienste an die Person und Situation des hilfsbedürftigen Menschen bedarfsgerecht anpassen müssen. „Was willst du, dass ich dir tun soll? fragt Jesus den blinden Bartimäus. Er drängt ihm seine Hilfe nicht auf, sondern fragt ihn nach seinem Willen. Der Hilfebedüftige muss auch und gerade im caritativen Beziehungsprozess Subjekt bleiben. Er ist weder ein hilfloses Objekt der Betreuung noch nur ein kaufkräftiger Kunde. „Kundenorientierung" kann nicht heißen, dem hilfesuchenden Menschen primär deshalb zu helfen, weil er als Kunde für eine Dienstleistung bezahlt oder weil andere für ihn bezahlen. Hilfe ist eine personale Begegnung, die über ein marktwirtschaftliches Tauschverhältnis weit hinausgeht. Kunden werden in der Wirtschaft unter dem Aspekt ihrer Kaufkraft betrachtet. Viele hilfebedürftige Menschen sind aber nicht oder nicht mehr in der Lage, autonom zu entscheiden, welche Dienstleistung sie von welchem Anbieter auf dem Markt kaufen können. Viele haben auch die von den Verfechtern des reinen Sozialmarktes unterstellte Kaufkraft nicht zur Verfügung.

Die Menschensorge der Caritas umfasst mehr als die gegen ein mehr oder weniger kostendeckendes Entgelt erbrachte Dienstleistung. Mitarbeiterinnen und Mitarbeiter der Caritas werden auch schwerstbehinderte und pflegebedürftige Menschen nicht einfach versorgen, sondern auf die kleinsten Signale achten, die ihnen sagen, was sie diesen Menschen tun sollen. Es gibt nämlich – so Papst Johannes Paul II. in der Enzyklika Centesimus Annus (Nr. 34) „unzählige menschliche Bedürfnisse, die keinen Zugang zum Markt haben". Pflege, Beratung und Betreuung im Rahmen christlicher Caritas müssen immer den ganzen Menschen im Blick haben. Der pflegebedüftige Mensch erwartet und benötigt nicht bloß eine Injektion von der Krankenschwester, er will auch menschliche Zuwendung, ein tröstendes Wort, eine zärtliche Geste, also Dienste, die nicht mit dem Kostenträger abrechenbar sind. Liebe und Barmherzigkeit tragen wesentlich personale Züge. Zwischen dem Helfenden und dem Hilfebedürftigen soll eine personale Begegnung stattfinden, nicht nur eine wirtschaftliche Austauschbeziehung. Viele Nöte haben ja außer materiell-finanziellen Aspekten auch eine seelische Seite, die mit Geld nicht zu verrechnen ist. „Die soziale Arbeit der Caritas ist gekennzeichnet von einem tiefen Verständnis von Lebenswirklichkeit, Lebensschicksal, Erwartungen und Möglichkeiten des bedürftigen, leidenden und zu erziehenden Menschen. Sie ist ein ganzheitlicher, heilsorientierter Dienst, der über die Hilfen zur unmittelbaren Lebensbewältigung und irdischen Selbstverwirklichung hinausgeht und im Unterschied zu innerweltlichen Heilslehren das Schicksal von Leid, Not und Tod umschließt, weil sie den Menschen als zur Transzendenz, zu Gott hin offen betrachtet."[1] Das heißt zum Beispiel, dass eine Schwester der Caritas-Sozialstation mit dem Patienten auch betet, wenn er es wünscht. Das heißt, dass Eltern eines behinderten Kindes mit einem Caritas-Sozialpädagogen auch darüber reden können, dass „jedes Kind, auch und gerade ein behindertes, ein Wunschkind Gottes ist."[2]

Diese personale Sicht der caritativen Hilfe hat Konsequenzen für die Ziele und die Organisation der gesamten Caritas-Arbeit. Im Alten und Neuen Testament wird eines sichtbar: Der Blick richtet sich auf die Kleinen und Schwachen, auf die Witwen, Waisen und Armen im Volk. Die Sympathie Jesu, sein Mitleiden und seine Mitleidenschaftlichkeit mit den Kranken, Armen, Behinderten, Ausgeschlossenen oder Ausländern aus Sicht des eigenen Volkes, zwingt die Kirche und ihre Caritas zu einer „Option für die Armen und Schwachen". Diese Option muss sie im Alltag umsetzen, zum Beispiel bei der Auswahl ihrer Dienstleistungen. Auch im Sozialbereich gewinnen unter dem Druck der Kostenträger rein betriebswirtschaftliche Kriterien immer mehr an Bedeutung. Das ist zunächst nicht negativ, denn auch soziale Organisationen müssen wirtschaftlich und ressourcenschonend arbeiten. Wohin aber ein eindimensionales Denken führen kann, zeigen Empfehlungen eines Unternehmensberaters an eine Sozialstation: Um Kosten zu sparen, solle man doch ältere Mitarbeiterinnen und Mitarbeiter durch billigere jüngere ersetzen. Statt Krankenschwestern solle man angelernte Hilfskräfte einstellen und nur noch „lukrative und profitable Pflegen" annehmen. Profitabel ist es sicher nicht, wenn eine Krankenschwester kilometerweit fahren muss, um einer alten Frau eine Zuckerspritze zu geben. Sie erhält dafür nur ein paar Euro von der Versi-

---

[1] Dietl, Franz, Kirchlichkeit im caritativen Dienst, in: Caritasdienst. Mitteilungen des Katholischen Caritasverbandes der Erzdiözese München und Freising 3 (1981) 49.

[2] Ratzinger, Joseph, Alle Menschen sind Wunschkinder Gottes, in: Caritasdienst. Mitteilungen des Katholischen Caritasverbandes der Erzdiözese München und Freising 5 (1980) 101.

cherung, was bei weitem ihre Kosten nicht deckt und insofern diese Dienstleistung unterbleiben müsste. Barmherzig ist ein solches marktgerechtes Verhalten jedoch nicht. Es setzt Mitarbeitende unter Druck und verweigert Menschen in Not die entsprechende Hilfe. Dies ist keine Option für die Armen. Das kann nicht der Weg der Caritas sein. Sie muss eine Qualität anbieten, die ansetzt bei der Würde der Menschen.

Des Weiteren hat diese Sicht caritativer Hilfe auch Konsequenzen für die interne Organisation der verbandlichen Caritas und ihrer Einrichtungen. Im Altenheim zum Beispiel, darf nicht der Organisationsplan bestimmen, wann die alten Menschen ins Bett gehen müssen, sondern deren eigene Wünsche müssen maßgebend sein. Die Öffnungszeiten von Kindergärten sind nach den Bedürfnissen der Familien zu richten, nicht allein nach den Wünschen der Erzieherinnen. Die Behinderteneinrichtungen haben sich an den Wohnwünschen der Menschen mit Behinderung und deren Angehörigen zu orientieren; deren Wünsche heißen wohnortnah, dezentral und gemeindeorientiert. Dies ist eine Herausforderung gerade für die großen, traditionsreichen Behinderteneinrichtungen.

Der Dienst am Nächsten der verbandlich organisierten Caritas steht und fällt mit einer engagierten und motivierten Mitarbeiterschaft. Viele Mitarbeiterinnen und Mitarbeiter haben ihren Beruf sehr bewusst gewählt. Sie wollen Menschen helfen, die auf professionelle Hilfe angewiesen sind. Sie wollen beispielsweise Pflege nicht auf standardisierte und genau vorgeschriebene Abläufe beschränken. Sie wollen Zeit zum Gespräch, Zuwendung, das Einbeziehen alter Menschen in den möglicherweise noch so reduzierten Alltag, sie wollen menschliche Wärme: Das hieße menschenwürdig pflegen. Täglich mit der Hinfälligkeit des menschlichen Lebens, immer wieder mit dem Tod konfrontiert zu sein, erfordert viel Kraft. Diese Kraft darf nicht „ausbrennen". Personale Orientierung der Caritas-Arbeit fordert deshalb auch eine Gestaltung der Arbeitsbedingungen, die die Mitarbeitenden ernst nehmen und Angebote spiritueller und religiöser Fortbildung. Im Leitbild vieler Caritasverbände heißt es zum Beispiel: „Unser Führungs- und Umgangsstil ist kooperativ. Das partnerschaftliche Miteinander basiert auf gegenseitiger Achtung. Wir fördern die fachlichen, persönlichen und religiösen Entwicklungen unserer Mitarbeiterinnen und Mitarbeiter". Diese Vorgaben gilt es immer wieder umzusetzen.

Den Unterdrückten verschafft er Recht (Psalm 146,7)

Die Ursachen für individuelle Not liegen nicht immer in der eigenen Person, sondern häufig in sozialen und wirtschaftlichen Rahmenbedingungen, die der Betroffene nur sehr eingeschränkt beeinflussen kann. Aktuelles Beispiel ist die Arbeitslosigkeit. Immer wieder wird in der politischen Debatte versucht, arbeitslosen Menschen selbst die Schuld an ihrer Situation zuzuschreiben: Sie seien zu wenig flexibel, sie wollten eigentlich gar nicht arbeiten. Das mag in Einzelfällen so sein. Aber allein die Tatsache, das die Zahl der Arbeitslosen die Zahl der freien Stellen bei weitem übersteigt, beweist, dass die Ursache für die Arbeitslosigkeit nicht bei den betroffenen Personen zu suchen ist, sondern in wirtschaftlichen und politischen Entwicklungen. Wirksame Caritas-Arbeit, die das Wohl der Menschen im Auge hat, wird also über die persönliche Betreuung hinaus, die wirtschaftlichen, politischen und gesellschaftlichen Strukturen, Bedingungen und Entwicklungen beobachten und benennen, die die Würde des Menschen verletzen und ein glückendes Leben behindern. Sie wird darauf drängen, dass gesellschaftliche, soziale und wirtschaftliche Vorgaben der Würde des Menschen dienen.

Die Legitimation zu dieser öffentlichen Einmischung in die politische und sozialpolitische Debatte ist biblisch begründet. Das biblische Ethos bezeugt einen Gott, der selbst als Anwalt der Leidenden, Armen, Kranken und Entrechteten auftritt und ihnen Recht verschafft. Die Kirche und damit auch ihre organisierte Caritas tragen deshalb Mitverantwortung für die Gestaltung der Welt und Gesellschaft. Ihr mahnendes Wort und ihre unmissverständliche sozialpolitische Einmischung bestehen vor allem darin, für eine Werteordnung einzutreten, die den Armen und Benachteiligten Gehör verschafft und ihnen Recht auf Teilhabe und Mitwirkung an einem menschenwürdigen Leben sichert.

Eine entscheidende sozialethische Herausforderung ist die künftige Gestaltung des Sozialstaates. Die Solidargemeinschaft hat im vergangenen Jahrhundert einen lange tragfähigen Konsens gefunden, um die einzelnen Menschen und ihre Familien angesichts der großen, unwägbaren Risiken des Lebens (Krankheit, Alter, Pflegebedürftigkeit, Invalidität, Arbeitslosigkeit, Armut) vor dem Sturz ins soziale Abseits zu bewahren. Angesichts sozialer, ökonomischer und demografischer Entwicklungen sind die Grundlagen und die Wirksamkeit dieses solidarisch strukturierten Sozialstaates, der eine entscheidende Voraussetzung für das Wohlergehen der Menschen und für den sozialen Frieden war, gefährdet. Ein Umbau ist deshalb erforderlich. Allerdings haben fast alle bisherigen Reformen, zum Beispiel die Gesundheitsreform, die Arbeitsmarktreformen und die Sanierung der Staatshaushalte in manchen Bundesländern, einseitig die sozial Schwachen, Kranken und Hilfebedürftigen belastet, ohne ihr Ziel, die Konsolidierung der sozialen Sicherung und den Abbau der Arbeitslosigkeit, zu erreichen. Für eine Zukunft in Solidarität und Gerechtigkeit müssen andere politische Akzente gesetzt werden. Der Sozialstaat darf nicht weiter zu Lasten und auf Kosten der Arbeitslosen, Kranken, Behinderten und sozial Schwachen und Benachteiligten umgestaltet werden. Konzepte, die dies vorschlagen, lösen die sozialen Probleme nicht nachhaltig, sondern führen zu weiteren sozialen Verwerfungen. Leitende Prinzipien für eine Konsolidierung des Sozialstaates und der Gesellschaft sind Personalität, Solidarität, Nachhaltigkeit und Subsidiarität. Sie fordern die Beachtung der Würde jedes einzelnen Menschen, seine Pflicht zur zumutbaren Eigenverantwortung und seine Pflicht zur Solidarität. Diese Pflichten müssen sich an den realen finanziellen und persönlichen Ressourcen der Einzelnen und ihrer Familien orientieren.

Ein solidarischer Sozialstaat erfordert soziale Gerechtigkeit, die allen Bürgerinnen und Bürgern die Möglichkeit und Befähigung zu einem eigenverantwortlichen Leben eröffnet und die die Schwachen trägt. Die Menschen müssen sich in der Not wieder auf die Hilfe des Staates und eines Netzes sozialer Dienste verlassen können. Der Sozialstaat nützt allen und braucht deshalb alle. An seinem Umbau sind folglich alle gesellschaftlichen Gruppen nach ihrer Leistungsfähigkeit zu beteiligen. Starke Schultern können und müssen mehr tragen als schwache. Wie immer auch die Sozialversicherungen umgestaltet werden, das solidarische Element muss strukturell ebenso verankert sein wie die besondere Berücksichtigung der Familien. Im Zeitalter der Globalisierung der Märkte und Werte und der wachsenden Europäischen Union gilt es bei der Konsolidierung des Sozialstaates auch die internationale Einbettung nationaler Politik zu bedenken.

Die Krise des Sozialstaates ist nicht nur eine Finanzierungskrise. Sozialpolitik braucht klare Wertvorstellungen. Je mehr man über die ökonomischen Bedingungen des Sozialstaates redet, um so mehr muss man über das zugrunde liegende Menschenbild und über die Aufrechterhaltung der Werte, die für unsere Gesellschaft von Bedeutung sind, sprechen.

Das Leben und die Würde des Menschen sind heute in vielfacher Weise gefährdet, insbesondere am Anfang und am Ende des Lebens. Die Entschlüsselung des menschlichen Genoms und die Biomedizin verheißen große therapeutische Erfolge für die Heilung bisher unheilbarer Krankheiten und Behinderungen. Die Chancen, die sich aus dieser Entwicklung ergeben, dürfen nicht verkannt werden. Die entscheidende ethische Herausforderung ist, ob die möglichen Fortschritte auch dann verantwortbar sind, wenn dazu menschliches Leben getötet werden muss. Die Caritas kann der Tötung menschlichen Lebens niemals zustimmen, auch wenn sich daraus Heilungschancen für andere Menschen ergäben. Die Freiheit von Forschung und Wissenschaft und der gentechnische Fortschritt haben dort ihre Grenzen, wo sie in Konflikt geraten mit der unantastbaren Würde des Menschen, seinem Recht auf Leben und körperlicher Unversehrtheit. Die Würde des Menschen darf weder wirtschaftlichen noch wissenschaftlichen Interessen untergeordnet werden. Denn der Mensch ist nicht Schöpfer seiner selbst, sondern verdankt sich Gott. Er steht vom Augenblick seiner Zeugung bis zum letzten Atemzug unter dem

Schutz Gottes. Er ist deshalb der Verfügbarkeit anderer Menschen, aber auch einer letzten Verfügbarkeit über sich selbst entzogen. Gott allein bestimmt Anfang und Ende des menschlichen Lebens. Insofern kann es keine Zustimmung geben, dass Leben alter, kranker und pflegebedürftiger Menschen zu beenden unter dem Deckmantel von Humanität, die vorgibt, ihnen Schmerzen und Qualen ersparen zu wollen. Man kann sich allerdings manchmal des Eindrucks nicht erwehren, dass dahinter andere Interessen stehen. Die Caritas mahnt auch hier entschieden die Unantastbarkeit und Unteilbarkeit der Würde des Menschen an. Statt der Todesspritze das Wort zu reden, sind die Palliativmedizin und die Hospizbetreuung auszubauen.

Menschen mit Behinderungen, Kranke, pflegebedürftige und benachteiligte Menschen brauchen fachliche Hilfe zur Selbsthilfe, sie brauchen Solidarität und geistlichen Beistand. Die Caritas will dafür ihren Beitrag leisten. Dazu benötigt sie aber die ideelle und finanzielle Unterstützung von Staat, Kirche und Gesellschaft.

Oskar Bärlehner

Studium der Caritaswissenschaften als zukunftsorientierte Qualifizierungsmaßnahme

Wer an dieser Stelle vom Autor folgenden Beitrages einen von Wissenschaftlichkeiten durchtränkten Aufsatz erwartet, möge an mir vorbei gehen und an einer anderen Stelle weiter lesen. Im Wissen um die mir weit überlegene Denkprägnanz und wissenschaftlich analytische Befähigung sämtlicher Co-Autoren dieser Festschrift nehme ich Zuflucht, zwar ordnungsgemäß und gehorsam gegenüber der Themenvorgabe, in der Beschreibung meines eigenen innen-architektonischen Sich-Veränderns im beruflichen Handeln während und nach dem Studium der Caritaswissenschaften.

Der Motivationsfächer, dieses Ergänzungsstudium aufgenommen zu haben, war vielfarbig. Im Menü meiner Intentionen findet sich eine Prise akademischer Eitelkeit, zumal am Ende des studentischen Sich-Bemühens ein universitärer Abschluss am Horizont aufleuchtete, bei Ankunft daselbst die Möglichkeit des Aufbruchs in ein weiteres Sonnensystem, der Promotion, verheißend. Gleichwohl hier schob sich ein Trabant mit innerkirchlichem Erlassen, Verfügungen und Verordnungen zwischen dem Wollenden und der Sonne, womit diese auch verfinstert wurde. Jedoch: panta rhei!

Präferenz für die Aufnahme des Studiums der Caritaswissenschaften war jedoch mein Bestreben, mein sozialpädagogisches Handeln mit dem zu erwerbenden theologischen Hintergrundwissen zu vernetzen und zu bereichern. In bisherigen Aus- und Fortbildungen der Sozialpädagogen erlebte ich, elterlich hineinsozialisiert in das christliche Wertesystem, das beinahe ängstliche Ausklammern theologischer Vor-Gaben als Aporie. Meine darauf bezogenen rudimentären Einlagerungen in meinen Vorlesungen und Seminaren mit jungen StudentInnen der Sozialpädagogik befriedigten Auditorium und Dozenten im Sinne eines Orientierungsmehrwertes nicht. Die entsprechende interpersonale Dynamik war flach und schal.

Chaire to kairo: Ein wie immer gelangweilter Blick auf die Fortbildungstafel der Fachhochschule Landshut nahm Spannung auf bei der Inaugenscheinnahme eines Aushangs, inhaltlich dessen die Katholisch-theologische Fakultät der Universität Passau ein Aufbaustudium zum Diplomcaritastheologen anbot. Bescheiden duckte sich die kleine Fotokopie eines Flyers fast unscheinbar zwischen farbgrellen Plakaten anderer Fortbildungsmaßnahmen. Die hier in

einer inhaltlichen Klarheit beschriebene Zielsetzung samt formalen Vorraus-
setzungen und Lehrinhalten jedoch bewirkten in mir einen raschen Verdamp-
fungsprozess aller in vielen Berufsjahren angesammelten Fortbildungsskepsis
zum einen, zum anderen formulierte ich in mir eine Würdigung dessen, der,
mir noch unbekannt, dieses Angebot initiierte und organisierte, wohl wissend,
wie mühevoll sich schon allein die Ausarbeitung einer einzigen Vorlesung mit
neuer Thematik gestalten konnte.

Meine persönliche und berufliche Intention war mit all dem hier Ge- und Er-
lesen kongruent. Es war mein Wollen auszubrechen, aufzubrechen, der Weg
und das Ziel lagen im Nebel, doch war mir ein Tasten hinein ins Verborgene
lieber, als der rhythmische monotone Ablauf gleichgroßer Schritte im Ver-
trauten.

Die Palette der Lehrangebote beeindruckte in ihrer Vielfalt, die wiederum
kunstvoll in ein Ganzes verwoben wurde, hinein in den Grundgedanken seines
Initiators und seiner Mitdenker und –planer, den sozialwissenschaftlichen und
sozialpraktischen Kompetenzen der Studenten einen theologischen und aus
der Erkenntnisquelle dieses einen vom christlichen Humanismus geprägten,
ethischen, religiösen Werte-Unterbau zu bereiten.

Bereits das Studium der Caritaswissenschaften hat mich aus meiner beginnenden inneren Schläfrigkeit wachgerüttelt. Meine über 25-Jahre lange, im
öffentlichen Dienst gepflasterte und stoßfrei befahrbare Denkstraße ist schon
während des ersten Semesters des Studiums holprig geworden, Schlaglöcher
rütteln, Umleitungsschilder fordern meine Aufmerksamkeit, meine teils unbe-
scheidende Zielorientierung wurde porös. In der täglichen Begleitung Sucht-
kranker und Selbstmordgefährdeter, von ritualisierter Routine und Monotonie
rhythmisch bewegt, formte sich eine Melodie aus, wuchs hinein, veränderte,
verwandelte, und wurde in meinem täglichen Tun als Cantus firmus erwachsen. Meine Orgel – als Kirchenmusiker sei mir dieser Vergleich gestattet –
wurde durch mehr Register nuancenreicher, die Tutti kraftvoller.

Die Kunst der Improvisation konnte sich entfalten. Die musikalischen Orna-
mente des Cantus firmus in der Beratungsmelodie wurden reicher, im DU und
ICH dominierte zunehmend das Legato. Das Gespräch wird ton-voll, taktle-
bendig. Wir komponieren. Jedem seine Melodie, jedem das Seine, dies in der
stets reflektierten Bewahrung des Meinen. Der Ton macht die Musik und das
Hören musikalisch.

Zementierte Marginalen, wie diese amtsliterarische Ungeheuerlichkeiten
bestimmen, mussten sich der Neudisposition unterordnen: „Der Obenge-
nannte", „der im Betreff Genannte"," der Mandant", „der Klient", „der Pro-
band" wurden in schriftlichen Stellungnahmen, seinem Person-Sein entsprechend, neu ausgezeichnet, da nun mehr, wie oft auch immer, der Adressat mit

seinem Namen angesprochen wird; „hochachtungsvoll!" wurde gestrichen, aus den „freundlichen Grüßen" – die in der oft mit ehrfürchtigem Schaudern gelesenen Abkürzung: „mfG" noch um ein wesentliches sonniger, verbindlicher wirken – werden „herzliche Grüße" und, zur kollegialen Verwunderung, werden dem Angeschriebenen noch „gute Wünsche" überbracht. Der Schreibtisch samt überhöhtem Sessel, als äußeres Zeichen einer veramtlichten Würde, wird anlässlich eines Beratungsgespräch verlassen, solcherart eine gleiche Ebene bedeutend. An der Tür eine Aufschrift: „Treten sie ein, legen sie ihre Traurigkeit ab, hier dürfen sie schweigen." Er-Sie-Ich: Wir.

Meine Vortrags- und Lehrtätigkeit gestaltete sich inhaltlich reicher, üppiger, prägnanter. In der verhältnisorientierten Präventionsarbeit, die gesellschaftliche Meteorologie beschreibend, war Samuel Becketts Satz im „Endspiel": „Irgendetwas geht seinen Gang" meine diffus angeleuchtete Fluchthöhle. Irgendetwas blieb irgendetwas, bis ich herausgerufen wurde durch die Vorlesungsreihe „Christliches Handeln in der Welt von Heute", innerhalb der uns Studierenden in einem weiten Bogen eine Kulturdiagnose vermittelt wurde, die in ihren Aussagen die bisher von mir für diesen Präventionsteil erarbeiteten soziologischen Feststellungen und Bewertungen inhaltlich im wesentlichen bestätigt, zugleich aber dieselben in ihrer punktuellen Exaktheit weit übertrifft.

Der mir zu füllen vorgegebene Rahmen dieser Festschrift lässt eine Circumspektion in Beschreibung und qualifizierender Bewertung aller Lehr- und Seminarinhalte des Studiums nicht zu. Mit dem Anleuchten einiger weniger Segmente war es mein Bemühen, das Ganze meines Mich-Veränderns anzudeuten. Ich durfte annehmen, studieren, lernen, begreifen, ich habe mich aufgemacht und auf-gemacht, all das Erworbene durfte eintreten, sich verflechten, mein bisheriges Wie in Sein und beruflichem Handeln wurde verändert, reicher, tiefer, eigentlicher. Alle meine Aufzeichnungen, Skripten, Seminarvorlagen innerhalb des Studiums geschrieben und gesammelt, befinden sich neben mir an meinem Arbeitsplatz. Diese sind mir jederzeit zur Tankstelle und Wegweiser geworden.

Aus einer Ansprache des 1972 verstorbenen Landescaritasdirektors Msgr. Adolf Mathes, bleibt mir folgende Aussage in Erinnerung: „Uns helfen keine Psychologie, Psychotherapie, Soziologie, Theologie, alle diese Wissenschaften bleiben leer, wenn der Mensch, der uns begegnet, nicht erleben darf, dass man ihn mag."

Die Tatsprache, von dieser doch so schlichten Erkenntnis beseelt, bewegt, erwärmt, verbindet und heilt. Sie ruft vom Rand in die Mitte.

Anna Hennersperger

Kirchliche Veränderungsprozesse aktiv und partizipativ gestalten

In Burghausen, im Haus der Begegnung Heilig Geist, findet sich in der Eingangshalle – diskret platziert in einer Nische beim Ausgang zum Innenhof – eine Darstellung des Kairos. Er wurde, wie das Vorbild aus der griechischen Mythologie, „zur Belehrung" in der Vorhalle aufgestellt.[1]

Die Zeichen der Zeit wahrzunehmen, sie richtig zu interpretieren und im Sinne Jesu zu handeln: Darin schwerfällig zu sein, das hat schon Jesus seinen Jüngern zum Vorwurf gemacht.[2] Das Konzilsdokument „Gaudium et spes" und das Dekret über „Dienst und Leben der Priester"[3] hat uns den richtigen Blick in die Welt nochmals ausdrücklich ins Stammbuch geschrieben: „Zur Erfüllung dieses ihres Auftrags obliegt der Kirche allzeit die Pflicht, nach den Zeichen der Zeit zu forschen und sie im Licht des Evangeliums zu deuten. So kann sie dann in einer jeweils einer Generation angemessenen Weise auf die bleibenden Fragen der Menschen nach dem Sinn des gegenwärtigen und des zukünftigen Lebens und nach dem Verhältnis beider zueinander Antwort geben." (GS 4)

Die Kirche und der Kairos

Dem Bruder des Kairos, dem Chronos, begegnen wir mit jedem verrinnenden Tag und bei jedem Blick auf die Uhr. Der Kairos kommt – nach eigenem Empfinden – seltener. Und doch sagt das Neue Testament, dass er uns, die wir auf Christus getauft sind, unentwegt entgegeneilt. „Für euch aber ist immer die rechte Zeit (Kairos)" heißt es in Joh 7,6.

---

[1] Vgl. Zulehner, Paul M., Pastoraltheologie Bd. 1. Fundamentalpastoral: Kirchen zwischen Auftrag und Erwartung, Düsseldorf 1989, 138-139.

[2] Vgl. Mt 16,2 und Lk 12,54-56.

[3] In Presbyterorum Ordinis Artikel 9 heißt es, dass die Priester die Kompetenz der Laien anerkennen sollen, damit sie gemeinsam mit ihnen die Zeichen der Zeit verstehen können.

Kairos?

Was ist in einer Zeit des innerkirchlich verordneten Umbruchs dran? Wozu sind wir jetzt herausgefordert, weil gerade hier und heute die richtige Zeit dafür ist?

Die Liste ist lang und soll nur skizziert werden:

- Der Platz in der Gesellschaft hat sich für die Kirche verändert. Sie ist zwar nach wie vor in den grundlegenden Lebensthemen gefragt, aber nicht mehr die Sinninstanz erster Ordnung für die meisten Menschen und für die Regierenden.
- Die kirchliche Landkarte in der Bundesrepublik Deutschland hat sich durch die Wiedervereinigung signifikant verändert: Römisch-katholisch ist nur mehr ein Drittel der Menschen unseres Staates.
- Die Menschen sind religiös Suchende, behausen ihre Suche jedoch nicht mehr im Raum der Kirche bzw. einer konkreten Pfarrgemeinde.
- Die kirchliche Sozialisation von klein auf, welche die derzeit (noch) tragende Generation in den volkskirchlichen Zeiten der fünfziger und sechziger Jahre erlebt hat, findet nicht mehr statt. Die Tradierungsbrüche zeigen sich u. a. auch in der regelmäßigen Mitfeier des Sonntagsgottesdienstes, im mangelnden Glaubenswissen oder fehlendem Verständnis von kirchlichen Handlungen und Symbolen. Darüber darf ein gut besuchter und fröhlich inszenierter Weltjugendtag nicht hinwegtäuschen.
- Die kirchliche Sprache (Theologie und Verkündigung) trifft oft nicht das, was Menschen alltäglich erleben, was sie in ihrer Freude und Hoffnung bewegt und in Trauer, Angst und Sorge umtreibt. Nicht nur sprachlich ist ein Graben zwischen der „Welt der Kirche" und der „Welt der Menschen" auszumachen.
- Die deutsche Kirche befindet sich derzeit in einem massiven strukturellen (und personellen) Ab- und Umbau. Dieser ist bedingt durch Ressourcenknappheit bei den Finanzen und durch die fehlenden Amtsträger.
- Die Kirche hat eine Phase (von doch nur dreißig Jahren, aber immerhin) der gutgefüllten Kassen und reichlich fließenden Zuschüsse hinter sich. Noch nie erhielt die deutsche Kirche so reichhaltig regelmäßige Kirchensteuer wie ab den siebziger Jahren des letzten Jahrhunderts. Und noch nie zuvor in ihrer Geschichte geschah der Ausbau der Hauptamtlichkeit in dieser umfassenden Weise. Viel Gutes ist mit dem vorhandenen Geld bewirkt worden: in der Diakonie, in der Pastoral, in der Erwachsenenbildung, in der Förderung von Ehrenamtlichen, in der Arbeit mit Kindern und Jugendlichen und in vielen Bereichen der kategorialen Seelsorge.

- Man konnte sich manches – auch an Besonderheiten – im wahrsten Sinne des Wortes leisten. Gerade deshalb ist der Schock, dass die Mittel nicht mehr in der gewohnten Weise zur Verfügung stehen, bisweilen umso größer. Manche wollen von daher nicht wahrhaben, was ist.

Wie nun sinnvoll gespart werden kann, ist eine Herausforderung. Sie stellt sich einer Generation, die in Phasen des Aufbaus und des Wachstums groß geworden ist, die materielle Not meist nur aus den Erzählungen der Großelterngeneration kennt. Die geringer zur Verfügung stehenden Mittel richtig einzusetzen, ist für die Kirche ein Lernfeld, mit dem sie in vieler Weise Neuland betritt. Was hat Priorität, was muss reichlich gefördert und unterstützt werden, wer oder was kann oder muss sich verkleinern oder abgebaut werden? Wie steht es mit der Gerechtigkeit? Es gibt das Wort von der Opfersymmetrie: Alle müssen einen Beitrag leisten. Jedoch, ist das gerecht? Auch wenn McKinsey es vorschlägt? Man weiß ja andererseits auch: Es werden immer welche ausgenommen, weil der Einzelfall gesehen werden muss.

Die angemessene Antwort der Kirche auf die Herausforderungen sind Veränderungsprozesse

Auf alle diese Herausforderungen sucht die Kirche – suchen wir – eine Antwort durch verantwortete Veränderung. Das gilt für alle Bereiche, nicht nur für die Struktur der Pfarrgemeinden und Pfarrverbände. Es sind gangbare Wege zu finden, wie sich unser Auftrag als Kirche unter den veränderten Rahmenbedingungen gestaltet oder sich gestalten kann. Dabei geht es nach wie vor um die zeitgerechte Verkündigung des Evangeliums in Wort und Tat, an unterschiedlichen Orten, für Menschen in ganz verschiedenen Lebenssituationen und möglichst für alle Menschen.

Zur Gestaltung von Veränderungsprozessen

Als Veränderungsprozess gilt jeder Wandel, egal ob er gewollt, geplant oder relativ spontan ausgelöst wurde. Der ökonomische Auslöser, der die Kirche derzeit beschäftigt und bedrängt, könnte die Versuchung aufkommen lassen, Veränderungen nur nach rein ökonomischen Gesichtspunkten durchzuführen.

Zudem fehlt für die anstehenden Umbauprozesse zum Teil das aktuelle Handwerkszeug. Der Umgang mit der Herausforderung ist wenig professionell. Ziele sind oft (noch) nicht vereinbart, Prioritäten (noch) nicht im Dialog gesucht. Es gibt Kränkungen, Verunsicherung ganzer Berufsgruppen und erste (offene oder verdeckte) Verteilungskonflikte.

„Wenn einer von euch einen Turm bauen will, setzt er sich dann nicht zuerst hin und rechnet, ob seine Mittel für das ganze Vorhaben ausreichen? Sonst könnte es geschehen, dass er das Fundament gelegt hat, dann aber den Bau nicht fertig stellen kann." So heißt es in der „Ressourcenrede" im Lukas-Evangelium (14,28-29).

Veränderungsprozesse brauchen Gestaltung

Das Sparen wird uns nicht erspart bleiben. Kirche hat jedoch einem Auftrag gerecht zu werden, den sie sich nicht selbst gegeben hat. Denn sie ist *„in Christus gleichsam das Sakrament, das heißt Zeichen und Werkzeug für die innigste Vereinigung mit Gott wie für die Einheit der ganzen Menschheit."* So hat es das Zweite Vatikanische Konzil in der Kirchenkonstitution formuliert. Wenn sich Veränderungsprozesse in der Kirche in ökonomischen Konsolidierungsprozessen erschöpfen würden, dann würde uns das langfristig mehr schaden als kurzfristig nützen. Dann hat uns der „Chronos" mehr im Griff als wir den Kairos.

Das Apollo- und das Shuttle-Modell

Veränderungen erfordern Wechsel im Blickwinkel. Eine andere Position einzunehmen, einen Seitenwechsel zu vollziehen, das kann erschließend und heilsam sein.[4] Die NASA in Amerika hat für ihre Abläufe zwei Modelle oder zwei Modi. Den Apollo-Modus und den Shuttle-Modus.[5]

Beim Apollo-Modus wird ein Ziel gesetzt. Dies war im konkreten Fall die Landung von Menschen am Mond. Man überlegt, wie das Ziel erreicht werden kann, plant und geht die entsprechenden Schritte. Beim Shuttle-Modus hingegen gibt es ein jährliches Budget. Man kann Anträge stellen, Gremien bilden, diskutieren, abwarten oder weitermachen. Das Budget existiert. Es kann zwar zurückgestutzt werden, wird aber nicht weiter – außer dem gewohnten Hin und Her – nicht viel in Bewegung bringen, wenn man nicht will. In der Kirche sind wir mit dem Shuttle-Modus vertraut. Es wird wohl auch nicht ohne ihn gehen. Der Apollo-Modus jedoch lockt die Kreativität. In ihm eröffnen sich uns neue Ufer.

---

[4] Schon für manchen Pfarrer war es heilsam, bei einem Gottesdienst (z.B. in Urlaubszeiten) seinen Platz bei den Mitfeiernden einzunehmen und damit die Perspektive zu wechseln. Das hat sich bisweilen sehr förderlich auf seine ars celebrandi ausgewirkt.

[5] Vgl. Rühle, Alex, Teezeit im Universum. Interview mit dem Schriftsteller Hans-Arthur Marsirske über die Zukunft der Raumfahrt, in: SZ Nr. 176 vom 2. August 2005, 11.

Geschichtlich verdankt sich dieses Programm dem Sputnik-Schock von 1957, in der Zeit des Kalten Krieges. Der amerikanische Präsident John F. Kennedy hat es auf den Weg gebracht. Ganz entscheidend dafür war seine Rede vom 12. September 1962. Ein kleiner Auszug: „Wir haben uns entschlossen, zum Mond zu fliegen. Wir haben uns entschlossen, in diesem Jahrzehnt auf den Mond zu kommen, nicht weil es leicht wäre, sondern gerade weil es schwer ist, weil diese Aufgabe uns helfen wird, unsere besten Energien und Fähigkeiten einzusetzen und zu erproben, weil wir bereit sind, diese Herausforderung anzunehmen und sie nicht widerwillig aufschieben werden und weil wir beabsichtigen, zu gewinnen." So spricht einer, der von einer Vision geleitet ist. Sieben Jahre später war sie Realität.

Veränderungsprozesse leben aus Visionen. Neue Brunnen sind zu graben (Gen 26)

Um die Zeichen der Zeit im Licht des Evangeliums zu deuten, brauchen wir Vereinbarungen über Visionen und Ziele. Diese müssen in Abstimmung mit den Rahmenbedingungen stehen. In der Diözese Passau gibt es dazu ein Leitbild, den hervorragenden Pastoralplan: „Gott und den Menschen nahe". Er harrt zur Zeit der Umsetzung und muss wohl dann, wenn sein Kairos wieder kommt, aktualisiert werden.

Die großen Veränderer (Frauen und Männer) in Kirche und Staaten waren immer Menschen, die einer Vision gefolgt sind. Sei es Franz von Assisi und Ignatius von Loyola. Sei es Theresa von Avila oder Hildegard von Bingen, um nur ein paar Namen zu nennen. Man kann sagen, dass die Gründerfiguren der Orden und alle großen Gestalten der christlichen Mystik Kirchenreformer/innen gewesen sind: durch ihre prophetische Kraft und ihre soziale und/oder politische Verantwortung. Einer Vision gefolgt ist auch Martin Luther King in den Zeiten des gewaltfreien Kampfes um die Rechte der Schwarzen in Amerika („I have a dream"). Und auch Nelson Mandela hat wohl seine Kraft in den langen Jahren seiner Gefangenschaft aus einer tiefen Quelle seiner Vision vom Ende der Apartheid gespeist. Was am Leben hält, ist die Hoffnung. Der notwendige Überschuss an Hoffnung kommt aus der Vision.

„In jenen Tagen waren Worte des Herrn selten; Visionen waren nicht häufig. Eines Tages geschah es:" (1 Sam 3,1-2)

Und dann folgt die Erzählung von der Berufung des Samuel. Es geschieht. Darauf können wir uns verlassen. Gott erweckt immer wieder aus der Mitte seines Volkes Menschen, die seine Nähe erfahrbar machen, die einen unbändigen Überschuss an Hoffnung in sich tragen, die Führungsqualitäten haben, die quer denken oder in ihrer Radikalität und Einfachheit alle verblüffen.

367

Die Bibel, wie ein Füllhorn der vielschichtigen Geschichte Gottes mit der Welt und den Menschen ist sie. Ein ausdrucksstarkes Zeugnis der unbeirrbaren Liebe Gottes zu seinen Geschöpfen, die sich bisweilen auch in Zorn und Ohnmacht Luft macht. Sie steckt voller Aufbruch und Ermutigung, Zuspruch und Beistand. Sie kennt die schmerzende Gottesferne. Sie weiß um die Mühsal der Wüste, das müde und mutlos werden. Sie spricht vom Zaudern und offenen Grollen ebenso, wie von der Erfahrung betörender Liebe und der Intensität der Verheißung. Sie spricht von Zukunft und Hoffnung, von gefüllten Speichern (*Unsre Speicher seien gefüllt, überquellend von vielerlei Vorrat; Ps 144,13*) und neuen Möglichkeiten. Die biblischen Texte ermutigen unentwegt zur Veränderung: Umkehr (Metanoia) ist eines der biblischen Schlüsselworte.

Zusammen mit Helmut A. Höfl, einem Kollegen aus der Gruppe der Passauer GemeindeBeratung und OrganisationsEntwicklung, habe ich bei einer längeren Fortbildung mit Priestern und Hauptamtlichen in der Diözese Feldkirch u. a. mit der Schriftstelle Gen 26,16-22 gearbeitet. Ein Text, der eine unendliche Dynamik entfalten kann.

Der Rahmen: Isaak muss wegen einer Hungersnot sein Land verlassen und zieht ins Land Gerar zu Abimelech, dem König der Philister. Dieser gewährt Isaak und seiner Sippe Gastfreundschaft. Isaak wird jedoch dort wieder zu mächtig und erregt den Neid der Philister.

> Und Abimelech sprach zu ihm: Zieh von uns, denn du bist uns zu mächtig geworden. Da zog Isaak von dannen und schlug seine Zelte auf im Grunde von Gerar und wohnte da. Die Brunnen, die man zur Zeit seines Vaters Abraham gegraben hatte und die die Philister nach dem Tod Abrahams zugeschüttet hatten, ließ Isaak wieder aufgraben und gab ihnen dieselben Namen, die ihnen sein Vater gegeben hatte.
> Die Knechte Isaaks gruben in der Talsohle und fanden dort einen Brunnen mit frischem Wasser. Die Hirten von Gerar stritten mit den Hirten Isaaks und behaupteten: Uns gehört das Wasser. Da nannte er den Brunnen Esek (Zank), denn sie hatten mit ihm gezankt.
> Als sie einen anderen Brunnen gruben, stritten sie auch um ihn; so nannte er ihn Sitna (Streit). Darauf brach er von dort auf und grub wieder einen anderen Brunnen. Um ihn stritten sie nicht mehr. Da nannte er ihn Rehobot (Weite) und sagte: Jetzt hat uns der Herr weiten Raum verschafft, und wir sind im Land fruchtbar geworden.

Streit und Zank um die alten Ressourcen. Und dann weiter Raum und fruchtbares Leben. Das ist das Ergebnis des Aufbruchs aus Gottvertrauen. Ein Kollege aus der Evangelischen Landeskirche hat zu dieser Schriftstelle formuliert: „Wenn wir in unserer Kirche für gleich viele mit weniger Geld auskommen müssen, dann müssen wir es schaffen, die Geschichten des Dritten Brunnens unter uns zu kreieren, zu er-*finden*. Vorgegebene Lösungswege, kopierbare Verhaltensmodelle gibt uns die Geschichte vom Brunnenstreit nicht an

die Hand. Wir müssen es schaffen mit unserem Ressourcenstreit so umzugehen, dass andere über uns erzählen: Erstaunlich, wie sie es geschafft sich zu
einigen. Schau an, welch Atmosphäre bei ihnen am Schluss herrschte trotz
aller gegensätzlicher Meinungen, und welch gutes Ergebnis sie erzielten, trotz
ihrer zunächst gegensätzlichen Interessen."[6]

Eine Grundvoraussetzung:
nicht Widerstand, sondern Annahme

Nochmals zurück zu John F. Kennedy. „Wir sind bereit, diese Herausforde-
rung anzunehmen und sie nicht widerwillig aufzuschieben." Das war seine
Grundoption. Er ist sicher nicht nur auf Beifall und Zustimmung gestoßen.
Veränderungsprozesse rufen Widerstand und Abwehr hervor, die auch nicht
immer unberechtigt sind, weil tatsächlich vieles Gewohnte in Fluss gerät. Wer
von uns sucht den Wechsel und bevorzugt tendenziell das Chaos, wenn die
Alternative die Stabilität ist? Wer bleibt nicht lieber beim Gewohnten und
Bekannten so lange es eben geht, auch wenn man sehr wohl um das Abraha-
mitische weiß?

Von den drei Kappadoziern[7] stammt eine alte christologische Aussage: „Was
nicht angenommen wurde, ist nicht erlöst." Sie hat sich im Ringen um die
Zwei-Naturen-Lehre Jesu Christi im vierten Jahrhundert entwickelt und bezog
sich in diesem Fall auf das Menschsein Jesu. Dieser Satz gilt aber analog auch
für Phasen der Übergänge und des Umbruchs: Was nicht angenommen wird,
kann sich nicht lösen. Der verklärte Blick zurück (in die vermeintlich gute alte
Zeit) hilft ebenso wenig weiter wie eine Problemtrance, die nur daran hängen
bleibt, was jetzt schwierig ist und nicht geht. Akzeptieren was jetzt ist. Das ist
der erste Schritt. Das wissen alle, die Trauerprozesse erlebt oder begleitet
haben. So lange man sich am Gewesenen festhält und wund reibt an dem, was
nicht mehr sein kann, kann sich keine Lösung eröffnen. Deshalb braucht es
bei Veränderungsprozessen auch Raum für Trauerarbeit, zur Klage und Möglichkeit zum Abschied: Trauerarbeit ist ein erster Schritt, um in die aktive
Annahme gehen zu können. „Sich die Lösungen der Vergangenheit nicht
mehr zu genehmigen ist Ausdruck des Vertrauens, dass alles weitergeht, dass
es einen Punkt gibt, auf den wir zuströmen, dass es eine Kraft gibt, die die
Entwicklung steuert."[8]

---

[6] Brax, Horst, „... was ist das für so viele?" Geistliche Perspektiven im Umgang mit begrenzten Ressourcen. Unveröffentlichtes Manuskript, Rummelsberg, Juli 2005, 2.

[7] Basilius der Große, Gregor von Nyssa, Gregor von Nazianz.

[8] Schaffer, Ulrich, Neues umarmen. Für die Mutigen, die ihren Weg suchen, Stuttgart 1984.

Veränderungsprozesse destabilisieren gewachsene Systeme vorübergehend und können die die Angst aufkommen lassen, dass nun alles, was bisher gewesen ist, keine Gültigkeit mehr haben werde. **Vergangenheit** und **Zukunft** in ein dynamisches Gleichgewicht zu bringen, ist deshalb ein wichtiger Leitsatz für die Gestaltung von Veränderungsprozessen. Wenn das Vorhandene und das Vorfindbare geschätzt und wertgeschätzt wird, ist der Weg in die Umgestaltung leichter. Wir leben immer auch von dem, was uns in die Hand gelegt wurde, von den Menschen vor uns und von der Überlieferung. „Die Veränderung in der Kirche hat eine innere Grenze in der Treue zu ihrer Sendung und damit zum apostolischen Ursprung. Nur in dieser Treue und zugleich in der Offenheit für das Drängen des Geistes und für die Impulse des je neuen Kairos gibt es genuin christliche und lebendige Tradition."[9] Auch die Kirche hat in ihren Konzilien stets auf dem aufgebaut, was an Fundament grundgelegt war und ist von dort aus weiter gegangen. Das Zweite Vatikanische Konzil hat das Erste nicht nivelliert, sondern integriert.

Dem Veränderungsprozess nützt es, wenn auf Eigenverantwortung gesetzt wird und Lernräume offen sind

Die Betroffenen sind Subjekte der Veränderung ihrer Situation. Das ist ein Leitsatz aus dem Neuen Testament, inspiriert vom Handeln Jesu. (*Mt 20,21: Er fragte sie: Was willst du? – Was soll ich dir tun?*) Vertrauen und Eigenverantwortung sind zwei wichtige Stichworte dafür. Dazu sind wir als mündige Christen mit Gottes Geist begabt. Was werden soll, können nicht andere für mich erledigen oder entscheiden.

Veränderung gelingt nur, wenn auch die Leitenden diese mittragen und gewissermaßen „mit an Bord sind". Deshalb hat der Dialog, haben dialogische Strukturen und transparente Entscheidungsvorgänge einen wichtigen Stellenwert für das Gelingen von Veränderungsprozessen. Konzentration, Vernetzung, Solidarität und Kooperation schaffen Freiräume und helfen gegen die Enge (Angst). Darüber hinaus braucht es den Mut zum Experiment, zum Ausloten der Grenzen (die es oft auch nur durch Grenzüberschreitungen geben kann). Es braucht in Veränderungsprozessen auch ein fehlertolerantes Klima und Vergebungsbereitschaft.

Man kann das alte Wort Buße auch mit „Revisionsbereitschaft" übersetzen, schreibt Eva-Renate Schmidt. „Wenn es an Revisionsbereitschaft fehlt, wird

---

[9] Klostermann, Ferdinand, Veränderung in der Kirche als theologisches und praktisches Problem, in: Klostermann, Ferdinand / Zerfaß Rolf (Hg.), Praktische Theologie heute, München 1974, 638-650, hier 645.

aus den Erfahrungen und Irrtümern der Vergangenheit nicht gelernt. Unbußfertige Erneuerung verhindert Fehlertoleranz [...] Doch Fehlertoleranz ist der Nährboden für Wertschätzung, ohne die haupt- und ehrenamtliche MitarbeiterInnen nicht gefordert und gefördert werden können."[10]

Von daher ist es gut, bei Veränderungsprozessen möglichst viel in Form von Projektarbeit (Apollo-Modus) auf den Weg zu bringen. Das hat den Vorteil, dass es eine klare Aufgabenstellung, beschriebene Rollen, eine abgrenzbare Zahl von Beteiligten, eine klare Zeitstruktur (mit einem Anfang und einem Ende) und vor allem sichtbare und überprüfbare Erfolgserlebnisse gibt. Zudem werden Projekte ausgewertet bzw. evaluiert, wodurch reflektiertes Handeln eingeübt werden kann.

Ecclesia semper reformanda

Auch wenn Reformen derzeit nicht in gutem Ruf stehen: wer eine Reform auf den Weg bringt, will eine nachhaltige Verbesserung des Bestehenden. Erneuerung war immer ein Thema der Kirche. Nicht umsonst nennt sie sich eine „ecclesia semper reformanda". Manche Veränderungen in ihrer langen Geschichte hat die Kirche erlitten, andere hat sie selbst in die Hand genommen. Anstöße kamen von innen und von außen. Das meiste an Veränderung war – so kann man es geschichtlich zuordnen – nicht in jedem Fall erwünscht. Durch ihre lange und manchmal auch leidvolle Geschichte hindurch, hat sich die Kirche einen enormen Erfahrungsschatz für Zeiten des Wandels zugelegt.

Es gibt in der Organisation ein Wissen über durchgestandene Zeiten der Verfolgung, des Mangels (auch an Mitgliedern) und der Unterdrückung. Viele Konflikte haben ihre Spuren hinterlassen und waren zu bewältigen. Es gibt die Erfahrung, dass Menschen ihren Kopf für die Wahrheit hingehalten haben und hinhalten (in allen Jahrhunderten). Die Kirche weiß in ihrer Geschichte um diejenigen, die sich beseelt und mutig – auch gegen Widerstände in den eigenen Reihen – im Namen Gottes gegen Unrecht und Leid stark machen. Nicht alle davon sind zur sog. „Ehre der Altäre" erhoben worden.

Die Kirche hat – meist mühsam – gelernt und war und ist herausgefordert, manches auch wieder zu „entlernen". Sie gleicht, mit Mt 13,52 gesprochen, einem Hausherrn (oder einer Hausherrin), der aus seinem reichen Vorrat Neues und Altes hervorholt bzw. hervorholen kann. Schon aus diesem Grund braucht uns vor dem, was vor uns liegt, nicht bange zu sein.

---

[10] Schmidt, Eva Renate, Das Innovationspotential von Frauen in der Kirche, in: Arbeitsgemeinschaft Frauen in der Evangelischen Kirche in Hessen und Nassau (Hg.), Frauenschritte in die Zukunft Nr. 1, Darmstadt 2001, 5-19, hier 6.

Christoph Jacobs

Wer glaubt, dem ist geholfen!

Von der Heilkraft des Glaubens und dem hilfreichen Potential einer heilsamen Pastoral

1 Glaube: Heilsames Potential oder Risiko?

Glaube ist hilfreich und heilsam, ja, eine wahre Gnade! – behauptet die Theologie, behauptet die Kirche. Für beide ist der Glaube eine positive, ja lebensnotwendige Größe für die Menschen und ihre Seele.

Aber nein, Religion ist ein Risiko! – so riefen die Gebildeten unter den Verächtern der Religion, so rief seit Jahrzehnten immer wieder die Religionskritik, Wissenschaftler philosophischer, psychologischer und medizinischer Provenienz. Und sie glaubten, keine Schwierigkeiten zu haben, dies an unzähligen Einzelbeispielen verunglückten Lebens zeigen zu können.[1] Diese Ansicht hat sich zum Teil auch in der Bevölkerung festgesetzt.

Doch das Klima in Wissenschaft und Gesellschaft beginnt sich zu ändern. Könnte es sein, dass Religion doch gar nicht so schlecht ist für die Gesundheit? Diese Frage wird salonfähig. Natürlich nicht aus wissenschaftlicher Uneigennützigkeit, sondern wohl eher getrieben vom Wandel in den postmodernen Lebensbefindlichkeiten.[2] Gesundheit und Wohlbefinden werden zu einem absoluten Höchstwert. Alles, was da nützt, sollte man in Dienst nehmen: wenn nötig, auch die Religion.

Wer einen Blick wirft in die qualifizierten und bekannten medizinischen Zeitschriften wie das New England Journal of Medicine und die Lancet, wird als deutscher Theologe mit Erstaunen folgendes feststellen: Da wird in Überblicksartikeln dem Zusammenhang von Religion, Spiritualität und Medizin nachgegangen und (ernsthaft!) die Frage diskutiert, ob Ärzte nicht gut daran

---

[1] Küng, Religion als Chance oder Risiko, 9. In diesem Beitrag folgt eine ausführliche Bibliographie am Schluss. In den Fußnoten werden jeweils nur Kurztitel genannt.

[2] Grom, Gesundheit und Glaubensfaktor.

täten, ihren Patienten religiöse Aktivität zu verordnen und mit ihnen zu beten.[3]

Hat Glaube wirklich ein heilsames Potential? Ist dem, der glaubt, wirklich geholfen – durch den Glauben? Diese Frage ist offensichtlich nicht mehr ein Hobby interessegeleiteter Theologen, sondern eine Frage von vieldiskutiertem wissenschaftlichem, gesundheits- und gesellschaftspolitischem Rang. Die Beantwortung der Frage braucht sowohl aus humanwissenschaftlicher wie aus theologischer Sicht eine kritische Reflexion der Denkzusammenhänge und der empirischen Fakten im Kontext von Glaube, Religion und Gesundheit. Dabei eröffnet sich ein weites Forschungsfeld, das bisher vor allem im unbefangen pragmatischen Wissenschaftsklima des anglo-amerikanischen Sprachraums beforscht bzw. zur Kenntnis genommen wurde.[4] Es wird Zeit, sich auch hier in Europa den heilsamen Potentialen des Glaubens neu zu öffnen.

Dem Theologen wird dabei auffallen, dass die empirischen Humanwissenschaften die sachlich notwendige Unterscheidung zwischen Glauben, Religion und Religiosität nur selten durchhalten – nicht zuletzt deswegen, weil sie sich der empirischen Feststellung entzieht. Wenn die empirischen Wissenschaften von Glaube sprechen, meinen sie meist Religion. Für die Theologie möchte ich die Frage exakt so formulieren: Dürfen wir davon ausgehen, dass der christliche Glaube, wie er sich in der religiösen Praxis realisiert, potentiell heilsam und gesund ist und gesund macht? Oder prägnant und operationalisierbar: Macht Glaube gesund?

Meine These lautet: Glaube darf tatsächlich als salutogener Faktor und als humanisierende Lebenskraft gelten[5] – und zwar nicht mit schlechtem Gewissen, sondern mit Selbstbewusstsein.

2 Glaube und Gesundheit: Ein spannungsreiches Paar

Glaube und Gesundheit werden nicht erst heute zueinander in Beziehung gesetzt. Aber das Verhältnis ist nicht einfach zu bestimmen. Sowohl begrifflich wie auch alltagspraktisch zeigen sich unverzichtbare Gemeinsamkeiten, offene Fragen, Spannungen und Sackgassen, die – natürlich exemplarisch – kurz anzudeuten sind.

---

[3] Sloan, Should Physicians Prescribe Religious Activities?; Sloan / Bagiella / Powell, Religion, spirituality, and medicine; Tucker / Roper / Rabin / Koenig, Religion and medicine.

[4] Koenig, Medicine and Religion; Koenig, Religion, Spirituality, and Medicine; Mueller / Plevak / Rummans, Religious Involvement, Spirituality, and Medicine.

[5] Baumgartner / Ladenhauf, Von der psychologischen Notwendigkeit der Religion.

2.1 Transzendenzbezug und Ganzheitlichkeit des Gesundheitsbegriffs

Die Frage nach der Gesundheit ist eine „transzendente" Frage.[6] Sie darf nicht nur den Naturwissenschaften überlassen werden. Für die Antike war dies eine größere Selbstverständlichkeit als für die heutige Postmoderne. Sehr kreativ und alltagsverwoben zeigt sich dieses Wissen in der griechischen Mythologie. Gesundheit hat etwas mit den Göttern zu tun. Die beiden Göttergestalten Asklepios und Hygieia offenbaren in ihrer Polarität den irdischen Doppelcharakter der Gesundheit, der bis heute in allen rationalen Gesundheitsdefinitionen wiederkehrt. Asklepios ist der Heiler. Er macht den Krankgewordenen wieder gesund. Gesundheit im Sinne des Asklepios verbindet sich sehr eng mit Erlösung von Krankheit und Gebrechen. Hygieia dagegen symbolisiert nicht die Heilung von Krankheit. Sie ist die zur Gottheit erhobene Gesundheit im Sinne der Lebenskunst und der vernünftigen Lebensführung. Gesundheit im Sinne von Hygieia ist eine aktive und eigenständige Tat.[7]

Auch das diskursive Nachdenken der Philosophie insistiert auf dem Transzendenzbezug des Gesundheitsbegriffs. Für Platon ist die körperliche Gesundheit eine Sache des Arztes. Doch wichtiger ist die Gesundheit der Seele, die in ihrer Harmonie den Göttern nahe ist. Je näher sie an diese heranzurücken vermag, umso gesünder ist sie. Um die Gesundheit der Seele kümmert sich der Philosoph.[8] Von Platon stammt auch eine sehr frühe gelungene Kritik einer egozentriert übertriebenen Beschäftigung mit der eigenen Gesundheit, die dem Gemeinwesen die Kraft entzieht. So kritisiert er einen Weisheits- und Gesundheitslehrer seiner Zeit mit beißendem Spott: „Er ging nämlich seiner Krankheit nach, [...]. Da gönnte er sich denn für alles andere keine Zeit mehr und dokterte sein ganzes Leben an sich herum, elend geplagt, wenn er auch nur ein wenig von der gewohnten Lebensweise abwich. Und so siechte er vor lauter Weisheit dahin und erreichte ein hohes Alter."[9]

An dieser Stelle lässt sich festhalten: Gesundheit kann ohne Transzendenzbezug nicht angemessen verstanden werden. Die Sorge um die Gesundheit braucht ein ganzheitliches Konzept und ist ethisch zu verantworten.

---

[6]   Virchow, Handbuch der speciellen Pathologie und Therapie.

[7]   Spijk, Definitionen und Beschreibungen der Gesundheit.

[8]   Spijk, Definitionen und Beschreibungen der Gesundheit, 19; vgl. Platon in „Phaidros" und in „Der Staat".

[9]   Zitiert nach: Spijk, Definitionen und Beschreibungen der Gesundheit, 15.

2.2 Freud und die ekklesiogenen Neurosen: Verabschiedung von pastoralpsychologischen Altlasten...

Die positive Einstellung der Antike zur Religion konnte Freud nicht teilen. Freud steht symbolisch für das negative Image der Religion mit Blick auf die Gesundheit. Er glaubt entdeckt zu haben, dass es Ähnlichkeiten und Analogien zwischen dem Benehmen von Zwangskranken und den religiösen Praktiken gibt.[10]

Empirisch auf den Prüfstand gestellt erweist sich diese Position mehr als problematisch. Natürlich gibt es Einzelfälle, in denen Religiosität sich zwanghaft manifestiert. Eine grundsätzliche Strukturähnlichkeit ist auf Faktenbasis jedoch nicht nachweisbar. Auf dem heutigen Stand psychologischer Erkenntnis hat die psychoanalytische Theorie mit dem Impetus der allgemeinen Pathogenität von Religion einen allenfalls ideologischen Wahrheitswert.[11]

Eine ähnlich problematische Altlast, die unverständlicherweise sogar als gängiges Erklärungsmodell in der Pastoralpsychologie Fuß gefasst hat, ist der Begriff der ekklesiogenen Neurose. Obwohl er wie selbstverständlich im Repertoire von Theologen und Therapeuten vorkommt, ist der von dem Berliner Gynäkologen Schätzing (1955) aus persönlicher Betroffenheit heraus ins Spiel gebrachte Terminus über lange Zeit nicht wissenschaftlich hinterfragt worden.[12] Mit Verweis auf Baumgartner[13], Stenger[14] und Pfeifer[15] ist festzuhalten: Bei diesem Konzept handelt es sich um einen Mythos, der sich weder epidemiologisch noch ätiologisch beweisen lässt. Folgende Position ist aus der Sicht der aktuellen Psychotherapieforschung realitätsgerecht: Religion ist nicht primär ursächlich für psychische Störungen, „sondern liefert der Störung Haftpunkte, rituelle Symbolisierungen klischeehaft zu benutzen und für das neurotische Szenario zu deformieren. Religiosität färbt folglich die Störungssymptomatik ein, verstärkt sie unter Umständen, bedingt sie aber nicht."[16]

Allerdings lenkt dieses Faktum die Aufmerksamkeit aber auch auf die Tatsache, dass sich Religion und Glaube für Störungen und im Kontext von Krankheiten instrumentalisieren lassen. Glaube macht nicht krank, er lässt sich aber in Krankheit und für Krankheit missbrauchen.

---

[10] Freud, Gesammelte Werke. Band VII, 138f.

[11] Baumgartner / Ladenhauf, Von der psychologischen Notwendigkeit der Religion.

[12] Pfeifer, Glaubensvergiftung - Ein Mythos?.

[13] Baumgartner / Ladenhauf, Von der psychologischen Notwendigkeit der Religion.

[14] Stenger, Ekklesiogene Neurosen.

[15] Pfeifer, Glaubensvergiftung - Ein Mythos?.

[16] Baumgartner / Ladenhauf, Von der psychologischen Notwendigkeit der Religion, 33.

2.3 Gesundheit in den Humanwissenschaften

Unverzichtbar bei der Erforschung des Zusammenhangs von Religiosität und Gesundheit ist ein kurzer Blick auf das Verständnis von Gesundheit in den Humanwissenschaften. Das Spektrum der theoretisch-empirischen Gesundheitsbegriffe entspricht ungefähr dem Spektrum des alltagspraktischen Gesundheitsverständnisses bei den sogenannten Laien. Die Spannweite reicht von dem einen Pol der negativen Definition als Abwesenheit von Krankheit im Sinne des „Schweigens der Organe" bis hin zum anderen Pol der utopischen Definition der WHO als vollkommenem menschlichen Wohlbefinden.

Inhaltlich zeigen sich (zumindest) folgende Perspektiven: Störungsfreiheit, Leistungsfähigkeit, Rollenerfüllung, Gleichgewicht, Flexibilität, Anpassung, Wohlbefinden.[17] Wer humanwissenschaftlich Gesundheit erforscht, wird aus pragmatischen Gründen stets aus diesen Perspektiven auswählen müssen. Dies mag für die Theologie zwar auf dem Hintergrund der Forderung nach Transzendenzbezug und Ganzheitlichkeit zwar enttäuschend einfach sein. Aber es ergibt sich ein unschätzbarer Vorteil: so wird die Fragestellung operationalisierbar und überprüfbar. Zum Beispiel lässt sich nun fragen:

- Führt Glaube zu größerer Freiheit von Krankheit und Belastung?
- Macht Glaube lebenstüchtiger?
- Führt Glaube zu größerer Beheimatung im sozialen Leben?
- Ermöglicht Glaube ein größeres physisches und psychisches Gleichgewicht?
- Macht Glaube zufriedener und glücklicher?
- Führt Glaube zu einem größeren körperlichen und seelischen Wohlbefinden?

3 Glaube macht gesund! – Humanwissenschaftliche Perspektiven

3.1 Religion und Gesundheit: Wie misst man den Zusammenhang?

Die Messung des Zusammenhangs zwischen Religion und Gesundheit ist eine große Herausforderung und führte in der Vergangenheit zur Neuauflage der normativen Kontroverse auf dem empirischen Forschungsfeld.[18] Allerdings ist

---

[17] Franke, Die Unschärfe des Begriffs „Gesundheit" und seine gesundheitspolitischen Auswirkungen.

[18] Huber, Dimensionen der Religiosität; Schmitz, Religion und Gesundheit; Zwingmann, Religiosität: Messverfahren und Studien zu Gesundheit und Lebensbewältigung

der methodische Fortschritt in den letzten 15 Jahren beachtlich.[19] Der Erfolg zeigt sich in immer konsistenter werdenden Resultaten.

Als Fazit der Diskussion der Messproblematik sind vier Aspekte nach dem heutigen Wissensstand für valide Ergebnisse von besonderer Bedeutung: 1. die Dimensionierung der Aspekte von Religion und Gesundheit, 2. die untersuchten diagnostischen Gruppen bzw. die Gesundheitsmaße, 3. die untersuchten Altersgruppen, 4. das Geschlecht und ethnische Aspekte. Besonders beachtenswert ist die Tatsache, dass nicht nur die Höhe der gemessenen Korrelation, sondern vor allem auch die Richtung der Beeinflussung abhängig ist von den verwendeten Konzepten und deren Messgrößen.

3.2 Überblick über die Forschungslage

Die Zahl der epidemiologischen und klinischen Studien, in denen der Zusammenhang von Glaube und Gesundheit in den Blick genommen wurde, hat in den letzten Jahren sprunghaft zugenommen. Die Anzahl der Publikationen pro Jahr entspricht zur Zeit in etwa der Anzahl der Veröffentlichungen zum Forschungsfeld der Sozialen Unterstützung. Beinahe jede körperliche Krankheit einschließlich der Krebsarten und eine Vielzahl von psychischen Krankheiten wurde in den Blick genommen. Am besten untersucht sind bei der körperlichen Gesundheit die Herz-Kreislauf-Erkrankungen, Bluthochdruck und Herzinfarkt sowie allgemeine und ursachenspezifische Mortalität. Bei der seelischen Gesundheit sind es allgemeines Wohlbefinden, Belastungsbewältigung, Krankheitsbewältigung, Depression, Angststörungen, Suizid und Suchtverhalten. Das Spezifikum eines großen Teils der Studien war es, dass ihr Design von gesundheitspolitisch interessierten Epidemiologen entworfen wurde, also überhaupt nicht zum Studium des Einflusses von Religion auf Gesundheit entworfen wurde. Der Vorteil ist ihre Unverdächtigkeit. Ihr Nachteil: Sie können einen salutogenen Effekt nicht direkt „beweisen".

Halten wir trotzdem zunächst fest: Die Hälfte der vorliegenden Studien führt zur Hypothese, dass eine positive Beziehung zwischen Religion und Gesundheit nahe liegt und spezifisch untersucht werden sollte. Weniger als ein Viertel der Studien macht negative und der Rest gar keine Effekte aus.[20] Generell muss bei der Interpretation bedacht werden, ob die Studien mögliche konfundierende Variablen und Kovariablen mit ausweisen und in der Interpretation

---

[19] Levin / Chatters, Research on Religion on Mental Health; Mc Cullogh / Larson, Future Directions in Research.

[20] Gartner / Larson / Allen, Religious commitment and mental health; Levin / Chatters, Research on Religion and Mental Health, 36.

auswerten.[21] Mit anderen Worten: Der Zusammenhang zwischen Religiosität und Gesundheit ist kein direkter, sondern ein mittelbarer, dessen Aufklärung die Entwicklung komplexer Modelle erfordert.[22]

3.3 Highlights der Forschung

Eindrucksvoller und überzeugender als jeder allgemeine Überblick sind exemplarische Forschungsergebnisse. Mit aller gebotenen Zurückhaltung seien daher hier Schlaglichter aus einigen großen bzw. besonders bedeutsamen Studien für die positive Beziehung von Religion und Gesundheit geführt:[23]

- Der subjektive und der objektive allgemeine Gesundheitszustand lassen sich in mehreren großen epidemiologischen Studien in einen positiven Zusammenhang bringen mit der Häufigkeit des Gottesdienstbesuchs, der subjektiven Bedeutsamkeit des Glaubens und dessen Aktivierung bei der Verarbeitung von Problemen.
- Die Lebenserwartung der Geistlichen liegt entscheidend über derjenigen der Normalbevölkerung, sogar noch über der der Gesundheitsprofis, nämlich der Ärzte. Bei ihnen ist der Tod durch Herz-Kreislauf-Versagen, durch Lungenkrebs und durch Nierenerkrankungen weit seltener als im Bevölkerungsdurchschnitt.
- Die Häufigkeit des Gottesdienstbesuchs lässt bei Frauen eine längere Lebensdauer voraussagen, während sie das bei Männern nicht tut - selbst dann, wenn man für beide die soziologischen Gesundheitsrisiken mit berücksichtigt.
- Religiöse Belastungsbewältigung zeigt sich in einer Studie an männlichen Krankenhauspatienten als der einzig relevante Prädiktor für eine geringere Depressivität zum Zeitpunkt von sechs Monaten nach ihrer Entlassung.
- Sozialpsychologische Querschnittstudien an älteren religiösen Menschen zeigen unter anderem: eine erhöhte Lebenserwartung, eine geringere Depressivität, eine erhöhte subjektive Gesundheit, weniger Krebs und andere körperliche Symptomatiken, weniger Nikotin- und Alkoholmissbrauch, eine höhere Lebenszufriedenheit, mehr Selbstwertgefühl, eine bessere emotionale Anpassung, weniger Einsamkeit und mehr subjektives Glücklichsein.

---

[21] Sloan, Religion, spirituality, and medicine.

[22] Murken, Gottesbeziehung und psychische Gesundheit, 69.

[23] Grom, Gesundheit und „Glaubensfaktor"; Grom, Religiosität und, Research on Religion an Mental Health subjektives Wohlbefinden; Koenig, Medicine and Religion; Koenig, Handbook of Religion and Mental Health; Levin / Chatters, Research on Religion an Mental Health.

- Ein Sich-Einbringen in religiöse Gemeinschaften steht in einem stärkeren Zusammenhang mit Lebenszufriedenheit als der körperliche Gesundheitszustand – ein Faktum, das auch nach Kontrolle sämtlicher Kovariaten bestehen bleibt.

- Eine Längsschnittanalyse durch eine Großstudie zeigt die hilfreichen Effekte von Gottesdienstbesuch angesichts von kritischen Lebensereignissen und Gesundheitsproblemen.

- Je höher der Grad der religiösen Belastungsbewältigung ausgeprägt ist, desto geringer ist der Anteil depressiver Verstimmung bei Krankenhauspatienten, desto schneller ist die Erholung bei Depression.

- Der Anteil der Angststörungen ist bei Nicht-Kirchgängern annähernd doppelt so hoch; dies gilt sogar für die Gruppe der 18-40-Jährigen.

- Der wichtigste Prädiktor für Alkoholmissbrauch ist das Fehlen einer religiösen Bindung. Ähnliches gilt für die Beziehung von Gottesdienstbesuch und Zigarettenkonsum.

- Insgesamt zeigen 91 von 114 Studien zur seelischen Gesundheit bis zum Jahr 2000 eine statistisch signifikante Korrelation mit positiven religiösen Maßen.

3.4 Ertragssicherung der Forschungslage

Die bilanzierende Analyse der Daten ergibt zwei Trends: Eine positive Beziehung zwischen Religion und Gesundheit findet sich vor allem in Studien, die sogenannte „harte" Outcome-Daten wie Lebenserwartung, körperlichen Gesundheitszustand und objektivierbare Verhaltensdaten wie Alkoholmissbrauch und Suizid verwenden. Positive und negative Korrelationen finden sich eher bei durch Befragungen erhobenen Selbstauskünften zur Religiosität und ausgewählten Parametern psychischer Befindlichkeit.[24] Vermutlich beruht dies auf einer Konfundierung von seelischer Pathologie und pathologischer Religiosität. Mit anderen Worten: Bei Seelisch-Gesunden korrespondiert Religiosität mit Gesundheit und/oder fördert sie. Bei Seelisch-Kranken wird Religiosität partiell von der Krankheit negativ eingefärbt.

Zusammenfassend lässt sich festhalten: „Zwischen körperlicher Gesundheit und persönlicher Religiosität besteht also ein vielfach nachgewiesener positiver statistischer Zusammenhang, der vermutlich auch ein kausaler ist. Der Stärke nach ist er zwar so bescheiden, dass er noch keine Frömmigkeitsbonus bei den Krankenversicherungsbeiträgen rechtfertigt, doch stellt er trotzdem ein beachtliches Potential dar. Dieser Zusammenhang erklärt sich wahrscheinlich aus gesellschaftlichen, sozialpsychologischen und intrapsychischen

---

[24] Murken, Gottesbeziehung und psychische Gesundheit.

Faktoren, die mehr oder weniger alle zum beobachteten Resultat beitragen, deren Anteil und Wirkweise im einzelnen jedoch noch nicht befriedigend erforscht sind."[25] Der Zusammenhang zwischen Religiosität und seelischer Gesundheit hat noch besonderen Forschungsbedarf. Klar ist jedoch die eindeutig positive Korrelation zwischen intrinsischer Religiosität und seelischer Gesundheit.

3.5 Hypothesen und Modelle zum Zusammenhang von Religion und Gesundheit

Wie funktioniert nun der Zusammenhang zwischen Glaube und Gesundheit? Bewegt man sich auf dem Boden des guten und bewährten scholastischen Modellkonzepts, dass die Gnade sich die Natur voraussetzt, so wird man wohl die Hypothese einer „transmundanen Energie" (James) ad acta legen, ebenso die Annahme einer von den anderen psychischen Prozessen verschiedenen „Glaubensfunktion" des psychischen Apparates (Szondi), schließlich auch die Hypothesen jeder Art von religiösem Pharmakon bzw. gar Psychopharmakon.[26] Plastisch formuliert gilt noch immer: „Wissenschaftler haben keine spezielle gesundheitsfördernde Substanz ausgemacht, die in den Blutstrom ausgeschüttet würde, wenn jemand um seine Genesung betet".[27] Folgende grundsätzlichen Hypothesen über den Zusammenhang von Glaube und Gesundheit sind denkbar:[28]

1   Die Verhaltenshypothese: Das Leben in einer Glaubensgemeinschaft hat eine verhaltensregulierende Funktion, in dem es gesundheitsförderliches Verhalten belohnt.
2   Die Hypothese der Sozialen Unterstützung oder des Sozialen Netzes (Kohäsionshypothese): Die Interaktion mit der Glaubensgemeinschaft nutzt die direkten positiven sozialen Effekte und die Puffer-Effekte sozialer Beziehungen.
3   Die Kohärenz-Hypothese: Der Glaube bietet kognitive Prozesse an, die eine kognitiv-emotionale Stimmigkeit der Lebenswelt ermöglichen.
4   Die Belastungs-Bewältigungs-Hypothese: Im Alltag und insbesondere bei kritischen Lebensereignissen haben religiöse Menschen einen Bewältigungsvorteil, indem ihnen bewährte und handlungsoptimierte Coping-Strategien zur Verfügung gestellt werden.

---

[25] Grom, Gesundheit und „Glaubensfaktor", 417.

[26] Grom, Religiosität und subjektives Wohlbefinden.

[27] Matthews, Glaube macht gesund, 57.

[28] Grom, Religiosität und subjektives Wohlbefinden; Murken, Gottesbeziehung und psychische Gesundheit.

5   Die Selbstwert-Hypothese: Glaube und Glaubenspraxis versetzen den Menschen in eine intensive Beziehung zum psychischen Korrelat der Gegenwart Gottes. Dies verstärkt alle psychischen Prozesse, welche den Selbstwert aufbauen und regulieren.

Das Fazit lautet: Mit Sicherheit besteht unter all diesen und sicher noch weiteren Prozessen eine komplexe Interaktion. Letztlich stellt der Glaube das Individuum in ein religiös gefärbtes Wechselspiel aus sozialer Interaktion mit der Glaubensgemeinschaft und mit intrapsychischer Emotions- und Verhaltensregulation auf der Basis religiöser Kognitionen. Vereinfacht und dennoch nicht unbedingt falsch könnte man in einer medizinisch anmutenden Analogie sagen: Glaube und religiöse Aktivität sind eine Art einzigartiger „kombinierter Wirkstoff"[29], der wirksam eine große Anzahl von bekannten und noch unbekannten ineinandergreifenden bio-psycho-sozialen Prozessen religiöser Provenienz aktiviert, die Gesundheit und Wohlbefinden fördern. Als hilfreiche Rahmenvorstellungen für die genannten Modellaspekte werden in der Literatur immer häufiger verschiedene Ressourcenmodelle[30] bzw. salutogenetische Modelle vorgeschlagen.[31] Aus dieser Perspektive ist der Glaube eine zentrale Ressource, welche die personalen Ressourcen, die sozialen Ressourcen und die organisationalen Ressourcen zu integrieren vermag[32].

4   Potentiale einer heilsamen Pastoral

Wer glaubt, dem ist geholfen!

Die heilsame Kraft des Glaubens theologisch zu durchdringen und in der Seelsorge handlungsleitend werden zu lassen, ist die Aufgabe der praktischen Theologie.[33] Dazu gehört es, im Kontakt mit den Humanwissenschaften die Zeichen der Zeit zu bedenken und theologisch zu deuten, also im Sinne von Zulehner eine Kairologie und Kriteriologie zu entwickeln.[34] Dabei zeigt die Beschäftigung mit der Frage „Ist Glaube heilsam und hilfreich?" eine erstaunliche Fruchtbarkeit.

---

[29]   Matthews, Glaube macht gesund, 57.

[30]   Grawe, Psychologische Therapie; Grawe, Neuropsychotherapie.

[31]   Antonovsky, Unraveling the mystery of health; Baumgartner / Ladenhauf, Von der psychologischen Notwendigkeit der Religion; Jacobs, Salutogenese. Ein Programm für ein heilsames Leben; Levin / Chatters, Research on Religion an Mental Health.

[32]   Vgl. auch Murken, Gottesbeziehung und Gesundheit, 81.

[33]   Baumgartner, Pastoralpsychologie.

[34]   Zulehner, Pastoraltheologie.

4.1 Glaube macht heil!

Wer glaubt, dem ist geholfen!

Diese Formulierung ist absichtlich sperrig, aber hilfreich. Sie soll deutlich machen, dass Glaube zunächst und zuallererst Sinn und Zweck in sich selbst hat. Die Heilkraft des Glaubens ist eine Zusage im Sinne Jesu Christi: Dein Glaube hat dir geholfen! Dem christlichen Glauben (wie übrigens auch den anderen großen Religionen) geht es nicht primär um Gesundheitsförderung und Wellness, sondern um das ganzheitliche Heil des Menschen. Die theologische Wirklichkeit des Heils darf daher von ihrem Selbstverständnis her nicht auf die Funktion verengt werden.

Die bisherigen Überlegungen und Ergebnisse zur gesundheitsfördernden Kraft des Glaubens konzentrieren sich von ihrem wissenschaftlichen Selbstverständnis her auf die messbaren Funktionen der Religion.[35] Dadurch wird der Glaube bzw. – begrifflich exakter – wird Religion selbst zu einem Instrument, das sich zur Verbesserung des Wohlbefindens und zur Therapie medizinisch und psychologisch nutzen lässt. Eine solche funktionale Sicht von Glaube ist aus theologischer Perspektive sicher nicht falsch, sondern besitzt durchaus eine theologische Dignität. Aber sie ist theologisch ergänzungsbedürftig, weil sie der Machbarkeits- und Therapiefalle entgehen muss.

Die Theologie muss mit aller Deutlichkeit darauf aufmerksam machen, dass der theologische Kontext und der Grund für die gesundheitsfördernde Kraft des Glaubens die Verkündigung des Heiles ist – so z. B. die Theologen.[36] Heilung ist nicht ein machbares „Produkt", sondern unverfügbares Geschenk der Gnade des Glaubens und dient der Offenbarung des heilsmächtigen Wirkens Gottes. So macht es auch das Neue Testament deutlich: Zum Beispiel in der Zeichen-Erzählung von der Heilung des Blinden bei Johannes (9,1-41). Theologisch kurz und knapp formuliert: Glaube macht mehr als gesund – Glaube macht heil! Prägnant formulieren in diesem Sinne Baumgartner und Ladenhauf: „Glauben allein um der Gesundheit willen wäre christlich gesehen ein höchst 'ungesunder' Glaube. Man hätte nicht begriffen, dass Glaube eine Begabung darstellt, auf den Gott Jesu hin exzentrisch zu werden. In diesem Plausibilitätsrahmen erwächst der Impuls zu glauben nicht aus Gesundheitsmotiven, sondern aus der Sehnsucht, der ungeschuldeten Zuwendung Gottes zu antworten. Gesundwerdung ist in diesem Dialog Gott-Mensch Beigabe, nicht Zweck."[37]

---

[35] Baumgartner / Ladenhauf, Von der psychologischen Notwendigkeit der Religion, 37.

[36] Arnold, Glaube, der dich heilt; Beinert, Heil und Heilen als pastorale Sorge; Biser, Das Heil als Heilung; Häring, Frei in Christus.

[37] Baumgartner / Ladenhauf, Von der psychologischen Notwendigkeit der Religion, 37.

Wer glaubt, dem ist geholfen! Diese Zusage der Heilsmacht Gottes offenbart sich darüber hinaus nicht nur im Gelingen des Lebens, sondern auch und gerade im Scheitern und im Unheil.[38] Das Heil Gottes ist nicht gleichzusetzen mit einem ungebrochenen Lebensoptimismus, sondern schenkt sich gerade angesichts menschlicher Fragmenthaftigkeit durch den Tod hindurch. Die Heilsverheißung gilt auch und vor allem den Opfern der Geschichte und den menschlich unvollendet Gebliebenen.

4.2 Heilsame Pastoral

Wer glaubt, dem ist geholfen!

Dass dies kein „frommer Wunsch" bleibt, sondern Realität wird, ist ein Auftrag an die Pastoral der Kirche, ein Auftrag an diejenigen, die anderen helfen möchten, ein gelingendes Leben zu führen. Denn der Wunsch der Menschen nach einer lebensfreundlichen Kirche ist ein entscheidender Prüfstein für die Glaubwürdigkeit der Botschaft. Daher stelle ich hier die Frage: Welche Akzentsetzungen ergeben sich vor diesem Horizont durch das erwiesene heilsame Potential des Glaubens für die Pastoral?

Hier einige knappe Antworten:

1 Gott ist ein Freund des Lebens (Weish 11,26). Mit Selbstbewusstsein darf sich die Kirche immer wieder bewusst machen, dass ihre Verkündigung eines liebenden und sorgenden Gottes den Menschen eine Verankerung im Raum des Heils geben kann, die nur schwer oder gar nicht von innerweltlichen Institutionen zu ersetzen ist. Was die Psychologie heute betont, bietet die Kirche schon lange: a) Verankerung im Leben durch die Schaffung einer stimmigen Welt (Verstehbarkeit), b) Bereitstellung von Kräften zur Meisterung des Lebens (Gestaltbarkeit) und c) die motivationale Ausrichtung auf sinnvolle Ziele (Bedeutsamkeit).[39] All dies gehört nämlich zu den grundlegenden salutogenetischen Kräften im Leben des Menschen, die unverzichtbar in das Glaubens- und Lebensprogramm der Kirche hinein verwoben sind.

2 Gesunde Strukturbedingungen und Lebensräume sind entscheidend für die Entwicklung von Gesundheit und Wohlbefinden. Die gesundheitsfördernde Kraft des Glaubens wird wesentlich vermittelt über soziale und strukturelle Größen: Es sind vor allem die Vernetzung von Individuen in sozialen Räumen und Schaffung von stabilisierenden Lebensbedingun-

---

[38] Fuchs / Werbick, Scheitern und Glauben; Schillebeeckx, Christus und die Christen.

[39] Antonovsky, Salutogenese; Jacobs, Salutogenese; Keupp, Ermutigung zum aufrechten Gang.

gen.[40] Daher gilt es darauf zu achten, dass die pastoralen Räume der Zukunft den Menschen eine Beheimatung ermöglichen.

3   Die positive Beziehung von Glaube und Gesundheit führt konsequent zu einem dringenden Plädoyer für eine diakonische Seelsorge.[41] Diakonische Seelsorge sorgt für heilsame Lebensräume und tritt der ökonomischen und sozialen Marginalisierung entgegen. Sie steht Menschen aus der Kraft des Glaubens in den Lebenssituationen bei, in denen Unglück und Leid die Überlebenskräfte schädigen. Damit setzen Diakonie und Caritas an genau den Punkten an, welche die Humanwissenschaften als Schlüssel der Stabilisierung und Förderung von Gesundheit bezeichnen.

4   Die Gesundheitswissenschaften rehabilitieren auf überraschende Weise die verhaltensregulierende Funktion der Kirche. Dass Gebote gesundheitsförderlich sein können, wusste übrigens schon das Volk Israel. Mit anderen Worten: Wenn es der Kirche gelingt, die lebensförderliche Kraft ihrer Gebote und Normen den Menschen von heute plausibel zu machen und im Handeln zu verankern, wird sie attraktiv werden für Einzelpersonen und Gruppen, die in einer individualisierten Welt nach stimmigen, gesundheitsförderlichen und kollektiv geteilten Lebensregeln suchen. Die Kirche besitzt einen Schatz an Lebenskultur, der gerade heute wieder attraktiv ist.

5   Die Forschungen zu Glaube und Gesundheit machen die Pastoral der Kirche darauf aufmerksam, wo Gefahrenquellen falsch verstandenen Glaubens verborgen sind und wie sich diese in der Pastoral vermeiden lassen. Dazu gehört die Warnung vor belastenden Formen der Verkündigung, in denen Menschen mit Gott bedroht und durch die Kirche in ihrer Lebensautonomie geschädigt werden. Die Verkündiger sollten wissen, dass es gefährlich ist, Moral ohne Gnade zu verkündigen und es vermeiden, in ihrer Seelsorgepraxis allzu viele Haftpunkte für religiöse Deformation zu bieten.

6   Die Forschungen zum hilfreichen Potential des Glaubens stützen das Selbstverständnis, die Lebenspraxis und nicht zuletzt das Selbstbewusstsein derer, die in Pastoral und Diakonie tätig sind. Glaube ist heilsam, macht heil und gesund. Dies ist sehr wertvoll für den Lebenshorizont von Helferinnen und Helfern. Das heilsame Potential dieses einzigartigen „kombinierten Wirkstoffes" braucht im Alltag keinerlei Konkurrenz zu fürchten. Im Gegenteil! Wer glaubt, hat ein unschlagbares ganzheitliches Gesundheitspotential auf seiner Seite. Wer seinen Glauben im Dienst am

---

[40] Argyle, Psychology and religion.

[41] Baumgartner, Heilende Seelsorge in Lebenskrisen; Baumgartner, Pastoralpsychologie.

Nächsten zur Tat werden lässt, zeitigt Früchte im Sinne des Evangeliums für seine Mitmenschen und zeitigt Früchte für das heilsame Gelingen des eigenen Lebens.

4.3 Die Heilkraft des Glaubens im Alltag nutzen

In Medizin und Psychologie ist es üblich, dem Gesundheit-Suchenden möglichst klare Hinweise für sein Alltagsleben zu geben, damit er seine Gesundheit fördern kann. Darf dies die Pastoraltheologie in ihr angemessener Weise auch tun? Meine Antwort: Ja, es ist ihre Chance und ihr Auftrag.

Allerdings ist Vorsicht geboten: Kann man Glaube wie ein Medikament „verschreiben", damit er zu Gesundheit verhilft? Natürlich nicht. Aber man darf ernst nehmen, dass demjenigen ganzheitlich heilsame Kraft zuteil wird, der sich mit seinem Leben in das heilende Kraftfeld des Glaubens hinein begibt. Und was erprobt und bewährt ist, darf man auch getrost weitersagen. Daher hier ein empirisch gestützter vorsichtiger Versuch mit zehn Tipps zur Gesundheitsförderung aus der Kraft des Glaubens:

1   Rechnen Sie mit Gefühl und Verstand fest damit, dass Ihr Glaube Ihr Leben positiv und heilsam verändert. Sie geben damit dem Leben spendenden und heilenden Gott eine Chance: Wer glaubt, dem ist bereits geholfen!

2   Glauben Sie an Gott nicht um Ihrer Gesundheit willen, sondern „um Gottes willen". Glaube macht eher gesund, wenn man ihn nicht „benutzt".

3   Gehen Sie regelmäßig zum Gottesdienst. Die Teilnahme am Gottesdienst einer religiösen Gemeinschaft ist erwiesenermaßen das beste Prognosekriterium für das heilende Potential der Religion.

4   Schätzen Sie die alltagsprägende „Kraft der Gebote". Sie verderben das Leben nicht! Im Gegenteil: Wer sie hält, erhöht seine Chance, von der gesundheitsfördernden Kraft des Lebenswissens von Glaube und Kirche ganz konkret zu profitieren.

5   Opfern Sie als Glaubende niemals den eigenen Verstand und die eigene Rationalität auf dem Altar von religiösen Ideologien und Formen zwanghafter religiöser Praxis.

6   Vertrauen Sie auf die Kraft Ihres Glaubens besonders in Zeiten der Not. Vergewissern Sie sich, in der Hand Gottes gehalten zu sein.

7   Wenn Sie Probleme haben: Spielen Sie immer wieder durch, welche gedanklichen Verarbeitungshilfen und Lebensstrategien Ihnen Ihr Glaube anbietet. Halten Sie sich daran fest!

8 Bringen Sie sich aktiv in eine religiöse Gemeinschaft ein und stellen Sie Ihre Charismen – im Dienste Ihrer eigenen Lebenszufriedenheit – diakonisch anderen zur Verfügung: HelferInnen sind überhaupt nicht hilflos! Wer anderen hilft, dem ist geholfen!

9 Wenn es Ihre Berufung ist: Haben Sie keine Scheu, sich „mit Haut und Haar" als „Geistlicher" und „Geistliche" in jeder Art von kirchlicher Lebensform von Ihren Mitmenschen in Dienst nehmen zu lassen. Sie erhöhen die Chance für ein erfülltes und langes Leben.

10 Nutzen Sie die Ganzheitlichkeit eines Lebensentwurfes aus der Kraft des Glaubens. Sie haben damit einen „kombinierten Wirkstoff", der alle heilsamen Prozesse aktiviert, die im Glauben angelegt sind.

Noch einmal: Glaube ist Selbstzweck! Im Übrigen gilt: Zu Risiken und Nebenwirkungen fragen Sie Ihre Priester und SeelsorgerInnen.

5 Schlussplädoyer

Das Helfen ist Proprium des christlichen Handelns. Denn das Proprium des Handelns Christi war die Hingabe. Wenn es also das „Markenzeichen" des Christseins ist, helfend Mensch für andere zu sein, dann tut es gut zu wissen, dass der Glaube als Motiv des Helfens bereits Lebensquelle und Lebenskraft für das Gelingen des eigenen Lebens ist.

Gelebter Glaube führt in eine ganzheitlich heilsame und hilfreiche Kultur des Lebens: zu einer Lebenskultur, die heil und gesund macht! Andere und sich selbst! Dies ist attraktiv. Wie der Glaubende am Nächsten handelt, so handelt Gott durch den Glauben am Menschen. Und so gilt verlässlich: Wer hilft, wird ein anderer. Daher gilt als Zusage und Verheißung: Wer hilft, dem ist bereits geholfen!

Literatur:

Antonovsky, A. (1987), Unraveling the mystery of health. How people manage stress and stay well, San Francisco: Jossey-Bass.

Antonovsky, A. (1997), Salutogenese. Zur Entmystifizierung der Gesundheit, Tübingen: dgvt-Verlag.

Argyle, M. (2000), Psychology and religion: an introduction, London: Routledge.

Arnold, F. (1983), Glaube, der dich heilt. Zur therapeutischen Dimension christlichen Glaubens, Regensburg: Pustet.

Baumgartner, I. (1992), Heilende Seelsorge in Lebenskrisen, Düsseldorf: Patmos.

Baumgartner, I. (1997), Pastoralpsychologie: Einführung in die Praxis heilender Seelsorge, Düsseldorf: Patmos.

Baumgartner, I., / Ladenhauf, K. H. (2000), Von der psychologischen Notwendigkeit der Religion. Zur gesundheitsfördernden Kraft der Religion, in: I. Baumgartner / C. Friesl / A. Máté-Tóth (Eds.), Den Himmel offen halten. Ein Plädoyer für Kirchenentwicklung in Europa (pp. 31-38), Innsbruck: Tyrolia.

Beinert, W. (Ed.). (1984), Heil und Heilen als pastorale Sorge, Regensburg: Pustet.

Biser, E. (1975), Das Heil als Heilung. Aspekte einer therapeutischen Theologie, in J. Sudbrack (Ed.), Heilkraft des Heiligen (pp. 102-139), Freiburg: Herder.

Franke, A. (1993), Die Unschärfe des Begriffs "Gesundheit" und seine gesundheitspolitischen Auswirkungen, in A. Franke / M. Broda (Eds.), Psychosomatische Gesundheit. Versuch einer Abkehr vom Pathogenese-Konzept (pp. 15-34), Tübingen: DGVT-Verlag.

Freud, S. (1940ff), Gesammelte Werke. Band VII. London: Imago.

Fuchs, G., / Werbick, J. (1991), Scheitern und Glauben. Vom christlichen Umgang mit Niederlagen, Freiburg: Herder.

Gartner, J., Larson, D. B., / Allen, G. D. (1991), Religious commitment and mental health: A review of the empirical literature, Journal of Psychology and Theology, 19, 6-25.

Grawe, K. (1998), Psychologische Therapie, Göttingen: Hogrefe.

Grawe, K. (2004), Neuropsychotherapie, Göttingen: Hogrefe.

Grom, B. (1998), Gesundheit und "Glaubensfaktor". Religion als Komplementärmedizin?, Stimmen der Zeit, 216(6), 413-424.

Grom, B. (2000), Religiosität und subjektives Wohlbefinden. Psychotherapie, Psychosomatik, Medizinische Psychologie, 50, 187-192.

Häring, B. (1989), Frei in Christus. Moraltheologie für die Praxis des christlichen Lebens. Band III: Die Verantwortung des Menschen für das Leben, Freiburg: Herder.

Huber, S. (1996), Dimensionen der Religiosität. Skalen, Messmodelle und Ergebnisse einer empirisch orientierten Religionspsychologie, Bern: Huber.

Jacobs, C. (2000), Salutogenese. Eine pastoralpsychologische Studie zu seelischer Gesundheit, Ressourcen und Umgang mit Belastung bei Seelsorgern, Würzburg: Echter.

Jacobs, C. (2005), Salutogenese: Ein Programm für ein heilsames Leben. Pastoralpsychologische Perspektiven unserer Sehnsucht nach Gesundheit, Heil und Gelingen, in: A. Grün / W. Müller (Eds.), Was macht Menschen krank, was macht sie gesund? (pp. 71-108), Münsterschwarzach: Vier-Türme Verlag.

Keupp, H. (1997), Ermutigung zum aufrechten Gang, Tübingen: DGVT-Verlag.

Koenig, H. G. et al.(2000), Medicine and Religion. The New England Journal of Medicine, 343(18), 1339-1342.

Koenig, H. G. (2004), Religion, Spirituality, and Medicine: Research Findings and Implications for Clinical Practice, Southern Medical Journal, 97(12), 1194-1200.

Koenig, H. G. (Ed.) (1998), Handbook of Religion and Mental Health, San Diego: Academic Press.

Küng, H. (1994), Religion als Chance oder Risiko. Vorwort, in G. Klosinski (Ed.), Religion als Chance oder Risiko. Entwicklungsfördernde und entwicklungshemmende Aspekte religiöser Erziehung (pp. 9-14), Göttingen: Huber.

Levin, J. S.,/ Chatters, L. M. (1998), Research on Religion an Mental Health: An Overview of Empirical Findings and Theoretical Issues, in H. G. Koenig (Ed.), Handbook of Religion and Mental Health (pp. 33-50), San Diego: Academic Press.

Matthews, D. A. (2000), Glaube macht gesund. Spiritualität und Medizin, Freiburg: Herder.

McCullogh, M. E., / Larson, D. B. (1998), Future Directions in Research, in H. G. Koenig (Ed.), Handbook of Religion and Mental Health (pp. 95-107), San Diego: Academic Press.

Mueller, P. S. / Plevak, D. J. / Rummans, T. A. (2001), Religious Involvement, Spirituality, and Medicine: Implications for Clinical Practice, Mayo Clinic Proceedings, 76, 1225-1235.

Murken, S. (1998), Gottesbeziehung und psychische Gesundheit. Die Entwicklung eines Modells und seine empirische Überprüfung, Münster: Waxmann.

Pfeifer, S. (1993), Glaubensvergiftung - Ein Mythos? Analyse und Therapie religiöser Lebenskonflikte, Moers: Brendow.

Schätzing, E. (1955), Die ekklesiogenen Neurosen, Wege zum Menschen, 7, 97-108.

Schillebeeckx, E. (1977), Christus und die Christen. Die Geschichte einer neuen Lebenspraxis Freiburg: Herder.

Schmitz, E. (1992), Religion und Gesundheit, in E. Schmitz (Ed.), Religionspsychologie: Eine Bestandsaufnahme des gegenwärtigen Forschungsstandes (pp. 131-158), Göttingen: Hogrefe.

Sloan et al., R. P. (2000), Should Physicians Prescribe Religious Activities?, The New England Journal of Medicine, 342(25), 1913-1916.

Sloan, R. P. / Bagiella, E., / Powell, T. (1999), Religion, spirituality, and medicine, Lancet, 353(9153), 661-667.

Spijk, P. v. (1991), Definitionen und Beschreibungen der Gesundheit. Ein medizinhistorischer Überblick, Muri/CH: Schweizerische Gesellschaft für Gesundheitspolitik.

Stenger, H. M. (1975), Ekklesiogene Neurosen, Praktisches Wörterbuch der Pastoral-Anthropologie, Wien: Herder.

Tucker, J. B. / Roper, T. A. / Rabin, B. S., / Koenig, H. G. (1999), Religion and medicine, Lancet, 353(9166).

Virchow, R. (1854), Handbuch der speciellen Pathologie und Therapie, Erlangen: Enke.

Zulehner, P. M. (1989), Pastoraltheologie. Bd. 1. Fundamentalpastoral, Düsseldorf: Patmos.

Zwingmann, C., / Moosbrugger, H. (Eds.) (2004), Religiosität: Messverfahren und Studien zu Gesundheit und Lebensbewältigung.

Verzeichnis der Autorinnen und Autoren

Oskar Bärlehner
Dr., Dipl. sozpäd., Dipl. car.-theol., Jg. 1946, Präventionsbeauftragter des Landkreises Rottal-Inn, Dozent an der Fachhochschule Landshut.

Konrad Baumgartner
Prof. Dr. theol., Jg. 1940, Inhaber des Lehrstuhls für Pastoraltheologie an der Kath.-Theol. Fakultät der Universität Regensburg.

Uta Baur
Dipl. car.-theol., Dipl. sozpäd., Jg. 1958, Referentin für Qualitäts- und Zukunftsfragen im Landes-Caritasverband Bayern e. V. in München.

Manfred Belok
Prof. Dr. theol., Dipl. päd., Jg. 1952, Ordentlicher Professor für Pastoraltheologie und Homiletik an der Theol. Hochschule Chur (THC) und Leiter des Pastoralinstituts der THC.

Christian Bernreiter
Dr. theol., Jg. 1965, Personal- und Führungskräfteentwickler in einem Wirtschaftsunternehmen, Lehraufträge an den Universitäten Passau und Frankfurt a. M.

Karl Bopp
Prof. Dr. theol., Jg. 1953, Professor für Pastoraltheologie an der Phil.-Theol. Hochschule der Salesianer Don Boscos in Benediktbeuern.

Christian Domes
Dipl. theol., Supervisor DGSv, Jg. 1952, Pastoralreferent der Diözese Passau, für vier Jahre Begleiter eines Leitbildumsetzungsprozesses beim Diözesancaritasverband Passau.

Franz Xaver Eder
Dr. h. c., Jg. 1925, 1984-2001 Diözesanbischof von Passau.

Walter Fürst
Prof. Dr. theol., Jg. 1940, Professur für Pastoraltheologie an der Kath.-Theol. Fakultät der Universität Bonn.

Erich Garhammer
Prof. Dr. theol., Jg. 1951, Lehrstuhlinhaber für Pastoraltheologie und Homiletik an der Kath.-Theol. Fakultät der Universität Würzburg.

Markus Griesbeck
Dr. theol, Dipl. car.-theol., Jg. 1976, erste berufspraktische Erfahrungen als Vorstandsassistent bei den Generali Versicherungen AG in München.

Paul Grünzinger
Diplom-Kaufmann, Jg. 1963, seit 1995 Leiter einer Werkstatt für Menschen mit Behinderung, Lehrbeauftragter an der Kath.-Theol. Fakultät Passau, Dozent und Mentor in verschiedenen Einrichtungen.

Jörn Günther
Dr. theol., Dipl. car.-theol., Jg. 1968, Lehrer für kath. Religionslehre, Deutsch und Philosophie.

Barbara Haslbeck
Dr. theol., Jg. 1972, Wissenschaftliche Assistentin am Lehrstuhl für Christliche Gesellschaftslehre und Caritaswissenschaften der Kath.-Theol. Fakultät der Universität Passau.

Herbert Haslinger
Prof. Dr. theol., Jg. 1957, Professor für Pastoraltheologie, Homiletik, Religionspädagogik und Katechetik an der Theologischen Fakultät Paderborn sowie Leiter des dortigen Diplom-Aufbaustudienganges Caritaswissenschaft.

Anna Hennersperger
Dr. theol., Jg. 1955, Gemeindeberaterin, Leiterin des Instituts für Theologische und Pastorale Fortbildung in Freising.

Martin Hofmeir
Dr. theol., Dipl. psych., Jg. 1963, Pastoralpsychologe im Kloster Arenberg.

Rudolf Hoppe
Prof. Dr. theol., Jg. 1946, Professor für Neues Testament an der Universität Bonn.

Christoph Jacobs
Prof. Dr. theol., Lic. phil. (Klin. Psych.), Jg. 1958, Priester, Professor für Pastoraltheologie und Pastoralpsychologie am Priesterseminar Paderborn, Kontakt: www.cjacobs.de

Stefan Knobloch
Prof. Dr. theol., Jg. 1937, Kapuziner, von 1988 bis 2002 Professor für Pastoraltheologie am Fachbereich Katholische Theologie der Johannes-Gutenberg-Universität Mainz; seit Herbst 2002 emeritiert.

Volker Kuppler
Diplom-Betriebswirt, Dipl. car.-theol., Jg. 1967, Diözesan-Caritasdirektor des DiCV Passau.

Martin Lechner
Prof. Dr. theol., Dipl. sozpäd., Jg. 1951, Professor für Jugendpastoral an der Phil.-Theol. Hochschule der Salesianer Don Boscos in Benediktbeuern.

Markus Lehner
Prof. Dr. theol., Jg. 1957, Direktor des Instituts für Caritaswissenschaften und Leiter des Fachhochschulstudiengangs Sozialmanagement in Linz.

Andreas Magg
Dipl. theol., Jg. 1969, Pfarrer in Ursberg, Schul- und Behindertenseelsorger.

Wunibald Müller
Dr. theol, Dipl. psych., Psychologischer Psychotherapeut, Jg. 1950, seit 1991 Leiter des Recollectio-Hauses der Abtei Münsterschwarzach.

Peter Neher
Dr. theol., Jg. 1955, Präsident des Deutschen Caritasverbandes.

Hildegard Nobis
Jg. 1967, Gemeindereferentin, Klinikseelsorgerin.

Peter Oberleitner
Dipl. theol., Dipl. car.-theol., Jg. 1957, Pastoralreferent, Referent für Caritas und Pastoral beim Diözesanverband Passau seit 1988.

Heinrich Pompey
Prof. Dr., Lic. theol., Dipl. psych., Jg. 1936, Ordinarius em. für Caritaswissenschaft und Christliche Sozialarbeit an der Universität Freiburg.

Helmut Renöckl
Prof. Dr. theol., Jg. 1943, lehrt in Linz *Ethik* an der Kath.-Theol. Privatuniversität und *Ethik in Naturwissenschaften und Technik* an der Techn.-Naturwissenschaftl. Fakultät der J.-Kepler-Universität Linz, Leiter des Insituts für konkrete Ehik und ethische Bildung, Leiter des Lehrstuhls für Theologische Ethik, Sozialethik und ethische Bildung sowie Vorstand des interfakultären Instituts für Wirtschaftsethik und Religionsentwicklung an der Südböhmischen Universität České Budějovice/Budweis.

Elfriede Schießleder
Dr. theol, Jg. 1957, Vizepräsidentin des Katholischen Deutschen Frauenbundes.

Michaela Ständer
Dipl. car.-theol., Jg. 1954, Caritasverband für die Diözese Augsburg, Stabsstellenleitung Religiöse Bildung und Begleitung.

Maria Widl
Prof. Dr. theol. habil., Mag. rer. nat., Jg. 1957, Professorin für Pastoraltheolo-

gie, Homiletik und Religionspädagogik an der Kath.-Theol. Fakultät der Universität Erfurt, wissenschaftliche Leiterin des Pthl Friedberg (Bayern).

Karl-Heinz Zerrle
Dipl. theol, Jg. 44, seit 2000 Landes-Caritasdirektor in Bayern und Leiter der Hauptvertretung München des Deutschen Caritasverbandes.

Paul M. Zulehner
Dr. theol., Dr. phil., Jg. 1939, Lehrtätigkeit 1974-1984 in Passau, seit 1984 Lehrstuhlinhaber für Pastoraltheologie in Wien.

Wissenschaftliche Paperbacks
Theologie

Michael J. Rainer (Red.)
"Dominus Iesus" – Anstößige Wahrheit oder anstößige Kirche?
Dokumente, Hintergründe, Standpunkte und Folgerungen
Die römische Erklärung "Dominus Iesus" berührt den Nerv der aktuellen Diskussion über den Stellenwert der Religionen in der heutigen Gesellschaft. Angesichts der Pluralität der Bekenntnisse soll der Anspruch der Wahrheit festgehalten werden.
Bd. 9, 2. Aufl. 2001, 350 S., 20,90 €, br.,
ISBN 3-8258-5203-2

Rainer Bendel (Hg.)
Die katholische Schuld?
Katholizismus im Dritten Reich zwischen Arrangement und Widerstand
Die Frage nach der „Katholischen Schuld" ist spätestens seit Hochhuths „Stellvertreter" ein öffentliches Thema. Nun wird es von Goldhagen neu aufgeworfen, aufgeworfen als moralische Frage – ohne fundierte Antwort. Wer sich über den Zusammenhang von Katholizismus und Nationalsozialismus fundiert informieren will, wird zu diesem Band greifen müssen: mit Beiträgen u. a. von Gerhard Besier, E. W. Böckenförde, Heinz Hürten, Joachim Köhler, Johann Baptist Metz, Rudolf Morsey, Ludwig Volk, Ottmar Fuchs und Stephan Leimgruber.
Bd. 14, 2., durchges. Aufl. 2004, 400 S., 19,90 €, br., ISBN 3-8258-6334-4

Theologie: Forschung und Wissenschaft

Ulrich Lüke
Mensch – Natur – Gott
Naturwissenschaftliche Beiträge und theologische Erträge
Dies Buch ist ein Angriff auf die praktizierte Apartheid des Denkens zwischen Naturwissenschaftlern und Theologen. Die einen werden mit ihren verschwiegenen philosophisch-theologischen Denkvoraussetzungen und -konsequenzen und die anderen mit den empirischen Implikationen ihres Glaubens konfrontiert. Eine methodisch konsequent in naturwissenschaftliche und philosophisch-theologische Aussagen geteilte Welt ist nicht gesund, sondern schizophren. Der Autor plädiert nachdrücklich für ein naturwissenschaftliches Mitspracherecht bei theologischen und eine theologische Konsultationspflicht bei naturwissenschaftlichen Fragen, für einen umfassenden interdisziplinären Diskurs. So trägt er in den spannenden Zeit- und Streitfragen dem Wort des Thomas von Aquin Rechnung: „Ein Irrtum über die Welt wirkt sich aus in einem falschen Denken über Gott."
Bd. 1, 2002, 184 S., 17,90 €, br.,
ISBN 3-8258-6006-x

Wolfgang W. Müller
Gnade in Welt
Eine symboltheologische Sakramentenskizze
Sakramente sind Erkennungszeichen für die Suche des Menschen nach Ganz-Sein und Heil als auch der Zu-Sage der Heilsgabe Gottes an uns Menschen. Sakramente werden in der Theologie bedacht, in der Liturgie gefeiert. Vorliegender symboltheologischer Entwurf folgt einer Einsicht moderner Theologie, Dogmatik und Liturgiewissenschaft aufeinander bezogen zu denken. Die symboltheologische Skizze eröffnet einen interdisziplinären Zugang zum Sakramentalen.
Bd. 2, 2002, 160 S., 17,90 €, br.,
ISBN 3-8258-6218-6

Gabriel Alexiev
Definition des Christentums
Ansätze für eine neue Synthese zwischen Naturwissenschaft und systematischer Theologie
Eine wesentliche Führungsgröße im zwischenmenschlichen Gespräch ist die Eindeutigkeit der einschlägigen Begrifflichkeit, die erfahrungsgemäß durch möglichst klare und gültige Begriffsbestimmungen, also durch „Definitionen", zustande kommt. Die vorliegende Arbeit bemüht sich unter Absehen konfessioneller Eigenheiten, wohl aber unter Einbezug naturwissenschaftlicher Ergebnisse

LIT Verlag Münster – Berlin – Hamburg – London – Wien
Grevener Str./Fresnostr. 2 48159 Münster
Tel.: 0251 – 62 032 22 – Fax: 0251 – 23 19 72
e-Mail: vertrieb@lit-verlag.de – http://www.lit-verlag.de

(hier besonders der Biologie) um die Erarbeitung einer möglichst gültigen und klaren „Definition des Christentums".
Bd. 3, 2002, 112 S., 17,90 €, br.,
ISBN 3-8258-5896-0

Günther Schulz; Gisela-A. Schröder; Timm C. Richter
Bolschewistische Herrschaft und Orthodoxe Kirche in Rußland
Das Landeskonzil 1917/1918. Quellen und Analysen
Die vorgelegte Untersuchung, die im Rahmen des Forschungsprogramms der VW-Stiftung „Diktaturen im Europa des 20. Jahrhunderts" entstand, ist dem Reformkonzil der Orthodoxen Kirche in Russland (1917/18) und den Auseinandersetzungen zwischen Kirche, Staat und Gesellschaft in der Russischen Revolution, also zentralen Ereignissen der russischen und europäischen Geschichte des 20. Jahrhunderts, gewidmet. Die Darstellung basiert auf der intensiven Arbeit in den neueröffneten russischen Archiven. Ein großer Teil der Quellen wird erstmals in deutscher Übersetzung oder sogar zum ersten Mal publiziert.
Bd. 4, 2005, 816 S., 79,90 €, gb.,
ISBN 3-8258-6286-0

Klaus Nürnberger
Theology of the Biblical Witness
An evolutionary approach
The "Word of God" emerged and evolved as divine responses to changing human needs in biblical history. By tracing the historical trajectories of six paradigms of salvation, such as ex-odus, kingship and sacrifice, through a millennium of biblical history, Nürnberger reveals a vibrant current of meaning underlying the texts which expresses growing insight into God's redeptive intentions and which can be extrapolated in to the present predicants of humankind.
Bd. 5, 2003, 456 S., 34,90 €, br.,
ISBN 3-8258-7352-8

Herbert Ulonska; Michael J. Rainer (Hg.)
Sexualisierte Gewalt im Schutz von Kirchenmauern
Anstöße zur differenzierten (Selbst-)Wahrnehmung. Mit Beiträgen von Ursula Enders, Hubertus Lutterbach, Wunibald Müller, Michael J. Rainer, Werner Tzscheetzsch, Herbert Ulonska und Myriam Wijlens
Kirchen beanspruchen eine hohe moralische Autorität, wenn es um die Bewahrung der Würde des Menschen geht. Kirchen werden an den Pranger gestellt, wenn sexualisierte Gewalt gegen Kinder und Jugendliche durch ihre Amtsträger und Mitarbeitenden aufgedeckt wird. Angesichts des „Seelenmordes" dürfen Kirchenmauern das Unfaßbare nicht verschweigen und pädosexuellen Tätern keinen Schutz gewähren. Kirchen beginnen endlich zu handeln und das Schweigen zu brechen. Um aber präventiv handeln und konkret arbeiten zu können, ist vertiefendes Wissen dringend erforderlich. Anstöße für eine differenzierte Selbst-Wahrnehmung bieten die hier erstmalig zusammengeführten Perspektiven aus Kirchengeschichte und -recht, Religions-Pädagogik und Psychologie, Medien- und Multiplikatorenarbeit.
Bd. 6, 2003, 192 S., 17,90 €, br.,
ISBN 3-8258-6353-0

Wilhelm H. Neuser
Die Entstehung und theologische Formung der Leuenberger Konkordie 1971 bis 1973
Die Leuenbürger Konkordie (1973) hat sich als das große Einigungswerk zwischen den lutherischen und reformierten Kirchen Europas erwiesen. Sie ist Grundlage auch der erfolgreichen Konsensgespräche mit anderen Kirchen. Zum 30jährigen Jubiläum legt der Verfasser, der selbst Teilnehmer war, eine Textausgabe vor, die erstmals Tischvorlagen in den Arbeitsgruppen und die Vorlagen für das Plenum umfaßt. Die Entstehung des Entwurfs 1971 und die Revision 1973 erscheint nun als ein Prozeß, der die theologische Formung der Konkordie genau verfolgen läßt. Die Textausgabe wird so zum Kommentar der

LIT Verlag Münster – Berlin – Hamburg – London – Wien
Grevener Str./Fresnostr. 2 48159 Münster
Tel.: 0251 – 62 032 22 – Fax: 0251 – 23 19 72
e-Mail: vertrieb@lit-verlag.de – http://www.lit-verlag.de

Konkordie. Der Verfasser gibt in der Einleitung eine erste Deutung. Im Anhang werden acht Begleittexte geboten.

Bd. 7, 2003, 136 S., 19,90 €, br.,
ISBN 3-8258-7233-5

Michael Welker;
Friedrich Schweitzer (Eds./Hg.)
Reconsidering the Boundaries Between Theological Disciplines. Zur Neubestimmung der Grenzen zwischen den theologischen Disziplinen
Die traditionellen Grenzen zwischen theologischen Disziplinen verschieben sich. Diese Entwicklung, die sich in den letzten Jahren in deutschen und nordamerikanischen Kontexten beobachten läßt, betrifft vor allem den intensivierten Austausch zwischen Exegetischer und Systematischer Theologie und die Annäherung zwischen Praktischer Theologie und Theologischer Ethik. In den Beiträgen dieses Bandes werden diese interdisziplinären Grenzüberschreitungen von führenden Fachvertretern aus Nordamerika und Deutschland vergleichend reflektiert und auf ihre inneren Zusammenhänge hin befragt. The traditional boundaries between theological disciplines are shifting. This development of recent years, particulary obvious in German and North American contexts, mainly concerns the intensifying dialogue between Exegetical and Systematic Theology, and the convergence of Practical Theology and Theological Ethics. In their contributions to this volume, leading scholars from North America and Germany reflect these interdisciplinary border crossings and investigate into their inner connectivity.
Bd. 8, 2005, 232 S., 19,90 €, br.,
ISBN 3-8258-7471-0

Paul Weß
Glaube zwischen Relativismus und Absolutheitsanspruch
Beiträge zur Traditionskritik im Christentum. Mit einer Antwort von Hans-Joachim Schulz
In seinem Kommentar zur Konstitution über die göttliche Offenbarung des Zweiten Vatikanums räumt Joseph Ratzinger ein, dass dieses Konzil „das traditionskritische Moment so gut wie völlig übergangen" hat. Die Kirche habe „die Herausarbeitung einer positiven Möglichkeit und Notwendigkeit innerkirchlicher Traditionskritik" versäumt, obwohl sich dieses Konzil „bewusst als Reformkonzil verstand". In diesem Band werden im Anschluss an Überlegungen zur Dogmenkritik von Karl Rahner und Hans-Joachim Schulz erste Schritte unternommen, diese „bedauerliche Lücke" (Ratzinger) zu schließen; zunächst in grundsätzlichen Ausführungen über die Möglichkeiten und Grenzen theologischer Erkenntnis (auch des Lehramts), dann in Beiträgen zu zentralen Fragen des Glaubens und der Kirche: Christologie und Gotteslehre, Erlösungslehre und Ekklesiologie, Theologie des Amtes und der Gemeinde.
Bd. 9, 2004, 224 S., 19,90 €, br.,
ISBN 3-8258-8026-5

Heinrich Greeven; Eberhard Güting (Hg.)
Textkritik des Markusevangeliums
Professor Dr. H. Greeven D.D., Herausgeber einer ntl. Synopse, hinterließ 1990 eine Textkritik des Markusevangeliums. Dieses Buch, durch Beigaben ergänzt, wird von dem Neutestamentler und Editionswissenschaftler Dr. Dr. E. Güting herausgegeben. Auf diese Weise treten die textkritischen Analysen Greevens in den Zusammenhang einer mehr als hundertjährigen Geschichte der textkritischen Forschung. Die Stellungnahmen aller Editoren, von Carl Lachmann bis zu den neuesten Auflagen des Nestle-Aland, werden vollständig mitgeteilt. Fehlerhafte Zeugenangaben in den Apparaten von Synopsen und Texteditionen werden richtiggestellt. Mehr als 420 Variationseinheiten werden unter Erörterung der verwendeten Argumente analysiert.
Bd. 11, 2005, 784 S., 99,90 €, gb.,
ISBN 3-8258-6878-8

Christoph Barnbrock; Werner Klän (Hg.)
Gottes Wort in der Zeit: verstehen – verkündigen – verbreiten
Festschrift für Volker Stolle
In dieser Festschrift haben Kollegen und Schüler, Freunde und Weggenossen von Volker Stolle fast drei Dutzend Beiträge zusam-

LIT Verlag Münster – Berlin – Hamburg – London – Wien
Grevener Str./Fresnostr. 2 48159 Münster
Tel.: 0251 – 62 032 22 – Fax: 0251 – 23 19 72
e-Mail: vertrieb@lit-verlag.de – http://www.lit-verlag.de

mengetragen. Anlässlich seines 65. Geburtstages legen sie Überlegungen zur Geschichte des Judentums und des Christentums, zur Exegese und Dogmatik, zur Missionswissenschaft und zur Praktischen Theologie vor. Die Autorinnen und Autoren greifen damit auch Impulse auf, die der Jubilar in die Fachdiskussion eingebracht hat, und treten so mit ihm in das Gespräch ein, an dem ihm um der Sache willen so sehr gelegen ist: dass Gottes Wort in der Zeit verstanden, verkündigt und verbreitet wird.

Bd. 12, 2005, 616 S., 39,90 €, gb.,
ISBN 3-8258-7132-0

Ilona Nord, Fritz-Rüdiger Volz (Hg.)
An den Rändern
Theologische Lernprozesse mit Yorick Spiegel. Festschrift zum 70. Geburtstag
Ränder irritieren, sie machen neugierig und ängstlich zugleich. Sie sind oft die interessantesten Orte: vom Rand der Phänomene und des Lebens her, an den Rändern des Alltäglichen bilden und bewähren sich Erfahrung und Erkenntnis.
In der Festschrift zum 70. Geburtstag von Yorick Spiegel sind einunddreißig sehr unterschiedliche Beiträge versammelt aus Kulturtheologie und Religionsphilosophie, aus Ethik und Sozialethik, zu Diagnostik und Therapeutik einschließlich Praktischer Theologie. Sie berichten von Erkundungen an den Rändern theologischen und sozialwissenschaftlichen Fragens zu Beginn des 21. Jahrhunderts. Der Band umfasst eine sozialethische „Zeitansage" von Wolfgang Huber und biographische „Rückblicke" von Ulrich Kabitz. Eine „Bibliographie Yorick Spiegel" schließt den Band ab.

Bd. 13, 2005, 528 S., 29,90 €, br.,
ISBN 3-8258-8319-1

Gerhard Gäde (Hg.)
Hören – Glauben – Denken
Festschrift für Peter Knauer S. J. zur Vollendung seines 70. Lebensjahres
An seinem 70. Geburtstag kann Peter Knauer S. J. auf ein reiches und fruchtbares akademisches Leben zurückblicken. Seine zahlreichen Veröffentlichungen zu theologischen, ethischen, pastoralen und spirituellen Themen in verschiedenen Sprachen sind Zeugnis dafür. Knauer überrascht immer wieder damit, dass er die Dinge in verblüffend scharfsinniger Weise auf den Punkt bringt. Das gehört zu seinen Stärken und ist wohl das, was vielen einen neuen Blick auf den alten Glauben erschlossen hat und ihn neu verstehen lässt. 21 Autorinnen und Autoren ehren Knauer in diesem Band durch ihre Beiträge. Diese sind verschiedenen Schwerpunkten des Knauerschen Schaffens gewidmet und zeigen die Aktualität seiner Fragestellungen und die Kraft seines Denkens, das zum Weiterdenken anregt.

Bd. 14, 2005, 424 S., 34,90 €, br.,
ISBN 3-8258-7142-8

Karl Matthäus Woschitz
Parabiblica
Studien zur jüdischen Literatur in der hellenistisch-römischen Epoche. Tradierung – Vermittlung – Wandlung
Die geistig religiöse Begegnung des Judentums mit der Weltkultur des Hellenismus leitet einen differenzierten Prozess der Auseinandersetzung und der Teilnahme ein. Die vorliegende Untersuchung will die Literatur- und Theologiegeschichte dieser vielfältigen „Bibliothek" von „parabiblischen" Schriften darstellen und zwar hinsichtlich des religiösen und geistesgeschichtlichen Horizonts in der apokalyptischen Literatur und der ihr verwandten Werke, in der Testamentarliteratur, in den Schriften der „rewriting bible", in den legendarischen Weiterschreibungen und Amplifikationen biblischer Stoffe, dann in der apologetischen und polemischen sowie der weisheitlichen und philosophischen Literatur, ferner den Komplex der Gebete und das liturgische Gut in primärer und sekundärer Tradition.

Bd. 16, 2005, 928 S., 69,90 €, gb.,
ISBN 3-8258-8667-0

Tilman Beyrich (Hg.)
Unerwartete Theologie
Festschrift für Bernd Hildebrandt
Das Unterlaufen von allzu festgelegten Erwartungen ist das Markenzeichen jeder gu-

LIT Verlag Münster – Berlin – Hamburg – London – Wien
Grevener Str./Fresnostr. 2 48159 Münster
Tel.: 0251 – 62 032 22 – Fax: 0251 – 23 19 72
e-Mail: vertrieb@lit-verlag.de – http://www.lit-verlag.de

ten Theologie. Das galt besonders für die theologische Arbeit an den Hochschulen der DDR. Diese Festschrift für Bernd Hildebrandt versammelt solche Begegnungen mit dem Unerwarteten: im Spannungsfeld von Theologie und Kirche, im Gespräch der Theologie mit der Philosophie, in der Bibel selbst und schließlich in Form poetischer Theologie.
Bd. 17, 2005, 296 S., 24,90 €, br.,
ISBN 3-8258-8811-8

Wissenschaft aktuell
Theologie

Hans-Georg Ziebertz (Hg.)
Erosion des christlichen Glaubens?
Umfragen, Hintergründe und Stellungnahmen zum „Kulturverlust des Religiösen"
In regelmäßigen Abständen bringen die Medien Schlagzeilen über die Erosion des christlichen Glaubens, der Religion insgesamt. Woher stammen die Prognosen? Was messen die Studien wirklich? Was lassen sie außer Acht? Neben der kritischen Sichtung liefern die Autoren ein differenziertes Bild und fragen: Welche Konsequenzen ergeben sich für Theologie, Kirche und Gesellschaft?
Bd. 4, 2004, 152 S., 14,90 €, br.,
ISBN 3-8258-7092-8

Theologie und Praxis
hrsg. von Prof. Dr. Giancarlo Collet (Münster), Prof. Dr. Reinhard Feiter (Münster), Prof. Dr. Norbert Mette (Dortmund), Prof. Dr. Udo Fr. Schmälzle (Münster)
und Prof. DDr. Hermann Steinkamp (Münster)

Michael Arnemann
Kirche und Polizei: Zwischen Gleichschaltung und Selbstbehauptung
Historische Grundlagen und aktuelle Perspektiven für kirchliches Handeln in staatlichen Institutionen
Der bislang kaum beachtete Weg der kath. Kirche mit der Polizei in Deutschland wird mit dieser Untersuchung erstmals umfassend erschlossen. Die Polizeiseelsorge zählt zu den Neuansätzen pastoralen Handelns im 20. Jahrhundert: Sie entsteht in der preußischen Polizei als soziales und politisches Engagement von Katholiken und wird ab den 20er Jahren bis zur Zerschlagung durch die Nationalsozialisten von einer aktiven Laienbewegung getragen. Nach einer längeren Phase der Entwicklung und staatskirchenrechtlichen Konsolidierung in den Bundesländern steht die Polizeiseelsorge der beiden großen Kirchen heute vor weitreichenden Umbrüchen und Herausforderungen, die praxisnah in Verantwortung zu nehmen sind: Welchen Beitrag kann und will Kirche zur Förderung sozialen Handelns in der Polizei leisten? Welche strukturellen (Neu-)Positionierungen in der Pastoralplanung sind erforderlich?
Bd. 22, 2005, 352 S., 24,90 €, br.,
ISBN 3-8258-8105-9

Arnd Bünker
Missionarisch Kirche sein?
Eine missionswissenschaftliche Analyse von Konzepten zur Sendung der Kirche in Deutschland
Die Kirchen in Deutschland haben Mission neu entdeckt und eine Hochkonjunktur für „Missionarisches" ausgelöst – im „Missionsland Deutschland". Missionswissenschaft hat diese Neuorientierung der Kirche mit ihren offenen und geheimen Versprechungen kritisch zu befragen. Eine soziologische Perspektive und missionstheologische Positionen aus der Weltkirche werden zum Ausgangspunkt der Analyse älterer und gegenwärtiger Konzepte zur Sendung der Kirche in Deutschland genommen. Der kritischen Auseinandersetzung mit aktuellen Texten zur Mission folgt eine eigene Skizze missionarischer Herausforderungen.
Bd. 23, 2004, 528 S., 32,90 €, br.,
ISBN 3-8258-8128-8

LIT Verlag Münster – Berlin – Hamburg – London – Wien
Grevener Str./Fresnostr. 2 48159 Münster
Tel.: 0251 – 62 032 22 – Fax: 0251 – 23 19 72
e-Mail: vertrieb@lit-verlag.de – http://www.lit-verlag.de

Udo Schmälzle in Verbindung mit
Dietlind Fischer, Michael Meyer-Blank
und Doris Sennekamp
**Schulen im Lernprozess –
Lehrer setzen Fakten**
Mit einem Vorwort von Hans Maier
Nach der PISA- und TIMS-Studie können sich Lehrerinnen und Lehrer vor guten
Ratschlägen aus den verschiedensten Lagern
kaum retten. Dabei ist interessant, dass sich
in der Politik gleichzeitig die Bereitschaft
abzeichnet, bestimmte Kompetenzen an die
Schulleitungen und ihre Kollegien abzutreten.
Ist dies als Flucht aus der pädagogischen Verantwortung zu werten oder als Signal für die
wachsende Erkenntnis, dass die bestehenden
Schulprobleme nur mit dem kreativen Potential der einzelnen Kollegien zu bewältigen
sind? Mit den Möglichkeiten und Grenzen
dieses Potentials beschäftigt sich dieses Buch.
Im Mittelpunkt stehen drei Lehrerkollegien,
die sich geschlossen bereit erklärten, zwischen 1999 und 2002 ein Fortbildungspro-
gramm zu absolvieren, das von der „Stiftung
Christliche Privatschulen" vorgeschlagen und
finanziert und gleichzeitig wissenschaftlich
begleitet wurde. Dieser Bericht gibt einen differenzierten Einblick in das Konzept dieses
Programms und dokumentiert das Ergebnis
im Urteil der Teilnehmer. Er kann zeigen,
welches kreative Potential in Lehrerinnen und
Lehrern lebendig wird, wenn sie begleitet und
nicht bevormundet werden und vor allem,
wenn sie sich von der Gesellschaft angenommen wissen. Das Buch kann Lehrerinnen und
Lehrern Mut machen, sich gemeinsam mit
dem gesamten Kollegium auf den Weg einer
Schulentwicklung zu machen.
Bd. 24, 2004, 200 S., 17,90 €, br.,
ISBN 3-8258-8155-5

Hermann Steinkamp
**Seelsorge als Anstiftung zur
Selbstsorge**
Vor dem Hintergrund des Theorems der „Pa-
storalmacht", das der französische Philosoph
und Historiker Michel Foucault vor etwa 20
Jahren prägte, wird die Transformation der
antiken Praxis der Selbstsorge zur christlichen Seelsorge dargestellt und hinsichtlich
ihrer bis heute die kirchliche Praxis prägen-
den Auswirkungen kritisch befragt. Vor allem
die einseitige Bestimmung des Heils als jen-
seitige zeitigte eine prinzipiell asymmetrische
Beziehungsstruktur zwischen Seelsorger und
Gläubigen, die letztere der Möglichkeiten ent-
eignete, für ihr eigenes Wohl Sorge zu tragen.
Die Rückbesinnung auf das (auch in anderen
gesellschaftlichen Bereichen, z. B. im Sozial-
und Gesundheitswesen gegenwärtig viel dis-
kutierte) Motiv der Selbstsorge eröffnet auch
für die moderne Seelsorge neue Perspektiven.
Bd. 25, 2005, 160 S., 14,90 €, br.,
ISBN 3-8258-7552-0

Ulrich Feeser-Lichterfeld
Berufung
Eine praktisch-theologische Studie zur
Revitalisierung einer pastoralen Grunddi-
mension
Die Wiederentdeckung der Berufung aller
Christinnen und Christen zum Dienst in Kirche und Welt gehört zu den theologischen
Errungenschaften des 20. Jahrhunderts. In
der Pastoral ist sie aber über weite Strecken
folgenlos geblieben. Angesichts eines radikal
zur Wahl gestellten Lebens weist die vorliegende Studie die innovative Kraft auf, die die
Wahrnehmung und Anerkennung der allgemeinen Berufung sowohl für die individuelle
wie kirchliche Praxis entfalten kann. Dabei
wird der zentrale Auftrag der Kirche für eine
„Pastoral der Berufung" deutlich: Zeichen zu
sein für die Berufung aller Menschen.
Bd. 26, 2005, 440 S., 39,90 €, br.,
ISBN 3-8258-8526-7

LIT Verlag Münster – Berlin – Hamburg – London – Wien
Grevener Str./Fresnostr. 2 48159 Münster
Tel.: 0251 – 62 032 22 – Fax: 0251 – 23 19 72
e-Mail: vertrieb@lit-verlag.de – http://www.lit-verlag.de